Series 14

民族史研究

ETHNIC HISTORY STUDIES 第十四辑

◎苍 铭 / 主编

中央民族大学出版社
China Minzu University Press

图书在版编目（CIP）数据

民族史研究·第十四辑/苍铭主编．—北京：中央民族大学出版社，2018.6

ISBN 978-7-5660-1490-0

Ⅰ.①民…　Ⅱ.①苍…　Ⅲ.①中华民族—民族历史—文集　Ⅳ.①K28-53

中国版本图书馆 CIP 数据核字（2018）第 041403 号

民族史研究·第十四辑

主　　编　苍　铭
责任编辑　黄修义
责任校对　赵　静
封面设计　布拉格
出 版 者　中央民族大学出版社
　　　　　北京市海淀区中关村南大街 27 号　邮编：100081
　　　　　电话：68472815（发行部）传真：68932751（发行部）
　　　　　　　　68932218（总编室）　　　　68932447（办公室）
发 行 者　全国各地新华书店
印 刷 厂　北京建宏印刷有限公司
开　　本　880×1230（毫米）　1/32　印张：15.5
字　　数　406 千字
版　　次　2018 年 6 月第 1 版　2018 年 6 月第 1 次印刷
书　　号　ISBN 978-7-5660-1490-0
定　　价　68.00 元

目　录

瓷质僧帽壶产生背景初探 …………………………… 周玉州（1）
清代前后藏地方政权之比较研究 ……………… 泽仁翁姆（15）
民国时期蒙藏事务管理机构名称的演变 ………… 马　睿（27）
民国时期戴新三在藏工作研究 ………………… 钟宇海（37）
从瞻对总管看现代中国的初步构建 … 冯　翔　喜饶尼玛（56）
西藏驻京僧人贡觉仲尼赴藏宣慰原因探析
……………………………………… 杨　扬　喜饶尼玛（75）
民国驻藏官员蒋致余评述 ……………… 荣加林　喜饶尼玛（90）
1934 年黎丹及其西藏巡礼团述评 …… 许　月　喜饶尼玛（105）
安多迭部地区民间口述经文《司巴拖亦》初探
………………………………………………… 吉西次力（128）
论齐高帝奖胡谐之“贵族盛姻” ………………… 宋文杰（141）
金代渤海人猛安谋克考述 ……………………… 王　峤（158）
永平寨建置沿革考 …………………………… 周君恺（173）
元人宋褧交游考略 …………………………… 高亚喆（190）
霍氏家庙：明代礼仪革命与社会变迁 ………… 安劭凡（209）
海上丝绸之路朝鲜史料中的宁波海商 ………… 袁晓春（223）
雍正朝鄂尔泰经略西北两路军务述论 ………… 杨春君（239）

花苗人韩杰家族的迁徙史 …………………………… 朱信丽（262）
克拉克夫妇在西南民族地区的传教活动 ………… 严　赛（276）
中国近代地理教科书之书写
　——以《中国近世舆地图说》为考察重点 ……… 李家兴（291）
从图腾文化视角看文身功能 …………… 杨国芳　赵　桅（305）
商业、农业、旅游业
　——黄姚古镇居民生计方式的变迁 …………… 段军艳（320）
韩国农耕节日初探
　——以金堤地平线为例 ………………………… 裴恩皓（337）
从“异乡”到“家乡”
　——宜宾市哪吒信仰产生原因浅析 …………… 周熠翔（356）
台湾阿美人传统饮食文化之变迁 ………………… 李威颖（368）
《皇清职贡图》中的蒙古族服饰 ………………… 任梦楠（379）
清中期广西瑶人发饰特征解析
　——以《皇清职贡图》为中心 ………………… 李　瑜（396）
《滇省夷人图说》中的哈尼族群生计方式 ……… 李文龙（416）
海内外关于《皇清职贡图》的整理与研究 ……… 张　薇（434）
云南噶玛噶举派历史研究综述 …………………… 熊　燕（454）
近二十年国内《百苗图》研究述评 ……………… 黄蕊薇（463）
中华人民共和国成立以来我国大陆清准贸易研究述评
　……………………………………………………… 王　力（475）

后　记 ………………………………………………………（490）

瓷质僧帽壶产生背景初探

中央民族大学　周玉州

摘　要：瓷质僧帽壶是一种产生于元代的瓷质茶器，是汉藏文化融合的产物。在其产生之初，其社会功能并非作为日常生活用具使用，而是统治者优礼西藏僧人的供器。作为极具时代特征和政治意义的瓷质僧帽壶在元代产生有其特定的背景原因。本文从时代背景、瓷器文化背景、蒙古民族文化背景以及宗教、政治文化背景等方面详细分析了瓷质僧帽壶在元代出现的原因，进而阐释了瓷质僧帽壶的重要意义。通过对瓷质僧帽壶产生的原因进行分析，从而得出其承载的重要社会功能，是蒙古、藏、汉等多民族文化相互融合的产物，是中华民族形成与发展的重要见证。

关键词：瓷质僧帽壶；汉藏关系；藏传佛教；黑帽

僧帽壶在中国瓷器史上是一种特殊的器型，具有强烈的时代性和民族特征，是自元朝西藏正式划入中国版图以来，汉藏两地文化相互交融的产物。就其材质而言，僧帽壶主要分为瓷质、紫砂质、铜质、珐琅质等类型，其中以瓷质僧帽壶的影响最大，其他几种材质的僧帽壶器型在一定程度上是以瓷质僧帽壶为参照进行仿制和改造①，而且其规格等级也远不如瓷质僧帽壶。另外，瓷器文化在中国传统文化中拥有独特的地位和作用，因此本文将立足瓷质僧帽壶来探究其产生的背景。

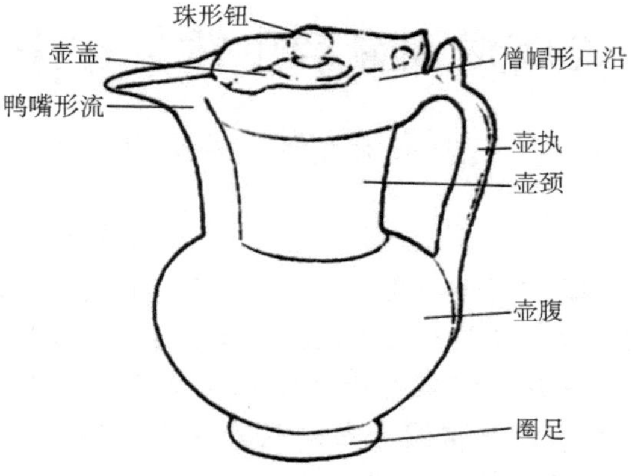

图 1

僧帽壶具有独特的造型特征，从整体来看主要分为上、中、下三部分（见图 1）：上部为僧帽造型的壶口，帽沿外撇，僧帽壶即因此而得名；中部为壶颈，呈现圆筒状，上下连接壶口与壶腹部分；下部为壶腹，鼓腹饱满，呈圆球状，在饱满的壶腹底部有圈足。僧帽形壶口又呈现阶梯状，最低一层与流相连，流为鸭嘴形。壶盖为伞状，置于僧帽形壶口内，其珠形钮一般高于僧帽形口沿。在壶盖边缘延伸出一条鸟喙形外缘以遮盖鸭嘴形流的口

① 紫砂僧帽壶的器型比较多，主要分为三类：一是明代李茂林款式，二是时大彬款式，三是被认为是最早出现在紫砂器中的僧帽壶——高僧帽壶。其中李茂林款式的僧帽壶在造型上与瓷质僧帽壶区别较大，应该是创作者在创作过程中融入汉传佛教元素创作而成，而与藏传佛教文化无关，其造型并非来自瓷质僧帽壶。具体可参见李琦：《僧帽壶故事考——从历史的角度探询紫砂壶型演变》，载史俊棠主编《紫砂研究》第二辑，上海：上海古籍出版社，2007 年。有人认为瓷质僧帽壶从铜质僧帽壶演变而来，但目前尚没有有力的证据证明此观点。

沿；在鸟喙形边缘的正对面一侧附有一个圆孔部件与相应位置的僧帽形壶口内侧圆孔部件相扣合，一般用绳索通过这两个圆孔部件将壶盖与壶体相连，以防壶盖在倾倒壶内液体时掉落。如果说僧帽形壶口是僧帽壶的第一大特征，那么鸭嘴形流则是僧帽壶造型的第二大特征。僧帽壶的壶流没有像其他执壶一样独立出来，而是与壶体合二为一：上部与僧帽壶口相连，中部贴附在圆筒状壶颈边缘并与之相通，底部连通壶腹上端。与壶流相对的一侧为僧帽壶的壶执，壶执是僧帽壶的又一个重要特征，其造型为宽带状，上下两端都装饰如意云头造型。壶执上部的如意云头没有与僧帽口沿贴合在一起，而是垂直站立在壶执顶部，形成“飞把”，既装饰，又实用，在倾倒壶内液体时可以起到杠杆的作用，使壶内液体较容易被倒出；而壶执下端的如意云头则贴于壶腹肩部，以固定壶执。

关于瓷质僧帽壶最早出现于何时的问题，目前在文献资料中还没有找到与之相关的明确记载，但通过考古工作的开展，目前所发现的最早的瓷质僧帽壶出现于元代（见图 2）。[①] 因此学术界将瓷质僧帽壶产生的时间定于元代。这一结论的提出不仅有出土实物的支撑，从当时的时代背景和文化积淀层面也可以找到有力的证明。

① 1965 年考古工作者在北京市海淀区门头沟村元代墓葬内发现了一件青白瓷僧帽壶，壶体素面无款，高 19.7 厘米、口径 16.3 厘米、足径 6.7 厘米，现藏于首都博物馆，是目前发现的唯一一件元代僧帽壶标准器。

图 2

一、时代背景分析

元代是一个由中国少数民族执政的朝代。长期生活在北方草原的蒙古族从 13 世纪后半期中国北方各少数民族政权中脱颖而出，结束了中国多政权长期混战的局面，统一了全国。元代统治者对中国社会发展的贡献不仅表现在此，还正式将西藏的广大领土纳入中国版图①，使广大藏族同胞融入中华民族的大家庭，从而使得汉藏文化之间的交流日益频繁。

西藏地区划入元朝版图之后，大大促进了汉藏两地之间的文化交流，大批藏地僧人及商人来到内地，带来了大量的极具藏族文化特色的实物，而通过赏赐、贸易等方式流通到藏地的中原地区的工艺、实物等也大大促进了藏族文化的发展。在这一时代背景之下，僧帽壶的出现无疑是汉藏文化交流的直接产物。瓷质僧帽壶口沿部的造型为僧帽状，与藏传佛教噶玛噶举派黑帽系转世活佛的僧帽造型十分相似。壶身则是长颈鼓腹的执壶造型，而且充分运用了宋代以来中原地区发达的陶瓷烧造技术。因此，这种造型独特、工艺精湛的瓷器造型是西藏划入中国版图之初，汉藏两地文化相互交融的产物。

二、瓷器文化背景分析

瓷器是中国的一项伟大发明，早在商周时期中国便已出现原始青瓷，至东汉末期，真正意义上的青瓷产生并逐渐发展成熟。经过魏晋南北朝时期的继续发展，瓷器在唐宋时期已达到很高的造诣水平，尤其是在宋代，中国瓷器烧造技术达到顶峰，出现了“官、哥、汝、定、钧”五大名窑，创造了辉煌的瓷器文化。元

① 元代统治者通过“凉州会谈”的形式收复西藏地区。“凉州会谈”的发起者是窝阔台汗的第二个儿子阔端。窝阔台汗 1241 年去世以后阔端被封为西凉王，镇守凉州（今甘肃武威）。在此期间西凉王阔端为攻取西藏，于 1244 年八月派遣多达那波为金字使者，带着邀请诏书和礼物前往西藏，迎请享有“学富五明”崇高声望且具有代表西藏僧俗势力能力的萨迦班智达·贡噶坚赞到凉州会晤，共同商谈西藏的归属问题。1246 年萨迦班智达应阔端邀请，带着自己的两个侄子八思巴和恰那多吉到达凉州，并于 1247 年初与阔端进行了具有历史意义的首次会晤，双方经交换意见最终达成一致。在此基础上，萨迦班智达奉命写了一封信致乌斯藏、纳里速各地僧俗首领，这便是著名的《萨迦班智达致蕃人书》，从而使整个西藏地区归附蒙古统治。蒙古族统一全国之后正式将其划入中国版图。

代瓷质僧帽壶便是在此基础上产生的，其器型特征及造型原则都能够从中国瓷器文化中找到依据。

图 3

图 4

瓷质僧帽壶从整体器型特征来看，符合中国传统瓷器中盘口壶的特点：口部为平底盘造型，口沿外撇，连接盘口与壶腹的是高高的壶颈部分，下部为鼓腹，饱满圆润，鼓腹底部为圈足。如现藏于北京故宫博物院的西晋青釉盘口壶（见图 3）。西晋晚期，盘口壶在壶腹上部增加动物雕塑做装饰，而且部分器型增加执手，以方便提取。此时的盘口壶初步具备执壶的造型特征，但是有执无流，动物头部造型的雕塑虽然位于壶流的位置，但是仅仅作为装饰，没有实际功能。至东晋时期，真正意义上的执壶产生，如现在同样收藏于北京故宫博物院的青釉双系鸡首壶（见图 4），鸡首形流与壶身相通，为便于实用，将口部改为圆孔状，增加了壶执与壶流的实用功能。同时依然保留着盘口壶的特征：敞口、高颈、鼓腹、圈足。唐代进一步强调执壶的实用性，如岳州窑青釉盘口执壶（见图 5），壶腹比例加大，盘口、直流。至宋辽时期，执壶的造型又有所发展，宋代出现一种执壶，高颈、鼓腹、圈足，流与执分立两侧，与僧帽壶的整体形制基本一致。辽代出现喇叭口造型的执壶，如辽宁省博物馆所藏的白釉喇叭口执壶：喇叭形口，鼓腹，上腹较鼓，下腹较瘦，圈足。执手呈带状，上部附于喇叭口外侧，下部附在壶腹肩部。壶流较长，基本垂直站立在壶腹上端。因此，元代出现的僧帽壶的造型实际上是当时比较流行的瓷质执壶的变形，是由盘口壶发展而来，在口沿部融合了藏传佛教僧帽的造型。

图 5

其次，僧帽壶的造型也符合中国传统瓷器的仿生性造型原则。仿生性原则是中国器物造型设计的重要原则。从中国的原始彩陶到商周的青铜器、玉器等器物采用现实生活中常见的动植物外观作为器物造型的例子比比皆是。① 瓷器产生以后这种造型传统得到很好的继承。例如前文提及的鸡首壶的造型。鸡首壶是三国末年两晋时期越窑、瓯窑中出现的一种新的瓷器造型，以后各地瓷窑均有烧造。早期的鸡首壶多在盘口壶的肩部一侧贴鸡首雕塑，另一侧贴鸡尾，头尾前后对称，鸡首都为实心，完全是一种装饰。此时，中国真正意义上的瓷器工艺刚刚形成。中国瓷器工艺尚处于年幼阶段，瓷器制作便已采用仿生性作为其造型元素。到东晋时期，此类壶身变大，前装鸡首造型的壶流，后安圆股形执手，在东晋晚期其执手上端出现龙头装饰。再如隋代的龙柄鸡头壶以及唐代的凤头壶。唐代的凤头壶在初唐便已十分流行，现藏于北京故宫博物院的青瓷凤头龙柄壶（见图6），其壶盖被塑造成一个高冠、大眼、尖喙的凤头造型，与壶口恰相吻合，由壶口至壶底连接着一条生动活泼的螭龙造型的壶柄。此凤头壶虽然具有很强的西域风格，但在造型原则上同样具有典型的仿生性特征。又如中国传统瓷器蒜头瓶的造型，在瓶口位置直接采用蒜头的造型；安徽宿松北宋墓出土的一套宋代青白瓷注子、注碗，其中注碗的造型为一朵盛开的莲花形象。所以，仿生性是中国传统器物的重要造型特征，这种造型特征在瓷器产生以来运用得尤为广泛。因此，元代以来出现的瓷质僧帽壶其口沿部运用僧帽形象以及壶流采用鸭嘴形流这种造型手法并非元朝首创，而是对中国传统器物造型仿生性原则的继承和发扬。

在瓷质僧帽壶造型中壶流的造型也十分特殊，并非像一般执壶的壶流一样独立出来，而是与壶颈、壶口合为一体，其流口形

---

① 彩陶中的仿生造型特征可以追溯到仰韶文化时期。仰韶文化时期的人们十分富于艺术创造性，他们不仅把生产中接触到的鱼、鸟、鹿、蛙等形象描绘在彩陶上，还把鸟头、壁虎和人面塑像作为陶器的装饰，更有个别的器物仿照猛禽的形象来塑造，如陕西华县太平庄出土的一件鹰鼎，把整个陶器塑造成鹰的造型，十分庄严厚重，具有很强的艺术创造性。再如甘肃秦安邵店大地湾出土的人头形器口的彩陶瓶也是仿生彩陶器型的典型代表。

图 6

状为鸭嘴形，也属于仿生造型。这类仿生造型在中国传统器物中也能找到其渊源和流变过程。

此种器型特征最早可追溯到中国原始彩陶中的陶鬶。陶鬶大致出现的年代是大汶口文化晚期，至龙山文化时期得到继承和发扬。其器型是由单把鬲的口部延伸出鸟喙形流而成。[①] 例如出土于山东日照两城镇的龙山文化陶鬶（见图 7），鸟喙形流置于口沿之上，像一只雄赳赳的神鸟仰天长鸣。商朝十分重视酒文化，其中主要的酒器爵、角等器型的流都延续了陶鬶的造型特点，都

① 具体论述参见中国硅酸盐学会主编：《中国陶瓷史》，北京：文物出版社，2013 年，第 14 页。

采用鸟喙形。唐代出现的凤头壶虽然借鉴了西域金银器的造型特征，但其流口为凤鸟下喙的造型，与壶盖上凤鸟的上喙组合成完整的鸟喙造型。因此，元代出现的瓷质僧帽壶的鸭嘴形流正是继承了这种鸟喙形流的造型特征。

图 7

三、蒙古民族审美分析

瓷质僧帽壶的造型符合北方游牧民族的生活习惯。游牧民族生活在草原地区，逐水草而居，长期的迁徙生活使得他们的生活器具都以便于携带和实用为特点。如辽代的皮囊壶、鸡腿瓶等。蒙古族作为典型的游牧民族，其器物也具有这一特点。其瓷器大多具有胎体厚重、器型简洁而粗犷等特点，如高足碗、凤头扁壶等器型。因此，在元代出现的瓷质僧帽壶的造型特征符合蒙古族的审美取向，其器型简洁厚重，尤其是其鸭嘴形流符合游牧民族器物的造型特点，与壶体连为一体，既简洁又实用。

四、政治与宗教背景分析

元朝统治者为稳定西藏的僧俗势力，加强中央集权，在统一西藏以后对藏传佛教给予了高度的重视。元朝统治者不仅在本民族内大力传播和弘扬藏传佛教，而且在全国范围内也为藏传佛教的发展提供了众多便利条件。《元史》卷202《释老》开篇讲道："元兴，崇尚释氏，而帝师之盛，尤不可与古昔同语。"① 元代统治者扶植藏传佛教萨迦派领袖负责管理西藏大小僧俗事务，并于1270年正式册封萨迦派第五祖师八思巴为帝师大宝法王②，统领全国释教，从此形成帝师制度，"嗣为帝师者，例领宣政院③事，掌管全国佛教及吐蕃事务。忽必烈本人曾从八思巴受戒，故此职位尊冠百僚。终元一代，计有13任帝师，均由萨迦款氏家族担任。史载，元朝皇帝即位前须从帝师受戒，后妃及王公大臣等从藏僧受戒也成为风尚"④。由此可见，藏传佛教在元代是一种自上而下的传播方式，其僧人尤其是萨迦派僧人领袖的地位极高，不仅是藏传佛教的宗教领袖，而且是国家重要的行政官员，管理西藏事务。因此，元朝统治者对萨迦派重要僧人领袖十分重视和优礼，在对其封授名号的同时也赏赐大量的财物及供品。如元世

---

① 《元史》卷202《释老》，北京：中华书局，1976年，第4517页。

② 帝师，即皇帝之师。八思巴既是皇帝宗教上的老师，又是全国佛教僧人的领袖，具有十分高的地位，堪称"皇天之下，一人之上"。

③ 宣政院，来源于至元初年（1264）设置的释教总制院，是蒙古统治者独创的行政管理机构。1288年元代统治者提高了总制院的级别，正式更名为宣政院，地位与中书省、枢密院、御史台相等，可以独立选用官员，并可以直接给皇帝奏事。宣政院是元代统治者具体管辖藏区军民事务的中央机构，它将由八思巴建立的西藏行政体制与元朝中央的行政体制紧密地联系在一起，使之成为全国统一管理体系的重要组成部分。

④ 陈楠、任小波主编：《藏族史纲要》，北京：中央民族大学出版社，2014年，第90页。

祖忽必烈在封授八思巴灌顶国师之时颁赐给他“灌顶国师”的玉印，并供以缕金珍珠袈裟、珍宝装缀之氅衣、宝冠、金伞、金几等许多十分庄严的物品，此外，还供有金、银、骏马、骆驼、茶叶、绉缎等无数财物。① 因此，统治者对藏传佛教领袖进行册封并赏赐大量的财物、供器在元代成为一种重要的礼制。在这种情况下，元代统治者为表示对藏传佛教及僧人的重视，创造具有藏传佛教风格的器具便成为可能。

帽子在中国传统文化中具有特殊意义，是身份地位及权力的象征，不仅是中国礼制的重要内容，而且在佛教中也是重要的法器。噶玛拔希是藏传佛教噶玛噶举派的重要宗教领袖，于1256年受蒙哥汗的邀请到达漠北，并为蒙哥汗等人传授了灌顶，使其皈依了噶玛噶举派。蒙哥汗尊噶玛拔希为上师，赐给他一枚金印，承认了他的宗教领袖地位。也是在这个时候，蒙哥汗赐给了噶玛拔希一顶象征地位与职权并被噶玛噶举派奉为至宝的金边黑帽（见图8）②，从此噶玛噶举黑帽系一派开始传承，并开创了藏传佛教活佛转世体制，对后世产生极其深远的影响。目前学术界很多人认为僧帽壶之僧帽的原型即来自此黑帽。③ 通过图像学分析，蒙哥汗赐给噶玛拔希的这顶黑帽的造型与瓷质僧帽壶帽形口沿的造型确实极为相似，由此来推断元代出现的僧帽壶上的僧帽造型来自噶玛噶举派的这顶黑帽的说法有其合理性。从宗教方面

---

① 参见五世达赖喇嘛：《西藏王臣记》，郭和卿译，北京：民族出版社，1983年，第93页。

② 陈庆英、陈立健：《活佛转世——缘起·发展·历史定制》，北京：中国藏学出版社，2014年，第70页。

③ 例如何鸿在《从僧帽壶瓷器看汉藏文化交流》一文中认为：从元朝皇帝将帽子作为重要法器赠给西藏噶举派历代活佛，并作为一种制度传承下来，可以看出“僧帽”作为佛冠的重要性，它的意义不仅是一个衣着的载体，更重要的是一种礼仪、尊严、宗教、文化等的象征。虽然历史文献没有明确表述僧帽壶的出现，与“黑帽”和“红帽”等有直接关系，但图像学的解释和政治关联的意义不能不让我们产生联想。

来看，这顶黑色僧帽是噶举派黑帽系活佛的重要法器，是其历世活佛的身份象征。此后，元朝统治者赐给噶举派另一位大师一顶红帽，从而形成红帽系活佛转世系统。而红帽的形制与黑帽的形制基本相同。由此可以看出此种形制的帽子在藏传佛教中的重要性。从政治角度来看，不管是黑帽还是红帽都是元朝中央册封西藏宗教领袖的重要凭证，其作用类似于颁赐给这些宗教领袖的金印、金册，具有官职信物的属性，同时也体现了元朝中央政府对西藏僧俗势力的领导地位和任命权力。

图 8

因此，藏传佛教黑帽系的僧帽不仅承载了浓厚的宗教意义，而且还体现了元朝中央对西藏的领导与统治的政治关系。之所以将具有如此重要意义的僧帽造型融入瓷质僧帽壶的造型之中，一方面是因为元代统治者自身作为虔诚的藏传佛教信徒而供佛、做功德的表现形式，另一方面也是因为这样做可以使广大藏族人民从心理上较为容易地接受，同时也是一种身份与地位的象征，能让获得赏赐的高僧大德充分体会到中央统治者对他们的重视。

另外，元代开始出现散茶，并由以前的煮茶向程序简单的泡茶转变。这一饮茶方式的转变，不仅简化了煮茶程序，而且对饮茶器具也产生了很大影响。其中重要的影响之一便是对泡茶的器具——茶壶的影响。执壶是中国传统的酒具，在元代时期不仅功能上发生了变化，在器型上也因功能的改变而发生了变化：壶颈部和口沿部位逐渐变粗和加宽，目的是便于放置茶叶以及观察茶汤的色泽。这也是瓷质僧帽壶在元代开始出现的一个重要原因。

综上所述，瓷质僧帽壶在元代出现具备了特定的时代背景，它是广大藏族人民融入中华民族大家庭之初，汉藏文化相互碰撞的直接产物，是中国瓷器文化在元代进一步发展的结晶，体现了蒙古族的游牧文化，同时还是蒙古族作为元代的统治者信仰藏传佛教、优礼藏僧、有效统治西藏广大地区的产物。因此，极具时代性和造型特征的瓷质僧帽壶在元代出现具有极其重要的意义，它是蒙古、藏、汉等多民族文化相互融合的产物，是中华民族形成与发展的重要见证。

清代前后藏地方政权之比较研究

中央民族大学　泽仁翁姆

摘　要：前藏甘丹颇章地方政权和后藏朗玛岗地方政权，两者均由清廷敕封，曾各自建立了单独的行政机构与各级官员，在藏族历史上通常把两大政权分而论之，视为政教权力合一的两大平行机构。然而本人细读有关历史文献发现，两大政权机构在历史发展过程中其政权组织机构呈现各自的特殊性、复杂性和局限性。本文试图以两者政权制度的形成及其职官系统、整体影响力和与中央政府之间的关系等几个方面为切入点，进行异同比较，以期对前后藏的政权组织有较为全面的认识，并提出自己的观点，即前藏甘丹颇章政权自始至终在政治、宗教、经济事务中占主导地位，而后藏朗玛岗政权除一些特殊的历史阶段外，位于次要地位。

关键词：职官系统；隶属关系；政教权力；比较

一、前藏甘丹颇章政权和后藏朗玛岗政权的相同点

从大体上看，前藏甘丹颇章政权与后藏朗玛岗政权均由清朝中央政府领导并受到了清朝中央政府的册封，受驻藏办事、帮办大臣的监督指导，并与之共同遵奉谕旨。在清朝两者都要进京入贡，如："前藏达赖喇嘛、后藏班禅额尔德尼各间二年遣使堪布来

京入贡，均于每年十二月念洞礼经以前到京，恭候次年新正呈递丹书克［亦作‘丹舒克’（ཞུ་ཡིག་གི་རྟེན），汉文译作呈上、上书］。”①前藏地方政权的首领达赖喇嘛和后藏地方政权的首领班禅喇嘛，两人都是格鲁派创始人宗喀巴大师的两位优秀弟子的转世活佛，在宗教上享有很高的地位和荣誉。前藏甘丹颇章政权和后藏朗玛岗政权都是基于格鲁派寺院而建立的地方性政权，同样的教派，同样的宗教理论，同样的信仰系统也导致了两者带有同样的文化底蕴和统治思想特质。后藏政权在建立初期，曾直接仿照前藏政权的机构建立了自己的相关机构，可以说后藏政权成为前藏政权的一个局部的复制品。如：“班禅拉让（པཎ་ཆེན་བླ་བྲང་།），刚开始时以西藏地方政权为参照系，内设‘孜’‘雪’‘涅仓’三个机构。”② 两者的组织机构均形历了不断发展完善的过程，其职官系统的分配也趋于相似，如：前后藏的职官都分三个系统，其中拉章官均由寺院堪布担任，而武官均由代本、如本、甲本、定本、久本、士兵六个官职构成。噶伦和札萨喇嘛下分别设有僧官大小仲译钦莫、孜洽、大小卓尼尔、大小业仓巴、希约第巴、大期本等。两大政府机构的基层组织同样设有基巧、宗、溪卡。但总体上两者的异大于同，尤其在政治系统方面差别较大，故下面就简要谈及两者的不同点。

二、前藏甘丹颇章政权和后藏朗玛岗政权的不同点

（一）前后藏地方政权的形成时间不同

班禅喇嘛为首的后藏朗玛岗地方政权其雏形大概形成于四世班禅时期，尤其到了四世班禅后期，扎什伦布寺内修建了一座供

① 西藏社会科学院等编：《西藏地方是中国不可分割的一部分》（史料选辑），拉萨：西藏人民出版社，1986 年，第 184 页。

② 扎什伦布寺历史编写小组编：《扎什西伦布寺简介》（藏文），拉萨：西藏人民出版社，1997 年，第 8 页。

班禅居住的“拉让”（པཎ་ཆེན་བླ་བྲང་།），内设三个机构和专门供奉班禅喇嘛的四个“深穷”（གཟིམས་ཆུང་།）。完善形成时期为五世和七世班禅时期，先后增设译仓、奇热、罗顶和四大札仓等机构。而前藏的甘丹颇章地方政权是在1642年建立，当时固始汗控制了整个西藏，登上汗王宝座，随即将五世达赖喇嘛迎请到日喀则。“王遂以西藏三区十三州政教全权悉以供养第五世达赖喇嘛”①，把藏巴汗宫中的大量财宝和卫藏十三万户献给了五世达赖喇嘛。值得注意的是，这里的卫藏十三万户意指西藏全部地方，因为元朝在西藏设立的行政建置，此时早已荡然无存。同时，固始汗还将卫藏地方的赋税用以供养甘丹颇章为主的格鲁派，故甘丹颇章政权在哲蚌寺的甘丹颇章宫宣告成立。而完善时期为1751年，这一年以达赖喇嘛为首的政教合一的噶厦政权正式建立，这是广大学者都一致认可的，不必详述。

（二）前后藏地方政权机构不同

从现有的资料来看，尽管前后藏政权机构都比较复杂，而且明显带有历史阶段性和其特殊性，但从大体上来说前藏甘丹颇章政权的机构较之后藏朗玛岗政权更加完善细化。如：清朝前期人们把甘丹颇章政权称为“第巴雄”②（སྡེ་པ་གཞུང་།），意为第巴办公处或由第巴掌管的政权之意，反映出第巴在这一系统中的重要地位。而后藏朗玛岗政权中没有设立第巴一职。除了第巴外，甘丹颇章政权中还设有许多官职和机构。五世达赖喇嘛与首任第巴索南群培（བསོད་ནམས་ཆོས་འཕེལ།），把元代萨迦派掌管西藏地方政权时所创设的十三种官职保留下来，并在此基础上新设了“噶伦、代本、称本、索仁托唐巴、孜本、涅仓、密本、杂涅、冲本、色译

① 牙含章编著：《达赖喇嘛传》，北京：人民出版社，1984年，第31页。

② 第巴：为藏语（སྡེ་སྲིད）的音译，原指“部落首长”或“头人”。清初格鲁派执掌政教大权后，其政权机构被称为“第巴雄”，第巴也随之成为西藏地方政权首领，代替达赖喇嘛总揽西藏政务。

巴、僩堆巴、噶儿居巴、宗本、溪堆等官职。同时还设立了噶伦厦、孜康、雪巴勒空、细康勒空、朗孜厦勒空、孜差德勒空、雪拉让强佐勒空、拉萨涅仓勒空、杂涅勒空、糌协勒空等行政机构"①。上述这些机构职能分明，有管理财政、政法、司法、内务等的权限，尤其是新设的孜康和译仓，成为甘丹颇章政权的重要机构，直接受地方政权领导。孜康的任职人员孜本皆为俗官，该机构除了管理财政收支以外，实际管理范围很大，如："当时俗官的委派、调遣均由孜康拟出名单，呈请批准。地方政权的各财政机关及各地税收部门的收支情况，皆由孜康审核。此外，孜康还承担着给贵族子弟传授语文、数学知识，培养他们进入官场的重任。"② 而后藏朗玛岗政府亦设有孜康和译仓，但其权限不明确。

另外，前藏的拉章设有基巧堪布，地位与噶伦相当，在这下面还设有大小堪布。而后藏的拉章跟藏区各大寺庙一样，只设有森本堪布、苏本堪布、却本堪布、森约、麻庆布、孜却本巴等，并没有设立基巧堪布和大小堪布。前藏的地方官职中设有边缺营官及大中小缺营官之职，而后藏的地方官职中没有边缺营官这一职务，只有大中小缺营官之职。（值得注意的是，在廓尔喀战争期间，因后藏处于抵御外辱的重要战略基地，故当时所设大缺营官的品级较之前藏边缺营官的品级要高，为三品官。）前藏的噶伦与后藏的札萨喇嘛官职相同，但其内部组织不一样，噶伦通常由一僧三俗担任，而札萨喇嘛均由僧人充当。总之，相对而言后藏的政权系统比较单薄、权限比较模糊，而纯教机构和特殊机构较多，如"四大札仓、孜贡康巴，这些机构均由僧人担任，为纯教机构。郎莎康、东孜勒空、特强勒空、孜衮康巴、孜佐布、孜

① 东噶·洛桑赤列：《论西藏政教合一制度》（藏文版），北京：民族出版社，1981年，第96—97页。

② 强俄巴·多杰欧珠、卓玛太：《西藏俗官学校——孜康简述》，载《中国藏学》，1990年第4期。

恰勒空、苏托等机构"[①] 这些机构大都管理班禅喇嘛个人的饮食起居和扎什伦布寺内部的佛事活动的事项。

（三）前后藏地方政权的整体影响与地位不同

1. 前后藏地方政权的实力范围差别很大

依据当时西藏历史的具体情况和史料，后藏地方政权远不及前藏地方政权，两者的实力范围有着明显差别。1642 年，固始汗消灭了藏巴汗，并把 13 万户和西藏的全部赋税赠给了达赖喇嘛。前藏地方政权在建立初期，因身后有固始汗和和硕特汗王两个强大的军事力量，故行政命令必须经过固始汗受印才能发布，然而在这种权力监控下的甘丹颇章政权同样掌握着西藏的政教大权。这二者并不矛盾，后来的清朝驻藏大臣与西藏地方政权之间的关系亦是如此。但我们注意到在同一时期，也就是"1645 年，（固始汗）为了表示他对四世班禅喇嘛的敬仰，赠给四世班禅喇嘛'班禅博克多'的尊号，并把后藏的谢通门溪卡、兰仑热布杰溪卡、托溪卡、绒措哇、阿巴喇嘛曲溪、安贡哇、札亏哇、岗巴哇、杰龙哇等十个溪卡归班禅管辖，以作僧众供养"[②]。

2. 前后藏地方政权所辖区域和属民相差甚远

清乾隆二年（1737）理藩院册籍载称："达赖喇嘛所辖寺庙 3150 余所，喇嘛 302500 余人，百姓 121438 户。班禅所辖寺庙 327 所，喇嘛 13700 余人，百姓 6752 户。"[③] 可见，以达赖喇嘛为首的前藏地方政权所辖的寺庙、民户大大多于以班禅为首的后藏地方政权。在一些叙述中也可知："1694—1733 年之间，这段时间本应该是整个格鲁派实力大增的主体时期，因为当时达赖喇嘛下的僧人同比增长了十倍，而班禅喇嘛下僧侣的同比增长还不

---

① 多吉才旦主编：《西藏封建农奴制社会形态》，北京：中国藏学出版社，2005 年，第 351—354 页。

② 牙含章：《班禅额尔德尼传》，拉萨：西藏人民出版社，1987 年，第 45 页。

③ 黄奋生：《藏族史略》，北京：民族出版社，1985 年，第 287 页。

到两倍。”[①] 当时班禅喇嘛下的僧人数量增长缓慢，而且在一段时间内扎什伦布寺的僧人数量一直在缩减。僧人数量增长缓慢和下降，至少说明了以班禅喇嘛为首的后藏政府的整体影响力在下降。再者就以后藏为例，后藏的全部地带并非都属于后藏地方政权管辖，如江孜及阿里三围均属达赖喇嘛所辖之内。另外，归达赖喇嘛管辖的有：“3 个完整的宗，5 个相当于宗的独立溪卡，2 个相当于宗的税卡，2 个相当于宗的牧区，共计 17 个地方。”[②] 从以上数据可得出结论，以班禅喇嘛为首的后藏地方政府的整体实力和所辖地区尤为少之。

3. 前后藏地方政权首领的政治地位不同

前藏地方政权的首领达赖喇嘛和后藏地方政权的首领班禅喇嘛，两人都是格鲁派创始人宗喀巴大师的两位优秀弟子的转世活佛，在宗教上享有很高的地位和荣誉，但就政治权力而言，两人的地位悬殊。下面就从几个事例来加以说明：

五世班禅喇嘛个人的影响力不及达赖喇嘛。首先，拉藏汗选定的、经过五世班禅多次肯定的六世达赖喇嘛益西嘉措，除并不受到三大寺上层的拥护以外，清廷也没有承认他。其次，在处理重大的政治事件时，五世班禅喇嘛也是被排斥在外的，桑吉嘉措在 1698 年的奏书中称：“五世达赖喇嘛匿丧出于无奈，甚至亦未禀报班禅喇嘛，望皇上谅之。”[③] 再者，以班禅喇嘛为首的后藏朗玛岗政权没有形成明文的法典，只有扎什伦布寺的寺规或者是习惯法；而前藏政权不同，五世达赖喇嘛与第巴桑结嘉措早在 1681 年制定并颁布了《法典明鉴》。《法典明鉴》共 21 章，分别

---

① 东嘎·洛桑赤列：《论西藏政教合一制度》（藏文版），北京：民族出版社，1981 年版，第 124 页。

② 次仁央宗：《札什仑布寺原堪厅组织的形成与演变》，载《西藏研究》，1995 年第 2 期。

③ 中国藏学研究中心等编：《元以来西藏地方与中央政府关系档案史料汇编》（2），北京：中国藏学出版社，1994 年，第 305 页。

对人们的各种行为、各行业的工作条例等做了明确的法律规定。其中涉及较多的则是各级行政官员和一般工作人员如何为以达赖喇嘛为首的大小活佛服务的问题。如大臣工作条例第三条说:“噶伦及噶厦政府勒参巴在处理重大事务时,不能违背为佛王大普慧的宗教和政户权……服务的原则。”①《法典明鉴》借助法律的威力来为以达赖喇嘛为首的前藏地方政权的宗教与政治服务,并且将宗教置于更加突出的位置,要求前藏地方政权中的各级官吏都要维护格鲁派的利益,都要为它服务。另外,清廷对五世班禅喇嘛的册封一事,虽然意义很大,但对整体的班禅系统而言这次册封反而将班禅喇嘛置于一种尴尬的位置,因为当时清廷先后册封了五世达赖喇嘛、五世班禅喇嘛、第巴桑吉加错、固始汗、拉藏汗。除五世班禅以外,其余四个封号都有着或长或短的定语,以此来界定受册封者的职权所在。如 1653 年,顺治帝册封五世达赖喇嘛为“西天大善自在佛所领天下释教普通瓦赤喇怛喇达赖喇嘛”(ནུབ་ཕྱོགས་ཀྱི་ཕུལ་བྱུང་ཞི་བ་སངས་རྒྱས་རྒྱ་ཆེན་ཁྱོན་ལ་སངས་རྒྱས་བསྟན་པའི་མངའ་བདག་ཐམས་ཅད་མཁྱེན་པ་རྡོ་རྗེ་འཆང་ཏཱ་ལའི་བླ་མ།),其册文曰:“朕闻兼善独善,开宗之义不同;世出世间,设教之途亦异。然而明心见性,淑世觉民,其归一也。兹尔罗布藏札卜素达赖喇嘛,襟怀贞朗,德量渊泓,定慧偕修,色空俱泯,以能宣扬释教,诲导愚蒙,因而化被西方,名驰东土。我皇考太宗文皇帝闻而欣尚,特遣使迎聘。尔早识天心,许以辰年来见。朕荷皇天眷命,抚有天下,果如期应聘而至。仪范可亲,语默有度,臻般若圆通之境护慈悲摄受之门。诚觉路梯杭,禅林山斗,朕甚嘉焉。兹以金册封尔为西天大善自在佛所领天下释教普通瓦赤喇怛喇达赖喇嘛。应劫现身,兴隆佛化,随机说法,利济群生,不亦休哉。”②

---

① 恰白·次旦平措主编:《西藏历代法规选编》(藏文),拉萨:西藏人民出版社,1989 年,第 218 页。

② 牙含章编著:《达赖喇嘛传》,北京:人民出版社,1984 年,第 35 页。

1653 年，固始汗被封为“遵行文义敏慧顾实汗”（གཞུང་བཟང་བཅི་སྲུང་དང་བདེན་ལས་སྒྲོང་མཛངས་ཅན་གོ་ཤྲི་ཧན་གྱི་ཐམ་ག），其册文为：“帝王经纶大业，务安劝庶邦，使德教加于四海。庶邦君长能度势审时，归诚向化，朝廷必加旅异，以示怀柔。尔厄鲁特部落顾实汗尊德乐善，秉义行仁，惠泽克敷，被于一境，弹乃精诚，倾心恭顺，朕甚嘉焉。兹以金册印封为‘遵文义敏慧顾实汗’。尔尚益矢忠诚，广宣声教，作朕屏辅，辑乃封沂。如此，则带砺山河，永膺嘉社，钦哉。”① 1694 年，清政府册封第司桑结嘉措为“掌瓦赤喇怛喇达赖喇嘛教宏宣佛法王布忒达阿白迪（རྡོ་རྗེ་འཆང་ཏཱ་ལའི་བླ་མའི་ཆོས་སྲིད་འཛིན་ཅིང་རྒྱལ་བའི་བསྟན་པ་དར་རྒྱས་སུ་སྐྱོང་བའི་ས་དབང་བུདྡྷ་ཨ་བྷྱིའི་ཐམ་ག）”②，并授金印一颗,另附册文，此不一一详述。“1707 年，册封拉藏汗为‘翊法恭顺汗’（བསྟན་སྐྱོང་ཀུན་ཧྲུན་ཧན）。”③ 当时西藏地方以达赖喇嘛为首的格鲁派势力大增，采取排挤其他宗派的政策，内部矛盾激化，局势变得紧张。此时康熙帝再次想到西藏黄教界共尊的五世班禅喇嘛，决定予以册封，抬高他的宗教地位，其目的主要是保障札寺所属寺庙原征赋税不为他人侵占，巩固札寺地位，当然不排除让他出面主持西藏佛教事务，使宗教界稳定，蒙藏地区得以安宁的意图。

“1713 年二月，康熙帝下诏正式册封五世班禅罗桑益喜为‘班禅额尔德尼’（པཎ་ཆེན་ཨེར་ཏེ་ནི），同时将扎什伦布各庙与地方赏与班禅喇嘛管理，不许别人侵占。并颁给金印金册。”④ 从此，班禅喇嘛的宗教地位得以确认，历代班禅喇嘛受中央政府之册封变为定制。但“班禅额尔德尼”这一称号基本上只是简单重复

① 牙含章编著：《达赖喇嘛传》，北京：人民出版社，1984 年，第 35 页。

② 牙含章编著：《达赖喇嘛传》，北京：人民出版社，1984 年，第 38 页。

③ 恰白 · 次旦平措、诺昌 · 吴坚主编：《西藏简明通史》（中册，藏文），拉萨：西藏藏文古籍出版社，1991 年，第 655 页。

④ 张羽新编著：《清朝治藏典章研究》（中），北京：中国藏学出版社，2002 年，第 55 页。

了四世班禅喇嘛称号“班禅博克多”（པཎ་ཆེན་པོ་ཁེ་ཏོ），而达赖喇嘛的尊号“所领天下释教”这一词说明了受封的职权与前者有明显的差别，即达赖喇嘛的尊号体现明显的职权所在。清朝在册封达赖喇嘛、班禅喇嘛与蒙藏主政官员时，遵循政教分离的原则，将达赖喇嘛、班禅喇嘛的册封限制于宗教事务之内。但是达赖喇嘛往往在清代的西藏地方政权扮演着政教聚于一身的政教领袖角色。总之，封固始汗为“遵行文义敏慧固始汗”，要他“作朕屏辅，辑乃封圻”，封桑结嘉措为“宏宣佛法王”。封五世达赖喇嘛与五世班禅喇嘛有区别，五世达赖喇嘛的封号中有“所领天下释教”的权限定词，而五世班禅喇嘛没有。这些都说明康熙帝对五世达赖喇嘛、五世班禅喇嘛的期望值存在高低之分，是遵循了西藏实情和特点做出的这一册封。

七世达赖喇嘛圆寂以后，当时西藏地方政权和清廷都没有让班禅喇嘛亲政，而是采取了摄政这一制度。班禅喇嘛在历史上也担任过摄政一职，在十世达赖喇嘛圆寂后，驻藏大臣琦善“弹劾”时任摄政一职的噶勒丹锡呼图萨玛第巴克什。清朝为了加强对西藏地方的治理，决定让七世班禅喇嘛出任摄政职务。道光二十四年（1844），驻藏大臣琦善将七世班禅喇嘛接到拉萨，传达道光皇帝的旨谕，要他出任摄政职务。班禅喇嘛虽然以自己年迈为由，拒绝出任，但最终接受旨意。之后道光皇帝降旨：“商上事务着照议准令班禅额尔德尼暂行兼管，第穆、济咙、呼征三人并令随同学习，俟一二年后，由该大臣会同班禅额尔德尼酌保一人掌办商上事务……翌年三月，遵照道光皇帝的谕示，辞去摄政职务，返回扎什伦布寺。”① 从中可以看出，班禅喇嘛出任摄政一职的时间不到一年，而达赖喇嘛可以亲政，班禅喇嘛只能通过摄政制度来代理达赖喇嘛掌政，没有亲政的历史，这也说明了两

---

① 丹珠昂奔主编：《历辈达赖喇嘛与班禅额尔德尼年谱》，北京：中央民族大学出版社，1998 年，第 607—608 页。

者的政治地位。

清朝中央政府曾先后针对西藏地方政权的相关事宜颁布了章程，如 1751 年清廷颁布《酌定西藏善后章程十三条》，章程明文规定："全藏人民，向属达赖喇嘛，按地方大小，人户多寡，均定差徭。各寺堪布喇嘛，照旧由达赖喇嘛选派。废除郡王掌政制度，由七世达赖掌管西藏政教大权。后藏设有代本三名，前藏仅设一名……均应遵照达赖喇嘛并驻藏大臣的印信行事。"① 此章程中对班禅喇嘛只字未提，主要是贯彻了乾隆皇帝对西藏进行行政体制改革的要旨"大权务使归于达赖喇嘛同驻藏大臣专主"②。形成了达赖喇嘛得以专主，钦差大臣有所操纵，而噶伦不致擅权的局面。废除了"政教分离"的郡王制授权达赖喇嘛管理西藏地方事务的立章定制。

1793 年，清廷又颁布了《钦定藏内善后章程二十九条》，因后藏班禅喇嘛辖区的战略地位日益突显，加上清廷强调提高驻藏大臣地位，该章程中明确提出："关于驻藏大臣的地位和职权，规定驻藏大臣统办西藏事务，地位与达赖、班禅平等。"③ 但是所谓经济基础决定上层建筑，班禅喇嘛系统的经济基础一直很薄弱，后藏班禅喇嘛系统所占属地和牧场相当于以达赖喇嘛为首的前藏地方政权所占属地和牧场的十分之一。所以实际上班禅喇嘛实力不可能与达赖喇嘛相提并论。另外，该章程主要还是在强调驻藏大臣与达赖喇嘛的职权，班禅喇嘛的职权很少被提及，如："扎什伦布寺的重大事务，须事先禀报驻藏大臣……地方官员的升迁任命，由驻藏大臣和达赖喇嘛共同提出两个名单，呈报清朝

---

① 西藏社会科学院等编：《西藏地方是中国不可分割的一部分》（史料选辑），拉萨：西藏人民出版社，1986 年，第 211—212 页。

② 顾祖成编著：《明清治藏史要》，拉萨：西藏人民出版社，济南：齐鲁书社，1999 年，第 220 页。

③ 西藏社会科学院等编：《西藏地方是中国不可分割的一部分》（史料选辑），拉萨：西藏人民出版社，1986 年，第 266 页。

中央选择任命。……粮饷由噶厦交驻藏大臣发放，免差照票由驻藏大臣与达赖喇嘛发给。……外人来访由驻藏大臣和达赖喇嘛商同给谕。各大寺院之堪布应由达赖喇嘛、驻藏大臣及济咙呼图克图三人酌商遴选任命，并颁给加盖三方印信之执照。”① 正因为班禅喇嘛权限无规定，加之经济基础薄弱，一旦与达赖系统发生矛盾，示弱的只能是班禅喇嘛，九世班禅出走内地就有这方面的因素。

4. 前后藏地方政权与清廷中央的关系不同

较之以达赖喇嘛为首的前藏地方政权，后藏地方政权与清朝中央政府关系不大密切，两者之间的关系主要还是以教权为主。例如：七世班禅喇嘛遵照清朝中央的旨意参与了从九世至十一世达赖喇嘛的认定工作，但并不能表明班禅喇嘛与清廷的关系十分融洽，因为除了这件事以外，班禅喇嘛系统与清廷中央政府并没有太多交往。正因如此，半个多世纪以来，清廷对西藏地方的关注焦点一直集中在前藏达赖喇嘛系统。而到了民国时期，九世班禅出走内地，与国民政府关系逐渐密切，先后由班禅会议厅、班禅行辕等临时成立的机构来代替原来地方政权。从中我们可以看到，班禅政权随着九世班禅喇嘛的出走而一直处于一种运动式的状态。而前藏地方政权刚好相反，在清朝时期一度与清中央政府关系良好，但到清末民初，因种种历史原因，双方曾处于一种“不正常”的关系。十三世达赖喇嘛在原有基础上新设机构，使得在一段时期更加完善和规范了前藏的地方政权机构。

综上所述，清代西藏地方政权即以达赖为首的前藏甘丹颇章地方政权和以班禅喇嘛为首的后藏朗玛岗地方政权，因达赖喇嘛和班禅喇嘛在教权上的权威及其影响力相当，故通常把清朝时期这两个地方政权的地位也相提并论，将两个地方政权视为平行的

---

① 西藏社会科学院等编：《西藏地方是中国不可分割的一部分》（史料选辑），拉萨：西藏人民出版社，1986 年，第 248—251 页。

互不统属的独立政权机构。但细读历史文献我们可以得知，在清代，从历史发展的大体上来看，以班禅喇嘛为首的后藏朗玛岗政权无论从经济基础、政权的机构组织、体制完善程度及其在西藏地方和清廷方面的整体影响和地位等都远不及以达赖为首的前藏地方政权。故我们应该具体问题具体分析，不能一概而论，也不能以偏概全。以历史发展的特殊性和阶段性为着力点，综合利用文献档案等资料和个人的理性思考及分辨能力，分清历史研究和历史运用，尽量接近历史的本来面目，从而“还原”其历史。

民国时期蒙藏事务管理机构名称的演变

解放军外国语学院　马　睿

摘　要：20世纪初，清廷消亡，民国新立，全国局势风云突变，蒙古、西藏等边疆地区也在俄、英外国势力的侵入下，离心倾向日重。民国政府亟须建立一个专门的蒙藏事务管理机构与蒙古、西藏地方沟通联系，为中央政府在边疆地区的政策实施提供智力支持，并负责涉及蒙古、西藏等民族地方的具体事务。1912—1928年之间，民国蒙藏事务管理机构几经变迁，本文旨在通过梳理蒙藏事务处、蒙藏事务局、蒙藏院和蒙藏委员会等蒙藏事务管理机构的沿革过程，重点分析机构变迁的原因以及机构名称的演变，并通过研读民国时期的藏文报刊等文献，窥探与官方机构汉文名称对应的藏文译名之变化，以期说明在当时的历史条件下，作为中央机构之一的蒙藏事务管理机构的重要地位。

关键词：民国；蒙藏事务；机构名称；藏文

1911年10月10日，催生中国社会剧变的辛亥革命爆发，1912年1月1日，中华民国临时政府在南京成立，清帝溥仪颁布退位诏书，从此封建帝制退出中国的历史舞台，中国也是从这里开始了对共和制度的艰难探索与实践。孙中山先生在《中华民国临时大总统宣言》中谈道："端在今日，敢披沥肝胆，为国民告。国家之本在于人民，合满、蒙、回、藏诸地为一国，即合满、蒙、回、藏诸族为一人，是曰民族之统一。武汉首义，十数行省，先后独立，所谓独立者，对于清廷为脱离，对于各省为联合，蒙古、西藏意亦同此。行动既一，决无歧趋。枢机成于中央，斯经纬周于四至，是曰领土之统一。”① 言语之间，清晰地表达了孙先生“五族共和”的民族观和各地方（尤强调蒙古、藏）围绕中央的领土观，这同以前封建帝王时代的天朝与藩族严格对立的狭隘的民族观念有着本质的区别。2 月 15 日，袁世凯当选为中华民国第二任临时大总统，并于 1913 年 10 月 10 日被选为中华民国第一任正式大总统。袁世凯上台后，秉承了孙中山先生关于“五族共和”的政治理念，同时他深知对蒙古、西藏地方的管理自古以来就不能与其他各内地地方等同，建立管理蒙古和西藏事务的专门机构更显迫切。

一、南京国民政府以前蒙藏事务管理机构名称的演变

在袁世凯主政的北洋政府时期，蒙藏事务管理机构的名称经历了三次变化，当然名称的演变是建立在机构的变化之上。清朝年间，设理藩院掌蒙古、西藏和回部等边疆民族事务，清末，为配合“预备立宪”，将理藩院更名为理藩部，实为“换汤不换药”。中华民国建立后，鉴于“五族之平等”和蒙藏事务的特殊性，自然要以现代机构彻换前清旧衙门。民国初年刊物《藏文白话报》所载《蒙藏事务局沿革记（上）》一文对此做了详细的阐述：“现在理藩部既经消灭，何必再说到‘理藩’二字？因为要说明蒙藏事务局和理藩院性质不同，不得不把从前理藩院的制度提说起来。‘理藩’二字是君主国专制时代对于外藩管理一切的意思。前清乾隆时所定的会典上，载有理藩院掌内外藩蒙古回部之政令，控驭抚绥，以顾邦翰，所属有旗籍司、王会司、典属

① 《东方杂志》，第八卷第十号，民国元年（1912）四月初一日，“内外时报”，第 17 页。

司、柔远司、徕远司、理刑司等，各司其职，管理外藩。从前清朝的制度，汉族完全为他管理，固不必论，蒙、回、藏等族都列为藩服，理藩院的制度是专理蒙、回、藏的事情，君主对于藩属，所谓柔远之意，当时情形，立法也真不差。无如后来日久，弊病丛生，生出种种的恶感。到了光绪年间，也想剔除积弊，改理藩院为理藩部，哪晓得积弊难除，就是改院为部，不过改头换面的样子，根本上毫无变动。现在民国成立，岂得再有外藩之称，五族既成一家，没有什么彼此，蒙藏的事情，即是国内的事情，既是国内的事情，自然应归内务部办理。于是政府命令，把前清理藩部所管蒙、回、藏各种事件交归内务部接收，名正言顺，乃是正当办法。然而过渡时代，又有一番的经历。”[①] 文中对民国政府没有沿袭清朝蒙藏事务管理机构名称的原因做了解释，即不再以封建时代天朝上国羁縻边疆民族的心态来命名政府机构，而是将蒙古、西藏两民族纳入到全国行政体系之内，蒙古、西藏两地的事务也同样视为国家的内务来对待，与内地各省并无差别。1912 年 4 月 12 日，“大总统令：‘现在五族共和，凡蒙、藏、回、疆各地方，同为我中华民国领土，则蒙、藏、回、疆各民族，即同为我中华民国国民，自不能如帝政时代再有藩属名称，此后蒙、藏、回、疆等处，自应通筹规划，以谋内政之统一，而冀民族之大同。民国政府于理藩不设专部，原系视蒙、藏、回、疆与内地各省平等，将来各该地方一切政治，均属内务行政范围。现在统一政府业已成立，其理藩部事务，着即归并内务部接管，其隶于各部之事，仍划归各部管理。在地方制度未经划一规定以前，蒙、藏、回、疆应办事宜，均各仍照向例办理。此令。’”[②] 理藩部并入内务部后不久，蒙藏事务处遂告成立。从级别上看，蒙藏事务处只是内务部下一个小小的处，而清朝的

---

① 《藏文白话报》，第二号，民国二年（1913）二月，“要闻”，第 4—5 页。

② 《藏文白话报》，第二号，民国二年（1913）二月，“要闻”，第 7—8 页。

理藩部与六部平级，两者已不能同日而语，但就其在民主共和政治体制上的实践而言，是一个不小的进步。

随着理藩院事务的并入和蒙古、西藏局势的进一步恶化，内务部蒙古、西藏事务陡增，已疲于应付。“自从蒙、藏、回、疆的事务归并内务部之后，内务部的事情觉得太烦，实在忙不了，所以要想增一位次长。”① 1912 年 6 月 12 日，在经过议会的审查和讨论之后，将增加次长（内务部副部长）的提案改为在内务部下另设一局管理蒙藏事务。“又说蒙藏事务的办法，以后尤要主张积极，约法上规定五族人民平等，但是蒙藏的文化上、经济教育上与内地恐不能一致，所以须要积极主义，方可发展蒙藏的事务，然后才可为蒙藏同胞谋幸福，才可以达到五族人民平等的目的，所以决定另设特别机关，专管蒙藏事务。并非对于蒙藏有特别的政策，实在因为注重蒙藏事务起见，不得不然，其机关取名为蒙藏事务局，直隶于国务总理，报告完毕，各议员讨论再四。”② 最终该提案经大多数议员赞成，表决通过。升格后的蒙藏事务局虽仍下辖于内务部中，但却直隶于国务总理，其地位的特殊性和重要性可见一斑。

1912 年 7 月，川藏战事再起，11 月《俄蒙协约》签订，蒙古、西藏地方局势堪忧。鉴于蒙藏事务的燃眉之急和艰巨繁杂，袁世凯于 1914 年 5 月 4 日发布大总统令：“蒙藏事务局着改为蒙藏事务院，此令。”③ 5 月 17 日公布的《蒙藏院院官制》规定，“蒙藏院直隶于大总统，管理蒙藏事务”④，并下设第一司、第二司。可以看出，这一次蒙藏事务管理机构又一次提高了级别，并

---

① 《藏文白话报》，第二号，民国二年（1913）二月，“要闻”，第 8 页。

② 《藏文白话报》，第二号，民国二年（1913）二月，“要闻”，第 9—10 页。

③ 中国第二历史档案馆整理编辑：《政府公报（第二十八册）》（影印本），上海：上海书店，1988 年，第 159 页。

④ 《东方杂志》，第十一卷第一号，民国三年（1914）七月一日，“中国大事记”，第 3 页。

且机构名称最终确定为蒙藏院。

随着中央政府蒙藏事务管理机构的不断扩大，机构名称也在发生着改变，不仅是汉文，从藏文也能看出其中的变化。在藏文版《蒙藏事务局沿革记（上）》一文中，对“理藩院”和“理藩部”的藏文翻译，采用了音译的办法，译为“ཀླི་ཧན་ཡྭན།（拉丁转写：kli han yvan）”“ཀླི་ཧན་སྦུ།（拉丁转写：kli han sbu）”①，而在《藏族大辞典》中与“理藩院”对应的藏文为“བོད་ཚབ་ལས་ཁང་།（拉丁转写：bod tshab las khang）”②，该译法只体现了理藩院中西藏事务的部分，如果翻译过来可以理解为“代理西藏（事务）的办公处”，向红笳编写的《汉英—英汉藏学翻译词典》亦从此翻译。而关于“蒙藏事务局”的藏文翻译，在民国二年（1913）一月出版的《藏文白话报》第一号（创刊号）中，有一幅插图照片名为“蒙藏事务局贡总裁”，藏文为“བོད་སོག་སྤྱི་ཁྱབ་ལས་འཁུང་གི་གཙུང་ཚལ་ཀུན་བཟང་ནོར་བུའི་སྐུ་སྤར་འདི་ན་མོ།（拉丁转写：bod sog spyi khyab las vkhung gi grtsung tshal kun bzang nor buvi sku spar vdi na mo）”。同样是在本刊的“法令”类的栏目中，在“临时大总统任命贡桑诺尔布③为蒙藏事务局总裁此令”这句话中对蒙藏事务局的翻译为“བོད་སོག་སྤྱི་ཁྱབ་ལས་འཁུངས།（拉丁转写：bod sog spyi khyab las vkhungs）”。在拼写上，对于“机关”一词同一期中有两种不同的翻译，但只是再后加字有所不同，没有改变词意，不影响理解。“བོད་སོག་སྤྱི་ཁྱབ་ལས་འཁུངས།（拉丁转写：bod sog spyi khyab las vkhun-

---

① 《藏文白话报》和改版后的《藏文报》均为汉、藏文对照。本文所引各期均为中央民族大学图书馆藏本。

② 丹珠昂奔等主编：《藏族大辞典》，兰州：甘肃人民出版社，2003 年，第 452 页。

③ 贡桑诺尔布（1872—1931），字乐亭，号夔盦，蒙古族，系成吉思汗勋臣者勒篾的后裔，卓索图盟喀喇沁右旗世袭札萨克亲王，兼卓索图盟盟长。1912 年 9 月，他被任命为蒙藏事务局总裁，1914 年 5 月，蒙藏事务局改组为蒙藏院后他仍然担任总裁，直到 1928 年。

gs)”一词直译过来就是“藏蒙总管机关”。从民国五年（1916）一月出版的第一期《藏文报》[①] 中能够看出“蒙藏院”一词的藏文翻译。这一期与“蒙藏院”有关的内容中，对这一机构的藏文翻译为“བོད་སོག་ལས་ཁུང་།（拉丁转写：bod sog las khung）”，去掉了“སྤྱི་ཁྱབ།”（意为总管，拉丁转写：spyi khyab）一词，“ལས་ཁུང་།（拉丁转写：las khung）”一词在拼写上与以前又稍有不同。

二、南京国民政府蒙藏事务管理机构名称的演变

1927 年，南京国民政府成立，较之从前军阀混战时期的北京政府，具有较高的统一程度和较大的影响力，政令不出京城的现象在这一时期已经不复存在，中央政府初步具备解决蒙古、西藏等边疆事务的实力，便开始着手设立专门机构。

1928 年 1 月 25 日，国民党中央执行委员白云梯[②]致电蒋介石，提议在中央政府下设蒙藏部，以接管原北洋军阀政府时期蒙藏院负责的各项事务。2 月 1 日，国民党二届四中全会“改组国民政府审查委员会”决议，国民政府下设八部（内政部、外交部、财政部、交通部、司法部、农矿部、工商部、教育部）、三院（监察院、审计院、考试院）、两局（蒙藏局、侨务局）、两委员会（建设委员会、军事委员会）[③]。2 月 23 日，国民政府公布《修正中华民国国民政府组织法》，其中第七条规定“国民政府设内政、外交、财政、交通、司法、农、矿、工、商等部，并设最高法院、监察院、考试院、大学院、审计院、法制院、建设

---

① 民国四年（1915）四月《藏文白话报》改刊名为《藏文报》。

② 白云梯（1894—1980），字巨川，蒙古族，内蒙古卓索图盟喀喇沁中旗（今赤峰市宁城县）人，蒙藏学校法制经济科毕业。历任国民党内蒙古党务特派员、国民政府委员、蒙藏委员会委员。

③ 王入仕：《蒙藏委员会变迁研究》，中央民族大学硕士学位论文，2013 年，第 76 页。

委员会、军事委员会、蒙藏委员会、侨务委员会。”[①] 3月20日，《国民政府蒙藏委员会组织法》公布，其中第二条规定“蒙藏委员会由国民政府任命委员五人或七人组织之，并制定一人为主席”[②]，后又改为常务委员制。10月8日，民国政府颁布了《中华民国国民政府组织法》，其中第五条规定：“国民政府以行政院[③]、立法院、司法院、考试院、监察院五院组织之”[④]，这标志着五院制国民政府就此组建。10月20日，《行政院组织法》公布，明确规定行政院由15个部、委员会（内政部、外交部、军政部、财政部、农矿部、工商部、教育部、交通部、铁道部、卫生部；建设委员会、蒙藏委员会、侨务委员会、劳工委员会、禁烟委员会）组成[⑤]，这标志着蒙藏委员会同其他14个部、委员会一样，成为隶属于行政院的部、会级行政机构。上述一系列法律的颁布确立了蒙藏委员会作为管理蒙古、西藏地方事务专门机构的地位。

可以看出，国民政府关于蒙藏事务管理机构的名称也经历了几次变化，甚至可能就名称的拟定发生过激烈的讨论。关于最终确定为“蒙藏委员会”这一名称的缘由，我们从时任国民政府工商部长孔祥熙[⑥]在民国十九年（1930）五月召开的南京蒙古会

---

① 中国第二历史档案馆编：《中华民国史档案资料汇编第五辑第一编政治》（一），南京：江苏古籍出版社，1994年，第21—22页。

② 中国第二历史档案馆编：《中华民国史档案资料汇编第五辑第一编政治》（五），南京：江苏古籍出版社，1994年，第1页。

③ 行政院虽依宪法规定是中华民国的最高行政机关，然其并不完全等同于“中华民国政府”。

④ 《国民政府公报》第二十册，民国十七年（1928）十月第九十九期，第13页，台北成文出版社影印本，1989年。

⑤ 立法院编译处编：《中华民国法规汇编》第二编，上海：中华书局，1934年，第5页。

⑥ 孔祥熙（1880—1967），字庸之，号子渊，山西省太谷县人，祖籍山东曲阜。1901年留学美国，毕业于耶鲁大学研究生院。历任南京国民政府工商部长、实业部长、财政部长、行政院长、中央银行总裁和中国银行总裁等职。

议上的讲话中，能够得到一些答案。在讲话中孔祥熙提道："……于是设了一个蒙藏委员会，但是何以不设蒙藏部，而设现在的委员会呢？这个意思很明了，并且也很简单，因为设部，他的主持人为少数人，少数人的思想就令很为精密，究竟不及多数人那样的周到，所以国民政府设立蒙藏委员会的主旨一方面是在'集思广益'，另一方面是要使蒙藏同胞大家得有机会各将自己的意见供献给蒙藏委员会，并且趁此时机，得参加蒙藏应兴应革之事宜。"① 所谓的委员会制，也称作合议制，在委员会制的运作下，行政组织的决策权及管理权，并不是由单一的领袖所拥有，而是平均由一定数目委员所组成的委员会共同行使。委员会的决策，通常会按协商达成一致的原则来进行。孔祥熙的讲话阐明了采用"蒙藏委员会"这一名称以及"委员会制"这一政府制度就是为了避免局、部、院等机构首脑因为权力过大、过集中而独断专行。

蒙藏委员会成立后，其机构名称的藏文翻译较之旧有机构也有了一些变化。在民国二十五年（1936）蒙藏委员会制定的《甲乙丙三种喇嘛登记证书格式》② 中，"蒙藏委员会"一词被翻译为"མོང་ཛང་ཨུ་ཡོན་ཧུད་བོད་སོག་ལས་ཁུངས།（拉丁转写：mong dzang u yon hud bod sog las khungs）"，这一翻译将两种译法合在一起，"མོང་ཛང་ཨུ་ཡོན་ཧུད།（拉丁转写：mong dzang u yon hud）"为"蒙藏委员会"的汉语音译，而"བོད་སོག་ལས་ཁུངས།（拉丁转写：bod sog las khungs）"则是意译，与前文提到的"蒙藏院"的翻译已无差别。民国二十四年（1935）创刊的《西陲宣化使公署月刊》中关于"委员会"一词的藏文翻译多采用音译，即"ཨོ་ཡོན་ཧུད།（拉丁转写：o yon hud）"。从民国二十九年（1940）十月二十日噶

① 马大正主编：《民国边政史料汇编》第十七册，北京：国家图书馆出版社，2009 年，第 92 页。

② 中国藏学研究中心、中国第二历史档案馆编：《民国治藏行政法规》，北京：五洲传播出版社，1999 年，第 73—78 页。

厦报告青海灵童送抵拉萨致蒙藏委员会转呈蒋介石的电文①中，则能够看出西藏地方政府对“蒙藏委员会”这一机构的名称的翻译方法。电文中“蒙藏委员会”被翻译为“བོད་སོག་ལས་ཁུངས།（拉丁转写：bod sog las khungs）”，此译法是根据藏族的语言习惯进行的意译，已经与国民政府官方的翻译保持一致。值得注意的是，“ལས་ཁུངས།（拉丁转写：las khungs）”一词在西藏历史上早已有之，在清朝西藏地方政府的机构设置中，四大噶伦之下，设有各类职能机构，负责专门事务，均以“ལས་ཁུངས།（拉丁转写：las khungs）”命名，按音译为“勒空（列空）”，如“དམག་སྤྱི་ལས་ཁུངས།（拉丁转写：dmag spyi las khungs）”，即玛基勒空（藏军司令部），又如“སྣང་རྩེ་ཤག་ལས་ཁུངས།（拉丁转写：snang rtse shag las khungs）”，即朗孜厦勒空（拉萨市政府）。在布达拉宫的僧官行政机构中同样设有负责具体事务的办事机构，其中也有一些机构以“ལས་ཁུངས།（拉丁转写：las khungs）”命名，例如“རྩེ་ཕྱག་ལས་ཁུངས།（拉丁转写：rtse phyag las khungs）”，即仔恰勒空（负责布达拉宫总务和达赖喇嘛钱物收支）。十三世达赖喇嘛推行“新政”时所建立的具有近代行政职能的机构在命名时也用到该词，汉文文献中多将其译为“局”，譬如“འབབ་ཞིབ་ལས་ཁུངས།（拉丁转写：vbab zhib las khungs）”，即“征粮收税调查局”，“ཇ་ཚྭ་ལས་ཁུངས།（拉丁转写：ja tshwa las khungs）”，即“盐茶局”。

结　语

纵观民国年间，蒙古、西藏等边疆地方危机迭起，设立负责蒙藏具体事务的专门机构乃势在必行之举。然而从民初对清朝旧衙门的摒弃到南京国民政府时蒙藏委员会的成立也经历了一番过

① 中国藏学院研究中心、中国第二历史档案馆编：《十三世达赖圆寂致祭和十四世达赖转世坐床档案选编》，北京：中国藏学出版社，1991年，第6页。

程，随着从蒙藏事务处到蒙藏事务局，再升为蒙藏院，最终设为蒙藏委员会，机构的名称、级别、职能也发生了改变。蒙藏事务管理机构的每一次变动都反映了当时处理蒙古、西藏地方危机的迫切性，也表明了蒙藏事务在民国政府国家治理中的重要地位。

民国时期戴新三在藏工作研究[①]

中央民族大学　钟宇海

摘　要：蒙藏委员会驻藏办事处的成立是民国时期中央对藏工作的重要举措。戴新三是民国时期蒙藏委员会驻藏办事处第二科首任科长。他在藏期间，在政治与宗教方面，积极联络西藏，搜集了西藏地方政教的情报，又为在藏学习的汉僧提供了切实的服务。他在藏的工作得到了办事处与蒙藏委员会的认可。然而由于民国中央政府无力控制西藏地方政局，军事与经济均无力改变民初以来与西藏的不正常状态，驻藏办事处内部又矛盾重重，因而戴新三虽有维护主权的热情，最后则无奈内调。

关键词：戴新三；民国；蒙藏委员会；驻藏办事处；西藏

国民政府蒙藏委员会驻藏办事处（以下称驻藏办事处）是中华民国时期，中央政府在藏第一次设立正式的办事机构。自从民国以来，西藏地方与中央关系一直极其不正常，中央的驻藏长官在此以前一直不能进入西藏地区办公。因此，当1940年4月1日驻藏办事处筹备成立[②]，对改善中央与西藏地方的关系意义非常重大。由于驻藏办事处的工作困难重重，蒙藏委员会非常重视人员的挑选。首任处长孔庆宗在组建办事处的过程中，从战时的

---

① 本研究受中央民族大学一流大学一流学科经费资助。

② 中国第二历史档案馆、中国藏学研究中心编：《黄慕松吴忠信赵守钰戴传贤奉使办理藏事报告书》，北京：中国藏学出版社，1993年，第155页。

陪都重庆申请调动几个人入藏。戴新三此前就在蒙藏委员会工作，先后在编译室、《蒙藏月报》等处就职，是较为专业的蒙藏事务人才。[①] 他引起了孔庆宗的注意，要求将其调入驻藏办事处工作。相比较于民国时期涉藏事务的重大历史人物，戴新三是个小人物。但是他留下了大量的在藏工作日记，而驻藏办事处的档案中也有他不少资料。结合日记与档案，可以窥见民国时期藏事的艰难，也可体会在关系国家命运的重大历史事件中，普通人物的爱国奉献精神。

一、戴新三入藏

吴忠信入藏时，戴新三并未跟随入藏，而是在陪都重庆蒙藏委员会编译室工作。[②] 孔庆宗受命组建驻藏办事处后，特意在1940年7月5日电请蒙藏委员会委员长吴忠信以及副委员长赵丕廉，以办公所需，将戴新三调入驻藏办事处任科长。[③] 将近1个月之后，蒙藏委员会以本会名义回电孔庆宗，已经任命戴新三为该处科长。[④] 又11天之后，即8月12日，蒙藏委员会周昆田和

---

① 根据学者王川研究，戴新三生于1907年，卒年不详，成都人，毕业于成都岷江大学，在蒙藏委员会长期任职。1949年后，又跟随解放军入藏工作。改革开放后，进入四川文史馆。详见王川：《民国时期戴新三著〈拉萨日记〉选注》，载《中国藏学》，2012年第2期。

② 根据王川《民国时期戴新三著〈拉萨日记〉选注》研究，戴新三是跟随吴忠信入藏的（见《中国藏学》2012年第2期）。但是吴忠信的入藏报告中，随行人员的名单中并没有戴新三。而从《蒙藏委员会驻藏办事处档案选编》（以下简称《档案选编》）（四）中大量的原始档案可见，戴新三并没有随吴忠信入藏，而是孔庆宗在组建蒙藏会驻藏办事处过程中应招入藏的。

③ 《孔庆宗电吴忠信赵丕廉令派戴新三赴藏任科长（民国二十九年七月五日）》，载《档案选编》（四），台北："蒙藏委员会"，2007年，第38页。（以下简称《档案选编》）

④ 《蒙藏会电孔庆宗发表戴新三为该处科长（民国二十九年八月一日）》，载《档案选编》（四），台北："蒙藏委员会"，2007年，第40页。

熊耀文[①]又致电孔庆宗，表示戴新三的派令已发。由于准备经印度入藏，所以已经着手申办护照。[②] 8天之后的8月20日，戴新三本人致电孔庆宗，表示由于编译室继任之人未定，所以调令未到。但是已经在着手申办护照并申请旅费，随行的家属和随员有十人。[③] 从一系列从上到下的电文及其拍发的频率，可见成立三个月有余的驻藏办事处人手非常的缺乏，孔庆宗必定是多方催促，急切盼望戴新三尽快到任，所以重庆方面才会电文不断飞向拉萨，以宽慰孔庆宗之心。终于3天之后的8月23日，孔庆宗欣喜地发电报给戴新三："……欣悉兄调令已下，本日所接胥电，谅系上月所发旅费事，请兄先向会中商洽，如允酌垫，弟即另电呈请……"[④]

然而孔庆宗高兴得过早。事至此，程序上的调动虽然完成，但是真正成行还有待时日。因此一个月后的9月25日，孔庆宗再次致电蒙藏委员会秘书周昆田，希望对于入藏人员，能够鼎力相助，以便能够早日动身入藏。[⑤] 10月16日吴忠信致电孔庆宗表示戴新三的薪水自10月起由驻藏办事处核算，并要求将戴新

① 周昆田（1905—1989）：字彦龙，蒙藏委员会秘书，吴忠信同乡。从吴忠信在贵州省政府任主席开始，长期跟随吴忠信，先后在贵州省政府、蒙藏委员会、新疆省政府等部门任职。去台后，仍在蒙藏委员会工作。1989年在台湾逝世。熊耀文：1929年任蒙藏委员会藏事处第二科科长，后任藏事处处长。在沈宗濂之后被任命为蒙藏委员会驻藏办事处处长，但是未到任。1949年去台湾。

② 《周昆田熊耀文电孔庆宗戴马派令已发表希早进行签字手续以便办理戴等人护照（民国二十九年八月十二日）》，载《档案选编》（四），台北："蒙藏委员会"，2007年，第41页。

③ 《戴新三电孔庆宗因编译室继任人未定致调职令未下达等电（民国二十九年八月二十日）》，载《档案选编》（四），台北："蒙藏委员会"，2007年，第41页。

④ 《孔庆宗电戴新三请转达张国书对黄亮怀来藏极表赞同另请设法催促核准概算并筹汇经费济急（民国二十九年八月二十三日）》，载《档案选编》（四），台北："蒙藏委员会"，2007年，第42页。

⑤ 《孔庆宗电周彦龙请转询有无变更法定员薪或用结余增薪之权并请鼎力助入藏人员俾能早日成行（民国二十九年九月二十五日）》，载《档案选编》（四），台北："蒙藏委员会"，2007年，第45页。

三的履历送会存档。一个多月之后的 11 月 19 日，孔庆宗一面让还在重庆的戴新三就近把履历送会存档，一面又请求吴忠信派人去外交部催促经印入藏的护照并催促戴新三等人尽快入藏。①

此时又生波折。孔庆宗在 1941 年 3 月间获悉，戴新三在重庆被蒙藏委员会免职。② 孔庆宗大为着急，于 3 月 7 日致电吴忠信："唯念该员派藏服务此间需人甚急，敬祈钧座予以宽宥，准暂时复职赴边自效，如蒙赐准，职当随时督饬，谨守官常……"③ 十天之后，吴忠信回复，准戴新三复职，改为记大过一次，要求孔庆宗今后严加管教以观后效。3 月 21 日孔庆宗向吴忠信汇报，遵令扣发戴新三半个月薪水，同时不忘提醒吴忠信再次敦促戴新三尽快入藏。想必此时护照也已经办妥。一周之后，3 月 28 日，蒙藏委员会电告孔庆宗，戴新三等人将于 4 月间出发。④ 戴新三终于启程赴藏了。

从 1940 年 7 月孔庆宗申请调戴新三入藏到戴新三最终出发，经历了 9 个月，可谓旷日持久。这是因为：第一，蒙藏委员会调动程序不完善，且比较烦琐。虽然本会已经任命，但是并没有及时安排人交接戴新三原来的工作，因而调令未达。后来调令虽下，但还是要经过行政院、国民政府等程序，因而拖延日久。第二，由于戴新三本人在重庆等待调动期间，不知何事触犯相关规

---

① 《吴忠信电孔庆宗告知该处戴马二位科长起薪日期并将荐派人员履历送会呈存（民国二十九年十一月十六日）》，《孔庆宗电吴忠信已饬该科长等缮具履历呈会核办另请催签护照（民国二十九年十一月十九日）》，载《档案选编》（四），台北："蒙藏委员会"，2007 年，第 52—53 页。

② 戴新三此时被免职的原因档案中未交待，有待于进一步考证。

③ 《孔庆宗电吴忠信请准戴新三暂复其职赴边效力（民国三十年三月七日）》，载《档案选编》（四），台北："蒙藏委员会"，2007 年，第 74 页。

④ 《吴忠信电孔庆宗准戴新三复职改记大过一次并令其严加督饬以观后效（民国三十年三月十七日）》《孔庆宗电吴忠信遵命严加督饬并扣其薪半月祈饬该员从速来藏（民国三十年三月二十一日）》《蒙藏会电孔庆宗戴新三等人于四月启程（民国三十年三月二十八日）》，载《档案选编》（四），台北："蒙藏委员会"，2007 年，第 81—83 页。

定，被蒙藏委员会免职，又增加了戴新三入藏的沟通成本和时间。第三、由于要经过印度入藏，过境护照办理也是多次催促才得以办妥，这也是导致戴新三入藏拖延的因素之一。纵观戴新三入藏的过程，当时在藏组建驻藏办事处的困难可见一斑。然而戴新三在蒙藏委员会编译室、调查室以及《蒙藏月报》的工作经历，使得孔庆宗对他志在必得，最终得以克服困难，成功入藏。

二、戴新三在藏的工作

戴新三于 1941 年 4 月启程入藏，7 月到驻藏办事处工作①，8 月 1 日被派接管驻藏办事处第二科科长②。他的分工是“综理政治宗教教育建设调查等事项”，相比较第一科综理“文书印信出纳庶务人事等项”③，一个主外，一个主内。由于当时民国中央和西藏地方政治关系极其不正常，而宗教是西藏政治的主力，所有的问题最后几乎都可以归结为宗教问题。因此戴新三的分工任务相对比较重。现结合当前部分公开的戴新三《拉萨日记》，一窥当年戴新三在驻藏办事处的工作。

当年戴新三在驻藏办事处考勤相对灵活。例如，（1942 年）11 月 25 日（星期三——笔者注，下同），办事处秘书华寄天藏妻生女设宴，午后，戴新三携妻儿同往，到晚上才回。12 月 4 日（星期五）下午 3 点，戴新三又到华寄天寓所玩牌，直到通宵。12 月 5 日（星期六）戴新三前晚打牌通宵，到早上 9 点结

① 《孔庆宗呈吴忠信报送该处卅年度职员年终考绩案（民国三十一年十二月十一日）》，载《档案选编》（四），台北：“蒙藏委员会”，2007 年，第 213—226 页。

② 《驻藏办事处令马先根戴新三分别接管第一、二科事务（民国三十年八月一日）》，《孔庆宗派戴新三接管第二科事务（民国三十年八月一日）》，载《档案选编》（四），台北：“蒙藏委员会”，2007 年，第 93、第 96 页。

③ 《孔庆宗呈吴忠信报送该处卅年度职员年终考绩案（民国三十一年十二月十一日）》，载《档案选编》（四），台北：“蒙藏委员会”，2007 年，第 213—226 页。

束，回家简单洗漱后，才去办事处。12 月 12 日（星期六）9 点左右到办事处。12 月 23 日（星期三）早上 7 点到办事处。[①]（1943 年）4 月 19 日（星期一）午前到办事处后，旋携妻子淑华赴魏小春寓所。午后，赵、霍二人来寓所座谈，旋又共同前往商号义生昌玩牌。[②] 从以上日记可知，当时驻藏办事处并没有严格的上下班时间，也没有严格的坐班制度，但这并不表明上班轻松。

戴新三综理政治和宗教。但当时中央政府并无实力指挥西藏地方政府，因此戴新三的工作很少能在办公室处理。政治工作，主要可以归为三类：一是与西藏的政治人物往来，联络感情。（1942 年）11 月 22 日，星期日，藏历十月十五日，是大昭寺白喇嘛出驾之日，戴新三路过当时"外交局"[③] 官员索康府邸，受邀上楼观看白喇嘛出驾的盛况。事后，又因索康挽留，在其家休息，听唱片，喝茶吃零食。[④]（1943 年）3 月 3 日，星期三，午后三时，戴新三拜访噶厦政府汉文秘书马和堂，询问噶厦停止供应驻藏办事处柴草交涉事宜，又向马和堂请教西藏民众会议——"充都介充"（全体会议）、"充都萨对"（简单会议）、"仲仔充都"（仔本和仲译青波参加）。之后，马和堂又向戴新三解释

① 王川：《民国时期戴新三著〈拉萨日记〉选注》，载《中国藏学》，2012 年第 2 期。

② 王川：《1943 年上半年戴新三〈拉萨日记〉选注》，载《民国档案》，2016 年第 2 期。

③ 1921 年西藏地方政府临时成立"外事局"，不久撤销。1942 年，噶厦成立"外交局"，处理与外国交往事务，要求蒙藏委员会驻藏办事处与之接洽，试图把中央政府当成外国政府，受到中央强烈抵制。噶厦只得同意驻藏办事处仍然可以直接和噶厦交涉事务。但是由于英国的支持，西藏地方并没有撤销"外交局"。详见周伟洲主编：《西藏通史·民国卷》（上），北京：中国藏学出版社，2016 年，第 313—316 页。

④ 王川：《民国时期戴新三著〈拉萨日记〉选注》，载《中国藏学》，2012 年第 2 期。

"外交局"是去年为了应付英国要求借路运输物资而设立的。[①]显然马和堂这种说法是受噶厦政府授意，向驻藏办事处以及中央政府进行解释，试图为非法"外交局"的设立开脱。二是监听广播并进行记录。例如（1942 年）12 月 25 日，"余轮值记录广播，未往，孔处长代记要点"[②]。（1943 年）1 月 9 日，星期六，"晚间，勤务来接余记录广播……余当以纸条，书请假条交彼带回"[③]。这是当时获取信息的重要途径，关系到政治的走向，因此在戴新三日记中多次有所体现。三是调查汇总西藏地方政府的政治信息。例如重庆方面怀疑擦绒亲英通敌，反对中央，要求驻藏办事处详查汇报。（1942 年）12 月 12 日，星期六，戴新三在调查基础上，拟定一份电报回复此事："驻藏英官均喜与其交往，故有亲英之名。10 年前有日僧数名来拉萨游学，与彼亦有交往，俟日僧等回国后，时有书信往还，并代为购办日货输藏……但仅此即疑其通敌恐亦非事实之真相。去年交涉修筑中印公路时，彼曾主张由藏方自修，请中央补助款项，未获通过。最近藏警案[④]发生，未闻发表任何意见。观察其言行，似非积极反对中央之人物……总之，关于察绒通敌反对中央事实，拟再继续调查，特以先将已知情形电请查核。"[⑤] 1943 年 1 月 9 日，戴新三又跟张注

① 王川：《1943 年上半年戴新三〈拉萨日记〉选注》，载《民国档案》，2016 年 2 期。

② 王川：《民国时期戴新三著〈拉萨日记〉选注》，载《中国藏学》，2012 年第 2 期。

③ 王川：《1943 年上半年戴新三〈拉萨日记〉选注》，载《民国档案》，2016 年第 2 期。

④ 1942 年 10 月 6 日，拉萨一个汉人与尼泊尔人发生冲突，汉人击伤尼泊尔人后，躲入驻藏办事处，拉萨警察进入办事处试图带走肇事汉人，被驻藏办事处拒绝，并扣留了 4 名藏警。此事造成了驻藏办事处与西藏地方关系的紧张，最后以驻藏办事处的妥协放人了事。具体可参见邹敏：《1942 年"藏警案"的历史记忆文本与基本史实》，载《藏学学刊》第 12 辑，2015 年。

⑤ 王川：《民国时期戴新三著〈拉萨日记〉选注》，载《中国藏学》，2012 年第 2 期。

汪约定，由其详细告之三大寺组织内容，以便将来回到内地之后为中央提供治藏方案。① 关于当时西藏地方“外交局”总办索康，戴新三在1943年4月2日日记中汇总了与之相关的各方面信息：“曾任昌都总管现任外交局总办索康，现拟利用中藏僵局，在昌都造成局势，如中央对藏用兵，彼即相机归顺，复籍中央力量，达彼充任藏王之目的……总之，索康一系势力雄厚，其言论行动，殊堪注意……”② 由于当时民国中央在藏权威不张，因此戴新三综理政治工作，不可能整日坐在办公室处理，只能通过联络感情、收集信息等方式，一方面可增进西藏地方对中央的好感和亲近，另一方面，则收集西藏地方的情报，以供中央决策。戴新三的工作方式也是整个驻藏办事处的写照。

除了政治，宗教方面的工作也由戴新三综理。根据对象可以分为两类。一类是对汉僧的管理，主要是负责汉僧的公费资助的选拔考试。1942年11月22日，午后汉僧观空、隆果、广润等先后到戴新三寓所咨询考试和补助汉僧的情况；11月23日，午后大刚来寓所，谈补助汉僧问题；11月24日，午后隆果偕密慧来询考试汉僧情形。12月6日，汉僧恒演持罗色林堪布证明书来找戴新三，报名参加公费僧之考试。③ 12月23日八时，戴新三偕李国霖、张旺赴哲蚌寺监考。应考的汉僧共有广润、隆义等七人，以西藏寺庙流行之辩论方式进行。考试结果请在场的罗色林堪布排成名次，写一藏文凭证留底。第二日考试上午是国文，下午是口试，到黄昏才结束。④ 除了资助汉僧，驻藏办事处以及戴

① 王川：《1943年上半年戴新三〈拉萨日记〉选注》，载《民国档案》，2016年第2期。

② 王川：《戴新三1943年〈拉萨日记〉选注整理与初步研究》，载《西华师范大学学报》（哲学社会科学版），2016年第2期。

③ 王川：《民国时期戴新三著〈拉萨日记〉选注》，载《中国藏学》，2012年第2期。

④ 王川：《民国时期戴新三著〈拉萨日记〉选注》，载《中国藏学》，2012年第2期。

新三对在藏汉僧还有实际上的管理权。1943年2月13日，孔处长召集汉僧十二名训话，嘱咐戴新三到场参与。[①] 另一类是涉及西藏方面的宗教工作，主要是围绕一年一度的传昭法会布施。大法会由于布施任务重、关系大，不是戴新三及其第二科能够单独处理的，它是整个驻藏办事处的年度大事，需全员上阵。戴新三作为综理宗教事务的科长，全程参与了1943年驻藏办事处所操办的传昭布施的筹备、组织与执行工作。1943年1月23日，孔处长召集处务会议，讨论当年的传昭布施事宜。孔处长还指定由戴新三与华寄天、马先根三人负总责，并希望戴新三负召集会议之责。戴新三以未主办1942年传昭布施为由，将召集会议之责推掉，最终由华寄天接手。午后在处召集北平、云南商人，商讨筹借藏银以应付传昭布施所需。1月29日，孔处长召集戴新三等三人在办公室开会，传达了与噶厦政府任命的负责传召法会的拉让强佐沟通情况。强佐同意协助驻藏办事处所实施的布施，要求办事处尽快确定布施日期，并筹备所需藏银。对此孔处长让大家商讨如何回复。戴新三提议会后商量再回复。1月31日，商讨传召会议再次召开，会上决定，对强佐的回复，暂时以不确定拖延时日。2月3日，孔处长召集戴新三等三人商讨布施，会后由戴新三将当时与噶厦政府沟通情况以及筹款情况拟电告重庆蒙藏委员会。2月6日，孔处长召集会议，通知传昭费用十万已经汇到，请大家协商布施细则。2月9日，孔处长与戴新三等人在会议上决定通过甲倾娃换取藏银，并确定通知强佐定于藏历15五日布施。2月12日，再次商讨布施当日的具体分工，又由戴新三将当前的布施准备情况拟电回复重庆蒙藏委员会备案。2月18日，戴新三又到处与其他同事一起把布施的钱分装入袋并封口，以便布施当日发放。2月19日，藏历1月15日，驻藏办事

① 王川：《1943年上半年戴新三〈拉萨日记〉选注》，载《民国档案》，2016年第2期。

处同仁共同在大昭寺实施布施。[①] 从日记记载可见，当时驻藏办事处成立了一个由孔庆宗负总责，戴新三、华寄天、马先根三人具体执行的传昭法会布施工作领导小组，具体负责筹备、落实布施。筹备工作几乎是提前一个月启动，小组反复开会，协调与西藏地方的关系，克服通货膨胀、筹款碰壁等困难，最终得以比较成功地代表中央在藏实施了布施。

三、戴新三的工作表现

通过梳理戴新三在驻藏办事处的工作，对戴新三以及整个驻藏办事处的工作模式和内容都有了一定了解。当时戴新三的工作表现在整个驻藏办事处又是如何？本文通过两个材料来分析：

1. 蒙藏委员会驻藏办事处职员民国三十一年请假汇总表[②]

姓名	华寄天	李国霖	马先根	戴新三	张济安	刘桂楠	吴三立	苏大成	左仁极	王德	意希博真	高师原	李耀南	潘葛岚	张旺
病假	17日	无	4日	14日	无	4日	1日	1日	无	无	无	25日	无	无	无
事假	5日	无	4日	3日	无	4日	5日	无	无	无	18日	6日	无	无	6日
迟到	2日	2日		5日	4日	3日	3日	3日	无	无	无	6日	无	1日	

① 邹敏：《国民政府布施藏传佛教的年度个案：戴新三〈拉萨日记〉1943年传昭布施记载初探》，载《中国藏学》，2014年第3期。

② 《驻藏办事处卅一年请假汇列表（民国三十二年七月一日）》，载《档案选编》（四），台北："蒙藏委员会"，2007提，第260页。

续表

姓名	华寄天	李国霖	马先根	戴新三	张济安	刘桂楠	吴三立	苏大成	左仁极	王德	意希博真	高师原	李耀南	潘葛岚	张旺
不假不签到缺席	无	4日	10日	4日	2日	8日	1日	1日	无	无	7日	10日	无	无	

在上表中，1942年全年驻藏办事处全体员工中，戴新三病假14日，排第三，事假3日，排第六，迟到5日，排第二，缺席4日，排第五。这一年戴新三因为各种原因不上班的日子26日，驻藏办事处全体职员有15人，戴新三缺勤率排在第二位。除去病假，戴新三不上班的日子是12天，缺勤率排在第五位。根据出勤记录，戴新三在全体职员中排名一般。但是绝对出勤率仍然是不错的。

2. 年终考绩

1941—1943年驻藏办事处职员年终考绩，戴新三都被任命为考绩委员会委员①，参与考核其他职员，因此他本人的考绩是由孔庆宗负责。1941年，由于戴新三"本年7月到处工作未满一年不予考绩"②，所以考核戴新三1942—1943年的业绩。

1942年考绩初核情况如下③：

① 《孔庆宗派华寄天等人组织考绩委员会办理该处职员卅年年终考绩事宜（民国三十一年十月二十日）》《孔庆宗派华寄天等人组织考绩委员会办理该处职员卅一年年终考绩事宜（民国三十二年五月二十三日）》《孔庆宗派李国霖等人组织考绩委员会办理该处职员卅二年年终考绩事宜（民国三十三年四月十日）》，收入《档案选编》（四），第212页、第253页、第422页。

② 《孔庆宗呈吴忠信报送该处卅年度职员年终考绩案（民国三十一年十二月十一日）》，载《档案选编》（四），台北："蒙藏委员会"，2007年，第213—226页。

③ 《驻藏办事处卅一年度职员秘书华寄天等考绩初核分数（民国三十二年七月一日）》，载《档案选编》（四），台北："蒙藏委员会"，2007年，第255页

二科科长戴新三	工作概括	工作分数	操行分数	学识分数	总分数
卅年7月到职荐任，级月薪300元	综理政治宗教教育建设调查事务	40分	19分	22分	81分

1942年戴新三的考核总分在驻藏办事处参与考核的15个职员中并列第三位，其中学识分数22分在全体职员中排第一位。[①] 初核情况呈报给蒙藏委员会后，经铨叙部审核确认考核结果。戴新三1942年的考核成绩为荐任三级，加薪20元[②]，月薪上升到320元。

1943年年终考绩初核情况如下[③]：

科长戴新三	工作概括	工作分数	操行分数	学识分数	总分数
	综理政治宗教教育建设调查等事	30分	18分	22分	70分

1943年戴新三的考核成绩在全部参与考核的11个职员中位列第五，相对排名虽有所下降，但还算不错。只是绝对的分数下降比较明显，下降了11分，总分只有70分。[④] 这在一定程度上反映了戴新三在藏工作第三年的积极性下降，与同时期他个人的日记以及档案中反复出现要求内调的情况是吻合的。唯一不变的

① 《驻藏办事处卅一年度职员张济安等考绩初核分数（民国三十二年六月二十三日）》，载《档案选编》（四），台北："蒙藏委员会"，2007年，第256—258页；《蒙藏委员会驻藏办事处聘派雇佣人员卅一年度考成结果清册》，载《档案选编》（四），台北："蒙藏委员会"，2007年，435页。

② 《三十二年度本处职员年终考级表补注事项》，载《档案选编》（四），台北："蒙藏委员会"，2007年，第447页。

③ 《孔庆宗呈吴忠信报送该处卅二年职员年终考绩恳念边员艰苦请宽复核俾有进阶以资鼓励（民国三十三年七月十二日）》，载《档案选编》（四），台北："蒙藏委员会"，2007年，第443—444页。

④ 《孔庆宗呈吴忠信报送该处卅二年职员年终考绩恳念边员艰苦请宽复核俾有进阶以资鼓励（民国三十三年七月十二日）》，载《档案选编》（四），台北："蒙藏委员会"，2007年，第442—446页。

是他的学识分数，仍然位列全体考核人员第一。这就很好理解当初孔庆宗一定要调戴新三入藏的原因了。初核成绩报蒙藏委员会，并经铨叙部审核后，对戴新三在1943年的工作考核结果是加薪20元，月薪340元。[①] 同期参与考核的11个职员有8个加薪，加薪的8人大部分考核分数都低于1942年的。因此这一考核结果也反映了时局艰难，维系驻藏办事处运作不易。同期考核中大部分同事的成绩都下降明显，蒙藏委员会的领导吴忠信等人也明白驻藏办事处工作受挫，不完全是职员原因，中央力量不张、经费不足以及办事处内部人事不和等都是造成这一结果的原因。

四、戴新三离藏

戴新三1941年7月到驻藏办事处工作，8月被任命为第二科科长。至1942年12月31日，戴新三与其他职员华寄天、吴三立联名呈处长孔庆宗，请求转电重庆蒙藏委员会要求内调，其间才18个月。呈文说："窃查拉萨物价向较内地昂贵数倍，太平洋战事爆发，日用品继续飞涨。自补助费停发后，单身职员生活已无办法，况职等皆有室家之累。现印币又暴跌，受此两项影响，月薪无异四折。本年度起已借债度日，似此入不敷出必至信用破产，影响中央威信。且本处事少员多，在目前状态下事务更少。职等虽素抱服务边疆志愿，但因生活环境均无办法，留此无益……"[②] 戴新三等请求内调的原因可分为经济和工作本身两个

① 《蒙藏委员会令驻藏办事处抄发该处职员卅二年度考成结果清册一份希依法办理（民国三十三年十一月二十四日）》，载《档案选编》，台北："蒙藏委员会"，2007年，第449—451页。

② 《戴新三等三员呈孔庆宗因物价飞涨生活困难请转电委员长准予内调服务处长批示静候会令（民国三十二年一月七日）》，载《档案选编》（四），台北："蒙藏委员会"，2007年，第305页。

方面。经济方面，物价上涨，补助费停发，印币暴跌，家中人口又多[①]，导致入不敷出；工作方面，人多事少，人浮于事。对此，孔庆宗批示已经电告蒙藏委员会，请戴新三等静候会令。该电报到会当日，吴忠信立刻电复戴新三等人，并在数日后的（1943年）1月23日电孔庆宗知照："执事等供职边陲，夙佩辛劳，值此藏局多事之秋，仍盼一本素志，勉为其难，在孔处长领导下继续服务，所请内调一节暂勿庸议。"[②] 孔庆宗根据会中指示，于1月27日发出指令，劝勉戴新三等人："尚希体念时艰，遵从会令，继续工作为要！"[③] 戴新三第一次请求内调一事，前后经历1个月，暂时被劝解。

就在孔庆宗发出指令劝勉戴新三继续工作之后四天的1月31日，孔庆宗自己也开始正式申请内调。他致电蒙藏委员会委员长吴忠信与副委员长赵丕廉请求内调服务，派人来接替工作。[④] 此次申请虽然在3月5日被吴忠信回电以"暂缓办理"为由压了下去[⑤]，但这已经预示驻藏办事处必将有大规模人事变更。

在戴新三第一次申请离藏内调之后7个多月，戴新三第二次

---

① 1943年戴新三36岁，家里总共八口人，其中母亲和一子一女共三人在重庆，妻子和其余三个儿子跟随戴新三在拉萨。见《驻藏办事处呈蒙藏会报送该处职员家属名册请核备（民国三十二年十一月四日）》，载《档案选编》（四），台北："蒙藏委员会"，2007年，第413—417页。

② 《吴忠信电孔庆宗关于戴新三等三员所请内调服务一节盼继续服务暂勿庸议（民国三十二年一月二十三日）》，载《档案选编》（四），台北："蒙藏委员会"，2007年，第308页。

③ 《孔庆宗令戴新三等所请内调服务一节尚希体念时艰遵从会令继续工作为要（民国三十二年一月二十七日）》，载《档案选编》（四），台北："蒙藏委员会"，2007年，第309页。

④ 《孔庆宗电吴忠信赵丕廉请准予调会服务并派员来藏接替以维边局及电洽噶厦支给乌拉派兵护送以保安全（民国三十二年一月三十一日）》，载《档案选编》（四），台北："蒙藏委员会"，2007年，第311页。

⑤ 《吴忠信电孔庆宗告知改派驻藏办事处处长事奉示暂缓办理（民国三十二年三月五日）》，载《档案选编》（四），台北："蒙藏委员会"，2007年，第314页。

请求孔庆宗向蒙藏委员会申请内调，他这次的理由是："窃职自入藏以来，因水土气候不合，时患疾病。近据医生诊断，谓职血压失常，心脏衰弱，久居高原，危险殊甚。且职一家八口，非老即幼，仰事俯蓄，惟职一人是赖。前接家中来信，知家母自去春以来，时在病中，精力日衰，亦宜早图归省，以慰□望之私。"[①]是以健康和亲情为理由申请内调。

在戴新三第二次申请内调之后近两个月，（1943 年）9 月 15 日，孔庆宗以健康和工作困境无法胜任为由，再次致电吴忠信和赵丕廉请求内调，派人接替。[②] 这一次行政院同意调孔庆宗回重庆工作，并任命沈宗濂为新办事处处长接替孔庆宗。[③] 戴新三获知这一消息后，立刻在 5 天之后的 10 月 10 日呈文孔庆宗请求随同内调。[④] 孔庆宗将戴新三的请求转告吴忠信，请他裁示。吴忠信表示戴新三内调要等新处长沈宗濂确定新的人事安排后再办理，并要求孔庆宗等新处长到任后才能启程内返。[⑤]

3 个月之后的 1944 年 1 月，沈宗濂向吴忠信递呈了驻藏办事处新的人事组织安排，原有人员除了李国霖和左仁极外，都不在

---

① 《戴新三呈孔庆宗恳请转报准予内调服务（民国三十二年七月二十三日）》，载《档案选编》（四），台北："蒙藏委员会"，2007 年，第 330 页。

② 《孔庆宗电吴忠信赵丕廉恳请准予辞职内调简贤员入藏接替（民国三十二年九月十五日）》，载《档案选编》（四），台北："蒙藏委员会"，2007 年，第 341 页。

③ 《吴忠信电孔庆宗行政院决议任其为该会委员调重庆服务另以沈宗濂为该会委员兼驻藏办事处处长前往拉萨接替（民国三十二年十月五日）》，载《档案选编》（四），台北："蒙藏委员会"，2007 年，第 344 页。

④ 《戴新三呈孔庆宗因印币跌价生活困难母老多病亟待归省恳请准予随同内调服务（民国三十二年十月十日）》，载《档案选编》（四），台北："蒙藏委员会"，2007 年，第 346 页。

⑤ 《吴忠信电孔庆宗关于科长戴新三请求内调事应俟新任处长沈宗濂确定人事后统办（民国三十二年十月三十日）》，载《档案选编》（四），台北："蒙藏委员会"，2007 年，第 357—358 页。

沈宗濂的计划之中。[①] 1944 年 3 月吴忠信致电孔庆宗及戴新三等人："现任该处秘书华寄天科长马先根戴新三科员吴三立应准调回，俟沈处长到藏后起身，希分别转知为盼。"[②] 戴新三等在这份电文上盖有私人印章。前后经历一年又三个月的申请和等待，戴新三终于获准内调。但是真正离藏还需要等沈宗濂到藏之后交接才能启行。1944 年 8 月 8 日，沈宗濂到拉萨。[③] 当月新旧正式交接，戴新三于 8 月 15 日卸职。自 1940 年 10 月领取驻藏办事处薪水作为任职开始年月，至此卸职，戴新三任驻藏办事处第二科科长共三年又十个月。[④] 蒙藏会为内返职员一一准备了旅费，其中戴新三得印币 4500 盾，妻 3600 盾，孩子 4500 盾，共 12600 盾。[⑤] 戴新三 8—9 月筹备内返，于 9 月 30 日向新任处长沈宗濂呈文，表示由于计划取道印度搭机内返，自卓木（亚东）到杠多（锡金首府岗托—笔者注）需要动用乌拉，请沈处长代向噶厦请发给马牌。[⑥] 沈宗濂于 10 月 13 日致函噶厦请发戴新三马牌事宜。[⑦] 因而戴新三最后启程内返应在 1944 年 10 月中下旬。根据当时过境印度来往重庆与拉萨的正常速度，行程一般在 1 个月

---

① 《沈宗濂呈吴忠信陈报该处新任职员（民国三十三年一月）》，载《档案选编》（四），台北："蒙藏委员会"，2007 年，第 498—501 页。

② 《吴忠信电孔庆宗华马戴吴四员准调回（民国三十三年三月十五日）》，载《档案选编》（四），台北："蒙藏委员会"，2007 年，第 553 页。

③ 《大公报》（重庆），1944 年 8 月 13 日，转引自张瑞德《"钦差"使命：沈宗濂在西藏（1943—1946）》，载《近代史研究所集刊》，第 67 期。

④ 《蒙藏委员会驻藏办事处职员资历证明书》，载《档案选编》（四），台北："蒙藏委员会"，2007 年，第 596 页。

⑤ 《蒙藏会电孔庆宗内返旅费已汇驻加领馆转发（民国三十三年十月四日）》，载《档案选编》（四），台北："蒙藏委员会"，2007 年，第 598 页。

⑥ 《戴新三呈沈宗濂转请噶厦发给乌拉马牌以利遄行（民国三十三年九月三十日）》，载《档案选编》（四），台北："蒙藏委员会"，2007 年，第 604 页。

⑦ 《沈宗濂函噶厦公所请发戴新三李国霖马牌俾利同行（民国三十三年十月十三日）》，载《档案选编》（四），台北："蒙藏委员会"，2007 年，第 605 页。

左右。因此戴新三回到重庆应该在11月下旬左右。[①] 至此，戴新三民国时期在藏使命告一段落。

五、戴新三进藏工作的评价

戴新三担任驻藏办事处第二科科长的三年又十个月，是民国中央与西藏地方关系比较紧张的时期。这一时期，亲英的达札摄政上台、设立非法的“外交局”，发生藏警案等，使得本来就极其不正常的关系又陷入新的低谷。戴新三在这个时期作为驻藏办事处第一批工作人员入藏，他的经历，折射的是整个驻藏办事处以及民国中央处理藏事的基本情况：

从中央与西藏地方关系而言，戴新三及同时人藏工作的驻藏办事处同事，在维系当时西藏地方对祖国和中央政府的感情，增进彼此了解，实现与西藏上层人物的直接沟通中，发挥了积极作用。民国时期中央政府第一次有正规的政府机构——驻藏办事处与人员进藏工作，打破了近30年中央与西藏地方的隔绝状态，使得中央政府的代表可以长时间直观地接触、了解西藏地方政府与西藏的政治宗教人物，获取有价值的信息与情报，为民国中央的治藏决策提供支撑。而这正是通过像戴新三这样的个体得以实现的。历史上，正是有许多像戴新三这样的个人，心系国家民族，怀有一颗公心，从微观上坚定地为国家、民族的利益而践行，落实着国家与政府的政策。在历史上，正是这一个个小人物的涓涓细流，汇成大江大海，共同维护着国家的主权与领土完整。戴新三等人正是在这样的信念支撑下，奔赴边陲，希望以自己的努力收拾边政，为维护国家在藏主权奉献力量。对于历史上

① 王川在《民国时期戴新三著〈拉萨日记〉选注》一文中指出，戴新三是1944年初取道印度返回内地的。根据本文梳理，这个时间有误，应是在1944年10月启程内返。

这样的普通人物，需要给予更多的关注与关怀。

就戴新三个人品质而言，在驻藏办事处近四年的工作中他展现了知难而上的精神、持之以恒的专注以及开拓进取的人生态度。民国时期的交通条件差，进藏很不容易。作为成都人，又一直对西藏有关注与研究，戴新三对西藏高原工作环境之艰苦是清楚的。除了自然环境外，当时民国中央政府与西藏地方关系极其不正常，又有英国势力介入西藏，因而去西藏从事政治工作更是困难。此外，戴新三在入藏前就知道蒙藏委员会驻藏办事处经费不足。当他接受任命还未启程之时，孔庆宗给他的电文就明确指出："又本处经费万分困难，切盼概算案之核准务请张主任设法催促并筹汇经费济急为感，庆宗漾电。"① 在交通、环境、政治、经济多方面都明知困难的情况下，还坚持入藏，这就是知难而上的表现。在藏工作几年间，戴新三坚持写日记，记录了本人和驻藏办事处的工作情况，记录了当时西藏的政治、宗教、社会的很多现象，为今人了解蒙藏委员会驻藏办事处，为后人研究西藏当时的社会和政治宗教文化留下了生动的第一手资料。这就体现了戴新三持之以恒的专注。在藏期间，戴新三所负责的第二科综理政治宗教事务，在中央力量不张的情况下，戴新三的工作无例可循，无法可依。要依靠个人的学识、公关能力打开工作局面。戴新三与西藏高层的索康、噶厦政府秘书马和堂等人来往，在宗教上积极参与组织布施传昭法会，尽可能地巩固西藏的亲中央力量，改善亲英派与自主派对中央和内地的印象。他还积极牵头管理并服务在藏学习汉僧，为汉僧提供了切实帮助，为西藏地方与内地的文化交流做出了切实的贡献。

戴新三入藏的意义非常积极，然而实际作用却不应过分夸大。他以及整个驻藏办事处的工作，不仅没有解决从民国初年以

① 《孔庆宗电戴新三请转达张国书对黄亮怀来藏极表赞同另请设法催促核准概算并筹汇经费济急（民国二十九年八月二十三日）》，载《档案选编》（四），台北："蒙藏委员会"，2007 年，第 42 页。

来中央与西藏地方的不正常关系，并且在这时期，无力阻止西藏地方的自主倾向，民国藏事危机并未明显缓解。例如面对西藏地方设立“外交局”虽拒绝与其接触，但也无力让西藏地方取消这个非法的机构；藏警案的发生，最终以妥协了事；等等。这都体现了戴新三及其驻藏办事处力量的羸弱。在其日记中，与西藏政治人物索康、宇妥等人的来往，基本只是一起观看宗教典礼、参加宴会等。在当时的条件下，布施传昭法会也是其工作的重要一环而已。对藏工作的无能为力，戴新三本人也是有清醒认识的。他在入藏工作才一年半之际，就提出内调要求，显示出他本人对藏工作的失望。在日记中，戴新三又多处提到与处长孔庆宗的矛盾，可见驻藏办事处内部是不团结的。本身力量已经有限，如此一来作用更是被削弱。驻藏办事处与戴新三工作的举步维艰，是民国时期治藏工作的一个侧面。面对西藏地方的分离倾向与亲英举动，既没有解决问题的方案，也没有解决此问题的决心；既没有充足的军事力量为解决西藏问题提供后盾，也缺乏充足的资金支持非军事途径解决西藏问题。这种缺乏有力支撑的状态，必然导致驻藏办事处的职员思想不统一，内部失和。这又使得本来就不够强大的驻藏办事处在对藏工作上更加被动。戴新三在入藏之初，并没有因为经济和环境原因而退缩，而且他的学识对此必然有充足的准备。仅仅工作一年半之后，未到不惑之年的戴新三却以身体、经济原因多次申请内调，不得不说是一种托词。他的无奈内返，实质上是当时民国政府治藏力量不够强大的一个侧面反映。戴新三的报国热情，当时不得不无奈熄灭。

从瞻对总管看现代中国的初步构建

中央民族大学　冯　翔　喜饶尼玛

摘　要：晚清以来，川边的诸多事务都与瞻对有关，从1865年清廷将瞻对“赏给”达赖喇嘛管理到1911年将瞻对收回，四十六年间清政府数次展开“收瞻”之议。本文以瞻对总管的去留来看整个川边的“改流”，力图以此管窥现代中国的初步构建。

关键词：瞻对；川边；主权；民族国家

瞻对纷乱自乾隆朝始，一直是西南边地从未真正解决的问题。到晚清更因为瞻对的归属问题引发一系列边疆重臣与西藏地方政府的激烈碰撞。在以往的研究中，陈一石的《清代瞻对事件在藏族地区的历史地位与影响（一）》《清代瞻对事件在藏族地区的历史地位与影响（二）》《清代瞻对事件在藏族地区的历史地位与影响（三）》三篇论文对数次瞻对战事进行了详细的梳理，并指出鹿传霖在处理瞻对的归属问题时因为“大民族主义”思想，处置失当，造成恶劣影响。康欣平的《从“收回”到“赏给”：1896—1897年间清廷处理瞻对归属事件析论》认为瞻对的归属问题是由清政府筹边思路的变化而引起。这种较小范畴内的讨论忽略了清末川边事务的变革与清末国家整体性转变之间的联系，未能充分注意到清政府治藏、治边政策的变化所反映出的晚清国家的现代化转型——主权意识的建立与民族国家的构建。笔者认为，在分析瞻对这一清末川边最为棘手的问题时，应该站到一个更高的视野下，看到西藏地方政府任命的瞻对总管所带来的纷争与清政府边疆重臣的国家观念的转变之间的摩擦。本文以瞻对总管的去留来看整个川边的“改流”，力图以此管窥现代中国的初步构建。

一、瞻对赏藏，皇权主导“天下”

约瑟夫·R. 列文森[①]曾说：“中国近代思想史的大部分时间里，可以说是一个使‘天下’变为‘国家’的过程。”[②] 而晚清时期是中国从“传统”走向“现代”的开端。在此之前，中国被认为是“一个能够容纳多种制度、法律、文化和宗教的多元帝国”[③]，在帝国体制下，出于统治技术的限制和传统的“家天下”观念的影响，中央集权的帝国并没有对边疆地区进行直接、统一的管理，而是在边地保留少数民族的政治势力，对其实施羁縻统治。但这样的统治随着西方列强的入侵和内乱迭起而受到了极大的挑战，当中央政府不再强大到足以恩威并施地控制边疆少数民族政权时，远离“中华文化圈”中心地带的少数民族地方政权就有可能因为自身利益而与中央政府产生龃龉。当时的中国，正如美国著名汉学家、历史学家孔飞力[④]所言：“其实是一种制

---

① 约瑟夫·R. 列文森（Joseph R. Levenson，1920—1969），美国中国历史学家，美国 20 世纪五六十年代研究中国领域最主要的学术代表之一。

② ［美］约瑟夫·R. 列文森：《儒教中国及其现代命运》，郑大华、任菁译，北京：中国社会科学出版社，2000 年，第 87 页。

③ 汪晖：《现代中国思想的兴起》，北京：生活·读书·新知三联书店，2004 年，第 22 页。

④ ［美］孔飞力（Philip Alden Kuhn，1933—2016），美国哈佛大学历史系教授，历史与东亚语言研究所所长。孔飞力是美国汉学界“中国中心观”的代表人物。

度——一种已经无法同自身政治使命和任务相契合的制度的没落。”①

19 世纪 60 年代对于西方是一个大发展的时代，电气时代即将到来，一切欣欣向荣。而对于中国来说，则是一个需要面对第二次鸦片战争失败、国内农民起义风起云涌的时代。如此背景下，川边的土司叛乱无论在影响上还是对清朝体制的冲击上，看起来都是微不足道的。

在国力鼎盛的乾隆时期，平定边乱仍需要“举国之力”，但 1865 年对瞻对土司工布朗结的镇压却要顺利得多。藏军的会剿无疑是最重要的原因，藏军取得的战果甚至使川督骆秉章改变了起初要求藏军回藏的态度。瞻对平定后，应骆秉章的奏请，同治四年（1865）下旨“所有瞻对上中下三处地方，即着赏给达赖喇嘛派堪布管理，建庙焚修”②。至此，瞻对成为西藏地方政府在川边的一块飞地。“当时领兵官噶伦普隆巴委任颇本彭饶巴欢仁贝丹为瞻对地区总管”③，彭饶巴即成为第一任瞻对总管。

这个时期清政府刚平定太平天国，仍需要面对西北的捻军起义及陕甘回乱、西南的杜文秀起义和第二次鸦片战争失败的割地赔款。瞻对作为一块数次发生土司起事之地，将其“赏给”达赖喇嘛，就当时的客观情况而言是有其道理的。一方面，省去拨给藏军的军费，缓解了当时因为鸦片进口、战争赔款白银大量外流而国库空虚的状况；另一方面，也甩掉了一个麻烦不断的“铁疙瘩”。这反映出的是清政府及其官僚系统的治理思想仍然是

---

① 孔飞力：《中国现代国家的起源》，陈兼、陈之宏译，北京：生活·读书·新知三联书店，2013 年，第 13 页。

② 《理藩院典属司为奉抄瞻对赏达赖喇嘛管理上谕咨四川总督呈》，载中国藏学研究中心等编《元以来西藏地方与中央政府关系档案史料汇编》第 4 册，北京：中国藏学出版社，1994 年，第 1265 页。

③ 恰白·次旦平措等：《西藏通史——松石宝串》，拉萨：西藏古籍出版社，1996 年，第 867 页。

“家天下”的。将国家土地以君主的名义赏给西藏地方的政教合一领袖达赖喇嘛，正是“普天之下，莫非王土；率土之滨，莫非王臣”的体现。同时期廓尔喀第三次入侵西藏，在处理这一问题时，清政府及驻藏大臣的思想仍是不损“国体”，维护住清帝国的甚至包括尼泊尔在内的“天下”。显然，这一时期，帝国边界也依旧是模糊不清的。

事与愿违，川边事态并未因将瞻对赏给达赖喇嘛而平静下来。在彭饶巴任瞻对总管十年之后，光绪元年（1875）“彭饶巴恃其地远兵强，侵渔土户，以致里塘僧俗不服。素不安分之喇嘛更登培结、仁古热舟等藉端煽惑，聚众万余人”[①]准备对抗瞻对。而因滋生事端，“番官彭饶巴现已由驻藏大臣另行更换”[②]。

接任彭饶巴的瞻对总管职位的是索康色，他先前也参与了对工布朗结的战事，被清政府赐予三品顶戴。[③]但索康色带来的麻烦，却是清政府始料未及的。索康色不但对瞻民残暴，更勾结“野番”围攻其他土司，以求重贿。后来，在瞻对的小头人、撒拉雍珠起义中投诚清军的阿噶所上的“夷禀”[④]中，称“小头人阿噶，在前任番官彭饶巴任内小心当差会并无过失，后任番官索康色因与彭饶巴不睦，迁怒于阿噶；又因阿噶之兄松郎足美手摹番官图记，被索康色抛河溺死，抄没全家”[⑤]。令清政府更不能

---

① 《谕军机大臣瞻对藏官侵渔土户案已结着魁玉等严定章程以杜藏官越疆骚扰》，载中国藏学研究中心等编《元以来西藏地方与中央政府关系档案史料汇编》第4册，第1265页。

② 《谕军机大臣瞻对藏官侵渔土户案已结着魁玉等严定章程以杜藏官越疆骚扰》，载中国藏学研究中心等编《元以来西藏地方与中央政府关系档案史料汇编》第4册，第1265页。

③ 参见洛桑楚臣强巴嘉错：《十二世达赖喇嘛传》，北京：中国藏学出版社，1996年，第134—135页。

④ 指少数民族给中央政权所属的地方官员的报告。

⑤ 《长庚奏藏以武健之人驭瞻对致有不睦片》，载中国藏学研究中心等编《元以来西藏地方与中央政府关系档案史料汇编》第4册，第1275页。

容忍的是“讵查录野番持瞻对为护符，抗不遵照，勾结番官若康撒、色空赛等于八月二十日纠集瞻夷三四千……二十四日及九月初旬，四出抢劫，叠次攻围土司官寨，勒索土司印信，要求重贿，方允退兵”①。于是光绪七年（1881），时任川督丁宝桢奏，“相应请旨，敕下驻藏大臣严行商上将索康色撤回后，饬令接成番官”②。

具有讽刺意味的是光绪五年（1879）索康色还被驻藏大臣松溎、色楞额列为接替因病辞退的噶伦人选。③ 这是帝国体制内部分而治之的结果，而在一个现代国家的疆界内部，主权概念一旦产生之后就应该是均质的。但当时的情况是，西藏地方政府拥有一块川边的飞地，又自我任命该地的总管，而该总管有资格出任西藏地方政府的噶伦，却又要经过清中央政府的批准。这种主权概念产生前的复杂权力重叠与归属权的模糊是前现代国家的典型特征。“如何处理中央政府和地方及基层社区之间的权利分配关系，便成为现代国家构建所面临的中心挑战之一。”④ 接下来19世纪80年代发生的一连串事件，无疑使这一“中心挑战”迫在眉睫。

二、容藏官苛政，护“天下”体系

光绪十五年（1889）索康色的后任、瞻对总管青饶策披对

① 《丁宝桢等奏查录滋事实倚瞻对藏官索康色为护符及查办情形片》，载中国藏学研究中心等编《元以来西藏地方与中央政府关系档案史料汇编》第4册，第1267页。

② 《丁宝桢等奏请勘内地与瞻对界址以杜侵凌之渐片》，载中国藏学研究中心等编《元以来西藏地方与中央政府关系档案史料汇编》第4册，第1270页。

③ 参见《松溎等奏噶伦仑珠策垫病退遗缺请旨补放折》，载中国藏学研究中心等编《元以来西藏地方与中央政府关系档案史料汇编》第5册，第2072页。

④ ［美］孔飞力：《中国现代国家的起源》，陈兼、陈之宏译，北京：生活·读书·新知三联书店，2013年，第19页。

瞻民异常暴虐，结果激起民变，被起义领袖撒拉雍珠驱逐。尔后，撒拉雍珠向时任四川总督的刘秉璋递交了“夷禀”，表示不愿隶西藏，愿归川属。由此开启瞻对归属的纷争。

面对瞻民的“向化”，清政府不得不有所回应。“向化”可以被视为德政与王道的表现，这是坐拥“天下”的帝国中央政府的传统合法性来源之一。但随着洋务运动达到高潮和 19 世纪 80 年代以来的国内外纷扰，此时清政府需要全盘考虑的，已经开始由传统的合法性来源转向初步的主权关切。

第二次鸦片战争后，清政府在外来“刺激”下，开始认识到主权概念，并自觉或不自觉地推进了国家主权的均质化。光绪七年（1881）左宗棠收复伊犁，签订《中俄伊犁条约》。光绪十年（1884），正式设立新疆省，并废除伯克制，实行与中国内地十八省由巡抚统管全省事务的制度。光绪十一年（1885），中法战争结束，签订《中法新约》，后清政府在台湾设省。在这一系列事件中，外来的入侵、与列强签署条约都促进了中国的现代国家观念初步形成，清政府开始放弃在边疆地区的羁縻政策，巩固直属于中央的行政权力，主权均质开始铺陈。

但这一时期，“天下”的观念依旧强大，形成了短暂的“天下”与主权观念互相交织的局面。光绪十四年（1888）英国发动隆吐山战役，第一次入侵西藏。西藏地方三次战事失败后，驻藏大臣升泰在与英方代表谈判时就锡金的归属问题提议：“中国承认英国在锡金的地位和权利，而锡金与中国西藏的关系‘照旧’，每年向达赖喇嘛、商上和驻藏大臣等呈送年节礼物及贺禀，继续保有中国皇帝颁给的头衔。”① 最终，锡金仍然沦为英国的保护国，但升泰的提议却体现了中国的“天下”观，希望保住清朝在喜马拉雅山麓的朝贡体系。而《中英藏印条约》的签署

---

① 喜饶尼玛等主编：《西藏百年史研究》上册，北京：社会科学文献出版社，2015 年，第 207 页。

却也在某种程度上确认了中国对西藏拥有主权，这是1913年后英国方面极力想要推翻的，试图以宗主权来“替换”主权。

同样地，在处理瞻对的归属问题时，驻藏大臣长庚认为如果收回瞻对，恐怕牵碍全局，因为“藏为川、滇、秦、陇藩篱，而于新疆互为屏蔽，有关中外全局者甚大……若因瞻对一事而使藏番借口，于以后事机诸多未便”[①]。清政府方面清楚知道，此次起义是由瞻对总管的苛政引发，却依旧由川督刘秉璋派兵镇压撒拉雍珠起义，瞻对仍归藏属。这种矛盾的做法，正是孔飞力所说的“中心挑战之一”。一方面是“家天下”观念在实际处理与列强，特别是与英国的关系时逐渐崩溃；一方面是中央政府与西藏地方在权力分配上的某种博弈。以往的文章在分析这一问题时习惯性地认为这是中央政府的让步，但上升到以整个国家的内部视角来看，这并非是一个零和博弈。光绪十六年（1890）三月，清军镇压了撒拉雍珠起义，瞻对依旧归藏后[②]，升泰与英国驻印度总督签署《中英藏印条约》。在清政府看来，成功结束了战争，保住了西藏，并且确认了“中国代表西藏，英国代表其本身”[③] 的主权基础；而西藏方面则继续保有瞻对。这是“天下”逐渐解体的过程，也是在与列强的交涉愈多下，主权观念逐步形成的过程，不能割裂来看。在这一过程中，中国现代国家的构建开始逐渐清晰。

---

① 《长庚奏瞻对百姓叛藏逐官一案多轇轕宜有定见以免牵动全局片》，载中国藏学研究中心等编《元以来西藏地方与中央政府关系档案史料汇编》第4册，第1274页。

② 参见《刘秉璋等奏查办瞻对叛藏案擒斩首要各犯折》，载中国藏学研究中心等编《元以来西藏地方与中央政府关系档案史料汇编》第4册，第1277—1278页。

③ 喜饶尼玛等主编：《西藏百年史研究》上册，北京：社会科学文献出版社，2015年，第211页。

三、鹿议收瞻，传统与现代交织

光绪二十一年（1895），第四任瞻对总管对堆夺吉起意吞并内向已久的明正土司。清政府随即下令将对堆夺吉与小堪布夷喜吐布丹革职。但这时十三世达赖喇嘛已经亲政，并未遵从清政府的旨意，没有将瞻对总管对堆夺吉与小堪布夷喜吐布丹革职①。刚刚经历了甲午战争的惨败，清政府上下都不愿轻易再开战，于是不断派人赴瞻对“开导”。当然，这种“开导”并未取得效果。光绪二十二年（1896）二月，攀附瞻对总管的朱窝土司攻打章谷土司，并得到瞻对总管的支持，而瞻对方面则继续滋扰明正土司。四月时，川督鹿传霖上奏表示应派兵驻打箭炉，严防西北的“回匪”，并预备收回瞻对。七月，鹿传霖奏“瞻番先开兵端，朱窝助逆，迭次攻击败退，现筹进剿”②；十月，三瞻肃清，对堆夺吉潜逃，夷喜吐布丹投降。西藏方面则对抗性地任命霍尔康③为瞻对总管，但霍尔康在到达昌都后就不再被允许前进。因为鹿传霖奏请“瞻地应归内属，设立汉官，拟即咨行藏中，饬令毋庸前来，免致生事”④。瞻对归属争议再起，边疆大吏们也纷纷表达各自立场，最终在成都将军恭寿、驻藏大臣文海以“德格改流”一事为由的反对下，清政府的态度开始转变。在十三世达赖喇嘛派人直接到京城请求赏还瞻对的情况下，光绪帝直接下旨

① 参见《恭寿鹿传霖等奏瞻对滋扰案另委妥员查办片》，中国藏学研究中心等编：《元以来西藏地方与中央政府关系档案史料汇编》第四册，第1286页。

② 《鹿传霖等奏瞻对藏官先开兵端朱窝助逆达次攻剿获胜及现筹进兵等情折》，载中国藏学研究中心等编《元以来西藏地方与中央政府关系档案史料汇编》第4册，第1294页。

③ 霍尔康在清代档案中译为四郎多布结，1902年升任噶伦，后因反对十三世达赖喇嘛抗英被下狱，在狱中畏罪自杀。

④ 《鹿传霖等奏三瞻一律肃清现在筹办善后折》，载中国藏学研究中心等编《元以来西藏地方与中央政府关系档案史料汇编》第4册，第1306页。

“所有三瞻地方，仍着一律赏给达赖喇嘛收受，毋庸改土归流”①。

在以往的研究中，认为这一次改土归流的失败是官员间相互倾轧或者治边理念差异的结果。但有一点是很明确的，1888 年英国第一次入侵西藏后，清政府的官员们都考虑到了英国对西藏地方的野心。在这种情况下，考察官僚知识分子的思想是否由“传统”走向“现代”，既是理解这一次“改流”失败的原因，也是观察晚清现代中国构建的重要一环。鹿传霖认为：“藏为中国属地，万国共知。俄碍于公法，决不能显然图藏。中国若自行整顿藏务，英俄皆不能干预，则划界早定，尚可暂时相安，非虚语也。”② 鹿传霖的想法纵然有理想化的一面，却也反映出鹿传霖的国家观念已经向现代意义上转变。事实上，甲午战争的惨败已经使得中国的知识分子开始重新审视传统的“天下”观。“在 1895 至 1899 这四年间，‘天下’这个词的使用达到历史上从未有过的高峰，而‘国家’一词的使用，也是在 1895 年后突然增加了，‘民族’一词的使用则到 1900 年后才开始出现井喷之势。自 1900 年以后，‘天下’一词的使用次数急遽减少，‘民族’一词急遽增加。”③ 陈独秀曾回忆：“在家里读书的时候……哪知道国家是个什么东西，和我有什么关系呢？到了甲午年，才听见人说有个什么日本国，把我们中国打败了……我生长到二十多岁，才知道有个国家，才知道国家乃是全国人的大家，才知道人人有

① 《光绪二十三年十一月十一日上谕》，载四川省民族研究所《清末川滇边务档案史料》编辑组编《清末川滇边务档案史料》上册，北京：中华书局，1989 年，第 36 页。

② 《鹿传霖密陈瞻对收复及英俄窥藏情形疏》，载四川省民族研究所《清末川滇边务档案史料》编《清末川滇边务档案史料》上册，第 19 页。

③ 金观涛、刘青峰：《观念史研究：中国现代重要政治术语的形成》，北京：法律出版社，2010 年，第 242 页。

应当尽力于这大家的大义。”①

而与之相对应的则是代理川督恭寿的“老式”思想。恭寿曾上奏说：“英人以印度茶叶入藏为利源大宗，幸藏番不食印茶，所以川省茶利不致外溢。果如讷钦所奏，以茶厄藏，藏番必改食印茶，不但必致生计立穷，且恐驱之外向。”② 可见，恭寿担心的是一旦收回瞻对，西藏方面将改食印茶，将西藏推向英国一方。本质上，恭寿脑中仍是“以茶治藏”的羁縻政策。希望赏还瞻对之后达赖喇嘛能“知所钦感”，而朝廷则“以广皇仁，而安边境”。殊不知正是这种羁縻政策的实行造成国家内部处于民族隔离状态，它给了信奉“一个民族一个国家”的欧洲列强以口实，质疑中国对西藏的主权。

如果说这一时期“传统”与“现代”的拉扯还仅限于政治精英，那么不多久，一种新的身份及其与之共生的政治实体概念的崛起将更剧烈地推动这个古老国家的现代进程。用孔飞力的话说：“那就是，一个同全国性政治实体（亦即民族国家）连接在一起的社会里的社会共同成员身份（亦即公民身份）。”③

四、最后的收瞻之议，民族国家初现

光绪帝下旨将瞻对赏还达赖喇嘛之后，霍尔康再次被任命为瞻对总管，直到光绪二十八年（1902 年）升任噶伦。瞻对总管位置由卫戍代本巴登郎加代理。光绪三十年八月初五，已经升任吏部尚书兼军机大臣的鹿传霖再次因为瞻对归属问题致外务部：

---

① 陈独秀：《说国家》，载《陈独秀文章选编》上册，北京：生活·读书·新知三联书店，1984 年，第 39 页。

② 《川督恭寿查明瞻对用兵缘由请将瞻地赏还折》，载四川省民族研究所《清末川滇边务档案史料》编辑组编《清末川滇边务档案史料》上册，第 33 页

③ ［美］孔飞力：《中国现代国家的起源》，陈兼、陈之宏译，北京：生活·读书·新知三联书店，2013 年，第 56 页。

“原虑藏梗英划界，逾限多年，必将构衅，瞻对属藏，一旦有事，瞻对非我有矣。”① 九月二十三日，清帝发出上谕：“有人奏西藏情形危急，请经营四川各土司，并及时将三瞻收回内属。等语。着锡良、有泰、凤全体察情形，妥议具奏。”② 而此时，英国第二次入侵西藏，已经占领了拉萨，十三世达赖喇嘛逃往内地。这时提出收回瞻对是鉴于英国对中国西南边疆的威胁已经迫在眉睫，而处于国力最低点的中国则无力抵抗英国对西藏地方的侵略，甚至没有了 1888 年时表面上将“中兴”作为谈判的筹码。

经过甲午战争和八国联军侵华，摆在中国面前的是一种亡国灭种的恐惧。在这种恐惧中，民族主义被从西方传来的书本和维新思想家的笔激发到现实中来。这一时期产生的民族主义是一种竞争性的产物，随着第二次工业革命的到来，欧洲传统的民族主义开始与社会达尔文主义相结合，为他们的殖民扩张找到了理论支持。他们声称“民族国家有权摧毁非民族国家，并为她们送来启蒙之光”③。在这种恐惧和竞争性意识的驱动下，产生出的是——中国的、以“救亡”为主旋律的民族主义。④ 孔飞力认为，康有为的“中国一家，休戚与共”“合四万万人之心以为心，天下莫强焉”的思想已经属于现代民族国家的观念，它们“只有在国家面临着外来征服以及——用 19 世纪 90 年代这一帝国主义时代所流行的社会达尔文主义语言来说——亡国灭种的危

① 《鹿传霖为速将瞻对收回属川事致外务部节略》，载中国藏学研究中心等编《元以来西藏地方与中央政府关系档案史料汇编》第 4 册，第 1321 页。

② 《谕军机大臣瞻对收回内属事着锡良等妥议》，载中国藏学研究中心等编《元以来西藏地方与中央政府关系档案史料汇编》第 4 册，第 1321 页。

③ 杜赞奇：《从民族国家拯救历史：民族主义话语与中国现代史研究》，王宪明、高继美译，南京：江苏人民出版社，2009 年，第 20 页。

④ 欧洲的民族主义是与民主主义结合在一起的，“民族于是梦想着成为自由的，并且，如果是在上帝管辖下的直接的自由”。参见［美］本尼迪克特 · 安德森：《想象的共同体》，吴叡人译，上海：上海人民出版社，2005 年，第 6—7 页。

难时刻，才是可以想象的"[①]。1901年《辛丑条约》签订后，清政府宣布实施新政。很大程度上，清末新政正是为了"救亡"。清末新政的许多措施在今天看来并非太保守，而是太激进，这种试图以"朝夕"构建现代国家制度的内核正是对"救亡"的焦虑。

在西藏问题上，英国作为老牌殖民帝国，已经摸索出一套低成本、间接控制某一利益相关地区的方法，而不是像封建色彩浓厚的俄国、日本一样拥有强烈的领土要求。因此，1905年初，唐绍仪率张荫棠赴印议约后，清政府对直接失去西藏领土的焦虑淡化了。不久"巴塘事件"爆发，驻藏帮办大臣凤全被杀，四川总督锡良派建昌道赵尔丰前往镇压。清政府抓住机会开始在川边推行改土归流，瞻对自然也在计划之中。巴塘之乱平息后，川督锡良当即电告军机处要求收回瞻对，"赵尔丰现请先议收瞻，乃便统筹全局"[②]。两日后清政府便下旨"自应乘此机会将三瞻地方收回内辖"[③]，明确表示将瞻对收回四川管辖。光绪三十二年（1906）六月，锡良上奏请设川滇边务大臣，并提出"驻扎巴塘练兵，以为西藏声援，整理地方为后盾。川、滇、边、藏声气相通，联为一致，一劳永逸，此西南之计也"[④]。锡良的想法与鹿传霖任川督时的想法相比，体现了民族国家的构建进程在不断前进。鹿传霖任川督时，担心的是英国将夺去西藏地方，那么

① ［美］孔飞力：《中国现代国家的起源》，陈兼、陈之宏译，北京：生活·读书·新知三联书店，2013年，第111页。

② 《锡良致电军机处请求收回瞻对以弭边患》，载四川省民族研究所《清末川滇边务档案史料》编辑组编《清末川滇边务档案史料》上册，第66页。

③ 《军机大臣电寄锡良奉旨着手收回瞻对并相机酌办里塘改流事宜》，载四川省民族研究所《清末川滇边务档案史料》编辑组编《清末川滇边务档案史料》上册，第67页。

④ 《锡良、绰哈布奏设川滇边务大臣折》，载四川省民族研究所《清末川滇边务档案史料》编辑组编《清末川滇边务档案史料》上册，第90页。

瞻对也会随之失去，四川将无藩篱。[①] 到锡良任川督时已经将西藏划入“西南之计”的一部分，并且以川边为后盾，“为西藏声援”。从鹿传霖到锡良任上，正是中国民族主义兴起的时期，在已经形成的“主权”概念的基础上，官僚知识分子们开始打破国家内部的民族隔离状态，主权开始逐渐“均质化”，不再单独将西藏地方视为内地的“藩篱”，而视其为国家整体的一个部分。这是民族主义推动构建民族国家的一个缩影。

光绪三十四年（1908）十一月，在赵尔丰平定德格土司争袭叛乱的过程中，各土司纷纷控告瞻对藏官任意支派乌拉、征收银两、侵占土地。赵尔丰则致电军机处要求收回瞻对。一个月后，清政府大致同意赵尔丰的奏请，要求赵尔丰“相机驱逐”瞻对藏官。[②] 赵尔丰平定德格后，得知瞻对总管巴登郎加曾“知会德格土司不必听汉官之语，应遵彼处断”[③]，随即连同赵尔巽致电驻藏大臣联豫要求西藏地方政府撤回瞻对总管。宣统元年（1909）二月十六日，西藏地方三大寺、噶厦、西藏会议联合经联豫向清政府转奏了三个“禀件”，其中一再强调瞻对是大皇帝赏给达赖喇嘛之地，现在要以银两收回瞻对，“犹如西藏非大皇帝属下一般，致僧俗大众伤惨寒心”[④]，并担心收回瞻对将会使

---

① 原话为“实以瞻对为川省藩篱……藏亡若瞻对属藏，亦即与之俱亡，而川省直无门户可守”。参见《鹿传霖密陈瞻对亟应收回改设流官疏》，载四川省民族研究所《清末川滇边务档案史料》编辑组编《清末川滇边务档案史料》上册，第15—16页。

② 参见《军机大臣电寄赵尔丰着会同赵尔巽联豫妥为规划勒令藏官退还瞻地》，载四川省民族研究所《清末川滇边务档案史料》编辑组编《清末川滇边务档案史料》上册，第263页。

③ 《赵尔巽、赵尔丰电复联豫奉旨收瞻请晓谕撤回瞻官》，载四川省民族研究所《清末川滇边务档案史料》编辑组编《清末川滇边务档案史料》上册，第272页。

④ 《西藏三大寺及僧俗官员等禀复联豫申诉瞻对仍须归藏管理》，载四川省民族研究所《清末川滇边务档案史料》编辑组编《清末川滇边务档案史料》上册，第374页。

英国和尼泊尔认为“西藏已经摒除优眷保护之外”[①]。西藏方面表现出对清朝皇帝的特殊认同，与这个时代官僚知识分子对国家的认同形成鲜明的对比。西藏地方认同的是西藏是属于大皇帝的土地；而清政府的大部分官僚知识分子在经历了主权意识确立、民族主义兴起之后，认同的是皇帝统治下的国家。他们在辛亥革命之后迅速倒向了“中华民国”，中国历史上改朝换代之后的“不仕”现象并没有大规模发生就是例证。

面对西藏地方所上奏的“禀件”，赵尔丰也一度认为收瞻无望，担心这次又将重演光绪二十二年将瞻对“赏还”的情况。但对赵尔丰来说，转机来自宣统二年（1910）正月初三第十三世达赖喇嘛再次从拉萨出逃。次月，赵尔巽又一次请旨收瞻，军机处、外务部则认为应该从长计议。但这一次持不同意见的双方已经不再受观念的束缚。他们的担心主要在于，十三世达赖喇嘛出逃使得中英之间的条约谈判形势更为复杂，此时收瞻将给英国人以借口。[②] 事实上，军机处与外务部已经具备了相当的现代性，他们称“现在治藏之策，自以统制政权不使旁落为要义”，“不能因此谓于中国在藏固有之主权稍有减损”[③]。这种对内放弃羁縻统制，使内部主权均质化，对外向列强宣示主权，并且明确以“中国”一词作为对外称谓的做法正是清末中国现代国家初步构建不断推进的表现。传统上将“中国”一词看作一个现代政治实体的概念是辛亥革命之后的事。但是在清末川边事务中，“中国”一词已经广泛使用，并且正是指代当时清王朝统治下的

---

① 《西藏三大寺及僧俗官员等禀复联豫申诉瞻对仍须归藏管理》，载四川省民族研究所《清末川滇边务档案史料》编辑组编《清末川滇边务档案史料》上册，第374页。

② 参见《军机处外务部函复赵尔巽俟藏局大定再行酌办收瞻》，载四川省民族研究所《清末川滇边务档案史料》编辑组《清末川滇边务档案史料》上册，第618—619页。

③ 《军机处外务部函复赵尔巽俟藏局大定再行酌办收瞻》，四川省民族研究所编：《清末川滇边务档案史料》上册，第618-619页。

初步构建起来的民族国家。如："藏中不过恐行中国政治""先教以汉语官话及中国浅近文字""中政府深信英国于我派兵前往绥靖地方""中国幅员辽阔，凡于边地，非事羁縻，即成瓯脱""中国与猓猡原是一家，不分彼此，不似洋人生长海外，来到中国""所有汉蛮僧俗，都是中国赤子"。① 正是这些思想为新制度的产生准备了条件，辛亥革命之后对"中国"一词所指的中国现代民族国家的政治实体意义，其实在清末就已经构建，并成为构建现代中国的重要一步。

宣统三年（1911）初在预备立宪的背景下，民政部奏请将各省土司改土归流，"比值筹备宪政之际，尤宜扩充民治，教养兼施，以维治安，而广文化"②。本尼迪克特·安德森认为："民族被想象为拥有主权，因为这个概念诞生时，启蒙运动与大革命正在毁坏神谕的、阶层制的皇朝的合法性……民族于是梦想着成为自由的，并且，如果是在上帝管辖下的直接的自由。"③ 他强调了发源于欧洲的民族主义的底色其实是民主与自由，因为欧洲民族国家的最终确立都是在资产阶级革命完成之后的。而中国的民族主义的核心则是"救亡"，这就使得以往的许多研究都认为中国现代民族国家的构建未能回应"民主"的诉求，但通过对清末川边政策的考察，可以发现这种说法太过轻率了。清政府为了"扩充民治"而最终同意收回瞻对，正是建立在国内汹涌的、要求施行宪政的民意基础上。

---

① 参见《赵尔丰致电军机处准联豫咨送藏中禀详陈前后情形》《推广关外学务请添拨经费折》《军机处致电联豫与英交涉近情》《边藏情形时殊异亟宜将紧要地方收回折》《程凤翔禀猓猡民情风俗》《里塘粮员出示词讼案件由官审理禁止喇嘛干预》，载四川省民族研究所《清末川滇边务档案史料》编辑组《清末川滇边务档案史料》中册，第 301 页、第 384 页、第 545 页、第 592 页、第 609 页、第 692 页。

② 《民政部奏请各省土司改设流官以资治理折》，载四川省民族研究所《清末川滇边务档案史料》编辑组编《清末川滇边务档案史料》下册，第 878 页。

③ 本尼迪克特·安德森：《想象的共同体》，吴睿人译，上海：上海世纪出版集团，2005 年，第 7 页。

就在同一时期，理塘改土归流后已经根据《巴塘善后章程》[①] 选举出保正[②] 5 名、村长 20 名[③]。这包含了一个重大的意义：村长这一行政职位的设立标志着国家最小一级的行政单位下沉到村，突破了“皇权不下县”的传统。在预备立宪时期，这种直接的对于农村的控制，甚至在非传统统治的中心区域也在施行，正是国家主权在内部均质化的体现。而村长由选举产生这种基层民主的形式，正是对中国帝制时期“地方自治”的解构，试图建立起一种现代国家的、基于民主思想的地方自治。这种理念贯穿于中国现代国家构建过程的始终，甚至到今天，基层党组织仍然在农村发挥着支撑现代化进程的巨大作用。这是今天中国农村施行基层民主选举制度的基础，而它的历史原点，正是在清末预备立宪时期。那么清末包括瞻对在内的广大川边地区施行的《巴塘善后章程》，其中的选举内容，也正是对中国现代国家的构建过程中“民主”诉求的早期回应。

宣统三年（1911）四月初九，得到清政府明确支持的赵尔丰非常强势地以最后通牒的形式限末代瞻对总管巴登郎加五日内回藏。后经巴登郎加请求，又再宽限五日。最终，巴登郎加在大兵压境的情况下于五月二十二日起程回藏。五月二十八日，瞻对改为怀柔县，“改流”事宜参照《巴塘善后章程》进行，并由米宗襄任第一任瞻对委员。至此，结束了西藏地方对瞻对 46 年的统治。

---

① 光绪三十二年（1906）赵尔丰平定巴塘之乱后，为在巴塘推行改土归流而制定的一系列地方规章制度，后成为整个川边改土归流的蓝本。

② 清代的保甲制度规定，每十户为一甲，每十甲为一保。每一甲设一甲长，每一保设一保正。

③ 参见《里塘粮员呈报选任保正村长及管户清册》，载四川省民族研究所《清末川滇边务档案史料》编辑组编《清末川滇边务档案史料》下册，第 942—943 页。

余 论

晚清以来川边的诸多事务都与瞻对及瞻对总管有关，从1865年将瞻对赏给达赖喇嘛管理到1911年将瞻对收回，46年间清政府数次展开“收瞻”之议。细察这其中的反复，不难看出清政府和她的官僚知识分子们的政治理念的变化。在与西方列强发生战争、签订条约以及“西风东渐”的过程中逐渐形成主权意识之后，在现代国家形成的过程中，羁縻政策不再适用于一个庞大国家对边疆治理的需求了。1888年英国第一次入侵西藏之后，还试图维持的“天下”，到1895年甲午战争之后已经崩溃。这期间清政府对于“收瞻”之议的反应已经从对西藏的“怀柔”考虑转向了对主权与防卫四川的关切。

甲午战争到八国联军侵华战争期间，是中国民族主义兴起的阶段，由民族主义推动的现代民族国家的构建过程中，瞻对收回的意义已经由拱卫四川上升到防御西南、支援西藏，西藏不再被单独视为内地的“藩篱”，而是民族国家的一部分。这对我们解释西藏地方与中央政府的关系具有非常重要的意义。本文试图以晚清瞻对总管的去留之议来看中国现代国家的初步构建，正是为了说明随着“天下”的崩溃，在初步建立起现代国家的过程中，将国家主权的内部均质化延伸到了西藏地方，这是一个连续的过程。而西方一些浅薄的学者总是有意无意地忽略这个过程，用一种文化霸权主义的视角进行“主权”与“宗主权”的文字游戏。当晚清中国现代国家的初步构建过程清晰地展现出来之时，即可看到这个古老的帝国向现代国家转变，主权观念的产生伴随着“中国作为一个统一国家而进入现代”①，也就是说当中国初步构

① ［美］孔飞力：《中国现代国家的起源》，陈兼、陈之宏译，北京：生活·读书·新知三联书店，2013年，第121页。

建起现代民族国家的时候，西藏地方就已经包含在其中。这是中国对西藏拥有主权的无可争辩的重要论点，否则当今世界所有国家对国内某一地区的主权都可以被质疑，如英国的北爱尔兰、美国的德克萨斯、法国的科西嘉。另外，西方“白左”的浅薄在于，他们的“东方主义”思维使他们未能看到，在 19 世纪下半叶中国与西方殖民国家的本质不同。西方在现代民族国家已经构建起来之后又继续扩张领土，最终却不得不在第二次世界大战后非殖民化的风潮中退回到自己的本土。而中国的现代国家构建是在 19 世纪下半叶不断丧失领土的情况下开始的，却在非殖民化风潮中结束了西藏地方政府与中央政府自民国以来极不正常的关系，巩固了对西藏的主权。

在川边，赵尔丰等人在民族主义兴起背景下的“改土归流”，虽然在部分地区的手段过于激烈，至今仍有争议，但有效地推进了川边跟随整个国家的现代进程。川边在赵尔丰大规模“改流”之前由中央所敕封的各土司统治，他们各自为政，并不受拉萨的控制，这方面瞻对就是最好的例子。虽然拉萨派来的历任瞻对总管在某种程度上都声称自己有权要求川边各土司及其百姓“在达赖喇嘛的名义下支应一切差事”[①]，拉萨的西藏会议也认为“惟昔年打箭炉以内系归藏属……至今凡差使马匹乌拉，汉番马牌往来，历在供应”[②]，西藏方面对这一问题有自己的立场。但瞻对总管与川边各土司的纷扰与利益争夺却恰好证明了川边不在拉萨的掌控之下，最后还得由中央派地方督抚大员前往解决。另外值得注意的是，瞻对总管在瞻对这块西藏地方政府的飞地上施行的并非噶厦的职官制度，而是一种土司化了的总管制度。这

① 《瞻对藏官禀请仍照旧支差并管理革什咱》，载四川省民族研究所《清末川滇边务档案史料》编辑组编《清末川滇边务档案史料》中册，第 266 页。

② 《西藏三大寺及僧俗官员等禀复联豫申诉瞻对仍须归藏管理》，载四川省民族研究所《清末川滇边务档案史料》编辑组编《清末川滇边务档案史料》中册，第 374 页。

也证明了，拉萨非但没有，也无能力统治川边。“改流”之后，川边作为初步构建起来的现代民族国家的一部分，开始向内地的行政制度转轨。虽然这一进程因为辛亥革命爆发而暂时中止，但以“救亡”为主旋律的民族主义却在教育领域顽强地存在着，刘家驹①和格桑泽仁②便是其中的典型。民族主义像“未成文的宪法”一般根植在受过教育的康区民众的意识里，并在20世纪上半叶继续推动这一地区跟随整个中国现代国家的构建。

---

① 刘家驹（1900—1977年9月4日），藏名格桑群觉，四川巴塘人。从小受汉文新学和私塾教育，1929年先后任蒙藏委员会藏事处科员，《蒙藏周报》社藏文股主任，蒙藏学校藏文教师，班禅驻京办事处教务科长、秘书，藏事处科长兼任中央党校藏文教师，蒙藏委员会参议，九世班禅随行翻译。1932年专任班禅行辕秘书长，参与一系列重大宗教和国事活动，还被任命为西康建省委员会委员。1934年6月3日，应上海市市长吴铁城之邀，刘家驹随九世班禅赴上海参加了三十万人欢迎大会，九世班禅做题为《蒙藏为中国重要国防》的演讲，由刘家驹翻译。1936年随班禅回藏。次年回藏受阻，滞留玉树时班禅圆寂。1940年回重庆述职，改任蒙藏委员会顾问。1949年8月回巴塘，与西康代省长张为炯共同维护地方秩序。1950年参加迎接解放、维护地方治安的工作，同年奉调参加西康“人代会”做文字翻译工作，后任康定民族干部学校藏文教师，并从事自治区政府翻译室工作。1954年和1955年在北京参与我国第一部宪法和全国一届人大二次会议藏文翻译工作。1956年调四川省教育厅、四川民族出版社工作。

② 格桑泽仁（1904年—1946年6月5日），汉名王天华，四川巴塘人。幼时入赵尔丰主政川边时设立的巴安县立小学学习，因成绩优秀，不久便升入巡警学堂。后入西康军官传习所，继而入二十四军政治学校学习。毕业后历任西康屯垦使署宣慰员、二十四军边务处参议，创办西康国民协进会。继举为蒙藏委员会委员，担任班禅行辕翻译。力主“藏人治藏”“康人治康”。创办“藏族青年励进会”，自任会长。被蒋介石委任为国民党驻西康党务特派员。在巴塘成立西康省防军司令部及西康建省委员会，引起不满，在刘文辉二十四军的先后攻击下，被迫交出巴塘的军政大权。1934年逃往云南丽江，组织康藏贸易公司。抗战中积极支持抗战，提出“边疆开发计划”，因此被选国民参政会参政员、“国大代表”。

西藏驻京僧人贡觉仲尼赴藏宣慰原因探析

中央民族大学　杨　扬　喜饶尼玛

摘　要：贡觉仲尼作为十三世达赖喇嘛的特派驻京僧人由国民政府派往西藏宣慰的这段时间，是达赖喇嘛政治态度转变的特殊阶段，也是国民政府与西藏地方关系初步恢复的重要阶段。国民政府将一个藏方代表任命为中央特派官员入藏，这一举动背后寓意深长，涉及多方面的政治关系考虑，也成为贡觉仲尼展开进一步政治活动并持续影响此后国民政府与西藏地方交往的开端。

关键词：贡觉仲尼；国民政府；入藏宣慰；十三世达赖喇嘛；九世班禅

贡觉仲尼，藏名音译原为棍却仲尼，后觉汉意不雅而改名，被国民政府蒙藏委员会委员长誉为“藏人中最接近中央者”。1923 年，他因做事老成持重而为十三世达赖喇嘛选中，特派入京，任雍和宫驻京堪布。在京期间，他作为西藏地方代表与中央政府进行沟通的过程中，为中央政府方面所赏识，将其选为中央政府入藏宣慰代表，希冀其能在缓和西藏地方政府和中央政府之间的关系中发挥作用。民国时期，出于时局的考虑，部分西藏派京的僧人除了作为西藏地方政府的驻京代表之外，还会作为中央政府的工作人员被派遣入藏进行联络。这样的“双重身份”在贡觉仲尼身上体现得尤为突出：一方面，他极受重视，双边的决策者都给予他优待；另一方面，他在政治立场上的态度表现得较为中肯，尽管他在对于十三世达赖喇嘛所代表的西藏地方政府的利益问题上很执着，但他在与中央政府就西藏问题进行协商上的过程中始终贯以“内向”原则，并且态度积极，主动致力于改善双方的关系。贡觉仲尼虽无十分显赫的事迹，但他“因中央派他赴藏而受藏政府的优遇，更因西藏政府派他为代表而受中央恩宠”，成为当时西藏地方与中央政府关系处于不正常状态下，双方仍积极改善关系的代表性事件。

关于贡觉仲尼入藏宣慰一事的具体过程及贡觉仲尼个人事迹已有相关的讨论文章①，但当就此事进行专门叙述的文章还较为缺乏。而这样的“奇人奇事”有很多值得挖掘的方面，它牵扯到了国民政府正为之“头疼”的西藏问题，并且一个驻京僧人被冠以“入藏宣慰”的头衔本身就是国民政府治藏政策的一种体现，是国民政府治藏政策在实际操作中被较为广泛使用的一种手段，但其产生的作用和效果不尽相同。本文主要关注选派贡觉仲尼一事的“前因”，重点分析贡觉仲尼的“双重”身份形成的背景以及各方在这件事情中的参与情况，呈现出这一事件中所涉及的政治考虑。

一、入藏宣慰人员举棋不定

贡觉仲尼 1924 年被达赖喇嘛派至北京雍和宫任职，成为西藏地方与国民政府进行沟通的主要联系人。驻京的五年中，贡觉仲尼作为西藏方面的主要代表人传达达赖的指令，主动与国民政府接触，致力于改善西藏地方与国民政府的关系。在 1929 年时，贡觉仲尼由国民政府任命为“入藏宣慰专员”，将国民政府为解决西藏问题的相关政策报告给达赖。进藏一年后，于 1931 年返

① 喜饶尼玛：《民国时期西藏驻京总代表贡觉仲尼评述》，载《中国藏学》，2000 年第 1 期；邱熠华：《1921 年西藏新派驻京僧人述论》，载《西藏研究》，2015 年第 2 期。

京，此后长期驻京，担任西藏驻京办事处处长。

贡觉仲尼入京被视为中央与西藏地方关系初步恢复的标志性事件。一方面，他作为达赖主动改善与中央关系的主要枢纽入京；另一方面，他又为国民政府所重用，特派遣作为“入藏宣慰专员”。国民政府将一个藏方代表任命为中央特派官员入藏一事，是当时时局的一个缩影。这一举动背后寓意深长，涉及多方面的政治关系考虑。

在贡觉仲尼赴京入职之前，蒙藏委员会曾就计划派员入藏宣慰一事，提议“今西藏专使人选，以章嘉呼图克图为最宜，请转呈派该章嘉呼图克图入藏宣慰，以资疏通”①，但一直未能成行。此后在1929年6月的《关于蒙藏之决议方案》中，又提到了派员宣慰西藏一事，“由中央特派对党国有重要资望之专员十人至二十人，分赴蒙古、西藏，宣达中央扶植蒙藏民族之政策与决心，慰问并调查蒙藏人民之疾苦”②，却没有提出具体的人选。在中央与西藏关系极不正常的情况下，入藏一事可谓是关系重大，人员的选择就显得尤为的关键，这将直接关系到达赖喇嘛是否同意见面的问题。派员宣慰入藏一直未能成行，最主要的原因在于没有合适的人选。而贡觉仲尼入京后给中央派员入藏宣慰一事带来了新的契机。

---

① 中国第二历史档案馆、中国藏学研究中心编：《中国第二历史档案馆所存西藏和藏事档案汇编》第6册，北京：中国藏学出版社，2010年。转引自张皓：《1929至1931年贡觉仲尼到京、入藏及驻京：西藏与中央关系的初步恢复》，载《中国延安干部学院报》，2013年第4期。

② 《二中全会通过之三要案》，载《申报》，1929年6年19日，第9版。转引自张皓：《1929至1931年贡觉仲尼到京、入藏及驻京：西藏与中央关系的初步恢复》，载《中国延安干部学院报》，2013年第4期。

二、欲顺达赖内向之意

“窃棍却仲呢（尼）于十二年八月间在西藏奉达赖佛爷谕：因前派驻京堪布雍和宫住持扎萨克喇嘛罗桑策殿既经免职，遗缺特派棍却仲尼赴京充补。”① 色拉寺的堪布罗桑策殿②于 1918 年由十三世达赖喇嘛派京，为补之前病故的驻京堪布的空缺。至 1921 年 6 月时，罗桑策殿被免去雍和宫扎萨克喇嘛之职，但保留了堪布的职务。③ 而贡觉仲尼于 1924 年 1 月由达赖喇嘛特派任命充任罗桑策殿的堪布之职时，蒙藏院还未确定革去罗桑策殿的堪布职务。此次特派是达赖喇嘛单方面选派，是与旧例所不符的。④ 尽管贡觉仲尼的任职是在蒙藏院正常程序之外的，但考虑到“今土观呼图克图所遗雍和宫扎萨克喇嘛之缺，现在应补之呼图克图无人，而堪布达喇嘛罗桑仁增又复请假出京，未克入选”⑤，权衡利弊之后，蒙藏院决定特事特办，“查由藏来京堪布补充喇嘛缺额，自应查照例案办理。唯该堪布棍却仲呢既奉达赖

① 中国藏学研究中心等编：《元以来西藏地方与中央政府关系档案史料汇编》第 7 册，北京：中国藏学出版社，1994 年，第 3079 页。

② 1918 年，因之前驻京的堪布病逝，十三氏达赖喇嘛主动派罗桑巴桑、罗桑策殿、罗桑仁增来北京任职。1919 年 2 月 27 日，喇嘛印务处的署印喇嘛察罕达尔汗呼图克图对三位堪布进行考核后，派任其为雍和宫坐床堪布。遇有达喇嘛等更高的职务空缺，再逐步提升，加封名号。

③ 邱熠华：《论西藏近代史上的拉萨三大寺——以政治活动与影响为中心（1911—1951）》，中央民族大学博士学位论文，2012 年。

④ 一方面，达赖喇嘛虽然能够直接免去罗桑策殿的扎萨克喇嘛的职务，但其坐床教习的职务的任免问题需由国民政府所辖下的喇嘛印务处明确。而蒙藏院对罗桑策殿教经资格的吊销和对随行人员的裁汰，是在达赖喇嘛派出贡觉仲尼五个月后才正式确认。另一方面，达赖喇嘛是没有直接指派雍和宫寺院堪布的权力的。雍和宫扎萨克喇嘛出缺后，一般由驻京呼图克图或达喇嘛升补。一般西藏地方派的新任驻京堪布先派充雍和宫坐床堪布，遇有达喇嘛等职务空缺，再逐步提升，加封名号。

⑤ 中国藏学研究中心等编：《元以来西藏地以来西藏地方与中央政府关系档案史料汇编》第 7 册，北京：中国藏学出版社，1994 年，第 3080—3081 页。

喇嘛谕，指明请补扎萨克喇嘛之缺，应即量为变通，准予请补。此系一时权宜之计，以后不得援以为例”①。

可以说，贡觉仲尼入京担任堪布一事，是达赖喇嘛的“特意”安排。从贡觉仲尼任职之后的作为来看，他不只是简单地从事雍和宫的政教事务，在政治职能方面的表现更为突出。贡觉仲尼的出现并不是十三世达赖喇嘛单纯的“越权之举”，十三世达赖喇嘛是有意将贡觉仲尼安插进雍和宫并给予高位，让贡觉仲尼在改善西藏地方政府与中央政府关系的过程中发挥作用。

1924 年 11 月，临时执政段祺瑞发动了“北京政变”后，宣布修正“优从清室”条件，贡觉仲尼和其他五位西藏特派驻京教习堪布对此事的反应是非常敏感和迅速的，他们联名呈文蒙藏院总裁，询问其中《关于满蒙回藏各族待遇之条件》的政策是否会有变化。在该呈文中，贡觉仲尼等人一方面表达了对于中央处理西藏问题的关注，认为自己奉达赖喇嘛之命来京任职，“凡民国与西藏之关系自应注意”；另一方面，强调以《中华民国约法》为准，“如约法所载条件一律取消，堪布等即应回藏销差”②，表明了他们对于约法的认可和政治立场，肯定西藏地方是中国的一部分。贡觉仲尼等人的举动引起了北洋政府对此事的重视，及时做出了回应，重申了满蒙回藏待遇条件的效力。

贡觉仲尼就呈询修正“优从清室”条件一事，不仅是他个人政治活动的开端，对于中央与西藏地方关系的恢复更是起到了积极作用。该呈文和北京当局随后的批文“重新明确了中央政府与西藏地方关系的根本原则，是民国以来中央与西藏地方关系上

① 中国藏学研究中心等编：《元以来西藏地方与中央政府关系档案史料汇编》第 7 册，北京：中国藏学出版社，1994 年，第 3080—3081 页。

② 转引自喜饶尼玛：《论民国时期十三世达赖喇嘛的心理嬗变》，载《中国藏学》，1998 年第 3 期。

的一次突破”①。

作为驻京堪布，贡觉仲尼对于中央政府与西藏关系处理的关注并不常见。贡觉仲尼的前任罗桑策殿任职时，有官员提出“该堪布等为达赖所新派，自于达赖较为切近，拟嗣后中央关于西藏事件，似可密饬该堪布等报知达赖，并可令蒙藏院传询该堪布等藏中现在情状，暨达赖对于川边意指如何。即将来遇选藏中代表，亦可令该堪布等参加，以免隔阂”。在贡觉仲尼之前，就有官员认为将驻京的堪布纳入到相关的政治活动中，利用西藏驻京僧人的身份优势，向中央政府和达赖喇嘛直接传递政治信息，以促进中央与西藏地方关系的改善。但三位堪布否决了这一提议，认为“西藏调京堪布，并非高级喇嘛，在藏不能与闻政治，来京任职专在坐床教经，纯属宗教范围。该堪布罗桑巴桑等此次到京本院曾经传询西藏情形，该堪布等皆无所知”②。一方面，确实三位堪布专心“佛事”，并不热心“政事”；另一方面，此时中央政府与西藏方之间隔阂较深，没有得到达赖喇嘛的授意，他们自然是没有能力参与到相关的政治活动中的。

僵局的打破是在1928年底时，十三世达赖喇嘛委派五台山扎萨克罗桑巴桑前往南京会见国民政府主席，事后罗桑巴桑带回了蒋介石给达赖喇嘛的信函。这是蒋介石首次致函十三世达赖，谈论西藏问题的解决，也是国民政府与西藏地方政府的代表首次接触。之后贡觉仲尼的到任更是打开了国民政府通过驻京僧人与西藏开展相关政治活动的局面，向国民政府传达了达赖喇嘛由亲英外向到输诚内向的政治态度转向。

1929年8月，蒙藏委员会专门委员谢国梁随同贡觉仲尼、楚称丹增前往南京。途中，三人同翻译巫怀清在太原拜见蒙藏委

---

① 喜饶尼玛：《论民国时期十三世达赖喇嘛的心理嬗变》，载《中国藏学》，1998年第3期。

② 中国藏学研究中心等编：《元以来西藏地方与中央政府关系档案史料汇编》第6册，北京：中国藏学出版社，1994年，第6册，第3074页。

员会委员长阎锡山，贡觉仲尼等表示近日收到达赖喇嘛的信函，令他们务必申明三件事。① 这三点表明了十三世达赖在处理西藏地方与中央政府的关系、达赖系统与班禅系统的关系问题上“倾心内向”的态度，此后贡觉仲尼与国民政府的沟通基本围绕着三点原则展开。在达赖“输诚内向”的前提下，贡觉仲尼等人9月抵达南京后，与蒙藏委员会副委员长赵戴文等要员的会谈进展顺利，其间他一再强调说明“达赖不亲英人、不背中央、愿迎班禅回藏”，双方还就“西藏自治、达赖率军回藏、西姆拉条约的解决”② 等相关的一直难以协调的关键问题达成了一定的共识，正式提出了《解决西藏问题之预办事项》③ 和《解决西藏之具体办法》④。贡觉仲尼还向蒋介石面呈了达赖向中央输诚的五项内因。⑤ 这五个方面切实地指出了只有通过改善与中央的关系才能使西藏摆脱所面临的困境。双方洽谈的顺利开展最主要得益于贡

① “（一）达赖并无亲英之事，其与英国发生关系，不过系因英藏壤地毗连，不能不与之略事敷衍耳。（二）达赖仇华亦属误传，民六、民九、民十三达赖均有派员来华并发有护照，内中言明中藏亲睦，现有护照可证。（三）达赖、班禅感情素惬。其始之发生误会，系因班禅部下之人行为不法，达赖逮捕数人，班禅遂惧而出走，并非达赖所逼。”（中国藏学研究中心等编：《元以来西藏地方与中央政府关系档案史料汇编》第6册，北京：中国藏学出版社，1994年，第2473—2474页。）

② 中国藏学研究中心等编：《元以来西藏地方与中央政府关系档案史料汇编》第6册，北京：中国藏学出版社，1994年，第2476页。

③ 中国藏学研究中心等编：《元以来西藏地方与中央政府关系档案史料汇编》第6册，北京：中国藏学出版社，1994年，第2478页。

④ 中国藏学研究中心等编：《元以来西藏地方与中央政府关系档案史料汇编》第6册，北京：中国藏学出版社，1994年，第2478页。

⑤ “一、藏人吃茶，全用中国品，中藏绝交，茶价贵至十倍。二、藏边驻兵，不能购用中粮，边民困苦，时生怨言。三、班禅日思借兵报怨，现欲借俄以逞。若英俄相争，藏地糜烂。四、藏币重三钱余，英币重七钱余，惟藏币十四五元方能兑得英币一元，出口必用英币，经济损失太大。五、前者有廿余俄人潜入藏地，借名学佛，实则阴传赤化。藏预言者言汉人来好，俄人来藏地大乱。此言藏人甚信。”（中国藏学研究中心等编：《元以来西藏地方与中央政府关系档案史料汇编》第6册，北京：中国藏学出版社，1994年，第2481页。）

觉仲尼准确地把握了达赖喇嘛的内向倾向，竭力向国民政府表示达赖喇嘛的输诚之意。

正如相关文章中指出，“1924 年前后，英国珠峰探险、舞僧事件等引发西藏地方蓄积已久的反英情绪，尤其是‘亲英军人集团阴谋夺权’事件，使达赖喇嘛为代表的西藏僧俗上层对英国的侵略本质有了更深刻的认识开始疏远英国”①。达赖喇嘛首次派出罗桑巴桑谒见蒋介石时，就透露出了内向之意。国民政府响应了达赖喇嘛的“内向”举动，蒋介石亲自回函达赖喇嘛，表示了对西藏地方的重视。而此次贡觉仲尼入京更是明确了达赖喇嘛内向的政治转变，并且他在与国民政府的交涉之中，政治立场明确，主动为维护中央与西藏地方关系而奔走，同时在蒙藏委员会商谈期间表示均极愿由中央派遣回藏宣慰，“因此事可邀达赖之嘉慰”②。贡觉仲尼是达赖喇嘛亲自选派之人，自然深得其心，此时顺应达赖喇嘛之意，选派贡觉仲尼入京，无疑是促进中央与西藏地方关系改善的明智之举。

三、平衡达赖方面和班禅系统与国民政府的关系

此外，九世班禅与国民政府的关系引发了达赖喇嘛的警觉和焦虑。

贡觉仲尼在与蒙藏委员会要员会见中除了强调“达赖不亲英人、不背中央、班禅并非被逼离藏三事”，还专门提出撤诺那呼图克图、格桑泽仁的委员职务的要求。③ 在初次晋谒蒋介石时，

---

① 邱熠华：《论西藏近代史上的拉萨三大寺——以政治活动与影响为中心(1911—1951)》，中央民族大学博士学位论文，2012 年。

② 中国藏学研究中心等编：《元以来西藏地方与中央政府关系档案史料汇编》第 6 册，北京：中国藏学出版社，1994 年，第 2477 页。

③ 中国藏学研究中心等编：《元以来西藏地方与中央政府关系档案史料汇编》第 6 册，北京：中国藏学出版社，1994 年，第 2474 页。

也坚决要求撤换诺那、格桑两委员，缘为在北京时“发现达赖标语及报章发表达赖亲英叛中之消息，查系此二人捏造”①。在与刘朴忱商定的《解决西藏问题之预办事项》中的第一条就是“先决问题，诺那呼图克图与格桑泽仁两委员之去留，拟调委相当地位，先避开藏事之关系”②。1928年夏，“与班禅关系密切的诺那呼图克图和格桑泽仁被任命为蒙藏委员会委员时，达赖方面就提出强烈抗议，并要求予以撤职，或调任其他职位”③。

此事主要涉及达赖顾忌班禅系统在中央政府内部影响力过大的问题。

诺那在1917年的川康纠纷中，带领康民奋力抵抗藏军，后被藏军俘虏，押送拉萨投入监狱，不仅诺那个人遭受了严刑拷打，其家人也受到了迫害。后逢十三世达赖喇嘛年关大赦，被流放后逃出西藏。诺那来到内地后，因其在康藏纠纷中维护中央立场的政治态度，得到了得到国民政府官员的赏识。“在九世班禅驻所，诺那与国务院参事李公度相见，李公度极为敬重诺那的为人和爱国热忱，结成供奉师与施主关系，并告四川实力派刘湘，礼迎诺那入川。”④ 1929年，刘湘举荐诺那前往南京，得到国民政府蒋介石、戴传贤等官员的赏识，被任命为蒙藏委员会委员，封为呼图克图。而在西藏地方与中央政府关系极不正常的情况下，诺那呼图克图的政治立场和在康区的宗教地位以及其民族身份，对国民政府方面而言，是将其委以重用的优势，但对于达赖方面而言，诺那呼图克图的身份却是西藏地方政府和中央政府之间的隔

---

① 中国藏学研究中心等编：《元以来西藏地方与中央政府关系档案史料汇编》第6册，北京：中国藏学出版社，1994年，第2475—2476页。

② 中国藏学研究中心等编：《元以来西藏地方与中央政府关系档案史料汇编》第6册，北京：中国藏学出版社，1994年，第2478页。

③ 黄天华：《民国西康格桑泽仁事件研究》，载《四川师范大学学报》（社会科学版），2009年第5期。

④ 王川：《诺那活佛在内地的活动及对康藏关系的影响》，载《中国藏学》2008年第3期。

阂，而诺那呼图克图的政治取向自然使他向九世班禅靠拢，加重了班禅系统在国民政府内部所占据的分量。

格桑泽仁曾经担任西藏班禅驻康办事处处长宫敦扎西的翻译，而宫敦扎西便通过九世班禅将格桑泽仁推荐给蒙藏委员会担任蒙藏委员会的藏文翻译。此后在 1928 年 6 月格桑泽仁成为被国民政府任命的第一批蒙藏委员会七名委员中的一名。可以说格桑泽仁“之所以能和国民政府建立联系，显然和九世班禅系统的推荐密不可分”①。同时，二人“诬陷”达赖“亲英”一事，也并非完全为贡觉仲尼等人捏造。诺那呼图克图与格桑泽仁在康藏纠纷中都曾担任过重要的抵抗藏军的角色，而藏军攻占康地被认为是达赖喇嘛被英国方面怂恿的结果，自然他们会仇视达赖与英国方面的往来，这也就成为班禅系统打击达赖喇嘛方面的手段之一。谢国梁在就解决藏事给阎锡山的致电中也提出“班禅方面宣传达赖亲英叛华”，“日来报纸上极力诋毁，谓国梁勾结达赖英英叛国，作种种宣传”②。达赖方面声称与班禅无隔膜，愿迎班禅回藏，实际上贡觉仲尼的入京并没有缓和“班禅回藏之事”的局势，而在贡觉仲尼被国民政府重任之后，达赖与班禅之间的斗争反而逐渐升温。③

九世班禅出走西藏到内地之后，主动建立与国民政府的联系，1928 年南京国民政府成立时，九世班禅立即派遣人前往南京祝贺。国民政府也有借助班禅的威望加强影响力的意图，对此

---

① 张子新：《南京国民政府前期班禅系统的作用——以促进南京国民政府与藏区政教团体和人士沟通方面的作用为中心》，载《西藏研究》，2015 年第 1 期。

② 中国藏学研究中心等编：《元以来西藏地方与中央政府关系档案史料汇编》第 6 册，北京：中国藏学出版社，1994 年，第 2479 页。

③ 1930 年，贡觉仲尼被确认为国民政府特派入藏宣慰后，达赖方面诺那呼图克图上呈藏事委员会就班禅回藏一事“欲回康藏进行调和”，但被驳回。1931 年，已任西藏驻京办事处处长的贡觉仲尼因国民政府不取消班禅办事处而请辞。1932 年，班禅被国民政府任命为西陲宣慰使时，西藏驻京办事处上陈“班禅种种谬举”，请国民政府停办设西陲宣化使一事。

给予了积极的回应，先后任命了罗桑囊加、格桑泽仁、九世班禅、诺纳呼图克图等为蒙藏委员会委员，可以说班禅系统的人员基本垄断了在蒙藏委员会中西藏地方的话语权。随着西藏班禅驻京办事处的正式成立，班禅系统与国民政府的联系日益密切。十三世达赖喇嘛及西藏地方政府对此自然不会坐视不理，派出贡觉仲尼急欲表示自己的内向之意，在拉近与国民政府距离的同时，意图减弱班禅系统在国民政府中的影响力。从另一方面看，这也暗示了西藏方面希望国民政府重视达赖喇嘛的输诚之意，并有意让国民政府改变对达赖方面、班禅系统两方之间的人员任用不均衡的局面。国民政府对此意做出的最直接的回应并不是撤去二人的职务，而是任命贡觉仲尼代表中央入藏宣慰。

四、扶持西藏地方政府中的“亲汉派”

擦绒噶伦想以亲中央之功来迎合达赖喇嘛一事也是促成贡觉仲尼入藏一事的重要因素。

双方洽谈期间，蒙藏委员会副委员长赵戴文去电报告阎锡山，私谓棍、楚与现住雍和宫之江卜桃梅均极愿由中央派遣回藏，因此事可邀达赖之嘉慰①，并认为二人皆是政府派遣回藏的合适人选②。达赖喇嘛、噶伦方面对国民政府还怀有猜忌和怀疑，对班禅更是有所顾忌，因而入藏的人选最基本的前提是达赖和噶伦方面都信任之人，贡觉仲尼与当时在达赖喇嘛面前举足轻

① 中国藏学研究中心等编：《元以来西藏地方与中央政府关系档案史料汇编》第6册，北京：中国藏学出版社，1994年，第2477页。

② “江卜桃梅系达赖最信任之人，事易见功。棍系总葛布伦信任之人。总葛布伦（擦绒噶伦）因前有救达赖性命之特殊关系，故居总揆，握有军政大权。后以亲英关系，达赖夺其实权。现总葛布伦仍谋恢复旧日信任，亦欲顺达赖意，以作成中藏和好。”（中国藏学研究中心等编：《元以来西藏地方与中央政府关系档案史料汇编》第6册，北京：中国藏学出版社，1994年，第2477页。）

重的噶厦之一擦绒为同门兄弟，两人之间的关系也引起了国民政府对贡觉仲尼入藏一事的重视。

谢国梁对派人入藏宣慰一事向阎锡山建议说："中央解决藏事如取和平办法，则棍却仲尼（贡觉仲尼）来京最为重要。以职分论，彼为萨克堪布，较普通呼图克图为优，以关系论，彼有亲弟彭措热垫最为达赖所亲信，现任察戍（戎）噶不伦，英人极端笼络，曾为亲英首领。现达赖有意亲华，彭欲迎合达赖意旨，又欲居亲华首领，屡函棍设法向中央政府疏通。政府对于棍如特别优遇，将来解决西藏事可期顺利。"谢国梁又再次点明了对贡觉仲尼的"优待"，不仅能够让达赖方面满意，也能够笼络擦绒噶伦。"政府原拟派棍却仲尼、楚称丹增二人回藏，嗣棍向国梁表示，谓伊与察戎噶不伦系兄弟，拟请主席密与察戎一函，以促达赖信任。国梁素知察戎系亲英首领，前年受英人贿使，欲加不利于达赖，遂被削去总司令及总噶不伦职位。因与英人亲密，故得仍留现职。去岁，察戎屡次函托国梁援助棍却仲尼，想以亲华之功，迎合达赖，恢复旧职。国梁密陈政府，将计就计，遂改派棍一人回藏，以促藏事之进行。"① 可以说正是谢国梁的建议让国民政府最终决定在三位候选人中（贡觉仲尼、江卜桃梅、楚称丹增）仅派贡觉仲尼一人入藏，以此来回应擦绒噶伦的"亲汉"之举。并且蒋介石②和阎锡山③也亲自致函，让贡觉仲尼转交与擦绒，望其促成中藏和好。在阎锡山两次致函中，说明"印藏密迩，动辄受制，又以国家多故，未能顾及西陲，致我藏

---

① 中国第二历史档案馆、中国藏学研究中心编：《中国第二历史档案馆所存西藏和藏事档案汇编》第9册，北京：中国藏学出版社，2010年，第476页。转引自张皓：《民国时期噶厦中亲英派政治态度的演变——以擦绒·达桑占堆为切入点的探讨》，载《云南大学学报》（哲学社会科学版），2015年11月。

② 中国藏学研究中心等编：《元以来西藏地方与中央政府关系档案史料汇编》第6册，北京：中国藏学出版社，1994年，第2484页。

③ 中国藏学研究中心等编：《元以来西藏地方与中央政府关系档案史料汇编》第6册，北京：中国藏学出版社，1994年，第2493页。

胞日受帝国主义者之侵迫，而执藏者又不得不与周旋。此情此苦，概难宣喻，唯有人心，早引为痛心者也”，表示其对于擦绒“亲英”了然于心，之所以既往不咎，“特派棍堪布回藏慰问兴居，并传达中央意旨”，是鉴于“此理此势，想阁下早在洞鉴之中”，希望他能够“体中央意旨，谋国家幸福”。

擦绒噶伦是噶厦中亲英派的代表，1925 年时由于与其领导的效仿英军的藏军改革触动了达赖喇嘛的政权而被革去了藏军首领的职务，政治地位大大滑落。“擦绒事件不仅是西藏与中央紧张关系缓和的分水岭，也是十三世达赖喇嘛对英态度变化的分水岭。”① 达赖喇嘛派贡觉仲尼入京更是清楚表明了他由“亲英”转向“亲汉”的重大政治转变，擦绒闻风而动，以此来迎合达赖喇嘛，以实现政治地位的恢复。国民政府对于擦绒的这种“政治投机”行为并没有置之不理，不仅没有追究其之前“亲英”立场所造成的中央与西藏地方的关系隔阂，反而满足贡觉仲尼提出的请求蒋介石向擦绒致函以促成达赖喇嘛对其政治立场改变的信任一事。结合当时的情况而言，国民政府对贡觉仲尼和擦绒的刻意拉拢，是为了培养和发展西藏政府“亲中派”的势力。擦绒事件无疑打击了西藏政府中“亲英派”的势力，而之前国民政府与西藏地方联系甚少，西藏地方政府中基本没有人会主动支持达赖喇嘛与中央接近，而贡觉仲尼与擦绒的亲近，也为中央与西藏地方关系的改善提供了另一种可能。

五、贡觉仲尼的主动争取

贡觉仲尼入京之后，主动积极参与关系到国民政府处理西藏问题的事件中，并表现出了一定的政治敏感度和政治能力，得到

---

① 张皓：《民国时期噶厦中亲英派政治态度的演变——以擦绒·达桑占堆为切入点的探讨》，载《云南民族大学学报》（哲学社会科学版），2015 年第 6 期。

了国民政府的赏识和信任。

1929 年 5 月，贡觉仲尼向谢国梁表示“极愿代表达赖南下参加（孙中山）奉安大典，藉表敬意，并联络中藏感情”，当时英国方面对达赖喇嘛派贡觉仲尼入京一事极为关注，考虑到这一因素，贡觉仲尼十分谨慎地表示“唯切须严守秘密，不宜登载报纸，恐惹英人质问”①。他对于与国民政府接触一事所涉利害关系是比较敏感的，只有考虑周全才能促得中央与西藏关系的进展。

关于达赖与班禅矛盾一事，贡觉仲尼曾向国民政府进言献策，他认为让安钦活佛在二人中斡旋最为合适，安钦活佛是“达赖的妹丈，藏王之岳父，班禅之信徒。藏王即班禅之侄子。自达赖。班禅决裂后，安钦佛即处两难地位。若以之斡旋调和，又快意又相宜。将来达赖派来正式代表时，务要此人来京，互相拉拢，最易收效”②。贡觉仲尼在蒋介石宴请时对困扰国民政府的达赖与班禅矛盾一事提出建议，恰当地表示了他在为国民政府效力上为解决与班禅关系出谋划策的诚意。

贡觉仲尼作为达赖喇嘛的特使，与国民政府的接触并不为一件易事，他一方面要领会十三世达赖喇嘛的意思，坚持原则的同时还要把握好度，才能实现与国民政府的友好往来，另一方面他既然要参与到国民政府处理西藏问题的相关事务中，那么在为国民政府出力同时又要保全西藏地方的政治利益。要妥善处理这些复杂的关系是需要一定的政治智慧的。可以说之所以贡觉仲尼的表现得到了达赖喇嘛和国民政府的认可，才成为双方互相沟通的重要渠道，也为他宣慰入藏驻京后的仕途铺平了道路。

贡觉仲尼入京一事为国民政府解决与西藏地方的关系提供了

① 中国藏学研究中心等编：《元以来西藏地方与中央政府关系档案史料汇编》第 6 册，北京：中国藏学出版社，1994 年，第 2471 页。

② 中国藏学研究中心等编：《元以来西藏地方与中央政府关系档案史料汇编》第 6 册，北京：中国藏学出版社，1994 年，第 2481 页。

新的机会，所以在贡觉仲尼急切的表达内向之意时，国民政府也积极地策划了以促进达赖与国民政府关系恢复的一系列举动。从当时的情况来看，国民政府选派贡觉仲尼入藏宣慰的举动主要是顺应了达赖方面的意愿。达赖方面通过贡觉仲尼正式进入了国民政府系统，实际上这也成为达赖方面与班禅系统进行对抗的一种手法，为后期十三世达赖喇嘛与班禅系统矛盾的进一步激化埋下了伏笔。

民国驻藏官员蒋致余评述

中央民族大学　荣加林　喜饶尼玛

摘　要：十三世达赖喇嘛圆寂后，蒋致余跟随国民政府参谋本部次长黄慕松入藏致祭，后留任西藏四年。在藏期间，蒋致余主持修建刘公亭，禁革鸦片，在拉萨开设国立小学，设立测候所，利用无线电台及时向中央政府报告西藏近况，与英帝国主义分裂行为进行了不懈斗争，为西藏地方的稳定及维护国家主权做出了重要贡献。

关键词：民国驻藏官员；蒋致余；黄慕松；黎丹；西藏；驻藏专使行署

1933年12月，十三世达赖喇嘛圆寂。蒙藏委员会得知达赖喇嘛圆寂的消息，立即报告国民政府："窃查达赖大师圆寂，政府笃念勋劳，备极褒崇，并特派专使入藏致祭，借谋旧有关系之恢复，杜绝觊觎，固我边围。筹边大计，莫逾于此。"① 西藏地方政府也有意与中央政府缓和关系，西藏驻京办事处为催请大员入藏事致电蒙藏委员会②，希望中央早日派大员入藏。1934年8月，中央选派了国民政府参谋本部次长黄慕松赴藏致祭。而参议

---

① 中国藏学研究中心等编：《十三世达赖喇嘛圆寂致祭和十四世达赖喇嘛转世坐床档案选编》，北京：中国藏学出版社，1991年，第39页。

② 中国藏学研究中心等编：《元以来西藏地方与中央政府关系档案史料汇编》第7册，北京：中国藏学出版社，1994年，第2653页。

蒋致余[①]则作为先遣人员，先行入藏接洽。其余随从人员还有总参议刘朴忱、秘书李国霖、副官高长柱、无线电工程师张威白以及医官、摄影师、卫士等。

黄慕松在藏参加了十三世达赖喇嘛的册封、致祭仪式，就西藏地方与国民政府的关系、康藏纠纷和九世班禅喇嘛返藏等问题与噶厦中的主要实权人物展开讨论。在完成致祭使命后，为保持中央政府与西藏地方的正常联系，与噶厦政府商量后，黄慕松决定将随行进藏的刘朴忱留在拉萨。虽然专使黄慕松离藏返回内地，但是专使行署作为驻藏机构被沿用下来。

一、选择蒋致余留藏缘由

1934 年 11 月 18 日，黄慕松在离藏前，向行政院发去电报，认为“总参议刘朴忱，老成练达，职位较崇，管理蒙藏事务多年，为委座素所倚畀，拟请令其驻拉萨办事”[②]。于是，总参议刘朴忱留在驻藏专使行署代表中央办公。11 月 27 日黄慕松为留蒋致余辅佐刘朴忱事再次致电行政院：“蒋参议致余，与刘共事有年，刘意用蒋。查蒋尚勇于任事，微嫌好出风头，但边地才难，无选择余地，且须能与主官合作，尤为重要条件，只得准如

---

① 蒋致余：又名蒋胜和，1894 年生，卒于 1962 年。1932 年因著《二十年来藏事之回顾及其解决之途径》一书，受到国民政府高层关注，遂任蒙藏委员会科长。1934 年，蒋致余跟随国民政府参谋本部次长黄慕松入藏致祭十三世达赖喇嘛，并在黄慕松离藏后留任驻藏专使行署负责人。1938 年蒋致余离藏，任国民政府军事委员会中将参议。迁都重庆后任经济部花纱布管制局白沙办事处处长、国民党中央部边疆委员、社会部劳动局技术室主任、中央训练团讲师等职。新中国成立后，闲居岳阳，1962 年病逝。

② 中国藏学研究中心等编：《元以来西藏地方与中央政府关系档案史料汇编》第 7 册，北京：中国藏学出版社，1994 年，第 3112 页。

所请办理。”[1] 当日黄慕松在日记中写道：“蒋参议因种种见解不同，不愿留驻拉萨，经各方解释始已。古人云：‘不难于用人，而难于调和左右，斯言诚然。’”[2] 从中可以看出，黄慕松对蒋致余并不是特别满意，然而由于西藏边地确实缺少人才，难以找到更合适的人选，并且主官刘朴忱对其属意，因此在这种特殊的情况下，蒋致余留在了西藏。

1935年初，刘朴忱因积劳成疾病殁于拉萨[3]。1月8日，行政院收到蒙藏委员会转来的蒋致余电告刘朴忱病故函事。[4] 由此，中央政府需要考虑新的驻藏专使行署负责人。在刘朴忱病故后，蒋致余暂时替代刘朴忱主持专使行署留藏事宜。然而，5月初，在蒋致余办理刘朴忱的丧事期间，发生了缝工事件[5]，缝工殷玉富的儿子在双方争斗中被击毙。此事发生后，不仅西藏民众异常激愤，而且因为殷玉富为回民，也引发了拉萨的回民骚动[6]，从而给西藏地方政府落下口实，要求国民政府撤回全部留

---

① 中国藏学研究中心等编：《元以来西藏地方与中央政府关系档案史料汇编》，北京：中国藏学出版社，1994年，第7册，第3113页。

② 黄慕松：《使藏纪程》，载张羽新等编《民国藏事史料汇编》第17册，北京：学苑出版社，2005年，第238页b。

③ 关于刘朴忱的死因说法不一，除积劳成疾外，也有说法是坠马中风而死。本文参阅刘公亭碑文：“公积劳，旋殁于拉萨政府。”（转引自车明怀：《刘朴忱驻藏经过及刘公亭的遭遇》，载《西藏研究》，2015年第6期）

④ 李鹏年、周忠信主编：《中国第二历史档案馆所存西藏和藏事档案目录》（上），北京：中国藏学出版社，2000年，第526页。

⑤ 缝工事件：蒋致余派拉萨缝工殷玉富、刘雪峰、马如龙三人为刘朴忱缝制丧袍、棺罩等物。缝工殷玉富因故未赶到，蒋致余认为是违抗命令，派行署卫士将殷玉富捉来，痛打一顿后放归。殷玉富回家后不免口出怨言，传到蒋致余耳里，致大怒，再次派遣卫士逮捕殷玉富。双方在争斗中发生混乱，卫士当场开枪打死了殷玉富的儿子，引发乱事。

⑥ 参见《拉萨蒋致余蒸电》，1935年5月10日，转引自朱丽双：《在真实与想象之间：民国政府的西藏特使们（1912—1949）》，香港中文大学博士学位论文，2006年，第144页。

藏人员。[①] 1935年7月，行政院指定由西藏巡礼团团长黎丹代理专使行署的负责人一职，将蒋致余撤回[②]，但是却被黎丹以“志在文化事业”为由婉拒[③]。国民政府准备改派马鹤天前往接替，马到任前由黎丹代理[④]，而黎丹不愿轻易代理。最终马鹤天没有入藏代理专使行署事宜，而蒋致余则继续留任拉萨处理专使行署事务。

二、蒋致余的对藏主张及其变化

蒋致余在1932年所著的《三十年来藏事之回顾及其解决之途径》的第七章“解决藏事之途径与统治藏地之方策”中指出：“英国之侵略，已不如往昔之积极，藏人之内向，又具有相当之热忱，而西藏问题症结之所在，且已集中于班禅回藏、康藏划界两点，殊与国家之主权问题、领土问题毫无关系，苟国人于此，稍加研究，则西藏三十年来之一切纠纷，均不难和平解决，若不此之务，而听从一般无识者武力解决之主张，是直自掘坟墓，非至断送西藏不可。”[⑤] 蒋致余阐述了大量的理由来论证自己和平解决西藏问题的主张。主要有以下几点：（1）国际上，英国方

---

① 参见《拉萨蒋致余铣电》，1935年10月17日，转引自朱丽双：《在真实与想象之间：民国政府的西藏特使们（1912—1949）》，香港中文大学博士学位论文，2006年，第143页。

② 李鹏年、周忠信主编：《中国第二历史档案馆所存西藏和藏事档案目录》（上），北京：中国藏学出版社，2000年，第569页。

③ 参见《南京黄慕松来电》，1935年5月15日，转引自朱丽双：《在真实与想象之间：民国政府的西藏特使们（1912—1949）》，香港中文大学博士学位论文，2006年，第147页。

④ 参见《南京黄慕松来电》，1935年6月15日，转引自朱丽双：《在真实与想象之间：民国政府的西藏特使们（1912—1949）》，香港中文大学博士学位论文，2006年，第147页。

⑤ 蒋致余：《三十年来藏事之回顾及其解决之途径》，南京：大陆印书馆，1932年，第65页。

面对西藏的侵略逐渐放松，中央政府对藏主权上升。(2) 十三世达赖有意与中央政府解决西藏问题，并派遣代表来京谈判。(3) 藏民天生倔强，武力征服难以改变其仇视中央的态度。(4) 西藏信仰宗教，崇拜活佛，达赖为政教合一的首领，对于达赖不可废而不用。(5) 四川局势未平，武力征服西藏不易实现，且恐影响西陲边防。由此可见，蒋致余作为致祭专使的先行人员在入藏之初，认为中央与西藏地方关系的前景是相当乐观的，而他主张和平解决西藏问题的思想也应是黄慕松选择让蒋致余随行的原因之一。

但是，蒋致余到西藏后，对西藏的主张发生了彻底的变化。这一点从班禅返藏问题上可知一二。1935 年 4 月 14 日，蒋致余为请中央派兵护送班禅回藏致电高长柱，电报中写道："中藏问题无和平解决之望，班禅又何能和平回藏?"① 入藏前，蒋致余应是赞同利用噶厦政府一定程度上倾向中央的有利时机，通过派遣专使入藏，先解决西藏的政治问题，然后解决班禅的返藏问题。然而黄慕松入藏致祭并没有完全解决西藏的政治问题。身处西藏的蒋致余看不到西藏问题和平解决的希望，由此原来的想法有了转变。他认为："原中央之助班禅回藏者，非仅为班禅已也，亦欲藉班禅以解决中藏问题耳!"② 至此，蒋致余不再坚持和平解决西藏问题，转而赞成动用武力。

在藏期间，蒋致余源源不断地向南京发送有关西藏的政治、军事、地理、外交、宗教、经济、交通等各方面的信息，并且秘密调查了西藏地方军队的数目、编制、驻防地、武器装备等信息。1935 年 6 月 9 日，蒋致余为报班禅回藏商洽情形及噶厦之态度等事致电蒙藏委员会，电报中写道："据职观察，彼等表面措

① 中国藏学研究中心等编：《九世班禅内地活动及返藏受阻档案选编》，北京：中国藏学出版社，1992 年，第 117 页。

② 中国藏学研究中心等编：《九世班禅内地活动及返藏受阻档案选编》，北京：中国藏学出版社，1992 年，第 117 页。

辞极为无理，但实际并无所恃，亦未积极筹备抵抗，所言似属可信，彼等之无理答复，似为将来卸责计也。故班禅返藏，愈速愈妙。”① 蒋致余给马步芳的电报中也写道：“官民、寺院均不满泽墨②等所为，切望班禅迅速回藏。……惟西藏军队总额仅七千八百人，内有驻康中四千外，余散布于前、后藏。兵籍十有七八为后藏，不独无战斗力，且无战斗意志，倘青、藏军能东北两路同时并进……班禅之回藏亦不待战。英国侵占野心虽未死尽，然方民二十一时及专使入藏勒离藏后，三度请英出兵均被英谢绝。本年贝尔拟赴青未果，威廉逊虽将于七八月来拉，但绝不敢明目张胆助藏。”③

1935 年 12 月 8 日，行政院秘书处奉转蒋致余请中央勿顾英国恫吓速送班禅回藏电致蒙藏委员会函。蒋致余这一时期的电报基本都是希望中央政府早日决定武力护送班禅返藏。

从电报中不难看出，蒋致余认为此时应采用武力的方式解决西藏问题，主要有以下几个原因：

（1）黄慕松入藏致祭没有切实解决西藏问题，和平解决西藏没有希望。（2）通过在藏期间的秘密调查，蒋致余已经掌握了藏军的相关信息。他认为藏军战斗力较弱，武力征藏有很大的把握。（3）蒋致余洞悉英国的底牌，确认英国不可能直接出兵帮助西藏地方。中央政府武力解决西藏问题有一定的正义性。（4）十三世达赖喇嘛已经圆寂，西藏官民、寺院均对噶伦泽墨等所为不满，切望九世班禅回藏。此时帮助班禅回藏具有重大意

---

① 中国藏学研究中心等编：《九世班禅内地活动及返藏受阻档案选编》，北京：中国藏学出版社，1992 年，第 160 页。

② 泽墨：1874 年生于西藏贵族之家。1912 年西藏动乱，担任孜本的泽墨因驱逐清军有功，1913 年被任命为藏军副总司令，加台吉头衔，同年参加西姆拉会议，翌年又擢升噶伦。1922 年主持康区军政，1926 年回藏出任首席噶伦。

③ 中国藏学研究中心等编：《九世班禅内地活动及返藏受阻档案选编》，北京：中国藏学出版社，1992 年，第 161 页。

义；而且此时派兵护送班禅也有正当的借口。

入藏后，蒋致余思想变化之大是令人惊异的。笔者认为，除了多变的藏情，以及中英双方的对藏态度，这期间，正在西藏的黎丹对蒋致余的思想变化起了关键的作用。在黄慕松入藏致祭十三世达赖喇嘛期间，黎丹的巡礼团也在拉萨进行文化交流。黎丹与蒋致余同为湖南人，并且黎丹出身于湖南官宦世家，在湖南具有很大的影响力。由此，蒋致余对黎丹这样有影响力的长者十分钦佩不难理解。黎丹一直在西藏待到 1937 年，这期间，黎丹的巡礼团与专使行署联系紧密。[①] 黎丹与蒋致余的多次交流，自然影响到蒋致余。如黎丹"班禅回藏一案，苟主持边政者能于计划之初熟察藏情，以迅雷不及掩耳之手段妥速办理，则大功早告厥成"[②] 的态度与蒋致余"对于班禅回藏问题，策出完全，利在神速"[③] 的主张如出一辙。此外，黎丹巡礼团的其他成员也与蒋致余关系密切，黎丹的学生杨质夫为蒋致余翻译和西藏政府来往的函件，王廷璋、徐近之等人帮助蒋致余完成了在拉萨建立测候所等工作。蒋致余作为一个较为年轻的官员，独自在西藏处理专使行署的事宜，无疑是缺乏经验与技巧的。黎丹之于蒋致余应是亦师亦友，作为他的同乡、他所敬佩的长者，黎丹无疑给了独自在西藏的蒋致余很大的支持与帮助。因此，不难理解他对西藏的思想主张变化。

---

① 参见杨质夫：《入藏日记》（下），吴均、程颐工整理，载《中国藏学》，2008 年第 4 期。

② 中国藏学研究中心等编：《九世班禅内地活动及返藏受阻档案选编》，北京：中国藏学出版社，1992 年，第 348 页。

③ 中国藏学研究中心等编：《九世班禅内地活动及返藏受阻档案选编》，北京：中国藏学出版社，1992 年，第 162 页。

三、蒋致余及驻藏专使行署在西藏的贡献

关于专使行署的权限，噶厦政府希望留藏人员不得介入西藏政治、宗教军事事务，所行事宜，亦必须得到同意。如此一来，专使行署的活动，受到多方掣肘，步履维艰。然而，蒋致余是一个比较活跃，堪称“工作狂”的人。他利用身在西藏的优势，经常与噶厦政府交涉，在藏履职期间发给中央政府报告西藏事宜的电报多如雪片，为解决西藏问题做出了一定的贡献。

1. 安葬刘朴忱。1935 年 1 月，驻藏专使行署负责人刘朴忱去世。蒋致余接替负责人位置后，首先面对的就是刘朴忱的安葬问题。蒋致余为刘朴忱的安葬问题多次向行政院蒙藏委员会等致函电①，并与噶厦政府交涉。最后在拉萨东郊开辟了一处公园，将刘朴忱公葬于此，称为刘公亭。蒋致余亲自为他撰写了碑文，碑文系汉藏两种文字，记录刘朴忱在拉萨的事迹，后人称其为刘公亭碑。

刘公亭的建立，是中央政府对西藏拥有主权的象征。如英国人就认为，在拉萨建立体现民国中央政府在藏治理的刘公亭，本身就意味着中央政府在藏权威的树立。② 以五世热振活佛为首的爱国力量，积极促成了刘公亭的建立③，使得中央与西藏地方的关系趋于缓和。

2. 禁革鸦片。黄慕松曾在《使藏纪程》中有这样的记录：

---

① 李鹏年、周忠信主编：《中国第二历史档案馆所存西藏和藏事档案目录》(上)，北京：中国藏学出版社，2000 年，第 527 页。

② 车明怀：《刘朴忱驻藏经过及刘公亭的遭遇》，载《西藏研究》，2015 年第 6 期。

③ 李鹏年、周忠信主编：《中国第二历史档案馆所存西藏和藏事档案目录》(上)，北京：中国藏学出版社，2000 年，第 534 页。

“唯闻藏人对于烟赌嗜好，近亦多习染为缺憾耳。”① 蒋致余深知鸦片之危害，留藏之初，他首先就拉萨的鸦片问题进行整治。②他电陈噶厦政府希望可以禁止鸦片③，将杨海清、韩柏林等仗势开设烟馆者进行惩办，并押解回川。④ 蒋致余的禁革鸦片是比较成功的，对于藏族人民来说是一件大好事。

3. 在拉萨开办国立小学。民国以来，虽然内地军阀混战，但是教育事业有了很大的发展。在内地经济发达的地区办一所小学是相当容易的，然而——西藏地方与中央政府长期处于关系不正常的状态，严重影响了汉藏之间的文化交流——在藏创办一所全日制国民小学，难度是相当大的。不仅需要开设藏文、汉文、算术、地理、历史等十余门功课，更需要一定的经费、宽敞的校舍、优秀的师资。无论是哪一样，都需要几经周折才能实现。

黄慕松入藏期间，蒋致余曾跟随他参观了清真小学。后作为中央驻藏机构人员，蒋致余密切关注着清真小学的发展，并自捐廉俸，以示提倡。⑤ 他认识到，西藏地处边陲高原，民智闭塞，强邻觊觎，“及今而图挽救，振兴教育实为治本之不二法门”⑥，因而积极谋划推进西藏的国民教育。鉴于西藏地方对中央在藏的影响很敏感，蒋致余着眼于清真小学的扩充和改良，以此作为国

① 黄慕松：《使藏纪程》，载张羽新等编《民国藏事史料汇编》第 17 册，北京：学苑出版社，2005 年，第 235 页 a。

② 李鹏年、周忠信主编：《中国第二历史档案馆所存西藏和藏事档案目录》（上），北京：中国藏学出版社，2000 年，第 535 页。

③ 李鹏年、周忠信主编：《中国第二历史档案馆所存西藏和藏事档案目录》（上），北京：中国藏学出版社，2000 年，第 536 页。

④ 李鹏年、周忠信主编：《中国第二历史档案馆所存西藏和藏事档案目录》（上），北京：中国藏学出版社，2000 年，第 538 页。

⑤ 李鹏年、周忠信主编：《中国第二历史档案馆所存西藏和藏事档案目录》（上），北京：中国藏学出版社，2000 年，第 535 页。

⑥ 《蒋致余电陈筹设拉萨市立第一小学请拨经费行政院函》，1937 年 5 月 12 日，转引自徐百永：《国民政府西藏政策的实践与检讨（1927—1949）》，北京：社会科学文献出版社，2013 年，第 284 页。

民教育的基础，并且向教育部提出申请，要求教育部补助各种开办费用。[①] 蒋致余于1937年中华民国国庆日正式将其定名为拉萨市立第一小学。[②] 除招收回民子弟外，也招收汉族和藏族学生。西藏现代教育由此起步。

4. 设立测候所。测候所在西藏的设立也是经历了种种波折。首先，测候所事关气象科学，西藏不仅地处边陲高原，民智闭塞，缺乏这方面的人才，而且西藏属于信仰宗教的地区，西藏民众对于测候所的建立，并不能很好的接受，反而有抵触心理。[③] 其次，测候所的建立同样令英国方面不满，频频对噶厦政府施压，阻止测候所的建立。

蒋致余在测候所的建立问题上持强硬的态度。1935年3月1日测候所正式建立[④]，而3月30日就有蒙藏委员会为请求撤回测候人员，秘密入藏事致中央研究院函。[⑤] 4月10日，蒋致余关于测候所一案，应对藏方请求给予斥责致蒙藏委员会电。[⑥] 中央政府、西藏地方政府、英国三方针对测候所的设立进行了激烈的斗争。噶厦一度电请中央撤销测候所[⑦]，最终，黄慕松请西藏驻京

① 李鹏年、周忠信主编：《中国第二历史档案馆所存西藏和藏事档案目录》（上），北京：中国藏学出版社，2000年，第593页。

② 张威白：《拉萨市立第一小学概况报告》，转引自徐百永：《国民政府西藏政策的实践与检讨（1927—1949）》，北京：社会科学文献出版社，2013年，第285页。

③ 李鹏年、周忠信主编：《中国第二历史档案馆所存西藏和藏事档案目录》（上），北京：中国藏学出版社，2000年，第534页。

④ 李鹏年、周忠信主编：《中国第二历史档案馆所存西藏和藏事档案目录》（上），北京：中国藏学出版社，2000年，第536页。

⑤ 李鹏年、周忠信主编：《中国第二历史档案馆所存西藏和藏事档案目录》（上），北京：中国藏学出版社，2000年，第542页。

⑥ 李鹏年、周忠信主编：《中国第二历史档案馆所存西藏和藏事档案目录》（上），北京：中国藏学出版社，2000年，第545页。

⑦ 李鹏年，周忠信主编：《中国第二历史档案馆所存西藏和藏事档案目录》（上），北京：中国藏学出版社，2000年，第545页。

代表贡觉仲尼向噶厦政府解释，在藏设立测候所，对于地方有百利而无一弊。[①]

测候所的建立对于开辟内地至拉萨的航线具有重要的意义。蒋致余也设想将收复西藏与通航一并解决。4 月 14 日，蒋致余连发两电：为计划开辟康藏航空线路事，致行政院蒙藏委员会委员长电；为藏事非示威无解决之望，及京藏飞机通航为初步示威办法事致黄慕松电。[②] 蒋致余认为："藏方极难应付，唯无实力为后援，藏方得以一再因循，虚作委蛇，倘中央能派遣飞机入藏，该方必惕然而惧，诸事自易就范矣。"[③] 5 月 9 日至 6 月 3 日，蒋致余为拉萨近郊可起降飞机及收复藏地刻不容缓等事情再次致电蒙藏委员会。然而，中央仍持缓进之策，不希望同噶厦政府闹僵，蒋致余的策略没有被采纳。

5. 与英帝国主义分裂西藏的行径进行斗争。英国一直以来对西藏都采取一种干预和控制政策，将西藏作为遏制俄国南下，保护其印度殖民地的"缓冲区"，更有野心占有西藏。因此，英国以承认中国在藏的宗主权来否定中国对西藏拥有完全的主权。在中央解决西藏问题的关键时刻，英国必然从中干涉。因此，无论是刘公亭的建立、国立小学的开设，还是测候所、无线电台的设立，英国人从没有停止过干涉。

从大量的电报资料中可以看出，蒋致余为维护国家主权对英帝国主义分裂西藏的行径进行了针锋相对的斗争。以设立无线电台为例，英国人在阻止中央政府在藏设立电台失败后，也在拉萨留下了一部电台。他们认为中国人留下了电台，他们也有权利留

---

① 李鹏年、周忠信主编：《中国第二历史档案馆所存西藏和藏事档案目录》(上)，北京：中国藏学出版社，2000 年，第 549 页。

② 李鹏年、周忠信主编：《中国第二历史档案馆所存西藏和藏事档案目录》(上)，北京：中国藏学出版社，2000 年，第 546 页。

③ 刘丽楣、曹必宏主编：《民国时期西藏及藏区经济开发建设档案选编》，北京：中国藏学出版社，2005 年，第 42 页。

下电台。为此，蒋致余连发“蒋致余为报藏方对英人擅设电台案态度并提出中央对策建议等情致蒋介石电”“蒋致余为报英以电台作饵藏方同意设立中央制止不力等情致蒋介石电”等数篇电报给蒋介石[①]，并与噶厦政府交涉，希望能维护中国的主权。

蒋致余在藏期间，正值五世热振活佛摄政时期，热振活佛是一位爱国内向的活佛，他的支持也对蒋致余及驻藏办事处的工作起到了积极的作用。此外，国民政府一直以来对西藏问题的关注，在原则问题上的不妥协以及各种经费支持也是蒋致余及专使行署取得一定成就的重要原因。

四、蒋致余离藏

1938 年，蒋致余离开了西藏。蒋致余的离藏不是一朝一夕的，个中缘由值得我们进行分析。

1. 缝工事件。缝工事件的发生，暴露了蒋致余经验以及性格方面的不足。在西藏与中央处于特殊关系的时期，蒋致余在没有征得噶厦政府同意的情况下，是不能要求在藏汉人服从他的命令的。[②] 而蒋致余仍自视为驻藏大臣，对缝工殷玉富进行直接处理且最终致使事态更加严重。蒋致余的行为引起了噶厦政府的极大不满，要求国民政府撤回全部留藏人员。[③] 国民政府也认为蒋致余办事过于冒失，有撤回的必要。[④] 缝工事件给了蒋致余较大

① 中国藏学研究中心等编：《元以来西藏地方与中央政府关系档案史料汇编》第 7 册，北京：中国藏学出版社，1994 年，第 3138—3142 页。

② 中国藏学研究中心等编：《黄慕松吴忠信赵守钰戴传贤奉使办理藏事报告书》，北京：中国藏学出版社，1993 年，第 43 页。

③ 《拉萨蒋致余蒸电》，1935 年 5 月 10 日，转引自朱丽双：《在真实与想象之间：民国政府的西藏特使们（1912—1949）》，香港中文大学博士学位论文，2006 年，第 144 页。

④ 李鹏年，周忠信主编：《中国第二历史档案馆所存西藏和藏事档案目录》（上），北京：中国藏学出版社，2000 年，第 487 页。

的打击，自缝工事件之后，蒋致余即一再托病请求回内地治疗，表示不想继续留在西藏。

2. 班禅返藏无望。蒋致余在入藏前曾经担任过九世班禅附设学校的校长，对于班禅返藏问题，蒋致余是十分关注的。最初蒋致余主张和平解决西藏问题，使班禅和平返藏。然而随着蒋致余在藏的观察，他认为“中藏问题无和平解决之望，班禅又何能和平回藏”[①]。由此，蒋致余希望能通过武力促进班禅回藏，进而解决西藏问题。蒋致余多次发电报给中央报告藏情，并且为中央提供了诸多关于西藏的军事政治信息。他提出“对于班禅回藏问题，策出完全，利在神速”[②]。在蒋致余为请中央派兵护送班禅回藏事致电高长柱，电报中写道：“设无把握，弟身在藏，宁肯躬蹈危险，自贻伊戚耶！如不见信，则弟呈明中央返京，不愿藏事自弟而误。”[③] 然而时任蒙藏委员会委员长的黄慕松对藏采取的是缓进政策，希望和平解决西藏问题。蒋致余激进的建议与中央的政策相斥，受到了上峰的批评，心灰意冷。眼看班禅返藏无望，蒋致余不愿藏事毁在自己这里，多次致电中央，托病请辞，言辞不恭。

3. 蒋致余的身体原因。高强度的工作以及不适的自然环境，使得留藏不久的蒋致余罹患风疾。蒋致余的哥哥蒋宸予于1935年9月15日为胞弟蒋致余驻藏不适罹患风疾病事增重请速调回疗治事致电汪精卫。[④] 此时，蒙藏委员会正因缝工事件对蒋致余

---

① 中国藏学研究中心等编：《九世班禅内地活动及返藏受阻档案选编》，北京：中国藏学出版社，1992年，第117页。

② 中国藏学研究中心等编：《九世班禅内地活动及返藏受阻档案选编》，北京：中国藏学出版社，1992年，第162页。

③ 中国藏学研究中心等编：《九世班禅内地活动及返藏受阻档案选编》，北京：中国藏学出版社，1992年，第117页。

④ 李鹏年、周忠信主编：《中国第二历史档案馆所存西藏和藏事档案目录》（上），北京：中国藏学出版社，2000年，第582页。

不满，因此很快回复蒋宸予准予蒋致余调回治疗风疾。[①] 然而由于边地才难，不能找到更好的继任者，半月之后行政院秘书处为仍令蒋致余留藏调养俟有人代理再行回京事致电蒋宸予。[②] 由于一直没有找到合适的负责人，蒋致余仍然留在驻藏专使行署。直到 1937 年 10 月，蒋致余病情加剧，再次致电蒙藏委员会请求离藏。[③]

1937 年 9 月，行政院决定任命原护送班禅专使行署参军高长柱，以行政院参议名义入藏接替蒋致余，并命令蒋致余待高长柱抵拉萨后再行离职。然而，噶厦政府迟迟不愿高长柱进藏，蒋致余又因取道印度回国的护照时间限制，最终只得将藏事私授给拉萨电台台长张威白，先行离藏。[④]

小　结

纵观蒋致余留任西藏的四年，他勤劳诚恳地搜集了大量的西藏信息报告给中央，多次为中央提供对藏的政策建议，为维护国家主权，同噶厦政府及英帝国主义的分裂行径做坚决的斗争。刘公亭的建立，国立小学的开设，测候所、医疗所、无线电台的设立，都在他的主持下较为顺利地完成。这些对于西藏民众以及中央政府都有着积极的意义。

然而，留任西藏时的蒋致余，正值血气方刚之年，虽能力超

---

① 李鹏年、周忠信主编：《中国第二历史档案馆所存西藏和藏事档案目录》(上)，北京：中国藏学出版社，2000 年，第 583 页。

② 李鹏年、周忠信主编：《中国第二历史档案馆所存西藏和藏事档案目录》(上)，北京：中国藏学出版社，2000 年，第 589 页。

③ 李鹏年、周忠信主编：《中国第二历史档案馆所存西藏和藏事档案目录》(上)，北京：中国藏学出版社，2000 年，第 791 页。

④ 《蒙藏委员会致张威白电》，1938 年 3 月 17 日，转引自朱丽双：《在真实与想象之间：民国政府的西藏特使们（1912—1949）》，香港中文大学博士学位论文，2006 年，第 164 页。

群，但性格不够沉稳，缺少独立处理边疆事务的经验。在与噶厦政府的交往中，锋芒毕露，不谙世故，难免会引起噶厦政府的不满，不利于中央在西藏的工作。蒋致余在与英国关系的处理上也不尽如人意。如进藏主持达赖喇嘛转世事宜的中央大员吴忠信在自己的日记里写道："午前，接见降维巴局长。此人现任拉萨电灯局局长，先后留英十四年。……因谈及从前蒋致余在藏时与英方始终不见面，背后丑诋，几至挥拳，似此殊损国家荣誉。"① 由此可见蒋致余具有一定的性格缺陷，如此疾恶如仇、固执呆板，做不到知己知彼，显然不适合在藏工作，难以更好地解决相关问题。

蒋致余身处西藏，对藏情的了解比较全面，但对中央政府所面临的"内忧外患"却体会不深，没有考虑到他武力解决西藏问题的主张不可能被中央政府所接受这一事实。蒋致余主张武力解决西藏问题的思想虽因国民政府内忧外患的现状不能实现，但他本人"设无把握，弟身在藏，宁肯躬蹈危险，自贻伊戚耶！"② 的爱国勇气仍令人敬佩。他虽最终遗憾离藏，但在西藏的工作是值得关注的。

（本文原载于《云南民族大学学报》2018 年第 1 期）

---

① 中国藏学研究中心等编：《黄慕松吴忠信赵守钰戴传贤奉使办理藏事报告书》，北京：中国藏学出版社，1993 年，第 285 页。

② 中国藏学研究中心等编：《九世班禅内地活动及返藏受阻档案选编》，北京：中国藏学出版社，1992 年，第 117 页。

1934年黎丹及其西藏巡礼团述评

中央民族大学　许　月　喜饶尼玛

摘　要：1933年12月17日十三世达赖喇嘛圆寂后，国民党一方面派国民政府参谋本部次长黄慕松率团入藏致祭，另一方面令黎丹以国民党中央监察委员、青海藏文化研究社社长的名义，进藏开展巡礼活动。① 以往对黎丹及西藏巡礼团的研究视角，更多集中在学术层面。但巡礼团“半官方半民间”的性质，使其注定背负着更深层次的使命。本文利用西藏巡礼团成员杨质夫与致祭专使黄慕松的日记等史料，尝试对黎丹及巡礼团为密切中央与西藏地方关系做出的努力，为汉藏文化交流取得的成果进行梳理，进而探讨其历史与现实意义。

关键词：黎丹；西藏巡礼团；藏传佛教

一、西藏巡礼团的性质

（一）早期的学术团体

青海藏文研究社是一所以“学习藏族文字，沟通汉藏文化”

---

① 吴均、程起骏、程颐工：《仰空长啸风舒舒幕天席地真吾庐——简评黎丹其人及咏柴达木诗篇》，载《柴达木开发研究》，2008年第4期。

为宗旨的民间学术研究团体。[①] 它在20世纪20年代兴起于青海，由西宁藏文研究社发展而成，曾培养出一批通晓藏文、致力于汉藏文化交流的有志之士，由黎丹个人创办。

黎丹（1873—1938）字雨民，号无我，湘潭人。清末官宁州知州，辛亥后任甘肃省西宁道尹，1929年青海建省后担任青海省政府委员。[②]

1920年西宁藏文研究社成立之后，黎丹便着手准备起《藏汉大辞典》的编纂工作。当时参加这项工作的社员有杨质夫、陈显荣、龚瑾、贡桑（藏）、欧旺群丕（藏）等人。1927年前后，翻译印度人达氏的《英藏词典》为汉文作为参考，进一步丰富了《藏汉大辞典》的内容。[③] 1928年，《藏汉大辞典》的编纂工作告成，由杨质夫携原稿至南京支那内学院接洽出版。虽得到支那内学院院长欧阳竟无先生和藏学学者的协助，但由于缺乏印刷条件和资金，印刷《藏汉大辞典》的第一次尝试以失败告终[④]。

1929年，西宁藏文研究社改组为青海藏文研究社，黎丹决定将主要力量放在社员的培训上，同时继续搜集资料以充实《藏汉大辞典》的内容。1931—1932年青藏战争期间，黎丹赴南京协助马步芳得到部分军火补充。此次南京之行，黎丹在为青藏战争做调解工作之余，仍然寻找着能让《藏汉大辞典》付梓的机会。然而事与愿违，印刷《藏汉大辞典》的第二次尝试也失

---

① 吴均：《青海藏文研究社记》，载《吴均藏学文集》，北京：中国藏学出版社，2007年，第543页。

② 李逢春：《黎丹与其人藏巡礼途中诗》，载中国人民政治协商会议西宁市城中区委员会文史资料研究委员会编印《西宁城中文史资料》第13辑，2001年。

③ 吴均：《青海藏文研究社及杨质夫先生的〈人藏日记〉》，载《吴均藏学文集》，北京：中国藏学出版社，2007年，第583页。

④ 吴均：《青海藏文研究社及杨质夫先生的〈人藏日记〉》，载《吴均藏学文集》，北京：中国藏学出版社，2007年，第583页。

败了。[①]

1933 年夏，于藏境巴达塘签订的停战协议标志着青藏战争的结束。在南京的日子里，“黎丹从南京支那内学院友人提供的资料中，更感到《藏汉大辞典》的内容还需进一步充实，产生去西藏巡礼朝圣，访师学经，对藏传佛教和藏族文化更深一步研究之念。他运用社会关系，得到了国民党政府的准许，并求得了一笔经费”[②]，于 1933 年秋返回青海，组织“入藏巡礼团”，进行入藏巡礼的准备工作。

1934 年春，青海藏文研究社第二次社员大会在西宁召开。会议宣布黎丹赴藏期间陈显荣任代理社长，社员杨质夫、欧阳鸷、王廷璋等 9 人加入西藏巡礼团随团长黎丹赴藏。在这次会议上，黎丹当众手书“海纳百川，有容乃大，壁立千仞，无欲则刚”与进藏的学生共勉。[③] 6 月 23 日，年逾 60 岁的黎丹只携带两箱欲向西藏学者征求修订意见的《藏汉大辞典》原稿，率巡礼团一行十人，自西宁起程，以“黎委员”的身份沿唐蕃古道公开入藏。

（二）试图推进中央与西藏地方关系的代表团

1932 年，西藏噶厦在英帝国主义的教唆下发起的川康战争，以藏军被击退至金沙江以西，10 月川藏双方于冈托签订停战协定而告终；同样在英帝国主义教唆下于 1932 年春攻入青海玉树的藏军，也在 8 月间全部被驱逐出青海境内。次年 6 月在巴达塘签订停战协定标志着战争结束。这不仅为青海地区的稳定奠定了基础，也为改善中央政府和西藏地方的关系提供了有利环境。国

① 吴均：《青海藏文研究社及杨质夫先生的〈入藏日记〉》，载《吴均藏学文集》，北京：中国藏学出版社，2007 年，第 585 页。

② 吴均：《青海藏文研究社及杨质夫先生的〈入藏日记〉》，载《吴均藏学文集》，北京：中国藏学出版社，2007 年，第 585 页。

③ 吴均：《青海藏文研究社记》，载《吴均藏学文集》，北京：中国藏学出版社，2007 年，第 553 页。

民政府正是抓住这一有利时机，于 1934 年令黎丹组建巡礼团赴拉萨。

有人对此事的起因有过表述："二十一年入都，陈述青海政情，旋被任为监察院监察委员之命。未几，蒋委员长以班禅入藏事，久不得当，知兄习于边情，通藏文，拟派入藏视察。兄谓不若以私人巡礼团往，纵被拒，不致有损国体，蒋公然之。"[①]因黎丹熟悉边情、通晓藏语，又与十三世达赖喇嘛、九世班禅等西藏上层人士关系融洽，加之青海藏文研究社的活动在西藏有一定影响，"无我金刚"（黎丹的藏文法名）的声誉远播西藏，他无疑是疏导汉藏关系的合适人选。因而，国民政府命他以国民党中央监察委员、青海藏文研究社社长的名义组建西藏巡礼团，并任命其为团长。[②] 黎丹提请，为维护中央政府的尊严，巡礼团以半官方性质出行，蒋介石应允。"赴藏旅费，由南京军方在特别费项下，发给两万元。"[③]

由此可见，巡礼团以学习宗喀巴教义、研究藏族文化、审核《藏汉大辞典》手稿、加强汉藏文化交流为目的，"既是学术团体，也是受国民政府指派、以黎丹私人名义前赴西藏、疏导汉藏关系的机构"[④]。

---

① 黎泽泰：《先伯兄雨民先生传略》，湘潭市地方志编纂办公室编印《湘潭修志有关史料汇编之八》，1987 年，第 212 页。

② 包玉莲主编：《古老神秘的都兰》，西宁：青海人民出版社，2009 年，第 152 页。

③ 《蒙藏委员会报告办理西藏巡礼团经过情形公函》，1934 年 7 月 13 日，转引自朱丽双：《在真实与想象之间：民国政府的西藏特使们（1912—1949）》，香港中文大学博士学位论文，2006 年，第 146 页。

④ 吴均：《青海藏文研究社记》，载《吴均藏学文集》，北京：中国藏学出版社，2007 年，第 552 页。

二、西藏巡礼团赴藏概要

黎丹一行于 1934 年 6 月从西宁启程，历时 4 个月，于 1934 年 9 月抵达拉萨。

（一）巡礼团成员及入藏路线

关于参团成员的记载尚少，但从冯国瑞为黎丹所作的《送黎雨民先生赴西藏兼赠同行……诸子》[①]及巡礼团成员杨质夫先生的《入藏日记》中可以梳理出，这一行十人分别是：巡礼团团长黎丹，随行成员杨质夫、欧阳鸷，以及参团成员郑允明、徐近之、张辉楼、刘琴林、张玉鹗、王廷璋、赵易明。

黎丹一行沿藏大路（今唐蕃古道）骑马西行。“他入藏的路线，不是走的康庄大道，而是经过一个新颖的旅程。他从西宁出发，率旅行队一行 9 人，及相当护送者，西经都兰县境，再过柴达木盆地的南边，经过亚洲名山的唐古拉山口，走入南亚巨川的怒江上源黑河谷地，再西南以达西藏首府的拉萨。途上费去百日以上的长征。”[②]

此时的黎丹虽以国民党中央监察委员的身份公开入藏，但由于西藏地方和中央政府关系发展的新形势以及他个人的良好声誉，8 月底到达唐古拉山口时，不仅受到藏方的迎接，还得到供应的乌拉。[③] 9 月 20 日，巡礼团顺利地经黑河抵达拉萨，并与国民政府参谋本部次长黄慕松所率致祭十三世达赖喇嘛专使行署会

---

① 牛明明：《冯国瑞及其学术研究》，西北师范大学硕士学位论文，2011 年，第 22 页。

② 范长江：《西藏贵宾会见记》，载《大公报》，1937 年 3 月 24 日。

③ 质夫：《西藏巡礼团游记》，载《开发西北》，1935 年第 5 期第 3 卷。乌拉：指旧时西藏地区，农奴为官府或农奴主所服的劳役。亦指这种服役者。

合。黎丹下榻拉萨城西北山麓的贡巴萨寺，距城约 20 里。[①]

（二）黎丹与黄慕松

黎丹率西藏巡礼团赴藏，在表面上是为了学习藏传佛教教义，增进汉藏文化交流，具体来说就是为了充实完成《藏汉大辞典》的编纂。但我们从他的身份、组团的时间，以及黄慕松对其行踪的关注等方面，均可看到其负有的重要使命。[②]

从我们目前掌握的资料看，黄慕松于 1934 年 9 月抵达拉萨后，曾数次向上级电告黎丹及巡礼团的行踪。如 9 月 14 日致行政院及军事委员会的电文中所言“闻黎丹既到黑河，数日间可到拉萨”；9 月 17 日致蒙藏委员会的电文中所言“黎丹皓（19 日）日可到拉萨”，以及致行政院及军事委员会的电文中所言“巡礼团黎丹共十人，亦同到拉萨”[③] 等语，均能说明黄慕松对黎丹一行的高度关注。

其次，在拉萨期间，黎丹与黄慕松联系紧密，他的名字也多次出现在黄慕松的《使藏纪程》中。如 9 月 16 日记：“闻黎丹君行将抵此，关于房屋器具招待事宜，已托噶厦酌予便利矣。”[④]这表明黄慕松在巡礼团抵达拉萨之前就已提前打点安排好黎丹一行的食宿问题，并将其落脚点安排在致祭专使行署附近。9 月 17 日与黎丹初次见面记：“巡礼团黎丹先生于本日抵此，午间来署晤谈，余设宴洗尘，下午复往答拜。该团员役共三十余人云，骡

① 吴忠信：《吴忠信入藏日记》，载中国第二历史档案馆、中国藏学研究中心合编《黄慕松 吴忠信 赵守钰 戴传贤奉使办理藏事报告书》，北京：中国藏学出版社，1993 年，第 274 页。

② 吴均：《青海藏文研究社及杨质夫先生的〈入藏日记〉》，载《吴均藏学文集》，北京：中国藏学出版社，2007 年，第 589 页。

③ 参阅黄慕松于 1934 年 9 月 14 日、21 日致行政院及军事委员会电文，9 月 17 日致蒙藏委员会电文，载《十三世达赖圆寂致祭和十四世达赖转世坐床档案选编》，北京：中国藏学出版社，1993 年，第 60—64 页。

④ 黄慕松：《使藏纪程》，载《近代中国史料丛刊续编》第 46 辑，台北：文海出版社，1974—1982 年，第 116 页。

马八十余头，由噶厦代备馆舍，距行署不远。黎氏字雨民，年已六十有四，在青海任道尹秘书十余年，此次奉蒋委员长辅助经费，来藏巡礼，研究佛学，其精神与志愿，殊可敬也。晚间复招待全体团员餐聚，至八时始别。”① 9 月 23 日记：“本日为旧历中秋佳节，延雨民先生来署午膳，派员赍食物馈赠巡礼团诸同人，旋黎君亦送来食物多种。”② 黄慕松日记的字里行间流露出他对年逾花甲赴藏巡礼的黎丹的格外尊敬，也记录了其专使行署与巡礼团一行频繁且友好的互动。

再看黄慕松 9 月 25 日日记中有“黎雨民先生晨间来访，谓已晤热振，并承代约各当道接谈云。致祭日期已定于 28 日上午 9 时在布达拉宫举行”③。10 月 1 日亦有“晨七时，黎雨民君来，谓到此后尚未往布达拉山朝佛，今日未能参与观礼，盖余于昨夜遣使约其偕行也”④。文中记录了黄黎二人对致祭十三世达赖喇嘛具体事宜的互通商议，从中不难看出，黎丹积极疏通致祭代表团与西藏地方间的关系，为致祭大典的顺利举行不仅提供了较为稳定的外部环境，更起到了不容忽视的促进作用。

黄慕松与黎丹的关系在 10 月 10 日的日记中更为清晰：“十月十日为双十节。晴，上午九时，举行国庆纪念，出席者全署官兵及巡礼团同人，由余主席，行礼如仪后，作概略之报告，继为黎雨民君演说，大意谓希望藏人能自治，我辈宜尽唤起责任云

---

① 黄慕松：《使藏纪程》，载《近代中国史料丛刊续编》第 46 辑，台北：文海出版社，1974—1982 年，第 117 页。

② 黄慕松：《使藏纪程》，载《近代中国史料丛刊续编》第 46 辑，台北：文海出版社，1974—1982 年，第 120 页。

③ 黄慕松：《使藏纪程》，载《近代中国史料丛刊续编》第 46 辑，台北：文海出版社，1974—1982 年，第 121 页。

④ 黄慕松：《使藏纪程》，载《近代中国史料丛刊续编》第 46 辑，台北：文海出版社，1974—1982 年，第 122 页。

云。”[①] 节日当天关于致祭使团与巡礼团成员的概略记述，虽仅寥寥数语，却也使人感受到两个性质迥异的团体在使命上的一致性，以及黄对黎的特殊尊重。

黄慕松在归程前最后两日即 11 月 26 日和 27 日，也还有“一时半访黎丹君”[②] “黎雨民君来署话别，留共晚餐”[③] 的记载。由此，我们不难看出二人互访之频。

黄慕松与黎丹殊途同归，相逢拉萨，为国之心可嘉。“他们是国民政府发向西藏的两支箭矢，黄主政，黎主教，异曲同工，相辅相成。”[④]

我们在巡礼团成员杨质夫的《入藏日记》残卷中，也可频频见到“黄专使”这一称呼，黄、黎二人亦时有互动，配合默契。如《入藏日记》中，10 月 10 日记：“是日为国庆日，专使行署约于上午 10 时在行署开会庆祝。下午在柳林聚餐。本团全体于早 9 时半同赴行署参加庆祝。准时开会如仪后，首由黄专使报告，略谓，今日为中华民国二十三年之国庆，同人等在极西之拉萨开会庆祝，实属难得，吾人在庆祝之中，应体念先总理及诸先烈缔造民国之艰难，应学艰苦卓绝之大无畏精神，应尽后死者之责，尤其在此地应格外努力，云云。次由黎师讲演，略谓，民国成立已 23 年。吾人今日在此开第一次庆祝会已嫌太迟，然吾人在 23 年中无日不希望国旗飘于蒙藏，国庆普遍于蒙藏各地，今日竟能在此实地参加庆祝，可谓有志竟成矣。自今日始，可谓中央与西藏联合之始，吾人应从此努力，渐次唤醒蒙藏民众，促

① 黄慕松：《使藏纪程》，载《近代中国史料丛刊续编》第 46 辑，台北：文海出版社，1974—1982 年，第 15 页。

② 黄慕松：《使藏纪程》，载《近代中国史料丛刊续编》第 46 辑，台北：文海出版社，1974—1982 年，第 135 页。

③ 黄慕松：《使藏纪程》，载《近代中国史料丛刊续编》第 46 辑，台北：文海出版社，1974—1982 年，第 136 页。

④ 崔保新：《西藏 1934：黄慕松奉使西藏实录》，北京：社会科学文献出版社，2015 年，第 330 页。

进西藏自治，以图达先总理民族主义、国内民族一律平等之目的，然唤起与扶植之工作，颇不易进行，甚或引起反感，故须（一）委曲求全，（二）诚恳相待，（三）谨慎从事，云云。毕即散会。下午同人复往恰作林迦赴黄专使共宴座谈。”① 相较黄慕松的日记，杨质夫对黎丹的讲演记述得更为翔实。从“无日不希望国旗飘于蒙藏，国庆普遍于蒙藏各地”“吾人应从此努力，渐次唤醒蒙藏民众，促进西藏自治”“然唤起与扶植之工作，颇不易进行，甚或引起反感，故须（一）委曲求全，（二）诚恳相待，（三）谨慎从事”此番话语，足见黎丹坚定的爱国之心和开阔的政治胸怀。

然而遗憾的是，黎丹与黄慕松虽都以“沟通汉藏，维护统一”为目标，但由性格不同造成的处事方式的差异，使得二人在交往后期分歧明显。黄慕松返回南京后，于 1935 年 3 月代替石青阳为蒙藏委员会委员长。② 间隔数月，黎丹便因不满意黄慕松在藏的举措，向监察院提出弹劾③，称黄慕松在藏丧权辱国，如对藏方不以至尊态度相待而有失尊严，致祭时布达拉宫内未能悬挂国旗，割界及解决中藏悬案不提供具体办法等。④

关于悬旗一事，我们不难从黄慕松与中央政府间往来的电文中窥得始末。1934 年 10 月 1 日，黄慕松一行在布达拉宫举行了

---

① 杨质夫：《入藏日记》（上），吴均、程起骏、程颐工整理，载《中国藏学》，2008 年第 3 期。

② 参阅《吴忠信奉使入藏主持第十四达赖喇嘛坐床典礼报告》，中国第二历史档案馆、中国藏学研究中心合编《黄慕松　吴忠信　赵守钰　戴传贤奉使办理藏事报告书》，北京：中国藏学出版社，1993 年，第 131 页。

③ 参阅《拉萨黎丹来电》，1935 年 10 月 25 日，转引自朱丽双：《在真实与想象之间：民国政府的西藏特使们（1912—1949）》，香港中文大学博士学位论文，2006 年，第 147 页。

④ 《南京黄慕松铣调电》，1935 年 8 月 17 日，《蒙藏委员会报告办理西藏巡礼团经过情形公函》，1934 年 7 月 13 日，转引自朱丽双：《在真实与想象之间：民国政府的西藏特使们（1912—1949）》，香港中文大学博士学位论文，2006 年，第 146 页。

致祭十三世达赖喇嘛的仪式。此前的9月26日，黄慕松曾致电行政院称："……唯因祭堂内或堂外须悬党国旗以示隆重，曾交涉多次。藏当局以布达拉及各寺院与有达赖座位处素未悬旗，已成习惯，坚决反对，拟另觅地点。等情。但据职署职员访询藏方重要当局，表示实有政治上之顾虑。窃维此次中央褒崇达赖大师，首在恢复情感，倘以此问题发生裂痕，殊失中央得意，可否变通之处，应行请示者一。国旗代表国家尊严，不敢轻视，并关系此后交涉甚重，如藏方坚持己意，职拟于陷日在职署悬旗举行，以完成致祭典礼，应行请示者二……"① 电报中黄慕松清晰阐述了中央政府与西藏地方就悬旗一事的意见分歧，并就"悬旗之事可否变通"请示中央政府的意见。而汪兆铭也于两天之后（9月28日）给出了"……致祭日可在专使行署高悬国旗、党旗。如布达拉无悬旗习惯，自可听之，但不得悬别种旗为要"②的答复。从中可以看出，中央政府对黄慕松提出的变通之法给予了肯定。

就当时情形而观，黄慕松此行本意在"恢复情感"，在中央政府和西藏地方关系缓和之初，国民政府抓住时机疏通关系的目的无疑是促进双方关系正常化，以使西藏地方政府坚定立场，倾心内向。因而，黄慕松的出发点无疑是与国民政府的意图相吻合的，并且就各方面史料看来，也取得了一定成效。

这一时期国民政府就西藏地方事务的态度大致可以分为两个派别：一派是以黄慕松等人为代表的温和派，另一派则是以黎丹和蒋致余为代表的强硬派。双方对藏态度的分歧至九世班禅返藏之时达到顶峰。温和派较为和缓，不主张武力，对九世班禅返藏

① 中国藏学研究中心、中国第一历史档案馆、中国第二历史档案馆、西藏自治区档案馆、四川省档案馆编：《元以来西藏地方与中央政府关系档案史料汇编》第6册，北京：中国藏学出版社，1994年，第2667页。

② 中国第二历史档案馆编：《中华民国史档案资料汇编》（5），南京：江苏古籍出版社，1994年，第219页。

的路线及是否护送等问题上均征询西藏地方的态度，力求避免因分歧造成的冲突；而强硬派则主张抓住时机，以武力殿后护送班禅回藏，若能借此机会一并促使中央与西藏地方矛盾解决则再好不过。黎丹之所以对黄慕松提出弹劾，是因为他认为巡礼团入藏之初，藏人“内向之心甚热”，近来却日益轻视。究其原因，一是受到英国人的拉拢迷惑，二是内忧外患的中国对西藏兼顾不暇，三则是蒙藏委员会“遇事先向藏方征求同意，益启其夜郎自大、事事反抗之心”①。

与此同时，他向中央政府提出，“苟主持边政者（此处指黄慕松），能与（于）计划之初，熟查藏情，以迅雷不及掩耳之手段妥善办理，则大功早告厥成，乃黄前委员长计不及此。事前既坚持征求同意，事后复再三无谓解释，致启藏方轻视之心，多方反对。我愈解释，彼愈疑虑；我愈迟延，彼愈狡展。差之毫厘，失以千里，此之谓物腐虫生，咎由自取”②。从黎丹的表述中，我们可以看出他对以黄慕松为首的处事温和的官员甚为不满——在他看来，如果在初期为缓和关系而怀柔彼方可以理解，但长期保持犹豫的态度则无法在必要时候当机立断，并因此失去最佳的时机。③

黎丹等人的观点固然有理有据，其主张从理论上也不无道

---

① 《拉萨黎丹来电》，1935 年 10 月 25 日，转引自朱丽双：《在真实与想象之间：民国政府的西藏特使们（1912—1949）》，香港中文大学博士学位论文，2006 年，第 147 页。《黎丹、蒋致余致蒋介石皓电》，1936 年 9 月 19 日，转引自陈谦平：《抗战前后之中英西藏交涉（1935—1947）》，北京：生活·读书·新知三联书店，2003 年。

② 《拉萨黎丹来电》，1935 年 10 月 25 日，转引自朱丽双：《在真实与想象之间：民国政府的西藏特使们（1912—1949）》，香港中文大学博士学位论文，2006 年，第 147 页。《黎丹、蒋致余致蒋介石皓电》，1936 年 9 月 19 日，转引自陈谦平：《抗战前后之中英西藏交涉（1935—1947）》，北京：生活·读书·新知三联书店，2003 年 9 月。

③ 《蒋致余致蒋介石等删电》，1937 年 6 月 15 日，载《九世班禅内地活动及返藏受阻档案选编》，北京：中国藏学出版社，1992 年，第 421 页。

理，甚至有可能收到立竿见影的成效。但试想，国民政府当时所处的环境可谓内外交困，在与西藏地方洽谈交涉的过程中，可谓步步为营，稍有不慎引起汉藏冲突，便极有可能在对日策略上失去英国的支持。黄慕松在复杂情况下灵活变通的处理方式，从某种程度上说无疑是顾全大局的最优选择，虽有不当之处，但将全部责任归于黄慕松及蒙藏委员会的温和政策，显然是有失偏颇的。时至今日，我们还是可以在一定程度上看出，在班禅返藏事件上，抗日战争的爆发和中央政府的软弱是导致计划流产的主要原因。应该指出的是，黎丹等人言辞虽有偏颇，但深切的忧国之心仍是值得赞赏的。

追封及致祭大典结束后，黄慕松返回南京，而黎丹一行则继续留在拉萨，由西藏噶厦安排与哲蚌寺大格西喜饶嘉措的会晤。“黎丹与喜饶嘉措大师结为法友，相互钻研宗喀巴大师的教义；杨质夫被喜饶嘉措纳入真传弟子之列，亲授宗喀巴大师《菩提道次第广论》等；欧阳鸷等被分别介绍进入哲蚌寺郭莽学院等处学习。”①

黎丹巡礼朝圣的虔诚态度为其赢得了西藏地方摄政热振呼图克图等各级官员的好感。在西藏地方摄政热振与黎丹的一次会面中，他曾公然表示“一切方面均可帮助，深望巡礼团在藏努力求学，将来将佛法弘扬内地，使内地、西藏感情融洽如昔中国，全国永世和平，不胜切盼”②。巡礼团各成员的学经活动也得到了多方的支持与帮助。如欧阳鸷（欧阳无畏）入寺一事，便是受十三世达赖喇嘛生前的汉族坚赛阿旺江城喇嘛（世称“兰州

① 吴均：《青海藏文研究社记》，载《吴均藏学文集》，北京：中国藏学出版社，2007年，第554页。

② 杨质夫：《入藏日记》（上），吴均、程起骏、程颐工整理，载《中国藏学》，2008年第3期。

僧”）相助，作为世间师为其担保，方才入寺。[①] 杨质夫的日记于11月17日亦有“途遇哲邦吉举僧人贡却丹增等二人率近之、觉猛、允明诸兄往诺卜林迦访达赖之坚塞，余亦被邀同往”“知彼为甘肃兰州人，光绪末，达赖自北京西返，见其人聪明伶俐，遂携而至藏”“据言，凡汉人入哲邦寺者必须得其许可云”等记载予以印证。

学经之余，黎丹还邀请以喜饶嘉措为首的一批学者对《藏汉大辞典》进行审核和校勘。历时两年有余，在喜饶嘉措大师的指导下，《藏汉大辞典》经过一次次补充和订正，于1938年秋最终定稿。

黎丹在与喜饶嘉措大师的交往中，对其渊博的学识至为敬佩。1936年冬，黎丹与蒙藏委员会驻藏代表蒋致余通过教育部和蒙藏委员会向国民政府建议，希望聘请喜饶嘉措到内地讲学，以加强汉藏文化交流，促进中央政府与西藏地方关系改善。南京国民政府当即批准，由蒙藏委员会和教育部出面聘请喜饶嘉措大师在国立五大学（中央大学、北京大学、清华大学、武汉大学、中山大学）进行西藏文化讲座。[②]

1937年4月，黎丹、杨质夫等陪同喜饶嘉措大师经印度拜访泰戈尔后，经海路入京，受到国民政府的接见和礼遇，开启了汉藏文化交流的新起点。巡礼团的西藏之行至此圆满结束。

三、巡礼团的贡献

巡礼团在黎丹的带领下，自青海西宁策马西行，四个月的征途备尝艰辛，于1934年9月抵达拉萨。在藏的近三年时间中，

---

① 洛桑珍珠口述，张健飞、杨念群笔述：《雪域求法记》，北京：生活·读书·新知三联书店，2008年，第117页。

② 参阅政协青海省委员会文史资料委员会编印：《青海文史资料选辑》第23辑《喜饶嘉措大师》，1994年，第249页。

黎丹及巡礼团成员的足迹遍布西藏，他们广交朋友，为促进汉藏文化交流做出了重要贡献。

黎丹等人在探讨藏文经典、学习藏族文化的同时，不仅完成了《藏汉大辞典》最终的校勘和修订，还与当时主持西藏地方政务的热振活佛、西藏的第一位格西拉让巴喜饶嘉措大师及其他西藏上层著名学者、高僧进行了广泛而深入的政治、文化交流对话，并且“与亲帝国主义分子和民族分裂分子做了坚决的斗争，取得了丰硕的成果”①。

（一）喜饶嘉措赴内地大学举办讲座

1936年底，在黎丹、杨质夫、拉仁巴格西格桑嘉措和贡巴萨·土登吉扎活佛等陪同下，取道印度，经锡兰、香港，到达上海。到南京后，受到国民政府主席林森及蒋介石等接见。随即，喜饶嘉措大师在南京中央大学、上海大菩提学会等处，在杨质夫的翻译下，做了一系列关于宗喀巴大师传略、圣道三要、菩提道次第、格鲁派发展史、汉藏文化交流史的讲座报告，还通过对南京大辉复巷甘青宁会馆中汉藏典籍的研读（汉文由杨质夫翻译），撰写了《宗喀巴大师赞》等一批论文。② 这一系列活动为汉藏文化交流注入了新的内容，引起社会各界的强烈反响。

《大公报》记者范长江就曾与黎丹及喜饶嘉措大师于上海南京路先施公司东亚旅馆五楼会面，并在随后的报道中对这次采访有感而发：“在我们国运凄风苦雨、命途多舛的行程上，东北已失，外蒙已离，新疆睽隔，这几位从西藏高原跋涉而来的内地同胞，又如何令我们发生艰难国步中同胞友爱力量的伟大之怀想……我盼望他（指喜饶嘉措大师）和黎先生在沟通汉藏文化

① 吴均、程起骏、程颐工：《仰空长啸风舒舒幕天席地真吾庐——简评黎丹其人及咏柴达木诗篇》，载《柴达木开发研究》，2008年第4期。

② 吴均、程起骏、程颐工：《仰空长啸风舒舒幕天席地真吾庐——简评黎丹其人及咏柴达木诗篇》，载《柴达木开发研究》，2008年第4期。

工作上，为中华民族做些不朽的贡献。”[①]在这则报道中，范长江先生无疑道出了千万民众的心声，也体现了此时内外交困的中国对跋山涉水而来的巡礼团及喜饶嘉措大师一行所寄予的美好期盼。

历史上大多数至内地的高僧大德，是为皇帝和达官贵人们灌顶等密宗修持服务而被藏于宫中，在汉藏文化沟通方面所起的作用十分有限。在喜饶嘉措大师看来，“他此次被政府聘来在清华等五大学担任西藏文化讲座，可以和许多有学问的青年讨论西藏文化，此事将发生广泛的影响，故他本人深觉此来有重大价值”[②]。

此后数十年中，喜饶嘉措大师在各大学讲学，积极促进青海等地学校的汉藏双语教学，参与民族教材的编审和汉藏文翻译的工作，留意藏语对汉语中新术语的创造与借用，无时不为沟通汉藏文化而努力。可以说，黎丹此次西藏之行的最大成果，不仅是改善了中央政府和西藏地方的关系，更是为汉藏文化交流创设了一个全新的起点。

（二）黎丹离藏后的工作

黎丹在藏期间，足迹遍布前后藏。他利用自己特殊的身份和渊博的汉藏文化学识，在西藏僧俗社会广交朋友。年轻的摄政热振呼图克图在他的影响下，对国民政府产生了由衷的认同。当时的英国为进一步控制西藏，在拉萨设立无线电台，并得寸进尺地想要建立更多的机构。黎丹、蒋致余、刘朴忱等对此进行了坚决的斗争。

西藏之行结束后，黎丹回到南京，根据自己在西藏的调查，向国民政府提交了一份《边政建设计划》以表明自己的筹边思想，即主张军政兼施，巩固边疆。这份《边政建设计划》“精辟

① 参阅范长江：《西藏贵宾会见记》，载《大公报》，1937 年 3 月 24 日。

② 范长江：《西藏贵宾会见记》，载《大公报》，1937 年 3 月 24 日。

入理，对于加强汉藏团结，巩固西南边疆有着重要意义”①。

黎丹在回答记者提问时表示，希望“以扶助藏人‘自己改造其社会’之原则，处理今后西藏事务，则汉藏隔膜，当以迎刃而解”。他认为西藏对中国的民族倾向是十分浓厚的，且藏传佛教的传说中有碧眼黄发之人不能接受佛法之说，因而宗教的相似性也更进一步拉近了其对内地的文化归属感。此乃黎丹留居西藏研究宗教文化的三年中的切实所感，也多次为事实所验证。黎丹在被记者追问旅藏三年是否辛苦时，特别提道“我认为此为乐事，没有一天感到辛苦，将来如果国家需要，我随时可以再入藏”②。

1937 年 11 月 20 日，日寇逼近南京，国民政府被迫迁都重庆。国民党政要戴传贤、于右任等旧友劝黎丹一同撤往山城暂避时艰，却被时年 64 岁的黎丹婉言谢绝。他对二人说：“一介书生，已然老迈。焦土抗战，死于故里，是为善终。”③

南京沦陷前，黎丹坚持在前线慰劳伤兵，随最后一批撤离南京的国民政府官员仓促回乡，走时仅携《藏汉大辞典》原稿一套。自西藏带回的资料及毕生著述均藏于南京甘宁青会馆内，皆毁于战火。

1938 年 9 月初，黎丹返回临潭茶陵老家蛰居。

1938 年 10 月 24 日，黎丹逝世，终年 67 岁。追悼大会于 1938 年 11 月 20 日在西宁文庙召开，西宁各界数千人参会。追悼会结束后，青海省各界追悼黎委员雨民大会会务组编印《检察院监察委员黎雨民先生事略》④ 一册，概述其生平，以表哀思。

---

① 赵志超：《黎雨民传略》，载《湘潭文史资料选辑》第四辑，1985 年，第 68 页。

② 范长江：《西藏贵宾会见记》，载《大公报》，1937 年 3 月 24 日。

③ 樊前锋：《马麒传》，西宁：青海人民出版社，2013 年，第 159 页。

④ 民国青海省政府秘书处：《监察院监察委员黎雨民先生事略》（油印本），1938 年 12 月，青海省图书馆古籍室藏。

公幼承庭训，长交名流。其文辞在欧阳修、苏轼之间，其公牍如陆宣公曾湘乡之奏议，其学术则兼汉宋之长略，无门户之见，其政治力求民稳、推拓教育、察吏安边为宗旨，其道德以冰清玉洁、介取博施，为时人所推许。其居家，事父母伯叔和颜悦色，丧祭尽礼，待昆仲怡怡切切，有灼艾大被之风，其处世在居处，恭执事敬以诚接物推己及人，以故，交游满天下，而人皆曰贤，桃李满天下，环门墙而人皆沐其惠。

……

年逾六十，而策骑万里入藏考研内典，家仅小康，毕生藏书约值数万金。

黄慕松入藏，应办事件未能进行。公以有关国体，多方调停，卒达目的，藏人对公益深敬仰。

（三）巡礼团其他成员对沟通汉藏文化做出的贡献

1. 欧阳鸷

欧阳鸷，字无畏，号觉猛。曾就读于东北冯庸大学，九一八事变后至西宁的青海藏文研究社学习藏文。1934年秋被国立中央大学校长罗家伦特聘为中央驻藏研究员[①]，9月随西藏巡礼团到拉萨，11月入哲蚌寺果莽札苍，1937年正式剃度出家[②]，法名君庇亟美（Chos vphel vjigs med）。

在藏七年，欧阳鸷修习了因明、般若、中观等重要大论。[③]1937年7月至1938年1月，受罗家伦之嘱，欧阳鸷由拉萨出发至尼泊尔旅行，并于1938年撰成《藏尼游记》和《大旺调查

---

① 《欧阳无畏老师事略》，载张骏逸主编《欧阳无畏教授逝世八周年纪念论文集》，台北："蒙藏委员会"，2000年。

② 黄慕松：《使藏纪程》，载《近代中国史料丛刊续编》第46辑，台北：文海出版社，1974—1982年，第135页。

③ 《欧阳无畏老师事略》，载张骏逸主编《欧阳无畏教授逝世八周年纪念论文集》，台北："蒙藏委员会"，2000年。

记》寄至罗家伦处，内容包含了翔实的藏地地理信息及风土人情。[①] 抗战时，曾一度回重庆，在中央大学及中央政治学校教授藏文，抗战胜利后担任国防部边务研究所藏文教师。1948 年 4 月，欧阳无畏再度回到拉萨继续学习。1951 年，他辗转抵达台湾，并于 1958 年起任教于台湾政治大学边政所（现民族所），讲授藏文、西藏历史、地理及文化等科目，后又受聘于多个研究所教授藏文课程[②]，对台湾藏学的发展起到了十分关键的推动作用，被誉为“台湾藏学之父”。他治学严谨勤奋，晚年时曾用“梵文汉字两迷离，双手拈来欲语谁。梦里千般觅寻苦，莫然却在回眸处”[③] 对曾同在青海藏文研究社学习过的藏学吴均先生形容自己治学时的忘我状态。

1992 年，欧阳鸷先生于台北逝世。

2. 杨质夫

杨质夫，藏学家、民族教育家，青海互助土族自治县人。

杨质夫自幼学习汉藏文，知识渊博。1920 年初入青海藏文研究社，1923 年参与《藏汉大辞典》的编写工作，1938 年定稿。1929 年赴南京支那内学院为《藏汉大辞典》争取付梓机会，因当时不具备藏文印刷出版的条件，故留院学习，担任国民党中央政治学校西康班藏文教师。1930 年编成《藏汉小辞典》（1933 年由青海藏文研究社石印出版）后返回青海，次年任青海藏文研究社教务部主任，连续三年每日义务授课两小时以上，为国家培养了一批优秀的藏文翻译人才。

---

① 参阅罗家伦先生文存编辑委员会编：《罗家伦先生文存》第 7 册，台北：“国史馆”、“中国国民党中央委员会党史委员会”，1988 年，第 311 页。

② 参阅林崇安：《君庇极美喇嘛之佛学生涯贡献》，载《西藏佛教的探讨》，台北：慧炬出版社，1992 年，第 297—307 页；王俊中：《台湾与西藏及在台的藏传佛教研究》，载《思与言》，1999 年第 37 卷第 2 期。

③ 吴均：《青海藏文研究社及杨质夫先生的〈入藏日记〉》，载《吴均藏学文集》，北京：中国藏学出版社，2007 年，第 590 页。

1934 年，杨质夫作为西藏巡礼团总干事，跟随黎丹入藏。在拉萨归入大格西喜饶嘉措门下，入哲蚌寺郭莽学院学习。此后两年时间里，在喜饶嘉措大师的指导下深入钻研《菩提道次第广论》，“并利用巡礼朝圣者的身份，广交西藏农奴主上层僧俗人士，钩沉史料写出《历代噶丹赤巴考》《西藏世家源流考》等学术论文，同时积极稳妥地做好由喜饶嘉措及西藏一些著名学者对《藏汉大辞典》的审核工作，使《藏汉大辞典》圆满完成最后的审稿程序”①。

1936 年底，杨质夫随黎丹陪同喜饶嘉措大师返回南京，1937 年担任喜饶嘉措大师于国立五大学讲学时的翻译。全面抗战爆发后，协助喜饶嘉措组织抗日宣传团，深入青康地区宣传抗日救国思想，受到国民政府的褒奖。

1945 年，杨质夫被教育部任命为国立西宁师范学校校长，1947 年兼任国立兰州大学边疆语文学系教授及系主任，利用社会关系，搜集藏文图书，使民族文字的教学资源日渐丰富。同时撰写《塔尔寺灵魂——宗喀巴》《塔尔寺概况》等著作并油印发行。

中华人民共和国成立后，杨质夫担任西宁师范校长。他先后译出马列主义书籍《中国共产党党章教程》《谁是最可爱的人》《藏汉词汇》，以及藏族史诗《格萨尔王传英雄诞生》等 20 多册，但因限于规定，未能署名。② 此外，他还在狱中创制出中国第一套完整的 1—7 号正楷、草书、黑体三种藏文字模，并创出后缀带点法、连串字等方法，提高藏文排字效率 30%以上，至今沿用。

杨质夫先生常说：“在浩瀚的藏汉文化交流的大海洋中，我

① 吴均：《记藏学家杨质夫》，载《吴均藏学文集》，北京：中国藏学出版社，2007 年，第 578 页。

② 吴均：《记藏学家杨质夫》，载《吴均藏学文集》，北京：中国藏学出版社，2007 年，第 579 页

们只能搞一些资料工作和铺一块基石，如果能做到这一点，此生总算没有白来！"①

1961年冬，杨质夫逝世，终年55岁。

3. 徐近之与王廷璋

1933年，南京中央大学地理系教师徐近之被任命为全国资源委员会青康藏调查员。中央研究院气象研究所所长竺可桢得知此消息后，请徐近之入藏时协助气象研究所于拉萨建立测候所，徐近之当即表示同意。1934年，国民政府令黎丹组织西藏巡礼团，由青海赴藏。竺可桢见此机会，立刻电告在成都的徐近之，另派测候员王廷璋协同前往。② 此由竺可桢致黎丹的电报中"由敝所派测候员王廷璋携带仪器随台从出发，定于本月十五日乘欧亚飞机赴兰，赶趋西宁会同赴藏""拟抵拉萨后，觅定相当地址，实施测候工作，为期至少一年，之多两年。谨此专达，切望随时指导"③ 等言悉知。

徐近之乘欧亚非机由成都抵兰州后，与王廷璋于1934年6月30日于西宁起程追赶巡礼团，策马西行，历尽艰辛，在途中顺利与黎丹一行会合，并于9月20日随巡礼团到达拉萨。

1934年10月起，徐近之与王廷璋于拉萨开始进行气象观测活动，并通过交通部电台拍发气象报告。1935年5月中旬，拉萨测候所正式成立，这也是我国第一个高原测候所。

应中国气象学会之邀，徐近之利用观测结果分别于1935年秋和1936年秋撰写《拉萨今年之雨季》和《拉萨旱涝说》，分别发表于《气象杂志》第11卷第6期和第13卷第1期，至今，

---

① 吴均：《记藏学家杨质夫》，载《吴均藏学文集》，北京：中国藏学出版社，2007年，第580页。

② 陈学溶：《竺可桢传（选）》，《中国近现代气象学界若干史迹》，北京：气象出版社，2012年。

③ 竺可桢：《竺可桢全集》第22卷，上海：上海科技教育出版社，2012年，第691页。

这两篇文章仍对了解拉萨雨季时的天气概况有重要参考价值。1936 年底，中央大学地理系主任胡焕庸发来电报，要求徐近之回学校任教。

徐近之奉命回京后，测候所工作全部移交给王廷璋。他独自一人在藏，克服重重困难坚持进行气象观测记录。其间竺可桢曾数次有派人进藏接替王廷璋的打算，但因时局多变、意外频发，只得屡屡作罢。1938 年，王廷璋由气象研究所调回内地服务。此后，测候所的工作由汉藏教理院碧松法师代理，1940 年由曹巽、邓明渊二人接替。①

拉萨测候所的观测记录截至 1949 年 6 月，除短暂时间外，其他时间段的记录基本保存完整。可以说，拉萨测候所是中国气象事业中的一个壮举，它不仅是中国气象观测网络初步成型的关键节点，更为中国气象事业的发展提供了宝贵的资料。无论是筹建并出资维持此所的竺可桢，入藏开创气象观测业新局面的徐近之、王廷璋，还是之后在测候所工作的气象员，都应受到后人的崇敬与感谢。②

余　论

黎丹一生清廉自持，声誉素著。无论是在青海为官，还是在西藏巡礼期间，都受到当地人的尊敬和爱戴。他尊重各个民族的独特文化，这种简单却诚挚的感情对于一个来自内地的汉族知识分子来说，是十分难能可贵的。

《大公报》记者范长江曾经将黎丹此次西藏之行的贡献总结为三点：一是黎丹一行经过之处虽海拔甚高却难见险峻地形，这

① 中国近代气象史资料编委会编：《中国近代气象史资料》，北京：气象出版社，1995 年，第 252 页。

② 中国近代气象史资料编委会编：《中国近代气象史资料》，北京：气象出版社，1995 年，第 253 页。

对将来开发西藏交通有重要的参考价值；二是纠正了以往地图上的错误；三是让中央政府和内地民众更加相信，“西藏民族对于中国的倾向仍甚浓厚”，西藏地方与内地在宗教文化上的交流从古至今从未间断。① 除此之外，黎丹及巡礼团最主要的贡献在于促进文化交流和民族团结。青海为回、汉、藏民杂居之地，任西宁道尹期间，随着对青海各民族文化的了解不断加深，黎丹深刻意识到，处理好民族关系的关键就是文化沟通。只有文化沟通才能使各民族相互理解、加强团结，共同致力于维护国家统一及地方的开发建设。藏族因人口多、分布广，文化自成体系，因而同其他民族的文化交流显得尤为重要。1934 年黎丹带领下的入藏巡礼活动，不仅加强了汉藏文化交流，促进了民族团结，也无形中巩固了中央政府在地方事务处理中的主动地位，树立了中央政府的威信，密切了中央政府与西藏地方的关系，推动了中华文化多元一体新格局的建立建成。

此次西藏巡礼也取得了丰硕的学术成果。不仅完成了《藏汉大辞典》的最终审核工作，还为青海藏文研究社日后对西藏文史的研究搜集了大量的资料，更为研究社骨干成员的进一步深造提供了千载难逢的机会。在社长黎丹的带领下，青海藏文研究社不仅翻译出大量藏文典籍，编写出《藏汉大辞典》《分解名词大集》等藏文工具书，更培养出一批严谨勤奋的藏学学者。20 世纪 50 年代，他们为北京、甘肃、青海等地的出版社翻译了藏文和蒙古文的政治、法律、文艺、科技等方面的大批书籍。至于藏族史诗《雄岭狮王格萨尔》最初资料本的翻译，80%以上都由他们完成。②

西藏巡礼团此次入藏之行，也为藏文研究社丰富了知识储备，更新了学术血液，为民族教育的工作输送了大批基础扎实、

① 范长江：《西藏贵宾会见记》，载《大公报》，1937 年 3 月 24 日。

② 吴均：《青海藏文研究社记》，载《吴均藏学文集》，北京：中国藏学出版社，2007 年，第 556 页。

眼界开阔的工作者。20 世纪 40 年代后，社员杨质夫、吴均、侯生桢、杨富龄等在当时的中央政治大学、西北大学、兰州大学和西北师范学院等院校担任讲师、正副教授，从事藏文、藏族史教学，并于新中国成立后，在青海民族学院、西北民族学院等院校从事民族教育工作；社员沈桐清、祁佩椿、王任邦、温存永、纳朝玺等新中国成立前在教育部、中山文化教育馆等处从事民族教材的编译工作及在国立西宁师范、国立湟川中学等校从事民族教育工作。[①] 故而，黎丹可谓是一位为推进民族文化交流而不懈奋斗的百年树人者。

1934 年，主要由青海藏文研究社社员组成的西藏巡礼团，在团长黎丹的带领下入藏朝圣。在藏两年有余，广结善缘，探讨经典，学经之余完成了《藏汉大辞典》的修订，配合黄慕松的致祭使团，进行了一系列政治、文化巡礼活动，于 1936 年底满载而归。为推动汉藏文化交流、促进民族团结，做出了不容忽视的积极贡献。

---

① 吴均：《青海藏文研究社记》，载《吴均藏学文集》，北京：中国藏学出版社，2007 年，第 557 页。

安多迭部地区民间口述经文《司巴拖亦》初探

青海民族大学　吉西次力

摘　要：《司巴拖亦》（srid bvi thog yig）是安多迭部地区民间“莱坞（levu）”在葬礼上念诵的经文。莱坞是民间本教的祭祀者，主持葬礼，在葬礼中担当着很重要的角色。《司巴拖亦》是莱坞葬礼上念诵的经文，同时，该经文又与传唱于迭部民间的司巴类歌曲有着千丝万缕的联系。本文通过实地调查与人物访谈，并结合文献资料，对《司巴拖亦》的相关内容、民间传说、功能，以及雍仲本教与佛教思想在不同历史阶段对它的影响等方面做了初步的探析。

关键词：安多迭部；莱坞；《司巴拖亦》；内容；功能

在白龙江上流信仰本教[①]的地方，流行着一种“莱坞

① 本教是藏文（bon po）的音译词。本教作为藏族传统文化的重要组成部分，在历史发展中经历了司巴本和雍仲本两个阶段。早期的本教以鬼神崇拜为基础，以祭祀神鬼、祈福免灾、解秽施医为主要特征，带有浓厚的万物有灵论和泛灵论色彩。它是藏族固有的、土生土长的宗教。雍仲本教是东巴辛饶在原始司巴本基础上创立的，是制度化、理论化的本教。远古时期藏族人在长期与自然的抗争中，由于生产力水平低下，不能正确解释自然界的种种现象，作为人对自然界的妥协，藏族人开始崇拜山神、水神、天神等，并建立了与之相适应的制度与经文，进行着“上敬神灵、中调家事、下伏鬼怪”的宗教仪式。研究本教文化的汉语文章中对本教名称的书写出现了很多种，比如：本教、本波教、苯波教、苯教、笨教、笨波教、黑教等。著名本教研究学者才让太在《论本教研究中的几点问题》中说译为“本教”是最合适的，具有本土产生的宗教之意。本文将沿用此名。

(levu)”信仰。“莱坞是民间本教祭祀者，是民间本教信仰的载体。他们与制度化的雍仲本教有着明显的区别，他们上祭神灵、下伏鬼怪、解秽打卦、定期举行本教仪轨。”① 流传在民间的本教信仰以早期的司巴本教为基础，是杂有巫术性质的民间信仰。民间信仰是宗教文化生态系统中不可或缺的重要组成部分，保存着丰富的地域传统文化，并经常与民俗活动融为一体，成为当地居民文化生活中的重要组成部分。②

民间本教祭祀者莱坞有特定的经书③、特定的传承制度及祭祀仪式。常见的宗教活动，即莱坞所进行的各种法事有驱除病魔、占卜算命、招魂、解秽、招福以及主持婚礼、主持葬礼等。本文所讲的《司巴拖亦》是民间莱坞的口述经文，一般在葬礼上唱诵，是生活在安多迭部地区人们丧葬习俗中最重要的一部分。莱坞的经文中讲：“盖房立房要讲树木的来历，姑娘婚嫁要讲阿舅的来历，男女去世要靠话语来断。”莱坞的这些活动更能体现民间宗教与民俗的密切关系，由最初民间本教祭祀者的法事活动到现在高度融入当地民俗，如果我们不了解莱坞的宗教功能及其背后的文化内涵，就会很难分清是民俗还是宗教。④ 由于《司巴拖亦》中掺杂着很多当地的方言，基于笔者的“主位”优势，本文通过实地调查和人物访谈，并结合文献资料，对《司巴

---

① 阿旺嘉措：《甘南本教历史与文化》，北京：中国藏学出版社，2013 年，第 77 页、第 127 页。

② 林国平：《闽台民间信仰源流》，福州：福建人民出版社，2003 年，第 513 页。

③ 据著名学者阿旺嘉措在《甘南本教历史与文化》一书中介绍，莱坞的经文有很多种，这些文献大体分为祭神类、禳解类、解秽类、卦书类、招魂类、招福类。另外，在民间本教经典中有祈福类经文，也有雍仲本教类经文。

④ 因为受雍仲本教和佛教思想的影响，很多莱坞经文都被篡改，甚至还有过焚烧的历史。再加上卓尼土司强制实施改宗换信政策，及后期大小金川事件的影响，从事莱坞职业的人受到沉重打击，慢慢这些民间信仰日渐萎缩，规模越来越小。所以在调查时总有分不清是民俗还是宗教的困惑。

拖亦》的内容、民间传说、功能，以及后期的雍仲本教与佛教思想对它的影响等方面做了初步的探析，以抛砖引玉。

一、唱诵《司巴拖亦》之渊源

任何习俗或宗教仪式的形成都有特定的原因和过程，关于宣讲《司巴拖亦》的习俗最初如何形成这一问题，我们可以根据《司巴拖亦》的内容及民间的传说说起。

《司巴拖亦》的开头有这样一句："在天空的神没有出现以前，雍仲本教没有兴盛以前，佛教没有兴盛以前，世间的八万四千话门流行着。"在雍仲本教和佛教没有兴盛以前，藏地的主要信仰是司巴本教，说明"当波切"的起源早于雍仲本教和佛教，这个我们在上文的介绍中可以看出。因为《司巴拖亦》是民间莱坞的经文，而莱坞又是原始本教的活化石，有着上千年的传承。民间有一种说法讲："很久以前阿沃廓（a bo sgo）的女儿噶萨勒格曼（sgo bzav li gu sman）许配给董（ldong），后来勒格曼（li gu sman）去世，扎珠董（dbra vbru ldong）相聚为勒格曼（li gu sman）举行丧仪，因为没有阿沃廓（a bo sgo）而无法举行时，阿沃廓（a bo sgo）自己身背门框，以要饭的形象到董家的门口，董家发现是他后迎请到热炕上，并敬献九种食物。最后阿沃廓（a bo sgo）右肩披九丈白绸缎，左肩披九丈绿绸缎，敬献黄金十三占噶（tam ka）[①] 作为报酬，在插于七斗青稞上以五色绸缎装饰的神剑旁，举起倒满酒的深蓝玉纹碗，切（mchod）、切、切三遍后说：哦！我司巴廓（srid pa sgo）之子是醇（khom），醇之子是东（dom），东之子是念甘达瓦（gnyan rgan zla ba），念甘达瓦之子是叶甘达瓦（g-yi rgan zla ba），叶甘达瓦之子是赛甘达瓦（gser rgan zla ba），赛甘达瓦之子是久布赞拉

---

① 占噶（tam ka）是一种计量单位。

(mkyogs po btsan lha)，久布赞拉之子是参桑热巴（mtshan bzang rig pa)，参桑热巴之子是则让吴德（rtse ring bu sde)，则让吴德之子是杂亦噶布（rdza g-yi dkar po)。哦！其他是众念（gnyan）也。说完后，'卡擦'和'当波切'全都脱口而出。从此，便有了在去世老人葬礼上宣讲《司巴拖亦》的习俗，而且规定司巴董要向阿沃廓家交七斗青稞的税，民间举行垛（gto）仪式时所用青稞要从董处收取也是因为这个。"[①] 从中我们可以得到的信息是，扎珠董（dbra vbru ldong）是藏族远古六大氏族之一[②]，而阿沃廓（a bo sgo）的廓（sgo）是六大姓氏中穆（rmu）氏八部落[③]的一支。这些氏族遍布于雪域高原，而且有些分布较分散，比如珠子卡（vbru rdzi kha）为珠氏族、董哇（ldong ba）为董氏族的说法。[④] 还有笔者村里的老人们讲："在很久以前还没有文字时，为了让后辈们记住自己的历史与族源，要在60岁以上老人去世后的葬礼上唱诵《司巴拖亦》。"通过以上信息我们可以看出说唱《司巴拖亦》的历史悠久，因为有关藏族姓氏的研究发现，佛教传入藏地后为了迎合佛教思想，形成了弃姓取佛教术语为名的习惯。

从研读《司巴拖亦》中关于世间的形成、鬼神的出现等内容就会知道，它与司巴本教的"芒（smrang）"有着密切的关系，可以说它就是"芒（smrang）"的民间版本。本教南藏九乘中的四因乘之一斯辛（srid gshen)，其内容主要分为两个部分，即死亡（shi thabs）和度亡（vdur thabs)。前者从字面上直译为死法，这个仪式实际是通过星算测定死亡的种类并根据死因

---

① 根据拉路寺僧人勒谢嘉措口述整理。

② 《智者喜宴》：藏族四种姓是赛（se)、穆（rmu)、董（ldong)、东（stong)，或再加上扎（dbra)、珠（vbru）为六种姓（部)。

③ 《王民种姓明灯》中说穆氏八部落为阿（ngab)、谢（gzhub)、希（bzhu)、莫（smon)、格尔（vgar)、噶尔（dkar)、廓（sgo)、安兰（ngan lam)。

④ 珠子卡（vbru rdzi kha）和董哇（ldong ba）是迭部县益哇乡的两个行政村。

来决定应该使用怎样的度亡方式送度亡灵。死亡分 8 种，8 种死亡分 360 种死因。度亡就是送度上述各种亡灵的方法。《本教史纲要》中说：送度方法有 10 组，共 81 种。其中第三组分故事送度 8 种，此组主要通过唱诵被称为“芒（smrang）”的有关创世纪的故事来送度亡灵。① 四因乘是司巴本的内容，所以笔者认为民间唱诵《司巴掩亦》与原始司巴本教在该地的传播和兴盛有关。目前学术界对司巴本教何时传入迭部地区尚无定论，根据《穆日神山志》得知，早在止贡赞普（grim gum btsan po）时期，因为灭本事件迫使很多本教徒来到安多地区，把本教经典作为伏藏埋在迭部地区的扎噶夏果神山（brak dkar bya rgod）和穆日桑格宗神山（dmu ri seng ge rdhong）。后期在松赞干布（617—650）时期，吐蕃军队中有随军本教巫师，他们举行各种本教仪式，通过祭祀战神（dgra lha）、将色（cang se）、卫玛（wer ma）、山神等活动，激励士气，壮大军威。②

司巴本教最早是在止贡赞普时期传入此地，周华在《藏族简史》中说止贡赞普大概出生在公元纪年开始前后。而甘南迭部地区司巴本教祭祀者被称为“莱坞（levu）”，所以我们可以断定唱诵《司巴掩亦》的祭祀仪式是在公元纪年开始后慢慢形成的。内容从司巴本教的“芒（smrang）”延伸到本地的族源历史，慢慢在发展过程中吸收雍仲本教和佛教的思想，并受汉文化的影响，最终成为原始的本教文化、藏传佛教文化和汉文化等多种文化多元并存的司巴“芒（smrang）”的民间版本。

① 才让太、顿珠拉杰：《本教史纲要》，北京：中国藏学出版社，2012 年，第 60 页。

② 阿旺嘉措：《甘南本教历史与文化》，北京：中国藏学出版社，2013 年，第 77 页、第 127 页。

二、《司巴拖亦》内容简介

《司巴拖亦》在民间也叫《当波切》，即大话之意。因为《当波切》的内容包含了世界如何形成、人神鬼如何出现，以及迭部各地名的由来等，是一部集宗教、历史、星象等为一体的知识宝库。当地人认为唱诵“当波切”是一件很神圣的事情，具有念诵《甘珠尔》般的功德。虽然这种观点受到佛教的影响，但我们可以看出《司巴拖亦》叫《当波切》的蕴意。笔者在调查研究中发现《司巴拖亦》的古本已在民间无从查找，很有流失的可能。本文根据萨让莱坞阿噶和拉路寺僧人勒谢嘉措整理的内容介绍如下：

《当波切》内容分三个部分，即广部、中部、略部，共为九章二十九节。采取自问自答的形式。

第一章由聚客颂词、逝况之辞、诵经积德之辞三节组成。主要讲逝者的亲朋好友如何相聚，说唱《当波切》的必要性，逝者去世的时节及逝况，去世后后人如何诵经积德等，相当于给前来慰问的亲人好友做这方面的介绍。

第二章是世间父母之辞，主要讲如何说世间父母之辈，如何说世间子女之辈等。

第三章是启门之辞，主要讲如何开启上五门、下五门、中三门这十三门。

第四章是降服世间三恶之说，主要讲从如何降服世间三恶引出天地如何分开，蛋的形成及其里外三层所生出的东西。

第五章是“世源龟未形成前说世源壳”，主要讲司巴桑波奔赤（srid pa sangs po vbum khri）和曲坚嘉冒（chu lcam rgayl mo）结合形成五行轮，由五行轮生成天空、山、水、大地的故事。

第六章由广部修辞类、广部聚财之辞两节组成。主要讲如何说“当波切”及当时屋内摆放酒肉等各种东西的情景。

第七章概括《当波切》广部的主要内容，由世界起源说、五行空母说、须弥山说、东南之说、大地之说、七山之说、开篇钥匙之说组成。主要讲五行八卦九宫十二生肖和六道轮回的形成及各自的守护神，须弥山的构成和组成元素，居住在须弥山各个层次的有情，四大洲的命名原因及八小洲的分布，七金山和七海等。

第八章概括《当波切》中部的内容，由世界九国说、世界六族说、阿里三围说、世间十二女护法说、世界二十四圣地说、八大尸林说、八大圣山说组成。主要讲四洲中南瞻部洲的形成及南瞻部洲九国的地理范围，特别讲了雪域高原六大族源的形成及其分布区域，还有关于阿里三围、卫藏四茹、多康六岗、四大戎区、八大盆地、二十四圣地、世间十二女护法、八大尸林、八大山、四大水等的记载。

第九章概括《当波切》略部的内容，由叠州形成之说、族源之说、终末形成之说、仲则阿卡七兄弟之说、仲则阿卡七兄弟灭敌之说组成。主要讲叠州之地的形成及当地居民祖先的由来，还有迭部各地名的由来。

综合以上内容，流传在迭部地区的民间口述莱坞经文《司巴拖亦》是一部集宗教、历史、星算为一体的知识宝库，是生活在迭部地区人们的宝物。从开头讲述聚客逝况到开启话语之门，然后到广部描述器世界和有情世界的形成，到中部描述雪域高原之地的形成，再到略部描述叠州之地的形成，说者说得有条有序，听着听得全神贯注。

三、唱诵《司巴拖亦》的具体时间

笔者在几年的调查访问中了解到，唱诵《司巴拖亦》是民间葬礼上最重要的一部分，当地人对它的重视程度很高。以前都是由当地的莱坞在葬礼上宣讲，所以大概当地的每一个村子都有一位自己的莱坞。莱坞平时参加生产劳动，与普通劳动者无异，举行各种法会时穿戴礼服。但是后期由于卓尼土司的改宗换信政策和大小金川事件的影响，以及受雍仲本教和佛教的影响，民间的莱坞信仰受到严重的打击，以致很多莱坞经文和祭祀仪式消失，莱坞数量急剧减少。① 在很多被改宗和没有莱坞的地方由村中的长者代为宣讲。

要想知道具体在葬礼的哪个步骤唱诵《司巴拖亦》，就必须了解安多迭部地区葬礼的详细过程。安多迭部地区在人死后第一时间会去寺院或莱坞处卜卦星算，这在当地叫辛责嘉巴（gshen rtsis rgayg pa），根据算卦和星算的结果确定出殡的日子。出殡的前一天晚上死者的亲朋好友和该家庭的其他亲戚世交等拿着礼物大老远赶来，到夕阳西下时聚于此，这个在当地被称为“哲阿措巴（mgron po tshogs pa）”，意思是客人聚会。待吃完晚饭后就要开始宣讲《司巴拖亦》，首先以讲聚客颂词、逝况之辞、诵经积德之辞、世间父母之辞及启门之辞作为铺垫和引路，这些内容都与死者密切相关。开启“卡擦”② 十三门后就开始以村方提问、客方回答的形式依次宣讲广部、中部、略部。看其场景像寺院中的辩经，更多时候人们一整夜都会处在激烈而不可开交的舌战中，有在家俗人哲学辩论的性质。

四、《司巴拖亦》内容所体现的文化多样性

前面我们已经介绍了这本经文的主要内容，因《司巴拖亦》是民间本教祭祀者莱坞的经文，莱坞又是承载民间原始本教的活化石，顾名思义其内容是原始的司巴本教文化的再现。比如启门

---

① 据著名学者阿旺嘉措在《甘南本教历史与文化》一书中记载，目前甘南地区尚有莱坞5人，莱坞的数量呈递减趋势。

② “卡擦（ka tsh）”，藏语中有纺织品边幅的修饰性线条和药物添加剂两种意思。这里指的是宣讲《司巴拖亦》正题前的铺垫话语，相当于前言部分。

之辞唱道："问：开启十三个卡擦（ka tsh）之门的办法，五个上门怎么开启？五个下门怎么开启？中间三门为何门？答：五个上门往上开，一为天上的神门，二为中间的山神门，三为大地的水神门，四为黑头人之门，五为有毛的畜生门。"其中前三者分别为本教的三界观，即天神、山神、水神。《司巴掩亦》中描述家人给亡灵招魂的情景，"我家从上部为亡者招魂，中部为亡者招魂，下部为亡者招魂。在上部萨噶厅青里，没有筷子大小木头的地方，以前在司巴叶梦王时期，叫来莱坞南无塞贡，修建了108座神殿。中部为亡者招魂，在中部唐噶古曲里，本教耀拉达珠时期，叫来巴本托噶来招魂，在没有手掌大小纸片的地方，手写了108部经文。下部为亡者招魂，在下部的萨那隆多之地，以前在萨本索南时期，由萨本索南招魂，在找不到卦石大小石头的地方，修建了108个塔"。这里出现的司巴叶梦王、耀拉达珠都是司巴本教的主要神灵。还有"世源龟未形成前说世源壳"时，讲司巴桑波奔赤（srid pa sangs po vbum khri）和曲坚嘉冒（chu lcam rgayl mo）结合形成五行轮，由五行轮生成天空、山、水、大地的故事。

后期由于佛教的兴盛，很多内容都受到了影响。如启门之辞唱道："五个下门往下开，一为寒暑地狱之门，二为饥饿的饿鬼之门，三为牲口之门，四为无形的中阴之门，五为生死之主阎王门。"三恶趣加上中阴和阎王，这些明显受到佛教轮回思想的影响；尤其是《司巴掩亦》广部中所说的须弥山的构成和组成元素，居住在须弥山各个层次的友情，四大部洲、八小部洲、七金山、七海等则与《长阿含经》第四部分（《世记经》），以及《俱舍论》《瑜伽师地论》等所提出的世界建立说——又称须弥山说所描述的完全一致。

《司巴掩亦》中的八卦九宫、阴阳五行等元素，更是明显受到内地汉文化的影响。五行空母说中讲："火离土坤铁震，天干水坎山艮，木兑风巽为八卦。一白二黑三蓝，四绿五黄六白，七红八白九紫，乃为九宫是也。”汉地五行星算有“太极生两仪，两仪生四象，四象生八卦，八卦由乾、兑、离、震、巽、坎、艮、坤八个宫形成。乾象征天、兑象征泽、离象征火、震象征雷、巽象征风、坎象征水、艮象征山、坤象征地”之说，除了雷与铁、泽与木两组字与之有区别外都是一致的。

综上所述，《司巴拖亦》的内容是非常丰富多元的。通过解读该经文中的许多文化信息，我们可以清楚地认识到，原始的本教文化、藏传佛教文化和汉文化等多种文化多元并存、互动共生的现象在该经中体现得淋漓尽致。它从另一个侧面表明了迭部地区佛本的融合程度，在佛本两教相当盛行的迭部地区，佛本融合的现象是随处可见的。一直以来佛本两家的关系是非常和谐的，他们同转同一个神山，互相通婚，朝拜彼此的寺院，且更多的本教徒认为佛本是无异的。

五、《司巴拖亦》的功能及价值

当地的老人们讲，以前在达拉乡、尼傲乡、阿夏乡、卡坝乡、电尕镇、益哇乡等地方都有葬礼上唱诵《司巴拖亦》的习俗，其中卡坝乡的安子沟、电尕镇的哇巴沟、益哇乡都已经改信格鲁派。笔者了解到宣讲《司巴拖亦》是这些地方葬礼上最为重要的环节，当地人对其十分重视。那么《司巴拖亦》具体有哪些功能，它对当地居民的生活和风俗习惯等产生了哪些影响呢？

（一）慰藉心灵的功能

唱诵《司巴拖亦》是在葬礼上的习俗，它在一定程度上起到了慰藉人们精神的作用。《司巴拖亦》中讲：“世间出现八万四千话门时，当波切要为死者送葬，要为活人牵天绳，要为长者祈寿，要为少年增福，要为女人美颜，当波切必须要说，当波切必须要听。”有些改信佛教的地方有“雍仲本教没有兴盛前，佛教没有兴盛前，世间的千言万语流行时，说当波切具有念诵《甘珠尔》的功德”的说法。通过这些我们可以知道，葬礼上的这种习俗对当地居民的心灵安慰和精神慰藉起了直接的作用，人们认为葬礼上说《当波切》不但有送死者亡灵到净土的作用，而且对生者的男女老少都有积极的利益，从而体现了其宗教慰藉心灵的功能。

（二）传承文化的功能

笔者了解到生活在这些地方的居民大部分是文盲，缺少阅读和运用文字的能力，但是他们对讲述《司巴掩亦》的内容具有浓厚的兴趣。他们从小耳濡目染，再加上自己的努力学习，一般30岁以上的男性都会讲《司巴掩亦》中的一两个小段，尤其是略部中叠州族源的内容，他们会装成很懂的样子说《当波切》中讲什么什么。据笔者村里的老人们讲：“在很久以前还没有文字时，为了让后辈们记住自己的历史与族源，60岁以上老人去世后，在葬礼上唱诵《司巴掩亦》。”我们可以从中了知这种习俗的功能，它在一定程度上起到了两代人之间传承文化的作用。因为《司巴掩亦》是一部集宗教、历史、星算等内容为一体的经文，在民间会说《当波切》的人具有相当高的地位，是当地人心中的知识分子。他们对自己的族源和祖辈生活的地理区域非常了解，如果两个村子间发生争夺草场或地盘的情况，他们就会站出来当说客，讲述这片草场或地盘的来龙去脉，从而化解纠纷，使社区重归安宁。葬礼上除了有本村的男女老少，还有来自各个地方的客人，宣讲《司巴掩亦》使众人对世界如何形成、雪域大地如何形成、叠州之地如何形成等方面有了初步的认识。《司巴掩亦》中讲：“说者虽掌握说唱的度，却使听者失去听的度，耽误了长者口诵的时间，耽误了妇女织纺锤的时间，耽误了小孩嬉戏的时间，耽误了远房客人睡觉的时间，耽误了近邻客人劳作的时间。”我们可以想象到如此全神贯注地去听所能起的教育功能。

（三）《司巴拖亦》的文献价值

《司巴拖亦》从开头讲述聚客逝况到开启话语之门，再到广部描述器世界和有情世界的形成，中部描述雪域高原之地的形成，略部描述叠州之地的形成。其内容包含了原始本教文化、雍仲本教文化、佛教文化、汉文化等许多方面，可以说是叠州人的知识宝库。以这部文献资料为线索，解读其中的文化信息，对研究民间本教祭祀者莱坞，司巴本教的基本特征和宇宙观，以及宗教对民俗的影响等方面具有很高的学术意义和价值。而《司巴拖亦》略部中关于叠州族源和迭部各个地名的由来，有助于我们研究吐蕃占领叠州前生活在这里的土著居民及他们的生活状况。《司巴拖亦》是一部口述经文，里面掺杂的许多当地方言更为研究方言的语言学专家提供了可贵的资料。

结　语

日本学者姊崎正治所说："任何国家都有作为有组织的一派正统宗教居上并感化民心，同时，在民间又有与该正统的被组织化的宗教多少相异的信仰习惯。"通过调查研究发现，一个地区也有宗教现象的二重结构的存在。安多迭部的民间信仰有所谓正统宗教的雍仲本教和佛教，还有民间的本教信仰，即司巴莱坞信仰两种。

从止贡赞普时期开始传播本教到后来安多三圣者时期的兴盛，迭部地区素有"天是本波的天，地是本波的地，人是本波的人"的说法，佛教各个教派在此地传播以前这里的主要信仰为本教。后期由于藏传佛教各个教派的传播，很多信仰本教的地方和寺院被迫改换信仰，佛教僧侣在迭部建寺传教，发展势力，慢慢形成了今天迭部一带的信仰格局。据笔者了解，随着莱坞信仰的弱化及司职人员的大量减少，作为民间本教祭祀者莱坞的法事活动主持葬礼并说唱《司巴拖亦》，已高度融入当地民俗，由过去的莱坞主持唱诵到现在由村里的长者担任唱诵的任务，它的性质发生了质的变化。如果我们不深入了解民间莱坞信仰，就会发现今天我们看到的只是当地特有的一种民俗。宗教对民俗的影响是显而易见的，影响到人们生活的方方面面。民俗与宗教互为表里，你中有我，我中有你。这部文献既是莱坞的经文，又是民间说唱的歌曲，最能说明宗教和民俗的关系。通过解读唱诵《司巴拖亦》习俗的来龙去脉，笔者认为原始司巴本教对迭部地区民俗文化的影响是巨大的，可以说，对《司巴拖亦》的探讨是了解迭部地区藏族文化空间极好的切入点。

宗教和文化都是动态的概念，时刻都在发生着深刻的变化。一种文化的存亡，与其所处社会的需求有着密切的关系。一旦大的社会环境发生某种变化，人们的思想观念就会随之变化，在此过程中，很多原有的文化现象会随着观念的变化而消失，也会随着观念的改变而加以保护。迭部地区由于历史上对莱坞信仰的打击，以及如今经济文化的强大冲击，很多地方葬礼上唱诵《司巴拖亦》的习俗已慢慢消失，在民间能完整唱诵《司巴拖亦》的老者甚少。而这种自然的消失，则表明了当地人对它的需求程度的弱化。但不管怎样，《司巴拖亦》作为文献来研究的价值是不会消失的。可以说，这本集宗教、历史、星算等内容为一体的文献是我们了解和研究迭部民俗、历史、方言、宗教信仰等的一枚明镜。

论齐高帝奖胡谐之“贵族盛姻”①

中央民族大学　宋文杰

摘　要：《南史·胡谐之传》增录三段《南齐书·胡谐之传》所不载的文字，这三段文字揭示了胡谐之的非华夏身份。根据胡谐之与齐高帝、齐武帝的关系以及萧子显撰述南齐国史的意图来推断，为了保持萧氏家族的高贵性，《南齐书》刻意隐藏了胡谐之的非华夏身份。在宋末齐初之际，出自汉、傒杂居的豫章地区的胡谐之依附萧赜，崛起于沈攸之东下与萧道成决战的契机。萧齐建立之后，胡谐之成为萧道成和萧赜父子都要拉拢的对象。这说明，南朝时期随着统治阶层的升降和族群的变动，“蛮夷”势力被国家权力阶层接纳。

关键词：宋齐禅代；胡谐之；皇权；史书编纂

在六朝南方民族中，傒人的情况比较特殊。据散见于《三国志》至《隋书》等史籍的史料，傒人与汉人关系密切，不曾对抗华夏政权，而且几乎没有迁徙记录，凡此种种，与蛮、僚、俚、山越等大相径庭。傒人与其他南方民族的这些区别，使我们认识到在六朝南方民族的研究中要采用不同的方法和视角。宋末齐初的胡谐之是六朝傒人的代表，史籍中关于他的材料从数量上

---

① 本文受中央民族大学一流大学一流学科经费资助（项目号：10301-0170040601-018）。

讲相对可观，足以支撑南朝溪人与国家关系的一个个案研究。以往史家在研究六朝南方民族时没有特别重视胡谐之崛起的历史意义①，本文欲在前人的基础上进一步探讨。

一、对史籍中有关胡谐之的史料的辨析

胡谐之是南齐初期的重要人物，《宋书》《南齐书》《南史》《资治通鉴》等史籍中都有关于他的史料，其中，《南齐书》《南史》本传是主体。但是，诸书对胡谐之的记载并不一致，且歧误之处涉及政治、民族等关键问题，使用这些史料之前有必要辨析差异。

高敏对勘《南史·胡谐之传》与《南齐书·胡谐之传》，发现前书补后书三段②，因材料珍贵，故不避繁缛，抄录于此：

上（齐高帝）方欲奖以贵族盛姻，以谐之家人语奚音不正，乃遣宫内四五人往谐之家教子女语。二年后，帝问曰："卿家人语音已正未？"谐之答曰："宫人少，臣家人多，非唯不能得正音，遂使宫人顿成奚语。"帝大笑，遍向朝臣说之。

既居权要，多所征求。就梁州刺史范柏年求佳马，柏年患之，谓使曰："马非狗子，那可得为应无极之求。"接使人薄，使人致恨归，谓谐之曰："柏年云：'胡谐是何奚狗，无厌之求。'"谐之切齿致忿。时王玄邈代柏年，柏年称疾推迁不时

① 以往在研究中涉及胡谐之学者的有周一良、陈寅恪、吕春盛，分别见周一良：《南朝境内之各种人及政府对待之政策》，载《周一良全集》第1册，北京：高等教育出版社，2015年，第31—99页；陈寅恪：《魏书司马睿传江东民族条释证及推论》，载《陈寅恪集·金明馆丛稿初编》，北京：生活·读书·新知三联书店，2015年，第78—119页；吕春盛：《魏晋南朝的"溪族"与陶渊明的族属问题》，载《台湾师大历史学报》第37期，2007年9月。

② 高敏：《南北史掇琐》，郑州：中州古籍出版社，2003年，第254—255页。

还。谐之言于帝曰：“柏年恃其山川险固，聚众欲擅一州。”及柏年下，帝欲不问，谐之又言：“见兽格得而放上山。”于是赐死。

柏年本梓潼人，土断属梁州华阳郡。初为州将，刘亮使出都谘事，见宋明帝。帝言次及广州贪泉，因问柏年：“卿州复有此水不?”答曰：“梁州唯有文川、武乡、廉泉、让水。”又问：“卿宅在何处?”曰：“臣所居廉、让之间。”帝嗟其善答，因见知。历位内外，终于梁州刺史。①

《南史·胡谐之传》所补三段文字意义何在?《南齐书》为何不载此三段文字?萧子显是否有意为之?

第一段齐高帝欲奖胡谐之以“贵族盛姻”，应是欲以公主配胡家子弟。故齐高帝选派宫人往胡谐之家教其子女改正傒音，以免公主嫁到胡家后遇到语言上的障碍。第二段胡谐之就范柏年求马，柏年因此骂之“奚狗”，二人交恶，胡谐之劝齐高帝杀范柏年。第三段简述范柏年出身仕历情况，并附宋明帝与范柏年之问答。显然，前两段包含了胡谐之傒人身份的重要信息，周一良先生辨之已详。②白翠琴对胡谐之族属的判断更为审慎，她认为虽然胡谐之未必是傒人，但他的家族至少与傒人杂居，所以家人讲傒语，并有“奚狗”之讥。③《南史》所补三段文字，在《资治通鉴》里也有所反映：

晋寿民李乌奴与白水氐杨成等寇梁州，梁州刺史范柏年说降乌奴，击成，破之。及沈攸之事起，柏年遣兵出魏兴，声云入援，实候望形势。事平，朝廷遣王玄邈代之。诏柏年与乌奴俱

① 《南史》卷47《胡谐之传》，北京：中华书局，1975年标点本，第1176—1177页。

② 周一良：《南朝境内之各种人及政府对待之政策》，《周一良全集》第1册，北京：高等教育出版社，2015年，第48—52页。

③ 白翠琴：《魏晋南北朝民族史》，成都：四川民族出版社，1996年，第445页。

下，乌奴劝柏年不受代；柏年计未决，玄邈已至，柏年乃留乌奴于汉中，还至魏兴，盘桓不进。左卫率豫章胡谐之尝就柏年求马，柏年曰："马非狗也，安能应无已之求！"待使者甚薄；使者还，语谐之曰："柏年云：'胡谐之何物狗！所求无厌！'"谐之恨之，谮于上曰："柏年恃险聚众，欲专据一州。"上使雍州刺史南郡王长懋诱柏年，启为府长史。柏年至襄阳，上欲不问，谐之曰："见虎格得，而纵上山乎？"甲午，赐柏年死。①

《资治通鉴》综合《南史》所补后两段文字，将胡谐之就范柏年求马及二人交恶事插叙于范柏年事迹中。此处有两点值得注意：第一，司马光将《南史》中"胡谐是何奚狗"径改为"胡谐之何物狗"；第二，李延寿以求马及二人交恶事补充胡谐之事迹，而司马光以之补充范柏年事迹。关于第一点，陈寅恪先生认为司马光不解"奚狗"之意，故省去"奚"字②，这是可信的。成书时间早于《资治通鉴》的《太平广记》和《册府元龟》皆采纳《南史·胡谐之传》所补文字，《太平广记》载：

齐豫章胡谐之初为江州治中，太祖委任之，以其家人语傒，语音不正，乃遣宫内数人，至谐之家，教其子女。二年，上问之："卿家语音正未。"答曰："宫人少，臣家人多。非惟不能正音，遂使宫人顿傒语。"上大笑，遍向朝臣说之。谐之历位度支尚书预州刺史。③

《太平广记》增删痕迹明显，所载内容应是本自《南史·胡谐之传》。此处以"太祖欲委任之"为宫人往胡谐之家改正其傒音的缘由，是不恰当的，即使重用胡谐之，也并没有改变其家人

---

① 《资治通鉴》卷135，高帝建元元年，北京：中华书局，2011年，第4304—4305页。

② 陈寅恪：《魏书司马睿传江东民族条释证及推论》，《陈寅恪集·金明馆丛稿初编》，北京：生活·读书·新知三联书店，2015年，第89—95页。

③ 《太平广记》第246《诙谐》"胡谐之"条，北京：中华书局，1961年标点本，第1908页。

口音的必要。“太祖欲委任之”当改写自《南史·胡谐之传》“委以事任”，因此，“上方欲奖以贵族盛姻”才是改正胡家傒音的缘由。《世说新语》记载：“别日，温劝庾见陶，庾犹豫未能往，温曰：‘溪狗我所悉，卿但见之，必无忧也！’庾风姿神貌，陶一见便改观。谈宴竟日，爱重顿至。”[①]

《资治通鉴》不载温峤言，叙此事为“亮甚惧，用温峤计，诣侃拜谢”[②]，未载“溪狗”之语，这是司马光等人不解“奚狗”之意的一个旁证。

《世说新语》成书于刘宋时期，《南史》成书于唐初，二书明确记载南朝人对傒人有“奚狗”之讥，生活于齐、梁时期的萧子显不会毫无所知。《南齐书》不仅不记载范柏年骂胡谐之为“奚狗”的典故，而且不录齐高帝选派宫人往胡谐之家纠正傒音之事。由此可以推断，萧子显有意隐匿胡谐之非华夏身份的可能性较大。

历代研究者对《南齐书》多有指责。曾巩批评萧子显没有史学才能而勉强着史，行文随意，对材料的取舍不够严谨，以至于惋惜《南齐书》的编纂“所托不得其人”[③]。赵翼认为该书将弑君的责任转嫁于杨玉夫、王敬则二人，解脱萧道成的罪名；对于南齐时期关于文惠太子与豫章王的恩怨传闻，采取不理会的态度。这都是萧子显“为尊者讳”的手段。[④]萧子显以萧齐宗室和梁臣的双重身份担任史职，他既要回护父祖，赞扬由宋入齐的贰臣，又要阐明齐末诸帝之当废，为梁武帝萧衍受禅正名[⑤]，以此

---

① 余嘉锡：《世说新语笺疏》，北京：中华书局，1983年，第617页。

② 《资治通鉴》卷94，成帝咸和三年，北京：中华书局，2011年，第3006页。

③ 《曾巩集》卷11《南齐书目录序》，北京：中华书局，1984年标点本，第187页。

④ ［清］赵翼著，王树民校证：《廿二史札记校证》卷9“齐书书法用意处”条、卷10“南史增齐书处”条，北京：中华书局，2013年，第189页、第208页。

⑤ 柴德赓：《史籍举要》，北京：北京出版社，2002年，第88—89页。

宣扬萧齐代宋与萧梁代齐的合法与必然，合理地勾连宋、齐、梁三个前后相继的政权。由此来看，《齐春秋》等南齐史书不得刊行[①]，应是萧衍与萧道成后人之间的政治交易。故此，南朝政权频行禅代，深刻影响着国史的编纂。[②] 近年来，不少学者以历史书写角度探索中古历史，指出齐、梁易代使官方和史家对南齐历史的曲写成为必然，又因为萧子显的特殊身份，导致《南齐书》在一些关键人物和事件的记录上存在很大问题。[③] 显然，研究者对萧子显的史学思想及其对待萧齐史事的态度有着一致的看法。在此基础上，我们可以利用上文所引《南史》增补《南齐书》的三段文字加深对萧子显“为尊者讳”书写手段的认识。

东晋以来，江左素重婚宦，南朝犹如此。胡谐之来自汉、傒杂居的豫章郡，有很多证据可以证明他的傒人身份。萧道成欲奖胡谐之“贵族盛姻”，势必对永嘉南渡以来上层社会的婚姻秩序提出挑战，引起士人阶层甚至寒人阶层的不满。《南齐书》作者萧子显作为萧道成的孙子，借修史机会为先人饰讳，不仅不载萧道成欲赐婚低等士族之事，更隐匿胡谐之的非华夏身份。

至此，我们可以回答上面提出的问题。《南史·胡谐之传》所补三段文字揭示了胡谐之的非华夏身份，更提供了萧道成努力招纳低等士族的一个案例。萧子显编纂《南齐书》不载此三段文字，是他“为尊者讳”意识的延伸，与其对待宋末、南齐史事的态度也是一致的。

---

① 《梁书》卷49《吴均传》，北京：中华书局，1973年点校本，第698—699页。“先是，均表求撰《齐春秋》，书成奏之，高祖以其书不实，使中书舍人刘之遴诘问数条，竟支离无对，敕付省焚之，坐免职。”

② 周一良：《魏晋南北朝史学与王朝禅代》，载《周一良全集》第2册，北京：高等教育出版社，第119—129页。

③ 李晓红：《卞彬童谣与宋齐革易之历史书写——从〈南齐书·卞彬传〉据〈南史〉补字说起》，载《中山大学学报》（社会科学版），2015年第5期；李猛：《豫章王嶷与南齐建元政局考论》，载《学术月刊》，2016年第8期。

二、胡谐之与齐高帝、齐武帝的关系

综合《南齐书·胡谐之传》《南史·胡谐之传》以及其他史籍的记载，胡谐之在宋末齐初的经历大致如下：

刘宋末年，胡谐之先后为临贺、晋熙、邵陵等人，也曾任南梁州郡守、江州别驾等地方官。升明元年（477）十二月，沈攸之自江陵举兵东下，欲进攻建康与萧道成展开决战，胡谐之奉萧赜之命守备寻阳。下年一月，沈攸之军溃败于郢城，萧赜留镇江州，以胡谐之为江州别驾。建元元年（479）一月，时年二十一岁的萧赜长子萧长懋为雍州刺史，胡谐之与之共镇襄阳，一年后，随萧长懋回建康，自此任职中央。自永明元年（483）至永明十一年（493），除了为都官尚书的短暂时期，胡谐之长期任职于禁卫系统。

从胡谐之的仕任经历可以看出，他与齐高帝、齐武帝和惠文太子都有密切的关系，这种特殊地位在南齐一代实属少见。其中，胡谐之与齐武帝的关系具有关键性的意义。

自泰始七年（471）七月宋明帝征萧道成至建康担任太子左卫率，到升明二年（478）二月萧道成以太尉之职总览军政、朝政大权，萧氏集团在取代刘宋政权的过程中，遇到的最大阻力来自掌握荆州地区权力的沈攸之。可以说，沈攸之与萧道成的对抗，延续了东晋初年以来荆、扬对峙的传统权力博弈模式，坐镇建康的政治集团若要攫取或守卫最高权力，就必须经受荆州地区军事力量的挑战，这是由江左政权的地缘政治决定的。在此之前，当建康中枢与荆州军府不可避免要发生军事冲突的时候，解决途径有两种，第一种：荆州军队顺江东下，与朝廷军队决战于历阳至建康一线；第二种：朝廷军队溯流而上，与荆州军队决战于夏口至江陵一线。第一种情况，荆州军队主动向建康进攻，占据主动权，具体事例有永昌元年（322）王敦之乱、元兴元年

(402) 桓玄之乱、元嘉三十年 (453) 刘骏勤王之役、孝建元年 (454) 刘义宣叛乱和中兴元年 (501) 萧衍东征夺权。① 第二种情况，建康军队主动攻击荆州军府，同样占据主动权，具体事例有义熙八年 (412) 刘裕率北府兵攻击刘毅荆州军府、义熙十一年 (415) 刘裕率北府兵攻击司马休之荆州军府和元嘉三年 (426) 宋文帝遣台军镇压荆州刺史谢晦。我们发现，当荆州军顺流而下，集结于建康地区，台军无法招架，这几次军事对抗皆以荆州军的胜利而告终。反观建康军主动出击，将荆、扬双方决战的场所推进到长江中游，结果是以荆州军的失败而告终。当然，我们不能简单地夸大战争场所的决定意义，刘裕军队攻击刘毅、司马休之和宋文帝军队攻击谢晦，都有溯流而上出其不意的效果，这对战斗双方的影响很大。六朝时代，荆州地区无论在经济还是军事方面都优于扬州地区。② 刘裕和宋文帝所主导针对荆州的三次军事行动之所以取得胜利，在于他们以战术的突然性和北府兵的强大战斗力消解荆州军府的优势，最大限度地掌握战略主动权，使双方的决战结果向有利于建康军的方向倾斜。如果荆州军队从江陵地区东行一路顺畅，在数千里的航行过程中没有受到损耗，成功集结到建康地区，那么，对于荆州军，他们不仅以最强大的经济和武力形态直接面对朝廷军队，而且占据着战略主动权，又由于建康以东的三吴地区很难形成有效的战略纵深，台军几乎无路可退，只有守城待援一种途径，这样，荆州军极有可能是胜利的一方。

为了将沈攸之与萧道成的对抗放在更宏大的背景里进行剖析，进而分析胡谐之崛起的历史背景，故上文不避繁杂，分析了东晋以来历次荆、扬之间的军事冲突。东晋时期，强大的荆州对

---

① 刘宋时期，雍州从荆州分割出来，逐渐取代荆州的地位。因此，刘骏和萧衍率雍州军队东下建康，也属于东晋以来荆、扬之争的范畴。

② 王玲：《汉魏六朝荆州地区的经济与社会变迁》，北京：中国社会科学出版社，2010 年，第 56—131 页。

建康地区威胁过大，刘宋吸取前朝教训，大肆削减荆州疆域和权力，设置雍州和郢州，从两个方向制约荆州，这种政策收获实效的典范事例就是沈攸之之乱的失败。沈攸之率领他经营十多年的荆州军队沿江东下之时，在郢城受到柳世隆郢州军的阻击，并最终造成荆州军的溃败，而在长江中游，属于萧道成集团的雍州刺史张敬儿趁机率雍州军突袭江陵，断沈攸之后路。可以说，萧道成是刘宋一朝削弱荆州政策的受益者。[①] 关于郢城之战，史书有详细记述，《资治通鉴》卷134载：

初，道成以世子赜为晋熙王燮长史，行郢州事，修治器械以备攸之。及征燮为扬州，以赜为左卫将军，与燮俱下。刘怀珍言于道成曰：“夏口冲要，宜得其人。”道成与赜书曰：“汝既入朝，当须文武兼资与汝意合者，委以后事。”赜乃荐燮司马柳世隆自代。道成以世隆为武陵王赞长史，行郢州事。赜将行，谓世隆曰：“攸之一旦为变，焚夏口舟舰，沿流而东，不可制也。若得攸之留攻郢城，必未能猝拔。君为其内，我为其外，破之必矣。”及攸之起兵，赜行至寻阳，未得朝廷处分，众欲倍道趋建康，赜曰：“寻阳地居中流，密迩畿甸。若留屯湓口，内藩朝廷，外援夏首，保据形胜，控制西南，今日会此，天所置也。”或以为湓口城小难固，左中郎将周山图曰：“今据中流，为四方势援，不可以小事难之；苟众心齐一，江山皆城隍也。”庚午，赜奉燮镇湓口。赜悉以事委山图。山图断取行旅船板以造楼橹，立水栅，旬日皆办。道成闻之，喜曰：“赜真我子也！”以赜为西讨都督，赜启山图为军副。时江州刺史邵陵王友镇寻阳，赜以为寻阳城不足固，表移友同镇湓口，留江州别驾豫章胡谐之守寻阳。[②]

① 傅乐成：《荆州与六朝政局》，载《汉唐史论集》，台北：联经出版公司，1977年，第108—112页。

② 《资治通鉴》卷134，顺帝升明元年，北京：中华书局，2011年，第4276—4277页。

从此段材料可知，沈攸之起兵东下，在郢城受到阻击而溃败，主导这次阻击战役的是萧赜。并且，萧赜与其父萧道成合作，事先对江州、郢州及侯国属官做了调整。沈攸之经营荆州多年，在伐蛮战争中不断扩充实力，史称“攸之素蓄士马，资用丰积，战士十万，铁马三千”①，说明随他东下的荆州军队极具战斗力。而在此时，长江下游的北府兵军力已经衰弱②，萧赜能够在郢城、湓城、寻阳一带打败荆州军，他所依靠的力量来自何处呢？

自泰始元年（465）至元徽二年（474），萧赜先后担任过赣令、广兴相，在此期间，他参与过讨伐晋安王刘子勋和桂阳王刘休范叛军的两次军事行动，一度遣军进攻寻阳和豫章。③ 刘休范起兵失败后，萧赜以军功升为晋熙王镇西长史、江夏内史，并行郢州事。也就是说，萧赜在赣江流域打下了自己的政治和军事基础。据以往学者的研究，六朝时期的赣江流域是傒人集中居住的区域④，刘子勋之乱爆发时，萧赜“以众寡不敌，避屯揭阳山中，聚众至三千人”⑤。其所募军队应有不少傒人。萧赜先为晋熙王刘燮镇西长史，后与江州刺史邵陵王刘友同镇湓口，当掌握朝政的萧道成征刘燮与萧赜还建康时，萧赜能够“荐燮司马柳世隆自代”，又能“留江州别驾豫章胡谐之守寻阳”，说明元徽四年（476）萧道成已经有能力掌控江、郢地方局势，并且，萧道成的这种掌控能力是通过萧赜实现的。柳世隆是雍州土著豪族，

① 《南史》卷37《沈攸之传》，北京：中华书局，1975年标点本标点本，第968页。

② 田余庆：《北府兵始末》，载《秦汉魏晋史探微》（重订本），北京：中华书局，2011年，第374—377页。

③ 《南齐书》卷3《齐武帝本纪》，北京：中华书局，1972年标点本，第43—44页。

④ 吕春盛：《陈朝的政治结构与族群问题》，台北：稻香出版社，2002年，第121—147页。

⑤ 《南齐书》卷3《齐武帝本纪》，北京：中华书局，1972年标点本，第43页。

掌握一定数量的部曲，足以替代萧赜守卫郢城。这里值得注意的是胡谐之，他是豫章地区的豪族，萧赜以其留守寻阳，看中的应该就是胡谐之在豫章地区的影响力和他所掌握的土著部曲。至此，我们推测，柳世隆的雍州兵与胡谐之的傒人土著势力是萧赜赖以对抗沈攸之荆州军的武力基础。

根据上文的分析，可以得出结论：升明元年（477）十二月，沈攸之自江陵举兵东下，欲进攻建康与萧道成展开决战，却在郢城地区受到阻击，最终失败。在这次战役中，身为傒人的胡谐之立下军功，因此成为萧道成、萧赜集团中的重要成员。此后，胡谐之受萧氏信任，建元元年（479），以监护人的身份协助萧长懋镇守襄阳，在随后的永明时代，长期任职于禁卫系统。依《齐高帝本纪》诸材料，南康之役时期，萧赜就已经与傒人接触。随后的湓城之役，傒人更为萧赜股肱，直接阻挡了沈攸之荆州军的东下，在萧齐代宋的过程中发挥了重要作用。崛起于豫章地区的胡谐之，正是傒人的代表性人物。

至此，我们可以更深层次地回答萧子显隐匿胡谐之非华夏身份的原因。《南史》揭示出胡谐之的溪人身份，而《南齐书》不录，应该是萧子显有意为胡谐之饰讳。胡谐之与齐高帝、齐武帝关系极为密切，于萧齐政权的建立建有殊勋，在华夏政权中位居高官，萧子显为了维持萧齐政权的高贵属性，故在撰述国史时隐去其非华夏身份，隐匿齐高帝与非华夏人士通婚的事实，通过这种方式，将胡谐之变成华夏社会成员。

三、齐高帝奖胡谐之“贵族盛姻”的意义

关于萧道成家族成员的婚姻情况，史书的记载并不全面，然而仍有蛛丝马迹可寻。《南史》卷37《沈攸之传》载：

攸之景和中与齐高帝同直殿省，申以欢好，帝以长女义兴宪

公主妻攸之第三子文和，生二女，并养之宫中，恩礼甚厚。①

沈攸之家族在南朝并不是望族，但是吴兴沈氏名将辈出，掌握着强大的武装力量，自东晋末年起就在江左政局中扮演重要角色。景和元年（465），萧道成担任后军将军，处于武官系统中间层。与沈攸之联姻，对萧道成的仕途大有裨益。萧道成既以长女嫁沈攸之之子，说明沈家是萧道成最早的联姻对象之一。

《南史》卷25《垣护之传》载：

齐高帝辅政，使褚彦回为子晃求闳女，闳辞以“齐大非偶”，帝虽嘉其退让，而心不能欢，即以晃婚王仙女。谓豫章王嶷曰：“前欲以白象与垣公婚者，重其夷澹，事虽不遂，心常依然。”白象，晃小字也。及高帝即位，以有诚心，封爵如故。②

垣闳是江淮伧楚，而王仙出自琅琊王氏，萧道成首先将实际上没有“夷澹”之实的垣闳列为联姻对象，遭到拒绝之后才选择王氏，在除了青齐豪族武装没有其他力量可以依靠的局面之下，他的目的当然是拉拢掌握江淮武装的青齐豪族，为自己的政治事业做打算。③

萧道成向胡谐之提出通婚要求的时候，他已经受禅称帝，故言其“欲奖以贵族盛姻”。然而，对比萧氏向他族联姻的具体事例，结合当时的政局来分析，萧道成此举的目的应是以婚姻为纽带在建康朝廷和出自豫章大姓的胡氏之间建立更为紧密的关系。只是，与从前的联姻对象不同，胡谐之带有非华夏的身份，他们的联姻就突破了传统意义上的门第范畴，还掺杂着种族因素。这说明，齐高帝急欲拉拢这支豫章地区的土著势力，因此接纳了傒

---

① 《南史》卷37《沈攸之传》，北京：中华书局，1975年标点本，第970页。

② 《南史》卷37《垣护之传》，北京：中华书局，1975年标点本，第688—689页。

③ 韩树峰：《南北朝时期淮汉迤北的边境豪族》，北京：社会科学文献出版社，2003年，第14页。

人群体。①

在上文中，我们简要分析过胡谐之的仕途经历。对于胡谐之来说，他从宋臣到齐臣的身份转变是通过依附萧赜来实现的，虽然萧道成是萧氏家族集团的首领，但是，胡谐之与萧赜的隶属关系更密切。胡谐之在永明时代长期任职禁卫系统，并受齐武帝萧赜之托处理巴东王萧子响擅杀命官事件，就是明证。从萧道成的政治生涯来看，联姻一直是他谋求扩大自己势力的手段，在选择联姻对象的时候，他总是以现实利益为出发点，那么，当其欲奖胡谐之“贵族盛姻”时候，他所拉拢的对象竟是太子萧赜集团的骨干成员，这就提示我们要考察宋、齐禅代前后齐高帝、齐武帝二人的关系。

萧齐政权建立之后，萧道成受禅称帝，萧赜被封太子，但是，作为皇帝的萧道成并未对太子形成绝对的控制。《资治通鉴》卷135载：

上之为太子也，自以年长，与太祖同创大业，朝事大小，率皆专断，多违制度。信任左右张景真，景真骄侈，被服什物，僭拟乘舆；内外畏之，莫敢言者。

司空咨议荀伯玉，素为太祖所亲厚，叹曰：“太子所为，官终不知，岂得畏死，蔽官耳目！我不启闻，谁当启者！”因太子拜陵，密以启太祖。太祖怒，命检校东宫。

太子拜陵还，至方山，晚，将泊舟，豫章王嶷自东府乘飞燕东迎太子，告以上怒之意。太子夜归，入宫，太祖亦停门钥待之。明日，太祖使南郡王长懋、闻喜公子良宣敕诘责，并示以景真罪状，使以太子令收景真，杀之。太子忧惧，称疾。

月余，太祖怒不解，昼卧太阳殿，王敬则直入，叩头启太祖曰：“官有天下日浅，太子无事被责，人情恐惧；愿官往东宫解

① 萧道成集团的重要成员张敬儿也带有非华夏背景。详见《南齐书》卷25《张敬儿传》，北京：中华书局，1972年标点本，第464—475页。

释之。”太祖无言。敬则因大声宣旨，装束往东宫，又敕太官设馔，呼左右索舆，太祖了无动意。敬则索衣被太祖，仍牵强登舆。太祖不得已至东宫，召诸王宴于玄圃。长沙王晃捉华盖，临川王映执雉尾扇，闻喜公子良持酒枪，南郡王长懋行酒，太子及豫章王嶷、王敬则自捧酒馔，至暮，尽醉乃还。①

这段史料详细记录了萧道成、萧赜父子的矛盾。萧道成诛杀萧赜的亲信张景真、斥退萧谌之后②，二人关系更加紧张。然而，萧道成尚不敢轻易废除太子。最终近臣王敬则和宗室重要成员的斡旋使二人矛盾得到暂时缓和。萧道成去世后第二年，萧赜便诛除荀伯玉、垣崇祖等淮阴旧臣，不能不说是对张景真之死的报复。③ 胡三省解释“与太祖同创大业”为“晋安王子勋之乱，帝亦起兵；沈攸之反，帝据湓城为众军节度④”是非常正确的，萧氏父子同为宋臣，都在宋末乱世发展了自己的势力，但不存在严格的依附关系，他们之间更难以父子伦理和新建立的君臣秩序来约束。

泰始元年（465）十二月，晋安王刘子勋的镇军长史邓琬奉刘子勋之命起兵，作为江州属官的赣令萧赜因为不响应而被系于郡狱，经其部曲解救，方得逃脱，其后于揭阳山募兵，反攻南康郡城，并派人远袭豫章。⑤ 当时的局势对建康朝廷非常不利，“时诸方并举兵反，朝廷所保丹阳、淮南数郡，其间诸县或已应

① 《资治通鉴》卷 135，武帝永明元年，北京：中华书局，2011 年，第 4326—4327 页。

② 《南齐书》卷 42《萧谌传》，北京：中华书局，1972 年标点本，第 745 页。

③ 韩树峰：《南北朝时期淮汉迤北的边境豪族》，北京：社会科学文献出版社，2003 年，第 14—18 页。

④ 《资治通鉴》卷 135，武帝永明元年，北京：中华书局，2011 年，第 4326 页。

⑤ 《南齐书》卷 3《齐武帝本纪》，北京：中华书局，1972 年标点本，第 43—44 页。

贼”[①]，“四方贡计，并诣寻阳”[②]，雍州、益州、荆州、湘州、广州、会稽皆响应刘子勋。此后八个月的时间里，战事集中于东扬州五郡、南豫州境内赭圻至鹊头、鹊尾江段和寿阳地区[③]，萧道成作为主要将领之一参加了东部战事，而萧赜依靠自己的力量牵制西线，立下不小的战功。元徽二年（474）桂阳王刘休范起兵东下建康，萧道成担任建康防守的重任，于新亭、台城之战击败刘休范部众，立下首功，以此成为“四贵”之一。时为广兴相的萧赜遣军进攻寻阳，虽然尚未接战桂阳王已经失败，仍能体现出萧赜与萧道成的近似盟友的关系。升明二年（478），江、郢诸军于郢城之战击溃沈攸之的荆州军，在这次沈攸之与萧氏集团的决战中，为“众军节度”的萧赜实际上立下首功，正是他对江、郢武力的协调使湓城、郢城、寻阳成为一道屏障，直接帮助萧氏集团掌握了江南地区的最高权力。由此可见，萧赜对于萧齐政权的建立功劳极大，故其为太子时能够“朝事大小，率皆专断”，也因此，萧道成的皇权与萧赜的太子权力发生严重冲突。

将齐高帝萧道成诛杀萧赜亲信张景真、斥退萧谌事件与欲奖胡谐之“贵族盛姻”之事联系起来分析，说明萧道成对于太子亲信使用了不同的分化手段。张景真其人不详，萧谌为萧道成族人，此二人一死一退。胡谐之是豫章大族，不仅在郢城地区阻击过沈攸之为萧齐的建立出力颇多，还在汉、傒混杂的豫章地区拥有不小的影响力，所以受到萧道成的拉拢。萧道成享祚仅三年而卒，即位的齐武帝萧赜尽诛其父淮阴旧部，却继续重用胡谐之，

① 《南史》卷29《蔡兴宗传》，北京：中华书局，1975年标点本，第770页。

② 《宋书》卷80《晋安王子勋传》，北京：中华书局，1974年标点本，第2060页。

③ 《资治通鉴》卷131，明帝泰始二年，北京：中华书局，2011年，第4163—4190页。

甚至欲以其为侍中，只因掌管选举的王俭反对而作罢。①

将齐高帝欲奖胡谐之“贵族盛姻”之事放在宋齐交替的时代背景下来看，我们认为胡谐之作为江州地区土著力量的代表为萧齐政权的诞生立下了功勋，当齐高帝与太子发生权力之争的时候，胡谐之是双方都要重用的人物。虽然他来自汉、傒杂居的豫章地区，却因为其背后有逐渐兴起的溪人势力而获得华夏政权重用，甚至有超越华夷之分的联姻请求。在这个意义上，胡谐之的崛起可以算作梁末陈初赣江流域大量有傒人背景并进入华夏国家统治阶层的豪酋如黄法氍、周敷、熊昙朗、周迪②的先声。

结　语

通过对宋末齐初崛起于豫章地区的胡谐之的研究可知，经过各种势力之间的互相斗争，萧氏集团虽然取得最高国家权力，却面临着除了淮阴流民武装无人可用的局面。齐武帝萧赜在江州的政治和军事生涯使他吸收了部分傒人势力，在萧道成、萧赜父子的皇权与太子权力发生矛盾的时候，江州傒人就成为他们都要争取的对象。齐高帝萧道成去世后，萧赜登基，胡谐之成为他极为倚重的近卫重臣，同时也因此成为南朝时期较早的以非华夏身份进入华夏国家权力阶层的土著豪酋。萧道成的孙子修纂《南齐书》时本着“为尊者讳”的原则，隐匿了胡谐之的非华夏身份，

---

① 《南齐书》卷37《胡谐之传》，北京：中华书局，1972年标点本，第657页。宫崎市定认为东晋以来侍中之职即为北方流寓贵族垄断，王俭出自显赫的琅琊王氏，他的阻挠使作为江南土著豪族的胡谐之很难进入官场。见宫崎市定：《九品官人法研究——科举前史》，韩昇、刘建英译，北京：中华书局，2008年，第130页。

② 其事迹分别见于《陈书》卷11《黄法氍传》，北京：中华书局，1972年标点本，第177—179页；《陈书》卷13《周敷传》，北京：中华书局，1972年标点本，第200—201页；《陈书》卷35《熊昙朗传》，北京：中华书局，1972年标点本，第477—478页；《陈书》卷35《周迪传》，北京：中华书局，1972年标点本，第478—483页。

唐初李延寿编纂《南史》才将此事客观记录。[①] 齐高帝欲奖胡谐之“贵族盛姻”，标志着南朝时期“蛮夷”势力逐渐壮大并被国家权力接纳，成为梁、陈时期“蛮夷”土著豪酋崛起的先声。

① 上文所引萧道成为其子萧晃向垣闳求婚之事录于《南史》，而《南齐书》不载，是萧子显有意隐匿萧氏家族上升过程中与低等士族联姻之事的另一个例证。

金代渤海人猛安谋克考述

吉林建筑大学　王　峤

摘　要：渤海人选择与女真人合作反辽，主要是出于复国的考虑；金政权建立后，渤海人猛安谋克并未享受免除赋税的特权；金熙宗皇统五年（1145），废除渤海人猛安谋克；金朝初年，渤海人并未获得高于其他民族的社会地位，金朝第二等民族的说法是学者们对相关史料的误解。

关键词：金代；渤海人；猛安谋克

12世纪初叶，女真人崛起于白山黑水之间，在中国北部建立了包括女真、契丹、渤海、汉人在内的多民族政权。渤海人作为金代主要的民族之一，在金朝历史上产生了重要影响。日本学者外山军治于20世纪三四十年代对金代渤海人首先进行了研究①，之后这个问题也逐渐被中国学者所重视②。迄今为止，学者关注的重点均集中在金代渤海政治人物以及渤海人与女真皇室

① ［日］外山军治：《金朝史研究》，李东源译，牡丹江：黑龙江朝鲜民族出版社，1988年，第95—119页。

② 比较有代表性的作品有王世莲：《渤海遗民与金之勃兴》，载《求是学刊》，1983年第4期；刘浦江：《渤海世家与女真皇室的联姻——兼论金代渤海人的政治地位》，载《北大史学》，第3辑，北京大学出版社，1996年；都兴智：《试论辽阳政变及辽东渤海人》，载《文化学刊》，2007年第4期；孙炜冉：《辽末金初的渤海移民及其后裔在金代的社会情况》，载《通化师范学院学报》（人文社会科学），2015年第3期。

的联姻两方面，而对渤海人猛安谋克的研究关注明显不足，这也使现代学者在认识渤海问题上体现了一定的局限性。本文以金朝渤海人猛安谋克为研究对象，分析其前因后果，进而考察渤海人在金朝地位的变迁以及金代的民族政策。不当之处，敬请方家指教。

一

渤海建国于698年，统治区域包括今吉林省大部、黑龙江和辽宁省部分地区以及朝鲜半岛北部。全盛时期人口达到300万[①]，“兵数十万”[②]，有“海东盛国”之称。契丹建国后，于926年攻灭渤海国。在渤海故地建立东丹国，以耶律阿保机长子耶律倍为东丹王以治之。与此同时，出于猜忌和防范，契丹统治者开始有计划地将渤海人迁离故地。辽太宗即位后，更是对渤海人采取民族压迫政策，原渤海国上京龙泉府（今黑龙江省宁安市渤海镇）的渤海人被强制迁徙至辽东京辽阳府附近。[③] 终辽一代，渤海人始终与契丹统治者离心离德，这也为辽末金初的战争中渤海人转投女真埋下了伏笔。

辽天庆四年（1114），女真领袖完颜阿骨打举起反辽大旗。起兵伊始，战斗力强悍的渤海人成为女真人首先争取的对象。宁江州战后，完颜阿骨打“召渤海梁福、斡答剌使之伪亡去，招谕其乡人曰：‘女直、渤海本同一家，我兴师伐罪，不滥及无辜

① 魏国忠、朱国忱、郝庆云：《渤海国史》，北京：中国社会科学出版社，2006年，第197页。

② ［元］脱脱：《辽史》卷34《兵卫志》，北京：中华书局，1974年，第396页。

③ 杨保隆：《辽代渤海人的逃亡与迁徙》，载《民族研究》，1990年第4期。

也。’ ”[①] 女真人的招谕政策收到了明显效果，出于对契丹灭国的仇恨以及复国的渴望，渤海人高永昌起兵反辽派出使者与女真接触，试图借助女真的力量完成其复国目的。但是双方在各自的政治地位问题上产生了分歧，女真人希望高永昌归顺金朝，高永昌则希望立国辽东，取得与金朝平等的政治地位。谈判破裂后，金于收国二年（1116），大举进兵辽东，活捉高永昌并将其杀害。将渤海人聚居地东京辽阳府（今辽宁辽阳）收入版图后，金朝统治者在当地仿照女真人的基层建置进行统治，史载：“东京州县及南路系辽籍女直皆降。诏除辽法，省税赋，置猛安谋克一如本朝之制。”[②] 由于女真统治者对投降地区采取“率用猛安、谋克之名以授其首领而部伍其人”[③] 的政策，许多渤海人被授予世袭猛安谋克，见于史料记载的有五人，胪列如下：

姓名	官职	文献出处
高六哥	榆河州千户	《金史·高彪传》
高桢	猛安	《金史·高桢传》
张玄素	铜州猛安	《金史·张玄素传》
王政	卢州渤海军谋克	《金史·王政传》
高松哥	复州千户	《高松哥迁葬铭》[④]

关于高六哥、张玄素、王政等三人的事迹，日本学者外山军治考辨甚详[⑤]，兹不赘述。高桢所任猛安，地点史料缺载，无从

① ［元］脱脱：《金史》卷2《太祖本纪》，北京：中华书局，1976年，第25页。

② 《金史》卷2《太祖本纪》，北京：中华书局，1975年，第29页。

③ 《金史》卷44《兵志》，北京：中华书局，1975年，第992页。

④ 王新英辑校：《全金石刻文辑校》，长春：吉林文史出版社，2012年，第88页。

⑤ ［日］外山军治：《金朝史研究》，李东源译，牡丹江：黑龙江朝鲜民族出版社，1988年，第96—100页。

考察。

但是具有行政、军事、生产三位一体特点且存在强烈人身依附关系的猛安谋克制度并不适合渤海人。渤海在唐朝时期建国，长期接受汉文化的影响而且汉化程度极高。渤海人对以女真部族为基础的猛安谋克制度极为反感。[①] 另外，出于对渤海人复国企图的警惕[②]，金朝统治者不得不解除其武装，史云："迨夫国势浸盛，则归土地、削位号，罢辽东渤海、汉人之袭猛安谋克者，渐以兵柄归其内族。"[③] 金熙宗年间，渤海人世袭猛安谋克的权力被剥夺，仅有开国功臣得以保留世袭猛安的特权。经此改革，渤海人的入仕途径被压缩，在政治上的地位遭到削弱。这段史实大体上的脉络是清晰的，但个中细节还值得商榷。

首先是女真人攻占东京后，真的"省税赋，置猛安谋克一如本朝之制"了吗？答案是否定的。女真统治者以猛安谋克的形式来统治东京地区，但是当地的渤海人猛安谋克与女真人"本朝之制"还是有所区别的。

区别就在于东京地区的渤海人虽然被编入猛安谋克组织，但是要向金政权缴纳赋税。金初，女真人并没有赋税负担，史载："金之初年，诸部之民无他徭役，壮者皆兵，平居则听以佃渔射猎习为劳事，有警则下令部内，及遣使诣诸孛堇征兵，凡步骑之仗糗皆取备焉。"[④] 和平时期女真人以渔猎为生，战争爆发则自备兵器、军粮，随军出征。这一情况一直持续"到金太宗三、五年间，随着牛头地制的确立及国家经常征收税赋的需要，才正式

① 夏宇旭：《初探金代契丹人猛安谋克组织》，载《吉林师范大学学报》（人文社会科学版），2008 年第 4 期。

② 刘浦江：《渤海世家与女真皇室的联姻——兼论金代渤海人的政治地位》，载《北大史学》，1995 年。

③ 《金史》卷 44《兵志》，北京：中华书局，1976 年，第 991—992 页。

④ 《金史》卷 44《兵志》，北京：中华书局，1976 年，第 992 页。

确定牛头税的征收制度”[①]。至此，女真族才开始有赋税负担。而东京地区人民向金政权缴纳赋税的时间要早于女真人，金太宗天会二年（1124）正月，“以东京比岁不登，诏减田租、市租之半”[②]。虽然还不能确定是否在女真攻占东京之时，就开始在当地征收赋税，但是这条东京地区田租、市租减半的诏令下发于天会二年，显然在此之前，东京人民已经有田租、市租的负担了。《大金国志》中的一条记载称女真统治者在东京地区开始征收赋税的时间系于天辅四年（1120），“天辅四年，始于渤海辽阳等州置筦库，岁课稍重，商人疑惑，金人但一切取办于所在官场，他不恤也”[③]。《大金国志》中纪年较为混乱[④]，天辅四年这个时间点是否确实仍有待考证，但是结合上述《金史·太宗本纪》中的记载，可以确定的是金政权在东京地区向渤海人征收赋税要早于天会二年。史料中所记的“省赋税，置猛安谋克一如本朝之制”可能是一纸空文，或者仅是持续寥寥数年的实际状况。

其次是关于废除汉人及渤海人猛安谋克的时间，《金史》中的记载存在龃龉之处，《大臭传》中记作天眷三年（1140），“天眷三年，罢汉、渤海千户谋克，以臭旧臣，独命依旧世袭千户”[⑤]。《兵志》则记为皇统五年（1145），“熙宗皇统五年，又罢辽东汉人、渤海猛安谋克承袭之制，浸移兵柄于国人”[⑥]。

千户即猛安。在上述两段史料中，出现了两个废除汉人、渤海人猛安谋克的时间——天眷三年和皇统五年，两者相隔六年，

---

① 张博泉：《金代女真“牛头地”问题研究》，载《历史研究》，1981年第4期。

② 《金史》卷2《太宗本纪》，北京：中华书局，1976年，第49页。

③ ［宋］宇文懋昭撰，崔文印校证：《大金国志校证》卷2《太祖纪下》，北京：中华书局，1986年，第23页。

④ 详细考辩参见都兴智：《〈大金国志〉及其作者》，载《辽宁大学学报》，1990年第2期。

⑤ 《金史》卷80《大臭传》，北京：中华书局，1976年，第1809页。

⑥ 《金史》卷44《兵志》，北京：中华书局，1976年，第993页。

明显存在矛盾。清代学者施国祁觉得二者并不矛盾，认为第二段史料中有缺文，应根据《大臭传》的记载，在《兵志》中“熙宗”二字之后补充“天眷三年，罢汉、渤海千户谋克”的内容。理由是《兵志》中的内容有“又罢”的字样，“知必系脱载”[①]。日本学者三上次男先生发现了这个矛盾，经过考证，确认两条史料所叙述为同一件事。至于孰为可信，他认为第一段史料记载有条不紊，当为可信；而第二条史料源自漏洞百出的《金史·兵志》，故这段史料所记载的时间不可信。所以他得出结论说，“废除辽东汉人、渤海人猛安谋克，按《大臭传》中的记载，在天眷三年”[②]。尽管有现代学者服膺其观点[③]，但三上氏依据史料行文的风格进而推测其可信度的做法并不具备说服力。而且他根据《兵志》前文有误，进而推测后文记载不实的推理也不能成立。20世纪70年代，张政烺先生主持点校《金史》时，对这组矛盾采取了两存其说的态度，在《兵志》之“皇统五年罢辽东渤海猛安谋克”条的校勘记中写道，“按本书卷八十《大臭传》，‘天眷三年，罢汉、渤海千户谋克，以臭旧臣，独命依旧世袭千户’，所记与此是一事而早五年”[④]。

上述两段史料中所记载的内容，本文支持三上次男先生的考证，认为二者确为一事。[⑤] 故施国祁先生通过增补来协调两处史料的做法，本文不取。那么，熙宗是于何时废除渤海人猛安谋克

① ［清］施国祁：《金史详校》，载徐蜀编《宋辽金元正史订补文献汇编》(3)，北京：北京图书馆出版社，2004年，第32页。

② ［日］三上次男：《金代女真研究》，金启琮译，哈尔滨：黑龙江人民出版社，1984年，第153页。

③ 刘浦江先生采纳了三上次男关于金废渤海人猛安谋克时间的观点。详见其论文《渤海世家与女真皇室的联姻——兼论金代渤海人的政治地位》，载《北大史学》，1995年。

④ 《〈金史〉卷44〈兵志〉校勘记》，北京：中华书局，1976年，第1010页。

⑤ ［日］三上次男：《金代女真研究》，金启琮译，哈尔滨：黑龙江人民出版社，1984年，第151—152页。

的呢？虽然除《金史》之外，别处不见记载，但是通过对一些相关史料及当时政治局势的分析，似乎可以窥见些许端倪。

先来看第一种说法，《大臭传》中所记的天眷三年。天眷元年（1138），在宗盘、挞懒、宗隽等人的坚持下，将河南归还南宋。其后，又将陕西的管辖权交给南宋。天眷二年（1139），熙宗诛杀宗盘、宗隽等人。并于天眷三年，发动对宋战争，“诏元帅府复取河南、陕西地”①。大战在即，假如此时废除渤海、汉人的世袭猛安谋克特权，不可避免地对渤海人、汉人的战斗热情产生巨大的负面影响。这恐怕是金朝统治者不想看到的。自女真起兵反辽，进攻北宋，骁勇善战的渤海人发挥了重要的军事作用。此时，大敌当前，渤海人是金朝一股重要的军事力量，鼓励拉拢犹恐不及，怎么能剥夺其特权，自树内敌呢？如果说，正因为用兵需要，才将统领渤海八猛安的大臭世袭权保留，那么对于大臭治下的其他猛安、谋克来说，战斗积极性也会大打折扣。所以，本文认为从当时的政治局势来看，天眷三年不太可能是金熙宗废罢渤海人猛安谋克的时间。

再来看第二种说法，皇统五年。皇统元年（1141），金、南宋签订和约后，南北双方进入和平时期。金熙宗也可以将注意力完全放到国内政治建设中来，改革历史遗留问题迎来了最佳时机。另外，《大金国志》中的一条史料也为我们认识金朝废除渤海人猛安谋克这个问题提供了佐证。据《大金国志》记载：

皇统四年，春，渤海千户马拽固谋乱，元帅府收叛众，尽诛之。先是，马拽固与万户乌碖素不相能，会关中失火，马拽固选其徒之强壮者，以救火为名，因攻城作乱，杀乌碖，欲逃之沙漠，未果而败。②

这条史料中提到了皇统四年（1144）有渤海千户谋反。尽

---

① 《金史》卷 4《熙宗本纪》，北京：中华书局，1976 年，第 75 页。

② ［宋］宇文懋昭撰，崔文印校证：《大金国志校证》卷 11《熙宗纪三》，北京：中华书局，1986 年，第 166—167 页。

管自《大金国志》问世以来，对于其史料价值的质疑不绝于耳[①]，但是“随着对《大金国志》资料及其来源认识的深入，渐渐走出全盘否定《大金国志》的误区……其部分史料价值是值得肯定的”[②]。从目前可见到的来看，《大金国志》的史料来源包括元好问的《中州集》、李心传的《建炎以来系年要录》、徐梦莘的《三朝北盟会编》等，具备一定的可靠性。上述这段史料，出处无法考察，但是并不能肯定就是作者胡乱编入的。根据上述记载，皇统四年之际，还有担任千户的渤海人，说明此时尚未废除渤海人的猛安谋克。而渤海千户叛乱事件，给了女真统治者废除渤海人猛安谋克的机会。为了防止叛乱的再次发生，女真统治者除了诛杀其首领外，采用了釜底抽薪的方法，改革渤海人的基层建置，剥夺其兵权。虽然目前没有明确的证据显示，熙宗年间废除渤海人猛安谋克的举动与渤海人叛乱有关。但是，金世宗大定年间，平定契丹人叛乱后，契丹人的猛安谋克均被废除，却是不争的事实。尽管由于戍边需要，世宗又不得不将未曾参与叛乱的契丹人恢复猛安谋克的封授。推此及彼，金朝统治者出去对叛乱的惩罚以及对未来危机的预防，采用了废除渤海人猛安谋克的措施是可以理解的。

另外，在宋人洪皓凭记忆撰写的《松漠纪闻》中有大段关于金初渤海人的记载，但是对于金熙宗废除渤海人猛安谋克却只字未提。如此重大的变故，洪皓将之忘却的可能性不大，更无必要在文中隐讳，对此比较可靠的解释当是洪皓于皇统二年（1142）返宋时[③]，金熙宗尚未废除渤海人猛安谋克。这也从侧

---

① 较有代表性的如元人苏天爵，详见《滋溪文稿》卷25《三史质疑》，北京：中华书局，1997年。当代学者如刘浦江，见其论文《再论〈大金国志〉的真伪兼评〈大金国志校证〉》，载《文献》，1990年第3期。

② 李秀莲：《试析《大金国志》资料来源及其史料价值》，载《绥化学院学报》，2006年第2期。

③ 《金史》卷4《熙宗本纪》，北京：中华书局，1976年，第79页。

面为皇统五年废除渤海猛安谋克说提供了一个证据。综上所述，通过对两个时间点各自政治局势的分析，本文更倾向于后一种说法，即废除渤海人猛安谋克在皇统五年。

金熙宗废除渤海人的猛安谋克，在渤海民族发展史具有标志性意义。从此以后，自金朝初年以来对待渤海人的温情面纱被彻底撕破，金朝统治者禁止渤海人成为猛安谋克户①，并将大批渤海人迁离故土。远离家园的渤海人逐渐与汉人融为一体。

二

女真初起之际，兵员单薄，宁江州之战，女真军队仅有区区两千五百人②。即便建国之后，扫平辽朝，整合诸部，女真族兵员也不超过十万人③。反辽之初，想要对抗强大的辽朝，女真人必须要团结一切可以团结的力量。而骁勇善战、与契丹有灭国之仇并且在辽朝治下有过数次复国运动的渤海人理所当然成为女真人首先争取的对象。许多渤海人加入女真反辽的队伍，为金政权建设做出了卓越贡献，如杨朴、高庆裔、郭药师等。④ 这也引起了宋人的注意，他们的解释为“女真兵兴，渤海先降，所以女真多用渤海为要职”⑤。但是个别渤海人在金政权中身居要职并不代表整个渤海族在金朝治下各民族中享有特殊地位。契丹人、汉

---

① 《金史·食货一》载：“凡汉人、渤海人不得充猛安谋克户。”原文无系年。张博泉先生将其系于金熙宗废除汉人、渤海人猛安谋克之后，见《金史简编》（沈阳：辽宁人民出版社，1984 年，第 130 页）。本文采纳这个观点。

② 《金史·太祖本纪》载：“九月，太祖进军宁江州……诸路兵皆会于来流水，得二千五百人。”

③ 刘浦江：《金代猛安谋克人口状况研究》，载《民族研究》，1994 年第 2 期。

④ 详见王世莲：《渤海遗民与金之勃兴》，载《求是学刊》，1983 年第 4 期。

⑤ ［宋］徐梦莘：《三朝北盟会编》卷 98 引《燕云录》，上海：上海古籍出版社，1986 年，第 725 页。

人也有在金朝初年即跻身政权高层者。如耶律余睹，官至元帅右都监[①]；韩企先，官至尚书右丞相[②]。

20世纪80年代，有学者研究指出，金朝将各民族区分为五等，依次为女真、渤海、契丹和奚人、汉儿、南人，“渤海人在金朝占有第二等的地位”[③]。其后，刘浦江先生对这个说法进行了修正，认为五个民族等级只是反映了金朝初年的情况，但是对渤海人在金初享有特殊地位这一说法表示赞同。[④] 目前，学界在涉及渤海人在金初地位的问题时，均以刘氏观点为准。[⑤] 本文认为，这一说法尚有值得商榷的空间。

在上述著作中，认为渤海人在金初享有特殊地位的根据有三个：一是金初女真人招募渤海人的口号——“女直、渤海本同一家”[⑥]；二是宋人对女真统治者分配兵权、钱谷的记载，“有兵权、钱谷，先用女真，次渤海，次契丹，次汉儿”[⑦]；三是政治联姻，“天辅间，选东京士族女子有资德者赴上京”[⑧]，嫁给女真宗室子弟。

有学者根据女真统治者提出的“女直、渤海本同一家”这个口号认为，女真人特别重视与渤海人的同源关系，这是渤海人

---

① 《金史》卷133《耶律余睹传》，北京：中华书局，1976年，第2849页。

② 《金史》卷78《韩企先传》，北京：中华书局，1976年，第1778页。

③ 张中政：《汉儿、签军与金朝的民族等级》，载《社会科学辑刊》，1983年第3期。

④ 刘浦江：《金朝的民族政策与民族歧视》，载《历史研究》，1996年第3期。

⑤ 艾换平：《金太祖时期的民族政策研究》，吉林大学硕士学位论文，2007年；孙维维：《试论金太宗时期的民族政策》，吉林大学硕士学位论文，2008年；杨玉彬：《金朝中期各民族地位问题研究——兼论金朝中期的民族政策与民族关系》，辽宁师范大学硕士学位论文，2009年；孙炜冉：《辽末金初的渤海移民及其后裔在金代的社会情况》，载《通化师范学院学报》（人文社会科学），2015年第3期。

⑥ 《金史》卷2《太祖本纪》，北京：中华书局，1976年，第25页。

⑦ ［宋］徐梦莘：《三朝北盟会编》卷98引《燕云录》，上海：上海古籍出版社，1986年，第725页。

⑧ 《金史》卷64《后妃下》，北京：中华书局，1976年，第1518页。

在金初地位高于其他被统治民族的一个重要原因。[①] 可事实是，渤海人对这个口号，即双方的同源关系，似乎并不认可。辽天庆四年（1114），宁江州战后，女真人就将俘获的渤海人放归，试图招诱渤海人归降女真。这一政策并未立即对渤海人产生效果，时隔一年，渤海人在高永昌的领导下，反辽自立。对于高永昌的举动，渤海人反应热烈，“旬月之间，远近响应，有兵八千人”[②]。出于对辽朝军事能力的忌惮，高永昌向女真派遣使者，试图联合女真人共同攻打辽朝。但渤海人并未打算归降女真，双方也因各自政治地位问题始终不能达成一致，最终兵戎相见。金军打败高永昌的部队，并将高永昌擒获，“戮之于军”[③]。即便高永昌死后，渤海人也没有完全归降，“东京旁郡邑未尽服属”[④]。可见，“本同一家”的口号对于渤海人的号召力并不是很大。

在归降女真的渤海人中，最著名的当属大臭。大臭，渤海大族，宁江州战后，归降女真。后被授予世袭猛安，熙宗年间，废除渤海人猛安谋克世袭权，只有大臭的猛安可以世袭。但是大臭归顺女真，并非出于系出同源的考虑。大臭南征时，曾对南宋人吐露心曲：“某渤海之大，始姓氏也。金人处招某，许某开国辽东，其后披坚执锐，从军征战，积有年矣，虽一郡之安闲不可得也。豫，山东郡守尔，势孤援寡，出降而已，而今当是任。以是较之，岂不负某耶？”[⑤] 从这段谈话中可以发现，大臭效忠金朝并非出自族属认同，而是女真人以“开国辽东”为条件利诱大臭，使之死心塌地站在金朝一边，南征北战，开疆拓土。金国建立后，女真统治者并未践行当初对大臭的承诺，从而招致了大臭

① 刘浦江：《金朝的民族政策与民族歧视》，载《历史研究》，1996年第3期。

② 《金史》卷71《斡鲁传》，北京：中华书局，1976年，第1632页。

③ 《金史》卷2《太祖本纪》，北京：中华书局，1976年，第29页。

④ 《金史》卷80《大臭传》，北京：中华书局，1976年，第1807页。

⑤ ［宋］徐梦莘：《三朝北盟会编》卷182引《金虏节要》，上海：上海古籍出版社，1986年，第1323页。

的抱怨。从高永昌和大臭两名渤海人的事迹来看，“本同一家”的口号对渤海人并未产生预期的效果，渤海人对立国比较感兴趣。女真统治者也发现了这个问题，转而采用许诺开国的手段利诱渤海人，这才换来了渤海贵族的支持。既然渤海人并没有与女真人同源的强烈归属感，相反地，女真人以系出同源的缘故给予渤海人以特殊的民族地位也是不太可能的。

靖康之变时，被金人掳掠北上，后于建炎二年（金天会六年，1128）“自燕山遁归”[①] 的宋人赵子砥撰有《燕云录》一书，其中有一段关于女真统治者分配兵权、钱谷的记载，“有兵权、钱谷，先用女真，次渤海，次契丹，次汉儿”[②]。张中政先生根据这条记载进而推断说，金朝统治者将被统治民族分为五等，女真人为第一等，而渤海人高居第二等。[③] 张氏以女真统治者分配兵权、钱谷的顺序来判定金代各民族地位的做法值得商榷。女真旧俗，选任行军将领、分配战利品均以军功为标准，族属并不在考虑范围之内。史载：“行军，大会而饮，使人献策，主帅听而择焉。其合者即为特将，任其事。师还，又大会，问有功高下赏之以金帛若干。举以示众，或以为薄，复增之。”[④]

女真人“俗本鸷劲，人多沉雄，兄弟子姓才皆良将，部落保伍技皆锐兵”[⑤]，战斗异常勇敢。渤海人组成的军队战斗力也相当强悍，史称渤海人“男子多智谋，骁勇出他国右。至有‘三

① ［宋］李心传：《建炎以来系年要录》卷17“建炎二年”条，北京：中华书局，1988年，第346页。

② 《三朝北盟会编》卷98引《燕云录》，上海：上海古籍出版社，1986年，第725页。

③ 张中政：《汉儿、签军与金朝的民族等级》，载《社会科学辑刊》，1983年第3期。

④ ［宋］徐梦莘：《三朝北盟会编》卷3《政宣上秩》，上海：上海古籍出版社，1986年，第19页。

⑤ 《金史》卷44《兵志》，北京：中华书局，1976年，第991页。

人渤海当一虎'之语"[1]。金太宗年间，女真讨伐北宋的战争中，女真人、渤海人在战场上出力最多，战功最大，所以在兵权、钱谷的分配方面更偏向于女真人和渤海人。这才是比较合理的解释，并非出于民族等级的考虑而偏向某个民族。

目前学界认为渤海人在金初地位高于其他民族的第三个证据为，金太祖曾于渤海士族女子中为宗室子弟选择配偶。刘浦江先生据此认为，女真与渤海之间存在政治联盟，婚媾关系正是维系联盟的纽带。[2] 这个说法并不完全准确。首先，金太祖完颜阿骨打选择渤海女子作为宗室子弟妻子，"这固然是出于怀柔渤海人的目的，但另一方面，这也表明金朝十分重视她们所持有的教养，有心通过她们将中国式教养带进金的宫廷"[3]，将此次选妃行为看作政治联姻似乎有夸大之嫌。而且，嫁给女真贵族的渤海女子均为侧室，如海陵之母大氏[4]、世宗之母李氏。金朝诸帝的正室均出自女真诸部，史载："国朝故事，皆徒单、唐括、拏懒、仆散、纥石烈、乌林答、乌古论诸部部长之家，世为婚姻，娶后尚主。"[5] 尽管金朝九帝中，有海陵、世宗、卫绍王三人为渤海人所生，但是他们登上皇位都不是通过正常渠道，以此来证明渤海人的地位尊贵是说不通的。由此，渤海人与女真人通过联姻而产生政治联盟的说法并不准确。其次，金初嫁与女真贵族子弟的女子除了渤海人之外，还有契丹人和汉人。始祖函普的夫人注思

---

① ［宋］洪皓：《松漠纪闻》，长春：吉林文史出版社，1986 年，第 19 页。

② 刘浦江：《渤海世家与女真皇室的联姻——兼论金代渤海人的政治地位》，载《北大史学》，1995 年。

③ ［日］外山军治：《金朝史研究》，李车源译，牡丹江：黑龙江朝鲜民族出版社，1988 年，第 104 页。

④ 《金史 · 后妃传上》记作"次室大氏"，北京：中华书局，1976 年，第 1504 页。

⑤ 《金史》卷 64《后妃传下》，北京：中华书局，1976 年，第 1528 页。

灰即为契丹人。[①] 女真反辽后，宗干、宗望、宗翰都娶契丹女子为妾。[②] 另外，天会八年（1130），金太宗“诏以昏德公六女为宗父”[③]。昏德公，即宋徽宗赵佶，被金人俘虏后封为昏德公。在金太宗命令下，六名赵氏女子嫁与女真贵族。由此可知，嫁入女真贵族集团的并不仅仅是渤海女子，据此推断女真人与渤海人通过婚姻来实现政治联盟是站不住脚的。因此，这条证据也不能证明渤海人在金初拥有较其他民族优越的政治地位。

那么，金初渤海人到底处于一种什么样的地位呢？本文以为，渤海人同契丹人、汉人地位相差无几，并无特殊待遇。

金朝初年，出于战争需要，女真统治者拉拢各族人民共同对抗辽朝。不仅是渤海人，契丹人、汉人以及其他民族都是其团结的对象。收国二年（1116），金太祖下诏曰：“自破辽兵，四方来降者众，宜加优恤。自今契丹、奚、汉、渤海、系辽籍女直、室韦、达鲁古、兀惹、铁骊诸部官民，已降或为军所俘获，逃遁而还者，勿以为罪，其酋长仍官之，且使从宜居处。”[④] 在这条诏令中，投降或者俘获的渤海人与契丹、奚、汉等各族人民相同，都是女真人“优恤”的对象，金朝统治者对待渤海人并没有采取额外的优惠政策。

另外，金朝初年，仍有渤海人处于被契丹人奴役的地位，据《中州集》记载：“初，辽人掠中原人及得奚、渤海诸国生口，分赐贵近有功者。大至一、二州，少亦数百，皆为奴脾，输租为官，且纳课给其主，谓之二税户。大定初，一切免为民。”[⑤] “大定”为金世宗年号。可见直到世宗时期，还有一部分渤海人处于

---

① 《金史》卷65《始祖以下诸子》，北京：中华书局，1976年，第1542页。

② 详见《大金国志》等。

③ 《金史》卷2《太宗本纪》，北京：中华书局，1976年，第61页。

④ 《金史》卷2《太祖本纪》，北京：中华书局，1976年，第29页。

⑤ ［金］元好问：《中州集》乙集第二“李承旨晏”，北京：中华书局，1959年，第100页。

契丹人奴役之下。如果金初女真人即赋予渤海人优于其他民族地位的话，渤海人对这种现象是不能容忍的。

在拉拢各族人民共同抗辽的同时，女真统治者对来降的各部族人民并不完全信任，于是采取“质子”手段对各族人民加以控制。[①] 对于渤海人，金帝并未念及同源关系而网开一面，与其他民族一样，渤海人的“质子”亦不在少数。天辅四年(1120)，“东京留守司乞本京官民质子增数番代，上不许，曰：‘诸质子已各受田庐，若复番代，则往来动摇，可并仍旧。’”[②] 东京地区彼时为渤海人聚居地，东京官民质子中肯定有渤海人。有学者甚至认为，“女真统治者把当时一些汉人和渤海人的名族大姓的子女送内地上京作为人质，并令其在帝都落户”[③]。

由上述可知，金朝初年，渤海人仅仅为金朝治下的各个少数民族之一，并未获得特殊的民族地位。只不过女真统治者在招降渤海人时打出的旗号含义暧昧，再加上渤海人反辽积极、骁勇善战，在战争中表现抢眼，于是引起了宋人以及后世学者对其民族地位的误解。

---

① 陈金生：《试论金代质子制度的几个特点》，载《晋阳学刊》，2013年第2期。

② 《金史》卷2《太祖本纪》，北京：中华书局，1976年，第35页。

③ 方衍：《金朝之民族关系》，载《黑龙江民族丛刊》，1992年第2期。

永平寨建置沿革考

中央民族大学　周君恺

摘　要：永平寨原为宋朝“左江四寨”之一，元代大部并入思明路。《大明一统志》认为思明府“宋隶邕州永平寨”不确，宋末元初有上、下两个思明州，均隶太平寨。永平寨治西平州，具体地点很可能在谅山省脱朗州储峙总永寨社（今越南谅山省谅山市）。元明时期，安南与思明土酋反复争夺永平寨、禄州等地。元廷曾介入并迫使安南归还这一地区，但元明之际安南再次将其侵占。永乐初年安南胡朝归还永平寨、禄州予思明府，最终在宣德年间明军撤出安南后，这一地区由安南黎朝占据。

关键词：永平寨；思明路；禄州；安南；建置沿革

永平寨是宋朝在左江溪峒地区设立的一个重要军事镇戍节点，也是宋元时期邕州—交趾陆路交通线上的边境要地与贸易场所。关于永平寨的研究不多，主要有李家发《永平寨位置考》①，张金莲《古代桂越边境要塞的变化与中越关系》②，朱文慧、王元林《宋代广南西路的三大博易场和海南岛的对外贸易》③ 等。

---

① 李家发：《永平寨位置考》，载《广西地方志》，1994 年第 6 期。

② 张金莲：《古代桂越边境要塞的变化与中越关系》，载《广西社会科学》，2010 年第 7 期。

③ 朱文慧、王元林：《宋代广南西路的三大博易场和海南岛的对外贸易》，载《海南大学学报》（人文社会科学版），2010 年第 5 期。

本文旨在概要性地梳理自宋至明的永平寨的建置沿革，同时就永平寨的治所、安南与思明土酋争夺永平寨等问题对通行观点做出一些修正。

一、从“五寨”到“五路”

《桂海虞衡志》介绍侬智高起义被平定后，左右江地区的管理体制云：

推其长雄者首领，籍其民为壮丁，以藩篱内部，障防外蛮，缓急追集备御，制如官军。其酋皆世袭，今隶诸寨，总隶于提举。左江四寨，二提举。右江四寨，一提举。寨官，民官也。知寨、主簿各一员，掌诸洞财赋。左江屯永平、太平，右江屯横山，掌诸洞烟火民丁，以官兵尽护之。[①]

各寨设置时间不同。太平寨立于宋太平兴国年间[②]，迁隆寨立于天圣二年（1024），永平寨立于景佑四年（1037），古万寨立于庆历八年（1048）[③]，这四寨应当就是所谓“左江四寨”。右江地区重要的堡寨只有横山寨[④]，不知是否曾完整设立四寨。另有温润寨[⑤]，但可能只是温润峒的别称，未必与横山寨同性质。《武经总要》载邕州四寨为太平、迁龙、永平、南平。[⑥] 南平是交趾的别称，南平寨“东至州，西南交趾十二程，西至平州西南

① ［宋］范成大著，孔凡礼点校：《范成大笔记六种》，北京：中华书局，2002年，第136页。

② 《永乐大典》卷8506《南宁府》，北京：中华书局，1986年，第3929页下栏。

③ 刘基：《大明清类天文分野之书》卷20，明刻本，第21页b。

④ 黄宽重：《南宋时代邕州的横山寨》，载《南宋军政与文献探索》，台北：新文丰出版公司，1990年，第3页。

⑤ ［宋］周去非著，杨武泉校注：《岭外代答校注》卷3《外国门》，北京：中华书局，1999年，第137页。

⑥ ［宋］曾公亮：《武经总要》前集卷20，文渊阁四库全书本，第26页b。

徼外洞蛮溪界”，但未见其他记载，沿革不明。南宋时期，左右江地区仍维持太平、永平、古万、迁隆、横山五寨的管理体制。①

元初一度沿用旧制②，其中古万寨“归附以来，见于思隶团沿居地面驻扎”，迁龙寨“归附以来，见于左江镇驻扎”，太平寨“归附以来，见于古甑等洞地面驻扎”，永平寨“归附以来，见于西平州驻扎”③。“至元二十四年，立思明路，罢永平、古万二寨。改迁隆镇为县，以二寨属州溪洞并属思明路。”④ 从实际情况看，这一描述很不准确。据《元一统志》，永平寨隶上石西州、下石西州、固陵州、禄州、凭洞等，古万寨隶左州、江州、武黎县等。固陵州疑即思陵州，另西平州系永平寨驻地。除此之外，上、下思明州来自太平寨，忠州、上思州来自迁龙寨。左州则划给了太平路。至元二十五年十月湖广行省称：“左、右江口溪洞蛮獠，置四总管府，统州、县、洞百六十，而所调官畏惮瘴疠，多不敢赴，请以汉人为达鲁花赤，军官为民职，杂土人用之。”⑤ 说明此时统辖左右江的机构已经是四总管府而非五寨。王颋认为，“至元中由迁隆、古万、太平、永平、横山五寨分为思明、太平、田州、来安四路，至治前又添镇安作五路总管而更龙州、都康为万户”⑥，即至治以后开始由五个路总管府统辖左右江溪洞。

元代“五路”制形成后，永平寨及其管下的部分州峒被划

---

① ［宋］王象之：《舆地纪胜》卷106，清影宋钞本，第4页a。

② 《永乐大典》卷8506《南宁府》，北京：中华书局，1986年，第3929页上栏。

③ 《永乐大典》卷8506《南宁府》，北京：中华书局，1986年，第3929页下栏。

④ ［明］刘基：《大明清类天文分野之书》卷20，第22页a。

⑤ 《元史》卷15《世祖纪》，北京：中华书局，1976年，第315页。

⑥ 王颋：《溪洞旧疆——元代两江及其与安南国的界壤争端》，载《龙庭崇汗——元代政治史研究》，海口：南方出版社，2002年，第220页。

入思明路，而此后永平寨与思明路（府）也一直有着密切而复杂的关系。《大明一统志》载思明州“宋置，属太平寨”，思明府“宋隶邕州永平寨”①，思明府继承的是唐代的思明州。关于新思明州，《大清一统志》之“宁明州”载：

唐宋羁縻思明州地。元别置思明州，属思明路。明属思明府，万历十年改属太平府。本朝康熙五十八年，改设流官。雍正五年，罢知州，以思明府同知管州事。十一年，改为宁明州，仍设知州，属太平府。②

这一说法认为新思明州是元代设立思明路后的“别置”，与明人“宋置说”不同。雍正《广西通志》考证宁明州时写道：

思明州初属思明府，后属太平府。案唐宋志止一思明州，即今思明府。此思明州又在今府西北。考《一统志》，于思明府云“宋隶邕州永平寨，元改置思明路于思明州”，注云“宋置属太平寨，元属思明路”。一属永平，一属太平，明系两处。则思明州在元当属太平路，不当又云属思明路也。存以俟考。③

另一些记载中有上、下两个思明州。元至顺刊本《事林广记》载思明路下辖“上思明、下思明、上石西、下石西、思陵、迁隆州、江州（罗百）、忠州（宁福）、禄州（武黎）”④。其地图在相当于思明路的位置标有“思明”，在思明州的位置标有“思明上州”⑤。《大元混一方舆胜览》与之相同⑥，但地图中只

---

① ［明］李贤等撰：《大明一统志》卷85，西安：三秦出版社，1990年，第1304页上栏。

② 《大清一统志》卷472《太平府》，四部丛刊本，第177册，第2页b。

③ （雍正）《广西通志》卷8，第9页b。

④ 《新编纂图增类群书类要事林广记》前集卷4《郡邑类》，日本内阁文库藏本，第12页b。

⑤ 《新编纂图增类群书类要事林广记》前集卷3《地舆类》，日本内阁文库藏本，第9页b。

⑥ ［元］刘应李原编，［元］詹友谅改编：《大元混一方舆胜览》卷下《湖广等处行中书省》，郭声波整理，成都：四川大学出版社，2003年，第723页。

有思明上州，无“思明”①。元泰定刊本《事文类要启札青钱》略有不同：“上石西州、下石西州、思陵州、下思明州、忠州、江州、上思明州（县武黎）。”② 由于这些地图中均有自祀、罗殿、大理、特磨等地名，其反映的应当是宋代的情况。《大元大一统志》地图反映的时代更早，仅有思明州，不分上、下。③ 可见，宋代思明土酋之地已扩张为上、下二州，元人以下思明为思明路，上思明为思明州。但上、下思明州的旧称仍偶尔被使用。④ 据《大元大一统志》上、下思明州皆属太平寨，并不存在属永平寨的思明州。⑤ 《大明一统志》或因元永平寨属思明路，误以为元思明路旧地属宋永平寨管辖。

二、永平寨治所考

永平寨的治所史无明文，历代学者提出了不同见解。《中国历史地名辞典》以永平寨“北宋置，即今越南谅山东南禄平。后废”⑥。另一种观点认为其“治所在今广西宁明县”⑦，也就是

① ［元］刘应李原编，［元］詹友谅改编：《大元混一方舆胜览》，郭声波整理，成都：四川大学出版社，2003 年，第 16 页。

② 《事文类要启札青钱》外集卷 2，载四库全书存目丛书编纂委员会编《四库全书存目丛书》子部第 171 册，济南：齐鲁书社，1995 年，第 842 页下栏。

③ 《永乐大典》卷 8506《南宁府》，北京：中华书局，1986 年，第 3925 页下栏。

④ 《元史》卷 209《安南传》，北京：中华书局，1976 年，第 4651 页。

⑤ 《永乐大典》卷 8506《南宁府》，北京：中华书局，1986 年，第 3929 页下栏。

⑥ 复旦大学历史地理研究所《中国历史地名辞典》编委会编：《中国历史地名辞典》，南昌：江西教育出版社，1986 年，第 258 页。

⑦ 《壮族百科辞典》编纂委员会编：《壮族百科辞典》，南宁：广西人民出版社，1993 年，第 44 页。

古时在思明州。杨武泉认为“宋永平寨当在今友谊关或其附近”[①]。李家发认为有两个永平寨：其一“下辖思明、思陵、禄州、西平州等羁縻州峒。但存在的时间不长，据《宋史·地理志》载，到元丰年间，已不复存在”；其二“设于邕州与交趾接壤的边境”。他认为第二个永平寨在“今越南谅山附近駈驴（亦作驱骡）”，“与谅山市隔奇穷河相对”[②]。案：今奇穷河北已并入谅山市（Lạng So'n）。

宁明说绝不可信，永平寨位于中越边境，宋元史籍对此毫无疑义。《元一统志》言永平寨驻西平州，《粤西文载》载“其先酋长有李应星者，元知西平州，兼领永平等处事”[③]，可作旁证。即使《明史·地理志》所谓“思明府……南有明江，有永平寨巡检司”[④]，也未明言巡检司就在明江。

《岭外代答》称“永平寨，与交趾为境，隔一涧耳”[⑤]，友谊关附近并没有符合这一描述的地点，难以自圆其说。《舆地纪胜》载“公母山，在左江永平寨之东”[⑥]，即今中越界山公母山，越南称母山。考其形势，言在谅山市、高禄县（Cao Lộc）之东尚可，友谊关距之未免太远，亦不合。刘泰新、郑选和认为“永平寨是武平县城最为重要的北大门，离县城仅有19公里”[⑦]，与宋代史料严重不合。若当地真有名为永平寨的地点，当为同名异

---

① ［宋］周去非著，杨武泉校注：《岭外代答校注》卷2《外国门》，北京：中华书局，1999年，第62页。

② 李家发：《永平寨位置考》，载《广西地方志》，1994年第6期。

③ ［清］汪森编：《粤西文载》卷12，文渊阁四库全书本，第43页a。

④ 《明史》卷45《地理志》，北京：中华书局，1974年，第1163页。

⑤ ［宋］周去非著，杨武泉校注：《岭外代答校注》卷5《财计门》，北京：中华书局，1999年，第195页。

⑥ ［宋］王象之：《舆地纪胜》卷106《邕州》，台北：文海出版社，1971年，第595页。

⑦ 刘泰新、郑选和：《永平寨轶事》，载林善珂主编《客家地名文化》，北京：社会科学文献出版社，2010年，第91页。

地，或明宣德后迁置。

李家发认为中越边境的永平寨与下辖羁縻州峒的永平寨不同，不确。《宋史·地理志》“邕州”条载：“砦一：太平。旧领永平、太平、古万、横山四砦，《元丰九域志》止存太平一砦。”① 前文已述，永平等五寨在南宋时期仍存。即便在元丰后不久的哲宗元祐元年，广西经略安抚使、都钤辖司在讨论轮替制度时也曾谈道：“其余诸州差往邕州永平、古万、太平、横山、迁隆寨镇及左、右江溪洞巡检，并钦州如昔峒驻扎抵棹寨，并二年一替。”② 管理州峒的永平寨不曾废撤，与中越边境的永平寨是同一个。

安南后黎朝有禄平州，系并禄州、西平州而成，相当于今谅山省高禄县东部和禄平县（Lộc Bình）。陶维英认为“可能高禄县相当于古代的西平州，而禄平县相当于古时的禄州”③，大致不错。而《中国历史地名辞典》认为永平寨在禄平，当是误以西平州在今禄平县。公母山在禄平县以北，不符。郭声波认为西平州本在今河杨省河杨，唐末以后迁至谅州东④，依据不足。

永平寨是宋代西南边防要塞，《武经总要》介绍过邕州管下寨、羁縻州的位置：永平寨“东至州，西南交趾甲洞、丹波界，并一日程”；禄州“东北至州十一程，东南至交趾苏武州，南丹波蛮界，西甲洞蛮界，正西微南至铜柱界”；西平州“东南至州十二日程，东南至平故砦，西北门州水口，北至七源州，南至甲洞蛮夷界”；七源州“东至州十二日程”⑤。其中七源州在今谅山

① 《宋史》卷90《地理志》，北京：中华书局，1985年，第2240页。

② ［宋］李焘：《续资治通鉴长编》卷393，北京：中华书局，1985年，第9557页。

③ ［越］陶维英：《越南历代疆域》，钟民岩译，北京：商务印书馆，1973年，第189页。

④ 郭声波：《中国行政区划通史·唐代卷》，上海：复旦大学出版社，2012年，第1208页。

⑤ ［宋］曾公亮：《武经总要》前集卷20，第29页a。

省长定县（Tràng Định）七溪市镇（Thất Khê），在南宁西偏南，西平州绝不可能在邕州西北，说明这一记载只是大略方位。但可以说明的是，永平寨与西平州不在同一位置。这有两种可能：或永平寨虽然位于西平州，但与州治有一定距离；或永平寨在宋元之际迁移过位置。明初思明府土官黄广成言“元兵征交趾，去铜柱百里立永平寨军民万户府，置兵戍守，而命交人供其军饷”①，似乎元代重新设立过永平寨。然而元军两次出广西攻交趾都以溃败告终，即使永平寨曾迁到过更加深入安南内地之处，最终也必然撤回。黄广成言“立永平寨军民万户府”不言“迁”，很可能是因为他不了解永平寨的沿革，误以为始设于元代。

《齐东野语》载安南国王陈日煚的传说中，“有邕州永平寨巡检过永，一见（永州守臣林岊）奇之，遂挟以南。寨居邕、宜间，与交趾邻近。境有弃地数百里，每博易，则其国贵人皆出为市”。永平寨不会位于邕州、宜州交界处，所谓“邕宜间”，当是“邕州、宜州一带”的意思。

《岭外代答》记载有宋时永平寨到交趾国都的路线：

自邕州左江永平寨，南行入其境机榔县，过乌皮、桃花二小江，至湳定江亦名富良江，凡四日至其国都，乃郭逵师所出也。又自太平寨东南行，过丹特罗江，入其谅州，六日至其国都。②

杨武泉认为，这段描述袭改自《桂海虞衡志》，只不过因为道路不符合实际，故周去非把“太平寨”改为“永平寨”③。

去左江太平寨最近，自寨正南行，至桄榔、花步，渡富良、白藤两江，四程可至。又自寨东南行，过丹特罗小江，自谅州

① 《明太祖实录》卷248，洪武二十九年十二月乙酉。

② ［宋］周去非著，杨武泉校注：《岭外代答校注》卷2《外国门》，北京：中华书局，1999年，第55页。

③ ［宋］周去非著，杨武泉校注：《岭外代答校注》卷2《外国门》，北京：中华书局，1999年，第63页。

入，六程可至。①

太平寨一般认为在广西崇左，误。白耀天②、杨武泉③、张金莲④主张定在龙州附近。如此，则《桂海虞衡志》的记载确实有误。

机榔即桄榔，《大南一统志》认为李朝桄榔州即丘温县，也就是后来的温州⑤。温州县于 1964 年并入支棱县⑥（又译芝陵县）。阮朝温州由长庆府兼理，“府莅在省城之南，温州长桂总桄榔社地分。原因桄榔旧屯为莅所”⑦，长庆府城所在的桄榔社应当就是原桄榔州之地。魏超认为明初的丘温县“即今越南谅山省同摩镇”⑧。温州“北夹脱朗、文渊州界，东夹安博县、禄平州界”⑨。

---

① ［宋］范成大著，孔凡礼点校：《范成大笔记六种》，北京：中华书局，2002 年，第 149 页。

② 白耀天：《宋代在今广西西部设置羁縻州、县、洞考（续）》，载《广西民族研究》，1998 年第 1 期。

③ ［宋］周去非著，杨武泉校注：《岭外代答校注》卷 2《外国门》，北京：中华书局，1999 年，第 62 页。

④ 张金莲：《太平寨考略》，载《广西民族研究》，2008 年第 1 期。

⑤ 越南阮朝国史馆编：《大南一统志》（嗣德版，第 2 册），重庆、北京：西南师范大学出版社、人民出版社，2015 年，第 288 页。

⑥ HỘI ĐỒNG CHÍNH PHỦ VIỆT NAM DÂN CHỦ CỘNG HOÀ, *Quyết định về việc điều chỉnh địa giới của một số huyện thuộc các tỉnh Lạng-sn, Yên-bái và Thanh-hoá*, 16/12/1964, http://thuvienphapluat.vn/archive/Quyet-dinh/Quyet-dinh-177-CP-dieu-chinh-dia-gioi-mot-so-huyen-thuoc-cac-tinh-Lang-Son-Yen-bai-va-Thanh-hoa-vb20011t17.aspx, 31/5/2016.

⑦ Đức Thọ Ngô, Vạn Nguyên Nguyễn, Philippe Papin, École pratique des hautes études (France), Viện nghiên cứu Hán Nôm (Vietnam), École française d'Extrême-Orient, *Đồng Khánh địa dư chí*, Hà Nội: Nhà xuất bản Thế Giới, 2003, tập I, p. 640.

⑧ 魏超：《明初交趾都司卫所建置研究》，载《中国历史地理论丛》，2015 年第 1 期。

⑨ *Đồng Khánh địa chư*, tập I, p. 642.

洪武十四年六月，“思明府来言安南脱、峒二县攻其永平等寨”；“安南亦言思明府攻其脱、峒、陆、峙诸处”。二十九年十二月，思明府再次提到与永平寨邻近的这几个县：

元季扰乱，交人以兵攻破永平寨，遂越铜柱二百余里，侵夺思明属地丘温、如嶅、庆远、渊、脱等五县，逼民附之，以是五县岁赋皆令土官代输。①

脱县即后来的脱朗州（Thoát Lãng），阮朝时脱琅州分东西两部分；州治位于西部，在今谅山省文朗县（Văn Lãng）；东部“储峙总”大约在今高禄县、谅山市境内。渊县，山本达郎认为在谅山市以北、东北处②，其实就是后世的文渊州，“州莅原设在同登铺”③，应当包括今文朗县东部、高禄县西部和谅山市北部的一些地区。

储峙总（Tổng Trừ' Trĩ）下辖永寨社（Xã Vĩnh Trại）④，南隔奇穷江与温州相邻，东邻禄平州，距高禄的西平州亦不远，很可能与永平寨有关。永寨社旁有坤赖寨、谷振寨。可见，此地确实有一定的军事防卫背景。此外，储峙总储峙社大概就是洪武十四年思明府与安南发生冲突的“峙”。驱驴铺同样属储峙总，然而驱驴说除地理形势符合记载外，并无地名或直接史料依据。将永平寨的位置定在永寨社，可以视为对其说的修正。

三、安南对永平寨、禄州的争夺

元成宗即位，派遣使臣前往安南，使团在途中处理了安南与

---

① 《明太祖实录》卷248，洪武二十九年十二月乙酉。

② ［日］山本達郎等：《ベトナム中国关系史——曲氏の抬头から清仏戦争まで》，东京：山川出版社，1975年，第145页。

③ *Đồng Khánh địa dư chí*, tập I, p. 637.

④ *Đồng Khánh địa dư chí*, tập I, p. 635.

思明的领地纠纷。这是思明与安南争地问题首次出现在史籍中：

道繇思明时，思明帅言："石西州、禄州皆本朝地，为安南所侵，几二百里。彼诡言山溪蛮阮盏出没不相统，虚文岁往来无益。"至永平寨，寨故宋戍兵遮道，言实安南部领侵扰，不得耕耨。回首语陶子奇："山溪蛮诚所属，奚号令不可止？今已目睹，当语而世子。"子奇不能对。至是，复命归地，蛮吏上下顾咨，遂言："吾非以侵疆来。石西地不足轻重，设奉辞致讨，汝何以自洗？"各屏息，一口尽归侵地。故右丞相太傅公时治湖广省，闻复地，亟喜之，为设宴以劳，凡安南所赠遗，悉返之。①

程巨夫作《监察御史萧君墓志铭》②，所叙与此相似。此外，李衎以朝请大夫、礼部侍郎的身份也参与了此次出使：

公至宣圣天子休兵息民、一视同仁之德意，国王及其臣民拜伏以听，感戴欢呼，大喜过望。归所盗地二百里，遣其臣奉表谢罪。③

王颋认为这二百里地是"赵氏灭亡前就'侵盗'的领封""或即'丘温'等'五县'"，不确。首先，思明帅已明言所侵系石西州、禄州；其次，元人并不认为丘温系思明属地。

至元二十九年九月"诏谕安南国陈日燇使亲入朝"④，陈孚在此次派往安南的使团中充任文士。途中，陈孚不断作诗遣怀。三十年正月一日至十五日，使团在思明州⑤，之后越过摩云岭到达思陵州，过禄州进入"交趾境丘温县"，经丘温驿（二月三

① ［元］袁桷：《袁桷集校注》卷34《萧御史家传》，北京：中华书局，2012年，第1555页。

② ［元］程巨夫：《监察御史萧君墓志铭》，据苏天爵《国朝文类》卷51，第20页a。

③ ［元］苏天爵：《滋溪文稿》卷10《李衎神道碑》，文渊阁四库全书本，第12页b。

④ 《元史》卷17《世祖纪》，北京：中华书局，1985年，第366页。

⑤ ［清］顾嗣立：《元诗选》二集《刚中交州稿》，北京：中华书局，1987年，第241页。

日)、支陵驿、朝地驿、桥市驿到达升龙。则元人明确知晓思陵州、禄州在境内，丘温系境外。战胜元军不久的陈日燇没把使团放在眼里，“以忧制不出郊，遣陪臣来迎，又不由阳明中门入”。虽然陈孚“往复三书，宣布天子威德，辞直气壮”[①]，但陈廷并不会为之所动。元世祖仍企图攻越，但很快去世，安南趁机盗侵禄州、石西州是可以想象的。

此次归地应当是产生了实际效果的，元末以后上、下石西州一直由思明路、府统辖，但并非由思明黄氏直接控制。下石西州土官为闭氏；上石西州土官一度绝嗣，洪武二年“本府举保”由静江府人何氏“权办州事”，此后何氏又绝嗣，洪武二十八年由凭祥李氏接任知州[②]，成化十五年改流[③]。永平寨一度由土官韦氏掌管，“有前土官知寨韦义郎家人韦进告，有家人韦义郎于洪武二十七年三月初八日故，黄文聪署事革并”[④]，所谓“革并”应当指的是被思明府直接控制。可见，明初思明黄氏成功将永平寨、禄州变为了自己的领地。

十四年六月，“思明府来言安南脱、峒二县攻其永平等寨”；“安南亦言思明府攻其脱、峒、陆、峙诸处”。此前，明太祖就因陈叔明篡权与攻打占城诸事，对安南相当不满，加之此时深受胡惟庸案困扰，当即“命还其贡，以书诘责陈炜言其作奸肆侮、生隙构患、欺诳中国之罪。复敕广西布政使司自今安南入贡并勿纳”[⑤]。然而事实上，安南朝贡并未断绝。次年五月，“安南陈炜遣其大中大夫谢师言等奉表进阁者十五人，赐师言等钞锭”[⑥]。此后数年，明廷与安南相安无事。在征云南过程中，陈朝还提供

---

① 《元史》卷190《儒学传》，北京：中华书局，1985年，第4339页。

② 《土官底簿》卷下，文渊阁四库全书本，第56页b。

③ 《明宪宗实录》卷186，明成化十五年正月庚辰。

④ 《土官底簿》卷下，文渊阁四库全书本，第56页b。

⑤ 《明太祖实录》卷137，洪武十四年六月丙辰。

⑥ 《明太祖实录》卷145，洪武十五年五月丙子。

了部分粮草。二十九年十二月，思明府再次报告与安南的纠纷：

黄广成奏言：本府自故元设置思明州，后改思明路军民总管府。所辖江左一路州县洞寨，东至上思州，南至铜柱。元兵征交趾，去铜柱百里立永平寨军民万户府，置兵戍守，而命交人供其军饷。元季扰乱，交人以兵攻破永平寨，遂越铜柱二百余里，侵夺思明属地丘温、如嶅、庆远、渊、脱等五县，逼民附之，以是五县岁赋皆令土官代输。前者本府失理于朝，遂致交人侵迫益甚。及告礼部任尚书，立站于洞登。洞登实思明府地，而交人乃称属铜柱界，臣尝具奏。①

所谓“前者本府失理于朝”，指的应当是洪武二十五年的门三贵事件：

安南凭祥洞巡检高祥奏言：思明州知州门三贵谋杀思明府知府黄广平，先觉而杀之，乃称其病死。朝廷以其言不实，远广平鞠之，至是逮至。上谓刑部曰：蛮夷争斗相杀，性习然也。独广平不以实言，当绳之以法。今姑宥之，使其改过。遂命给道里费，遣之还。②

黄广平系黄忽都之子，洪武二十三年已称知府，当时思明州知州是黄志铭③。黄广成署事始见于二十八年。侵地不可谓小事，明太祖随即派遣陈诚、吕让出使安南。

三十年二月，陈诚到达安南，与安南君臣进行了一番辩驳。在千余字的《与安南辨明邱温地界书》中，陈诚除了举龙州、南丹土官的事例进行威慑外，主要提出了两条证据：其一，宋代郭逵征交趾，李干德“献广源、门州、思浪、苏茂、桄榔之地诣军门请降。当时此五处尚归中原，况铜柱以北丘温等地”。其二，元世祖时陈日燇上书“向者天使累造小国，迎送于盝州，小国惧其侵越之罪，往往辞之，但止丘温而止”。安南复书首先强调

① 《明太祖实录》卷248，洪武二十九年十二月乙酉。

② 《明太祖实录》卷221，洪武二十五年九月丙午。

③ 《明太祖实录》卷206，洪武二十三年十二月戊子。

“迎送”与“疆界”是两回事，“盖丘温当其要冲，往时自思明而入禄州道，近时自凭祥而入洞登道，此皆小国地面。然林野之地不便立站，故皆站丘温，而为迎送接待处”，疆界则在坡罗唯关。既而认为历史资料不可作为划界依据：“汉唐以来，迁变不一，其可以往昔之事而质之今日耶？”① 此后双方往来文书并未提供更多与归属直接相关的信息。

与陈诚交涉失败后，安南又上书户部言“洞登乃渊县之地，天使往来之路。其思明府凭祥人每与下国渊县人交割夫骑于凭祥界坡罗唯关”②，称元军在战败后不应有机会设立永平寨并令交人供食。《皇越一统舆地志》记谅山道路：

谅山镇城北门，一百三十三寻至长盛庯，一百六十九寻三尺至淇穷江，江广四十二寻，四十六寻至二青庯，二百一寻二尺至駈驴庯（属脱朗州），三千六百七十二寻三尺至那考處（属文渊州），二千六百三寻至同登驿。同登驿一千五百十四寻至南关。③

坡罗唯关、南关即今友谊关。洞登应即同登，确属渊县（文渊州）。丘温、渊县属安南，应当可信。但安南并未就如敖、庆远、脱县做出说明。

山本达郎认为如敖县在今谅山市附近，庆远县在谅山省偏西、西南地区。④ 陶维英认为“禄平县有如敖社，位于从谅山市到禄平的途中，这无疑是旧县的遗存。我们推断，陈朝的如敖县相当于今禄平县的大部分，在母山的东南”⑤，而“当时的庆远

① ［明］陈诚：《与安南辨明邱温地界书附安南回书》，载《陈竹山先生文集》内篇卷1，清雍正七年刻本，第31页b。

② 《明太祖实录》卷250，洪武三十年二月甲辰。

③ Quang Định Lê, *Hoàng Việt nhất thống dư địa chí*, Hà Nội: Nhà xuất ba'n Thuận Hóa Trung Tâm Văn Hóa Ngôn Ngữ Đông Tây, 2005, pp. 1375-1373.

④ ［日］山本達郎等：《ベトナム中国关系史——曲氏の抬头から清仏戦争まで》，东京：山川出版社，1975年，第145页。

⑤ ［越］陶维英：《越南历代疆域》，钟民岩译，北京：商务印书馆，1973年，第190页。

县在今恬霞县地方"[①]。《永乐大典》"南宁府"条附《右江之图》[②] 中有如邀县，在永平寨以东，公母山以西，则此县实在今高禄县中部。值得注意的是，此图对安南属地都冠以"外界"，如"外界广源州""外界社村"等。如邀县未冠"外界"，当系思明属地。图中另有脱村，疑即脱县。考虑到思明土酋此前就与之发生过冲突，脱县可能很早就已归附安南。从地理位置看，庆远县归属思明的可能性不高。

综上，五县之中丘温、渊县、庆远县应属安南，脱县、如敖县可能确实一度由思明领有，但此时皆已丧失。这一地区双方的领地犬牙交错，自元代以来就是思明与安南争夺的焦点。安南把"林野之地"禄州也说成是自己的辖地，说明双方正在激烈争夺这一地区。思明府希望夺取安南的丘温等地，于是以侵地为由，希望明廷像此前元朝警告安南一样介入争端。最终，明太祖以"蛮夷相争，自古有之。彼恃顽不服，终必取祸，姑待之"拒绝了讨伐安南的廷议。[③] 可以预料，未受到惩罚的安南必然进一步侵夺禄州、永平寨等地。

永乐二年四月，黄广成以新帝"悉遵旧制"为由，上奏请求遣使责安南归还旧地禄州、西平州、永平寨。八月，朝廷得知胡季牦弑陈帝篡位之事，并接纳了老挝护送来的陈氏后裔陈天平。安南或出于恐惧，随即归还了侵地：

明遣使求割谅山禄州之地，时广西思明土官黄广成告谓禄州系本府故地也。季牦命行遣黄晦卿为割地使，晦卿以古楼等村凡五十九村还之，季牦责辱晦卿，以所还数多，凡彼所置土官，密

① ［越］陶维英：《越南历代疆域》，钟民岩译，北京：商务印书馆，1973 年，第 192 页。

② 《永乐大典》卷 8506《南宁府》，北京：中华书局，1986 年，第 3925 页下栏。实际为左江之图，疑标题误。

③ 《明太祖实录》卷 250，洪武三十年二月甲辰。

令土人以毒鸩之。①

胡篡陈祚，明人求谅山禄平之地，乃使黄梅卿为割地使，以禄平古楼三十八社五十九村与明，所失之壤，凡五日程。②

然而胡季牦不可能接受陈天平回国掌权，派军袭击了明朝的护送使团，交趾之役随即开始。

宣德三年（1428）黎利建立后黎朝，明朝在安南的统治瓦解。《明会要》载："西平州、禄州，洪武三年省。永乐二年复置。宣德元年，与安南。"③ 余继登也认为"宣德初，黎利叛，朝廷予之故地，乃并宁远州及广西太平府之禄州为所占。当时有司失于检察，至今遂陷于夷"④。沈德符则称："思明府所属，尚有禄州、西平二土州。正嘉之间，为交趾所侵陷。思明既不能克复，大司马亦不能讨，漠然置之罔闻。"⑤ 《大南一统志》载："近又勘明复旧，令隶新设之西竜州西林县，或是胡氏所割之地欤？"⑥ 在朝廷对南方边疆失去兴趣后，思明府无力应对新兴的黎朝，永平寨、禄州、西平州最终被并入安南。

小　　结

永平寨作为边境要地，在朝贡交通、贸易、军事镇戍方面发挥了重要作用。由于过于接近交趾北方重镇谅州，越南王朝始终

① 孙晓主编：《大越史记全书》卷 8《陈纪》，标点校勘本，重庆、北京：西南师范大学出版社、人民出版社，2015 年，第 485 页。

② ［越］阮廌：《抑斋遗集》卷 6《舆地志》，据赵瑞《阮廌〈抑斋遗集〉的整理与研究》，第 203 页。

③ ［清］龙文彬：《明会要》卷 74《方域》，北京：中华书局，1956 年，第 1441 页。

④ ［明］余继登：《典故纪闻》卷 14，北京：中华书局，1981 年，第 247 页。

⑤ ［明］沈德符：《万历野获编》卷 30，北京：中华书局，1959 年，第 762 页。

⑥ 越南阮朝国史馆编：《大南一统志》（嗣德版，第 2 册），重庆、北京：西南师范大学出版社、人民出版社，2015 年，第 283 页。

希望将其纳入版图。元代改“五寨”为“五路”，永平寨的地位大为下降，安南趁机夺取了邻近地区，但在思明土酋与元廷使臣的配合下，一时未能得逞。明初的安南政策变化极大，朝廷不重视一地的得失。而思明土酋内部斗争激烈、自身实力有限，无力抗衡安南。在宣德年间放弃安南的氛围下，黎朝夺取禄州、西平州、永平寨乃至云南的宁远州，完全没有引起明廷的重视。受此影响，中越边界线发生了较大程度的北移。而永平寨丧失后，邕州—安南交通线的主干道开始西移[①]，由“思明府—禄州—永平寨”一线逐渐转到了“凭祥—镇南关”一线，构成了今日广西—越南陆路交通主干道的基础，永平寨也逐渐被人们遗忘。

① 参考廖寅：《宋代安南使节广西段所经路线考》，载《中国历史地理论丛》，2012年第2辑。

元人宋褧交游考略

中央民族大学　高亚喆

摘　要：宋褧（1294—1346），字显夫，大都（今北京）人，元泰定元年（1324）左榜进士，为元代后期著名的诗文名家，历仕泰定帝、文宗、宁宗、顺帝四朝。本文以其文集《燕石集》为主，运用其他文集材料，对宋褧的家世、生平、交游等问题进行考证。通过宋褧的个案可窥元代文人的交游在途径、方式上与前代并无差异，文化多元性成为元代文人交往中的重要特点。

关键词：宋褧；《燕石集》；文人交往

宋褧（1294—1346），字显夫，元泰定元年（1324）左榜进士，为元代后期著名的诗文名家，历仕泰定帝、文宗、宁宗、顺帝四朝。其地位、社会经历在元代文人中有一定代表性，本文在梳理其生平的基础上，重点考察宋褧与当时文人的交往状况，从族群、地域、入仕途径等视角解读宋褧的交际网络，借此对宋褧交际网络做出较为详细的梳理。

一、家世及生平

关于宋褧先世仅有零星记载。宋褧父亲宋祯的生年不可考，早年应在朝中任职，至元二十年（1283）后，宋祯长期宦游江左，历任归州兴山县主簿、江陵路平准行用库提领，卒于大德十一年（1307），葬江陵，赠户部尚书，故宋褧在其文集中称宋祯为户部公。宋祯长期外任，且“官小禄薄”[①]，生活十分贫苦。宋褧为兄弟五人中年龄最幼，他曾在一段文字中指明兄弟五人的行辈状况“至大辛亥，达夫兄荫息州监税客死官所，延祐丙辰，先妣范阳郡夫人去世，次兄弘夫、长兄敬夫以庚申、辛酉相踵物故，元统甲戌，先兄祭酒正献公又薨，皆同胞也，呜呼”[②]。由以上材料我们可知由长及幼依次为敬夫、弘夫、诚夫（宋本）、达夫、显夫（宋褧）。可以说，尽管宋褧出生在一个读书为官的家庭中，但此时绝没有优越的家世背景，由于其父官俸微薄，加之兄弟五人，宋褧不可能通过父亲的官俸得到优越的生活环境和教育条件。所以关于宋褧的家世背景，我们可以认为，他生活在一个有读书做官传统的家庭中，虽然贫困，但也有较好的读书氛围，这样的环境对他一生的发展和选择都是有影响的。

宋褧家境一般，但仍十分勤奋向学。从至元甲午（1294）年宋褧出生到延祐六年（1319）返回大都，这 25 年间是宋褧求学的阶段。大德六年（1302），此时宋褧 9 岁，宋祯任江陵路平准行用库提领，这只是江陵路总管府下的低级官员，其品阶不过八九品，自然官俸微薄。[③] 而到大德十一年宋褧兄弟失怙，这之后家中生活更是举步维艰，兄弟几人只好以教书补贴家用，“户部公虽历仕南土二十余年，小心谨畏，家素乏蓄积，公（宋本）

---

① ［元］苏天爵著，陈高华、孟繁清点校：《元故翰林直学士赠国子祭酒范阳郡侯谥文清宋公墓志铭并序》，载《滋溪文稿》卷 13，北京：中华书局，1997 年，第 204 页。

② ［元］宋褧：《书挥涕集后》，载《燕石集》卷 15，见《北京图书馆古籍珍本丛刊》第 92 册，北京：书目文献出版社，1991 年，第 236 页上。

③ 《元史》卷 91《百官志》，北京：中华书局，1976 年，第 2316 页。

至是孤，益贫苦，殆无以衣食，丧除哀戚之余教童子七八十人”①。正是基于这样的背景，宋褧最初受学于他的三哥宋本，而宋本此时更是发奋读书，甚至“苦心力学不以寒暑作辍，当食亦置书其旁披览研究，不觉匕箸之及口，饭羹数冷温而后进，使得终食”②。同时宋本还以王奎文为师，学习性命义理之学。③ 经过如此苦读，不仅宋本的学问精进，宋褧也可得到更好的教育，兄弟二人就在这样的环境下相互砥砺，不断积累，二人的学问不断精进。

延祐六年宋本携宋褧返回大都，两年后参加了至治元年（1321）的科举。这次科举中，宋本为左榜第一，赐进士及第，授翰林编修，正式进入仕途，而宋褧却是“公文亦在选中，以解额不足而止”④。但宋褧并未放弃，泰定元年继续参加科举，这次终于及第，赐同进士出身，后任秘书监校书郎。⑤ 泰定四年（1327），宋褧改任翰林国史院编修官，⑥ 天历二年（1329）到至

① ［元］宋褧：《故集贤直学士大中大夫经筵官兼国子祭酒宋公行状》，载《燕石集》卷15，见《北京图书馆古籍珍本丛刊》第92册，北京：书目文献出版社，1991年，第229页下。

② ［元］宋褧：《故集贤直学士大中大夫经筵官兼国子祭酒宋公行状》，载《燕石集》卷15，见《北京图书馆古籍珍本丛刊》第92册，北京：书目文献出版社，1991年，第229页下。

③ 《元史》卷182《宋本传》，北京：中华书局，1976年，第4203页。

④ ［元］苏天爵著，陈高华，孟繁清点校：《元故翰林直学士赠国子祭酒范阳郡侯谥文清宋公墓志铭并序》，载《滋溪文稿》卷13，北京：中华书局，1997年，第204页。。

⑤ ［元］王士点、商企翁编次，高荣盛点校：《秘书监志》卷10《提名》，杭州：浙江古籍出版社，1996年，第204页。

⑥ 宋褧何时改任翰林国史院编修官史无明文，但从其所作天寿节贺表中可见端倪。宋褧于泰定三年（1326）作天寿节贺表，小字注为“中书省泰定丙寅作”（见《燕石集》卷11）。泰定四年（1327）宋褧再作天寿节贺表，小字注变为“翰林国史院泰定丁卯作”（见《燕石集》卷11）。根据《元史·泰定帝本纪》，“冬十月辛未朔……辛巳，太白犯进贤。天寿节，遣道士祠卫辉太一万寿宫”（《元史·泰定帝本纪》卷30，第674页），泰定帝的天寿节在十月辛巳，所以，在泰定四年宋褧改任翰林国史院编修可能性较大。

顺四年（1333）间，宋褧历任詹事院照磨[1]、御史台掾与太禧宗禋院照磨，这段经历无论是官职升迁还是为官事迹，史料中均无详细记载，但是通过这段经历我们可以发现这样一个特点，尽管这段时间内宋褧任官品级较低，但是其官职的性质大体上相同。一类是监察系统官职，无论是照磨还是御史台的掾吏，均带有监察审计的职能；另一类是翰林国史院的史职，主要需要较好的文才。

顺帝即位后，宋褧的仕途发生了一次重要的转折。元统元年(1333)[2]，宋褧复任翰林院，为翰林修撰，参与《天历实录》的编写。元统元年至元统二年（1334）间，由于担任翰林编修的缘故，宋褧开始大量撰写祝文、贺表。

四年后，至元三年（1337）宋褧改任监察御史，由此开始了他的御史生涯。上任之初，灾异之象频现，宋褧便借此机会上书皇帝，不久"上命中书集议弊政，诏天下"[3]。一年之后，京畿东道因久雨致庄稼歉收，发生较大的饥荒，宋褧以御史职按部京畿东道，宋褧再次上书皇帝陈述所见百姓惨状后，"朝廷出钞

① 宋褧任詹事院照磨的时间亦缺载。苏天爵记"詹事院立，（宋褧）选为照磨"（见苏天爵《元故翰林直学士赠国子祭酒范阳郡侯谥文清宋公墓志铭并序》，《北京图书馆古籍珍本丛刊》第92册，第239页上)。《元史·百官志》记："至元十九年立詹事院……三十一年，太子裕宗既薨，乃以院之钱粮选法工役悉归太后位下，改为徽政院以掌之。大德九年，复立詹事院，寻罢。十一年更置詹事院，秩从一品，设官十二员。至大四年罢，延祐四年复立，七年罢。泰定元年，罢徽政院，改立詹事如前。天历元年，改詹事院为储庆使司。二年罢，复立詹事院。未几，改储政院。"（见《元史》卷89《百官志》，第2243页）可见，元代的詹事院经历过多次演变，但结合宋褧的生平不难发现，苏天爵所提及的"詹事院立"一事最可能发生于天历二年（1327)，故认为宋褧于天历二年任詹事院照磨。

② 元顺帝于至顺四年六月继位，十月即改元元统，故至顺四年也为元统元年。

③ ［元］苏天爵著，陈高华、孟繁清点校：《元故翰林直学士赠国子祭酒范阳郡侯谥文清宋公墓志铭并序》，载《滋溪文稿》卷13，北京：中华书局，1997年，第205页。

若干万贯命公赈之，生者不至于流亡，公之力也”[①]。

至元四年，宋褧开始按察河南江北行省，这段经历在宋褧现存的传记材料中记载都比较模糊，但从宋褧所作的诗词中可以粗略勾勒这次按察的状况。《白子芳瓶梅结实》诗题旁小注为“至元戊寅，予备位六察按部河南会于荆门”[②]。至元戊寅年即为至元四年，同样的记载还有宋褧作《菩萨蛮》，诗题旁小注为“卫州道中，至元四年十月与巴尔斯布哈御史同按行河南四道”[③]。这段经历的记载似乎有一些突兀，宋褧自至元三年入御史台后并没有外迁的记载，而此时却按察河南四道，职责上与监察御史不符。详细检阅史料后我们就不难发现，在河南江北行省中，江北河南道、淮西江北道、江北淮东道、山南江北道四道肃政廉访司直属于御史台，[④] 也就是说这四道的监察任务由内台完成，所以宋褧应当是由监察御史转任肃政廉访司，只不过宋褧此时具体担任河南江北行省哪一道肃政廉访司的哪一职务不能确定。至元六年（1340）后的经历较之前清晰许多，宋褧作《春从天上来》诗，诗题旁小字注为“至元六年庚辰元日立春，将为山南佥宪，按部应城县作此词奉寄许可用大参”[⑤]。宋褧至迟应在至元六年开始改任山南江北道肃政廉访司佥事。

至正元年（1341），宋褧改任陕西行台都事。仅月余，就改

① ［元］苏天爵著，陈高华、孟繁清点校：《元故翰林直学士赠国子祭酒范阳郡侯谥文清宋公墓志铭并序》，《滋溪文稿》卷13，北京：中华书局，1997年，第205页。

② ［元］宋褧：《白子芳瓶梅结实》，载《燕石集》卷9，见《北京图书馆古籍珍本丛刊》第92册，北京：书目文献出版社，1991年，第192页上。

③ ［元］宋褧：《菩萨蛮》，载《燕石集》卷9，见《北京图书馆古籍珍本丛刊》第92册，北京：书目文献出版社，1991年，第195页下。

④ 《元史》卷86《百官志》，北京：中华书局，1976年，第2181页。

⑤ ［元］宋褧：《春从天上来》，载《燕石集》10，见《北京图书馆古籍珍本丛刊》第92册，北京：书目文献出版社，1991年，第196页上。

为翰林待制，迁为国子司业。[①] 至正三年（1343）三月，顺帝下诏修辽、金、宋史，任铁木尔塔识、太平、张起岩、欧阳玄、吕思诚、揭傒斯为总裁官，[②] 宋褧分纂宋高宗纪及选举志。至正五年（1345）三月，宋褧承诏与治书侍御史李好文、工部侍郎斡玉伦徒充任延祐二年科读卷官。[③] 同年十月，辽、宋、金三史修成，宋褧超拜翰林直学士，不久任命为经筵官。一年后宋褧因病卒，年五十三。可以发现宋褧生命最后几年的主要精力都投入到前朝正史的撰写中，这段经历对其而言十分重要，不仅因为参与修史是其身份与学识的重要象征，更是因为与宋褧一同在史局修史的官员构成了他重要的交际圈，如苏天爵、泰不华、张起岩、吕思诚、沙剌班、李好文、王守诚、贡师道、危素、廉惠山海牙、王沂、欧阳玄，他们或多或少都与宋褧有诗文唱和。这些人代表了当时学术的较高水平，也构成元代后期重要的士人文化圈，所以说这样一个交际圈的形成对宋褧而言是十分重要的。

二、社会交往

宋褧平生所作诗文大多保留在《燕石集》中，文集收录了宋褧与当时文人大量的诗文唱和，这些信息是还原其交际网络的重要线索，本文根据诗文中提及的人物信息，对宋褧的交往人群进行了统计。与宋褧有过诗文唱和的人物共96人，其中24人没

---

① 这段官职迁转经历的记载十分有限，仅在苏天爵作《元故翰林直学士赠国子祭酒范阳郡侯谥文清宋公墓志铭并序》和宋褧所作《赠僧别传》中有所提及，苏天爵未记时间，《赠僧别传》诗题旁小字注为“至正辛巳秋余由荆南佥宪将趣翰林别传”（见《燕石集》卷9）。至正辛巳即为至正元年（1341），可知宋褧于至正元年秋再入翰林院为翰林待诏，而之前所任陕西行御史台都事只可能早于此，结合西台都事“仅月余”的记载，故将时间定为至正元年。

② 《元史》卷41《顺帝纪》，北京：中华书局，1976年，第868页。

③ ［元］苏天爵著，陈高华、孟繁清点校：《跋延祐二年廷对进帖黄后》，载《滋溪文稿》卷30，北京：中华书局，1997年，第507页。

有相关传记材料或记载不详，其余72人均有文献记载，能够对其身份进行还原。在这72人中，着重关注他们的族群、入仕途径、交往节点、地域郡望等信息，通过这些信息的对比，大致可以发现宋褧交际网络中的一些特点，进而也可反映元代士人圈的一些侧面。

1. 族群

在与宋褧有过诗文唱和的士人中，一些蒙古、色目儒士也频繁地活跃其间，可统计的96人中有12人为非汉族群，这一比例约占12.5%。这些人分别为：阿荣（蒙古怯烈氏）、丁哈八石（色目）、笃列图（蒙古）、朵尔直班（蒙古扎剌儿氏）、廉惠山海牙（畏兀儿）、沙剌班（色目唐兀氏）、罗罗（蒙古札剌儿氏）、马祖常（色目雍古氏）、寿同海涯（畏兀儿）、泰不华（蒙古伯牙吾台氏）、也先海牙（畏兀儿）、拜住（色目）、余阙（色目唐兀氏）。由于材料的限制，此处选择记载较为集中的几人，对他们与宋褧的交往状况做一简要概述。

泰不华（1304—1352），字兼善，蒙古伯牙吾台氏。初名达普化，世居白野山，其父塔不台历仕台州录事判官，遂定居于台州。泰不华自幼被汉族文官周仁荣收养，并师从浙江温州籍著名诗人李孝光，泰不华为至治元年右榜进士，与宋本同年，初授集贤修撰，官至礼部尚书。[①] 泰定元年，泰不华任秘书监著作郎，[②] 宋褧同年进士及第后亦入秘书监，二人应由此相识，至正三年二人又同入史馆修辽、宋、金三史，所以二人的交往理应较为密切。宋褧、宋本、谢端、泰不华四人于至顺元年中秋小集，[③] 宋

① 《元史》卷143《泰不华传》，北京：中华书局，1976年，第3423页。

② ［元］王士点、商企翁编，高荣盛点校：《秘书监志》卷10，杭州：浙江古籍出版社，1996年，第193页。

③ 此次小集宋褧未记时间，但许有壬《如舟亭燕饮诗后序》中所记时间、地点、人物与宋氏诗题所记一致，所以判断此次集会的时间应为许有壬《如舟亭燕饮诗后序》中所记的至顺元年。

褧作《中秋陪谢敬德修撰、达兼善典签、诚夫兄学士会饮周子嘉如舟亭交命险韵十二，依次诗得尝字》①，可见三人来往之密切。泰不华出任绍兴路总管时，宋褧又作《礼部侍郎泰不华兼善出守会稽分题送行得读书堆》② 一诗以送行，诗中有“闭阁究经史，仕学能两优”句，两人相差近十岁，可见宋褧对泰不华的殷切期望。

廉惠山海牙，字公亮，畏兀儿人，出身高昌廉氏世家，廉希宪从子，其父阿鲁浑海牙，曾任广德路达鲁花赤。廉惠山海牙为至治元年右榜进士，与宋本、泰不华同年，宋褧很可能通过宋本与其相识。③ 后至元三年廉惠山海牙任南台经历时，宋褧作《寄南台治书廉公亮》④ 以示庆贺。

马祖常（1279—1338），字伯庸，色目雍古氏。其曾祖月合乃、祖父马世昌、父亲马润都曾任要职，家世十分显赫。马祖常幼时问学于张𤪌，延祐二年首开科举时，便以廷试第二的身份获进士出身，授翰林应奉，官至御史中丞，有《石田文集》十五卷传世。⑤ 宋褧与马祖常何时相识已难考实，但宋褧在泰定元年及第后便作《杏蜡辞》⑥ 与其唱和，可见二人相识必在宋褧及第之前，诗中有“霞绡簇春笑红雨，曲江芳情恼游子。郎君焰光高

① ［元］宋褧：《中秋陪谢敬德修撰、达兼善典签、诚夫兄学士会饮周子嘉如舟亭交命险韵十二，依次诗得尝字》，载《燕石集》卷2，见《北京图书馆古籍珍本丛刊》第92册，北京：书目文献出版社，1991年，第157页下。

② ［元］宋褧：《礼部侍郎泰不华兼善出守会稽分题送行得读书堆》，载《燕石集》卷2，见《北京图书馆古籍珍本丛刊》第92册，北京：书目文献出版社，1991年，第134页下。

③ 《元史》卷145《廉惠山海牙传》，北京：中华书局，1976年，第3447页。

④ ［元］宋褧：《寄南台治书廉公亮》，载《燕石集》卷9，《北京图书馆古籍珍本丛刊》第92册，北京：书目文献出版社，1991年，第193页上。

⑤ ［元］许有壬：《魏郡马文贞公神道碑铭》，载《至正集》卷46，见《元人文集珍本丛刊》第七册，台北：新文丰出版公司，1985年，第225页上。

⑥ ［元］宋褧：《杏蜡辞》，载《燕石集》卷4，见《北京图书馆古籍珍本丛刊》第92册，北京：书目文献出版社，1991年，第146页上。

二丈，烧杀杏花三十里”句，足见宋褧及第后的喜悦之情。马祖常也曾作《送宋显夫南归》[1] 为宋褧送行，诗中首句“琵琶沟北识君初，籍甚才华二十余”，从中似可推测二人相识于宋褧归大都之前。

哈八石（1283—1330），字文苑，取父字姓丁，于阗人，幼时便定居汉地。延祐二年登进士第，与马祖常、许有壬为同年。[2] 哈八石与宋褧的交往也十分密切，当他前往浙西任职时，宋褧作《送哈八石文苑佥宪浙西》[3]，以此相送。至顺元年（1330），哈八石在赴淮安任职的途中染病，不久病逝，宋褧又以《山北宪佥丁文苑挽诗》[4] 悼念。

以上提到的这些少数民族儒士不仅与宋褧有着密切的交往，少数民族儒士之间也有着紧密的联系。例如，马祖常与哈八石同为延祐二年的右榜进士，泰不华与廉惠山海牙为至治元年右榜进士。尽管他们的地位在之后有所差异，但他们的同年之谊则无法改变。哈八石的哀辞就由马祖常所作，收入其《石田文集》中，诔文中提道“文苑学兄，以利人而不得大施，而又寿不享年，兹缙绅大夫所为痛也”[5]。文辞哀切，足见二人的同年之谊。此外，笃列图也与马祖常有姻亲关系。笃列图，字敬夫，蒙古捏古氏，至顺元年登右榜进士，初授集贤修撰，官至内台御史，由于文采

---

① ［元］马祖常：《送宋显夫南归》，载《元文类》卷 7，北京：商务印书馆，1958 年，第 84 页。

② ［元］许有壬：《哈八石哀辞》，载《至正集》卷 68，见《元人文集珍本丛刊》第 7 册，台北：新文丰出版公司，1985 年，第 309 页下。

③ ［元］宋褧：《送哈八石文苑佥宪浙西》，载《燕石集》卷 6，见《北京图书馆古籍珍本丛刊》第 92 册，北京：书目文献出版社，1991 年，第 159 页上。

④ ［元］宋褧：《山北宪佥丁文苑挽诗》，载《燕石集》卷 2，见《北京图书馆古籍珍本丛刊》第 92 册，北京：书目文献出版社，1991 年，第 134 页上。

⑤ ［元］马祖常：《丁君诔》，载《石田文集》卷 8，见《元人文集珍本丛刊》第 6 册，台北：新文丰出版公司，1985 年，第 613 页上。

出众，马祖常便将其妹妻以笃列图，二人成为亲眷。[①]

以上着重探讨了宋褧交往人群中的族群特点，由以上论述中我们不难发现这样的一些特点：

首先，虽然元代士人之间的交往与汉族王朝下的模式大体相同，但是族群界限被大大扩展，不仅限于汉人。[②] 通过对宋褧交往群体的族群进行分析，我们发现元代的文人交游往往会以一些著名儒士为交往中心，其他士人围绕这些著名儒士组成一个交往圈，而且这些交往圈并不封闭，每个人的交往圈之间都有交叉重合，正是通过这样的重合将不同族群的士人连接到多族士人圈中。

其次，宋褧与各族群儒士的交往中，丝毫未见族群隔阂。事实上，族群作为一个现代概念，在当下可能强调了一种身份认同上的差异，然而这样的差异在元代的影响似乎较小。从宋褧的交往群体中就不难发现，这些蒙古人、色目人在完全接受汉文化后，儒学便成为他们之间沟通的有效路径和共同的交往平台。在这个平台中，族群差异不会造成任何的交往障碍，足见元代族群间的开放性、包容性。

2. 地域

若从地域角度观察宋褧交往人群的分布状况，我们可以发现这些人群在某些地区存在着明显的集中现象。在可以考察的 96 人中，有籍贯信息的有 60 人。其中，籍贯为江浙行中书省的有 14 人，占 14.7%；籍贯为湖广行中书省的有 10 人，占 11%；籍贯为中书省的有 20 人，占 21%；籍贯为河南江北行中书省的有 8 人，占 8.7%。此外，籍贯为云南、陕西、江西、四川等行中书省的各有 1—2 人。由此我们不难发现，江浙、湖广、中书三

---

① ［元］王逢：《故内御史捏古氏笃公挽词》，载《梧溪集》卷 3，见《北京图书馆古籍珍本丛刊》第 95 册，北京：书目文献出版社，1991 年，第 463 页下。

② 萧启庆：《元代科举中的多族师生与同年》，载《中华文史论丛》，2010 年第 1 期。

省所占比例较高，是宋褧交往人群的主要来源地。当然我们也应注意到，从地域观察宋褧的交往人群只是分析的一个角度，它并不能分析与宋褧交往的所有人群，所以此处我们仅对受地域影响较大的现象和个人进行探讨。

湖广行中书省是宋褧交往人群分布较密集的区域之一，在可考察的96人中有10人来自湖广行省。我们认为，这一现象与其青年时期居地变化有着十分密切的关系。至元二十年（1283），宋褧之父宋祯出任杭州录事判官；至元二十六年（1289）又迁任归州兴山县主簿；至元三十一年（1294），在兴山县主簿任上宋褧出生。大德三年（1299）宋祯秩满寓居武昌，大德六年（1302），又先后出任江陵路平准行用库提领、衡州路安仁县尹。① 直到延祐六年（1319），宋本、宋褧兄弟二人才由湖广归还大都。由此不难发现，宋褧从出生至25岁都在湖广地区活动，先后定居于归州、武昌路、江陵路、衡州路。这段时间内必然会与当地士人有所交往，而青年时期的交往往往会成为其交际网络的重要组成部分。

表1　湖广行中书省士人信息

社会关系人	生卒年	入仕途径	交往节点	地域郡望
冯福可	不详	延祐二年进士	湖广旧识	湖广行中书省—天临路—醴陵州
姜天麟	1288—1329	泰定元年进士	同年进士	湖广行中书省—天临路—湘潭州
欧阳玄	1283—1357	延祐二年进士	湖广旧识	湖广行中书省—天临路—浏阳州
谢安富	1234—1311	居家不仕	不详	湖广行中书省—澧州路—澧阳
谢端	1279—1340	延祐五年进士	与宋本同师	湖广行中书省—武昌路—江夏
谢琪	1281—1319		不详	湖广行中书省—澧州路—澧阳

① ［元］宋褧：《故集贤直学士大中大夫经筵官兼国子祭酒宋公行状》，载《燕石集》卷15，见《北京图书馆古籍珍本丛刊》第92册，北京：书目文献出版社，1991年，第229页上。

续表

社会关系人	生卒年	入仕途径	交往节点	地域郡望
杨惟肖	1302—1342	乡贡举人	与宋本相识	湖广行中书省—澧州路—澧阳
也先海牙	不详	宿卫	湖广旧识	湖广行中书省—天临路—益阳州
张疾迁	1262—1337	终身不仕	湖广旧识	湖广行中书省—澧州路—安乡
赵淇	1239—1307	宋遗老	湖广旧识	湖广行中书省—天临路—衡山

现选取其中具有代表性的人物做一概述。

谢端（1279—1340），字敬德，号桤斋，本为蜀地遂宁人，宋末因避战乱定居于江陵路，后又迁居于武昌。延祐元年八月，谢端中河南乡贡举人，寻丁内艰。延祐五年，赐进士出身，授承事郎、同知湘阴州事。此后经丞相张珪推荐，擢国子博士，进儒林郎。历任太常博士、翰林修撰、同知制诰兼国史院编修官、国子司业、翰林直学士。① 宋褧和谢端相识与宋本有着密切的联系，谢端曾与宋本一同问学于王奎文，学习性理之学，二人“俱有才名，郡人以谢、宋称之”②。宋褧曾受学于宋本，所以宋褧很可能由此与谢端熟识，加之三人共居一处，他们之间的来往想必也会十分密切。三人入仕之后，在政务上多有交往，宋本及第后在朝中任职，当“事或有所疑”时，都“辄从公论决，悉中肯綮”③。宋褧也有与谢端同官的经历，宋褧曾作《调谢敬德麦敬存二主司口号》诗题旁小字注为“同为东平乡试考官”④。诗

① ［元］苏天爵著，陈高华、孟繁清点校：《元故翰林直学士赠国子祭酒谥文安谢公神道碑铭》，载《滋溪文稿》卷13，北京：中华书局，1997年，第198页。

② ［元］苏天爵著，陈高华、孟繁清点校：《元故翰林直学士赠国子祭酒谥文安谢公神道碑铭》，载《滋溪文稿》卷13，北京：中华书局，1997年，第199页。

③ ［元］苏天爵著，陈高华、孟繁清点校：《元故翰林直学士赠国子祭酒谥文安谢公神道碑铭》，载《滋溪文稿》卷13，北京：中华书局，1997年，第199页。

④ ［元］宋褧：《调谢敬德麦敬存二主司口号》，载《燕石集》卷9，见《北京图书馆古籍珍本丛刊》第92册，北京：书目文献出版社，1991年，第186页下。

题中的麦敬存为何人已不可考，而且该诗所作的确切时间也不清楚，但谢端与宋褧二人都曾任翰林国史院编修，据此可推测二人似乎以此身份出任乡试考官。除政务交往外，三人平时生活中也多有诗作唱和，宋褧曾作《书湘阴谢使君厅壁》① 诗，内中写道：

使君厅事冷于水，使君无家静如僧。
门树枕街横暮犬，戟枝当户照寒礽。
僮奴伍佰随阳雁，漕左书司被冻蝇。
料得太常斋未足，玉珂朝马去飞腾。

在诗尾小字注中有“湘阴为湖南下州，而谢敬德三年未尝挈家，故云尔也”。这正与诗中所写景象相合。该诗所作的确切年代已不可考，但可推测应作于延祐元年至五年之间，这段时间谢端参加河南乡试后又丁忧，延祐五年后谢端任湘阴同知，得以返回湘阴，于时间上相吻合。而且宋褧延祐六年才返回大都，上述时间内仍在湖广，所以他有可能作此诗。宋褧还有《寄慰翰林敬德学士》诗，诗中写道：“故人昔佐湘阴州，诏入馆阁二十秋，高文大册有清誉，赋诗酌酒无白头，荷橐两京久劳猝，行年六表空优游，一官不调竟无愠，我为终熙闷不休。”② 谢端最早于延祐六年进京任官，由诗中“诏入馆阁二十秋”一句可推测作此诗的时间已是至元五年，谢端已经 61 岁，这与诗句中“行年六表”相合。此诗应是谢端晚年仕途不顺之时，宋褧的宽慰之作，也可见二人交往的情谊。

欧阳玄（1283—1357），字原功，号圭斋，天临路浏阳州人。幼以文名，稍长，跟从宋故老学习辞章。元仁宗延祐元年（1314），以治《尚书》与贡，并以《天马赋》中第一。次年赐

① ［元］宋褧：《书湘阴谢使君厅壁》，载《燕石集》卷 6，见《北京图书馆古籍珍本丛刊》第 92 册，北京：书目文献出版社，1991 年，第 157 页下。

② ［元］宋褧：《寄慰翰林敬德学士》，载《燕石集》卷 7，见《北京图书馆古籍珍本丛刊》第 92 册，北京：书目文献出版社，1991 年，第 186 页下。

进士出身，授承事郎、岳州路同知平江州事。后升任艺文少监、翰林学士，总裁辽、金、宋三史，至正五年进翰林学士承旨。[①]“平生三任成均，两为祭酒，六入翰林，三拜承旨”[②]，在元代政坛、文坛都颇有声誉。欧阳玄为湖广行省天临路人，这与宋褧青年时的居地十分接近，而且二人幼时都以文名，所以他们有在青年时期相识的可能，但是现存的诗文中并没有直接证据可以证明这一点。不可否认的是，同乡之谊必然会在二人的交往中起到一定作用。在可考察的材料中，宋褧与欧阳玄最早的交集应是泰定五年，前文提及，宋褧于泰定四年任翰林国史院编修官，泰定五年欧阳玄授翰林待制兼国史院编修官，[③] 二人首次同官。此后宋褧迁任詹事院照磨，欧阳玄任艺文少监，这段时间中，欧阳玄有过一次短暂的归家经历。元统元年，宋褧与欧阳玄同任翰林国史院，参与四朝实录的编修，二人再次同官。之后宋褧便任御史职，长期外任，二人的交集逐渐减少，直到至治三年，顺帝下诏修辽、金、宋史，欧阳玄任总裁官，宋褧分撰宋高宗纪，二人第三次同职。宋褧与欧阳玄既是同乡又三次同职，在交往过程中二人的情谊逐渐深厚。

除官场上同职的经历外，二人在生活中亦有诗文唱酬。在现存的材料中，我们尚可还原这样的集会。许有壬曾记载至顺元年中秋、重阳在如舟亭宴饮的经历“至顺庚午岁中秋、重九，会诸公如舟亭所赋也。分韵者九人，学士宋诚夫，尝与余同在左司；

---

① ［元］危素：《大元故翰林学士承旨光禄大夫知制诰兼修国史圭斋先生欧阳公行状》，载《危太朴文续集》卷 7，见《元人文集珍本丛刊》第 7 册，台北：新文丰出版公司，1985 年，第 561—565 页。

② 《元史》卷 182《欧阳玄传》，北京：中华书局，1976 年，第 4198 页。

③ ［元］危素：《大元故翰林学士承旨光禄大夫知制诰兼修国史圭斋先生欧阳公行状》，载《危太朴文续集》卷 7，见《元人文集珍本丛刊》第 7 册，台北：新文丰出版公司，1985 年，第 563 页上。

少监欧阳原功，实同年；修撰谢敬德，同岁得鲜，亦皆同时官京师"①。宋褧也作诗唱和，诗题为《中秋陪谢敬德修撰、达兼善典签、诚夫兄学士会饮周子嘉如舟亭交命险韵十二，依次诗得尝字》。从二人诗文中反映出的信息来看，集会的九人中，只有宋褧、宋本、谢端、欧阳玄、许有壬、泰不华六人可考，他们于中秋和重阳两次在如舟亭赋诗雅集，但只有宋褧所作的诗得以留存。重阳集会时，宋褧又作《九日再会饮如舟亭分韵得异字》诗，诗中道"今年中秋偶晴明，好友持杯恰三四，时当九日复燕集，潇洒轩楹临水次"②。此亦与许有壬的记载相互印证。

江浙行省也是宋褧交往人群籍贯集中分布地区，但交游受居地影响的因素似可排除，原因有二：其一，宋祯于至元二十年（1283）出任杭州录事判官，至元二十六年（1289）又迁任归州兴山县主簿，而此时宋褧尚未出生，所以他很难在青年时期与江浙行省的士人有所交往；其二，宋本生于至元十八年（1281），宋祯离任杭州时宋本年仅 7 岁，所以也很难在青年时期与江浙籍士人交游，进而宋褧也无法通过宋本与江浙籍士人相识。

表 2　江浙行中书省士人信息

社会关系人	生卒年	入仕途径	交往节点	地域郡望
陈旅	1287—1342	荐举（保任）	由马祖常相识	江浙行中书省—兴化路—莆田
程端学	1278—1334	泰定元年进士	同年进士	江浙行中书省—庆元路—鄞县
笃列图	1312—1348	至顺元年进士	不详	江浙行中书省—绍兴路
贡师泰	1298—1362	泰定四年进士	不详	江浙行中书省—宁国路—宣城
贾策	1282—1339		与陈旅相识	江浙行中书省—杭州路—钱塘

① ［元］许有壬：《如舟亭燕饮诗后序》，载《至正集》卷 32，见《元人文集珍本丛刊》第 7 册，台北：新文丰出版公司，1985 年，第 167 页。

② ［元］宋褧：《九日再会饮如舟亭分韵得异字》，载《燕石集》卷 3，见《北京图书馆古籍珍本丛刊》第 92 册，北京：书目文献出版社，1991 年，第 138 页上。

续表

社会关系人	生卒年	入仕途径	交往节点	地域郡望
柯谦	1234—1302	征辟		江浙行中书省—台州路—仙居
李孝光	不详	征辟	由泰不华相识	江浙行中书省—温州路—乐清
泰不华	1304—1352	至治元年进士	同任秘书监	江浙行中书省—绍兴路—台州
汪文璟	不详	泰定元年进士	同年进士	江浙行中书省—绍兴路—余姚州
汪泽民	1273—1355	延祐五年进士	同修辽宋金史	江浙行中书省—宁国路—宣城
王艮	1278—1348	可能由吏入官	不详	江浙行中书省—绍兴路—诸暨州
吴师道	1283—1344	至治元年进士	陈旅杜本	江浙行中书省—婺州路—兰溪州
赵孟頫	1254—1322	征辟	不详	江浙行中书省—湖州路—乌程
周伯琦	1298—1369	恩荫	翰林国史院编修	江浙行中书省—饶州路— 鄱阳

通过观察与宋褧交往的江浙籍士人具体信息，我们不难发现其地域分布亦存在集中现象。元代江浙行省的范围十分广阔，大致涵盖今江苏省、浙江省、福建省以及广东省东部，但是与宋褧交往的江浙籍士人多集中在江浙行省的北部，如绍兴路、杭州路、庆元路、婺州路、宁国路、温州路、台州路。前文提及，我们已排除宋褧个人居地因素对上述现象的影响，那么我们应尝试关注元代科举制度与江浙文化传统对这一现象的影响。

尽管元代儒学的发展不及两宋，但是江南地区有着两宋以来形成的儒学传统。这一传统在元代直接的表现就是科举进士人数明显多于其他地区，关于这一问题萧启庆先生已经有过揭示。萧启庆先生根据重构的元代进士录对南人进士的地域分布状况进行统计，有元一代南人共产生 298 名进士，其中江浙行省有 149 个，占到了 50%，在具体地域上，江南浙西道、浙东海右道分别有 27 人、56 人。① 江南浙西道、浙东海右道均是江浙行省的核

① 萧启庆：《元代的族群文化与科举》，台北：联经出版事业股份有限公司，2008 年，第 183—184 页。

心区，而这两道恰恰包含绍兴、杭州、庆元、婺州、宁国等路。可见当地的文化传统对进士人数的影响。同时我们还要注意到，元代对科举录取名额实行双重配额制，即族群配额、地区配额，由于南人配额较少，而且不同行省间的人口稠密状况不定，所以这进一步增加了南人科举竞争的难度。① 在如此不利的状况下，江浙地区仍能脱颖而出，也可见此地文化传统之深。所以以上现象势必会影响朝廷中江浙籍官员的数量，那么宋褧的交往人群中有大量浙江籍士人也就不难理解了。

综上所述，借助地域视角考察宋褧的交往人群，不难发现青年时期的同乡之谊在一定程度上影响宋褧的交往范围，并且由于同乡之谊的推动，同乡情谊更加深厚。同时从宋褧的个人交往状况中我们可以发现，江浙地区的文化传统给这一地区士人带来优势，突出体现在科举和仕途中。

3. 入仕途径

从入仕途径来看，宋褧的交往人群绝大多数为进士出身。尽管元代科举取士数量较少，但进士出身的官员群体在迁转途径上大体相似，大多出任御史职或任国子监、翰林国史院，这一现象在左榜进士中尤甚。宋褧的任官经历与上述现象基本一致，其任官经历决定了交往范围，所以他的交往人群会有如此密集的进士出身者。在这些人群中，我们着重关注宋褧与其同年进士的交往状况，同年之谊是科举时代的重要人际关系，他们视当年的考官为其共同座师，这为士人日后互为照应的仕途模式打下了基础。同门之间不仅易形成政治同盟，而且在日常生活中也多有唱和往来，其中同年的集会则是这种唱和的重要表现。

宋褧为泰定元年进士，有关这一科进士集会的文献都出自宋褧之手，我们可以据此对这些雅集进行初步的还原。宋褧曾撰

---

① 萧启庆：《元代的族群文化与科举》，台北：联经出版事业股份有限公司，2008 年，第 180 页。

《同年小集诗序》，记录了其在京座主与同年与天历三年集会的情景：

天历三年二月八日，同年诸生谒座主蔡公于崇基万寿宫寓所。既退，小集前太常博士、艺林使王守诚之秋水轩，坐席尚齿，酒肴简洁，谈咏孔恰，探策赋诗。右榜则前许州判官粤鲁不华、前沂州同知曲出、前大司农照磨谙笃乐、章奎阁学士院参书雅琥。左榜则前翰林编修王瓒、前翰林修撰张益、前富州判官章毅、翰林应奉张彝、编修程谦。疾不附者，前陈州同知纳臣，深州同知王理、太常太祝成鼎。①

泰定元年科考共取士 86 人，② 但左、右榜具体人数无从考实，现已辑录泰定元年右榜进士 20 人，左榜进士 42 人，另有 11 人因记载中之官职与任官规定不符，或因资料错误而列入为存疑。③ 参与此次集会者有 12 人，因疾不赴者 3 人。其中右榜 5 人，雅琥、纳臣为色目人，其余 3 人族属不可考；左榜 9 人，王瓒、张益、王理、张彝、王守诚、宋褧为汉人，章毅、程谦为南人，成鼎籍贯不详。上文提到的蔡公即为蔡文渊，东平人，以翰林学士身份担任此科考官。这次集会上，宋褧作《同年小集探测赋诗得天字》④。

宋褧三十一岁开始进入仕途发展，迄至正六年（1346）卒于官，前后二十三年间历任十一职，兼及内、外任官，且以担任典文、兴教及监察之官职为主。官运虽不若宋本之亨通，但也始

① ［元］宋褧：《同年小集诗序》，载《燕石集》卷 12，见《北京图书馆古籍珍本丛刊》第 92 册，北京：书目文献出版社，1991 年，第 209 页上。

② 泰定元年所取进士数目，各种记载颇有差异。泰定元年科所取 86 人之数系根据《元史·泰定纪》所得。《元史·选举志》及《元史·王约传》所记则分别为 84 人及 85 人。三处所记人数互不相同，暂从本纪之数。

③ 萧启庆：《元朝泰定元年与四年进士辑录》，载《蒙古史研究》，北京：中国社会科学出版社，1997 年，第 52 页。

④ ［元］宋褧：《同年小集探策赋诗得天字》，载《燕石集》卷 5，见《北京图书馆古籍珍本丛刊》第 92 册，北京：书目文献出版社，1991 年，第 149 页上。

终平顺。宋褧居官期间，无论身任何职，均能一本个人优良的政治素养，尽心行事。在监察御史及山南廉访司佥事任内，行事公正，体恤民众，明辨刑狱。而在翰林院修撰及翰林直学士任上，他又分别与修《天历实录》及部分《宋史》，故在官方修史任务上，宋褧也有其贡献。总之，宋褧的学术及学养能力，透过登第入仕而得以具体呈现。

元代文化的多民族性已成学界共识，我们通过宋褧的个案也可窥见元代文化的这一特点。首先，多民族性体现在宋褧交往人群的族群分布上，可统计的96人中有12人为非汉族群，其中既包括蒙古人，也包括高昌人、畏兀尔人、唐兀人等广义而言的色目人，在他们与宋褧的交往中丝毫不见族群隔阂。其次，在交往方式上，宋褧与这些非汉族群士人多有诗文唱酬，可以说他们完全承袭了传统士人间的交往方式，诗文甚至科举都成为联结各族士人的纽带。此处的文化多民族性应有两重含义，不仅表现为多种族群的文化并存，也表现为不同族群的个体参与到多种文化中，例如马祖常、泰不华、沙剌班等人，虽为蒙古、色目人，但他们对汉文化的熟悉程度丝毫不逊于汉族士人，可以说他们也成为汉文化的参与者。同样，不少汉人也精通蒙古语，元代存在大量的翻译人员，称为通事与译史。据萧启庆先生对译职人员族群背景的考证，族群成分为蒙古的通事占42.56%，色目人占14.29%，汉人占42.86%，元朝甚至设立了蒙古国子学、回回国子学来培养翻译人才，张士杰、张震、王珪、秦起宗即为由学校培养出身的译史。① 可见，元代的多民族文化不仅并存，还存在着文化间的相互交流。

---

① 萧启庆：《元代的通事与译史》，载《元史论丛》第六辑，北京：中国社会科学出版社，1997年，第52页。

霍氏家庙：明代礼仪革命与社会变迁①

澳门大学　安劭凡

摘　要：明代嘉靖初年建立的霍氏宗祠完整保留至今，它的背后是粤籍官员霍韬利用在“大礼议”的政治斗争中祭祀仪式的转变，结合地方社会开始兴起的“毁淫祠”以及推行儒家教化的活动，开展多维度的宗族构建的过程。无论是在“大礼议”中坚定支持嘉靖帝“继统”，还是在地方社会积极建构宗族组织，贯穿其中的是霍韬对儒家纲常礼教和伦理秩序的不懈追求，这一追求客观上也为广东地方社会加速与国家规范接轨以及宗族社会的全面形成奠定了良好的基础。

关键词：霍氏家庙；霍氏宗祠；大礼议；礼仪革命；社会变迁

现今位于广东佛山一处不起眼的叫石头村的地方，完整保留着一座大型的宗族祠堂建筑群落，它便是建于嘉靖四年（1525）的霍氏宗祠，又称霍氏家庙。其建立之时，正是时任兵部职方主事的粤籍官员霍韬（1487—1540）在“大礼议”的朝局斗争中获得胜利后不久。这次关于“继嗣”还是“继统”的皇统争论不但奠定了嘉靖初年的国家政治格局，而且还深刻影响到了许多

---

① 本文曾宣读于“重庆大学第二届‘文字斋’研究生论坛”（重庆，2017年5月）。

地方社会的组织形态：地方社会由此开始风行祭祀祖先，追溯始祖，并纷纷建立祠堂，并以这一套国家认可的儒家及家族规范开始了血缘与地缘组织的多维度构建。霍韬家族所在的岭南地区的造族运动在地方社会的变迁中尤为明显，因此通过对霍韬本人及其家族在嘉靖初年的一系列活动和广东地方社会的众多变迁进行观察，我们大致可以勾勒出一幅以霍韬和霍氏家庙为线索的广东地方社会变迁与宗族建构的历史画面。前人分别对国家政治格局层面的“大礼议”以及明代广东地方社会变化等方面进行了众多研究，受限于学力，本文无意也无力在这些方面进行突破或更进一步的研究，只希望以霍韬和霍氏宗祠，亦即传世的《文敏公全集》（石头记）和《霍氏族谱》等材料和实地田野考察的见闻为基础，结合“大礼议”导致的祭祀传统的变化，简单分析国家规范进入地方文化的大致过程。

一、霍韬与嘉靖“大礼议”

关于“大礼议”这一重大历史事件的相关研究可谓汗牛充栋[①]，但正如前所述，研究讨论的焦点多集中于最高层级的朝臣与嘉靖帝之间的政治权力斗争，而对“继嗣”与“继统”这一皇统与礼仪规范层面的争论则较少关注，只将其作为政局争斗的一种外在表现。霍韬其时既非礼部官员，又非阁老或六部侍郎、尚书等重臣，因此其参与这场争论的动机值得关注。而他在其中的态度也会对我们理解他在家乡推行宗族与教化等一系列活动背后的想法多少有些帮助。

根据《明史》记载，霍韬在嘉靖登基不久后便以兵部职方主事的身份向内阁首辅杨廷和建言，针砭时弊：“阁臣职参机务，

---

① 其中较有代表性的全面研究可参见张显清：《明嘉靖“大礼议”的起因、性质和后果》，载《史学集刊》，1988 年第 4 期。

今止票拟，而裁决归近习。辅臣失参赞之权，近习起干政之渐。自今章奏，请召大臣面决施行，讲官、台谏，班列左右，众议而公驳之。宰相得取善之名，内臣免招权之谤。”① 后来关于以兴献王为皇考还是以弘治帝为皇考的“大礼”之议开始兴起，朝臣分成两派，由于嘉靖是以藩王身份入继大统，以首辅杨廷和为首的旧臣支持仍尊明孝宗弘治帝为宗，多数朝臣都附议，只有少数如张璁等人支持嘉靖以生父兴献王为皇考。霍韬自始便支持嘉靖“继统”，他先是上书礼部尚书毛澄，作了一篇名为《大礼议》的文章阐明自己的观点，并与毛澄数次辩论。霍韬见事不可挽回，便直接上书嘉靖，言“按廷议谓陛下宜以孝宗为父，兴献王为叔，别择崇仁王子为献王后，考之古礼则不合，质之圣贤之道则不通，揆之今日之事体则不顺”②。引经据典，从孝道人伦等方面极言“继嗣”之误。他解释自己支持“继统”的缘由有三：“曰前代故事之拘也，曰不忘孝宗之德也，曰避迎合之嫌也。”尤其是若“继统”，“则不惟孝宗之统不绝，即武宗之统亦不绝矣”。因此只有“于兴献王得正父子之称，以不绝天性之恩”，才能“于尊尊亲亲两不悖矣”。嘉靖极为欣喜，但苦于群臣反对，也只好作罢，霍韬也由于朝局压力而“寻谢病归”③。其后嘉靖召霍韬回朝，霍韬请辞，但上书言两条“愚虑”，极为坦诚，设身处地为嘉靖着想，嘉靖于是更视其为忠义之臣，而霍韬其后直到嘉靖六年才重返朝中。④

从上述正史记载来看，霍韬自始至终都在大礼之争中坚定地

---

① 《明史》卷197《霍韬传》，北京：中华书局，1974年标点本，第5207页。

② 《明史》卷197《霍韬传》，北京：中华书局，1974年标点本，第5208页。

③ 《明史》卷197《霍韬传》，北京：中华书局，1974年标点本，第5209页。

④ 《明史》卷197《霍韬传》，北京：中华书局，1974年标点本，第5209—5210页。另，对这一过程有专文研究，见甄晓岚：《试论霍韬在大礼议中的作用和地位》，载《广东教育学院学报》，2003年第1期；亦可见甄晓岚：《论霍韬在嘉靖初年的法制建设》，华南师范大学硕士学位论文，2004年，第7—12页。

支持嘉靖追认生父为皇考，并且从儒家伦理与孝道大义的角度为这一做法提供合法性支撑。因为在他心目中，父子人伦是最为核心的道德标准和秩序规范，皇帝作为天子，自当尤其遵循这些教诲，才能为万民做出表率。这一点也可以在其他材料中得到印证。霍韬在他的日记年谱性质的《石头录》中这样记述了他“臣心不安”的缘由：“皇上不得父其父，不得母其母，不得尊其所尊，是己父母则甚重，而天子之父母则甚轻。兹人也，知有己不知有君者也。”[①] 总之，尽管不能排除霍韬有可能揣摩上意，为自己个人晋升有所考虑的可能[②]，但他毕竟在当时“继嗣”派占绝对多数的局面下敢于旗帜鲜明地支持嘉靖“继统”，且言行一致，此后还多次请辞嘉靖的拔擢以避嫌，应当说是真心实意地希望皇帝可以贯彻儒家伦理规范的。[③] 这一点从他在家乡进行的一系列宗族建设和推广教化的活动中也可以得到很好的印证。

二、“大礼议”与广东地方社会

嘉靖从继位之时开始便伴随着一系列涉及礼仪的争论，包括应从哪个宫门入宫、生母的尊号等问题，直到嘉靖三年（1524）左顺门前群臣哭跪，嘉靖帝下令全部逮捕入狱而达到顶峰。而这一时期的广东地方社会也处在十分关键的变革时期。一方面，魏

① ［明］霍韬：《石头录》，《北京图书馆藏珍本年谱丛刊》第45册，北京：北京图书馆出版社，1999年，第216页。

② 张显清认为“大礼议”的一个严重负面影响便是“酿成谄谀之风”，从霍韬迅速升官的结果来看他自然难脱嫌疑，但毕竟没有直接材料能够表明霍韬有此动机，尤其是其笔下的文章更难以窥见其私心。见张显清：《明嘉靖“大礼议”的起因、性质和后果》，载《史学集刊》，1988年第4期。

③ 甄晓岚对霍韬在“大礼议”中发挥的作用有着“居功第二位”的极高评价，尤其是他表现出的“巨大的决心”以及多次请辞嘉靖的晋升以保全皇帝和个人的名誉，对于“大礼议”事件走向的影响都是至关重要的。见甄晓岚：《试论霍韬在大礼议中的作用和地位》，载《广东教育学院学报》，2003年第1期。

校在广东开展的“毁淫祠”行动正初见成效；另一方面，地方社会开始走向“儒化”，“大礼议”带来的国家正统规范开始逐步渗入到基层社会的各个角落，而这又与以霍韬为代表的一批岭南士大夫的大力推动是分不开的。关于魏校毁淫祠和广东地方社会接受国家规范和宗族的兴起等问题已有不少高质量的研究，这里仅根据这些既有的成果，总体描绘嘉靖初年广东地区的诸种社会变迁，尤其是与“大礼议”所带来的地方“礼仪革命”有关的部分。①

魏校于正德十六年（1521）以按察使副使（提学）的身份到广东任职，在仅一年左右的任职时间里，他竭力开展了大规模的“捣毁淫祠”行动，打击一切不符合国家规范的非儒家祭祀，包括各类地方民间信仰、佛道庙宇以及巫术。与此同时，他将捣毁的“淫祠”用地大量用于兴建社学和书院，以鼓励儒家教化。魏校以广州城为中心，并向周边扩展捣毁范围，及至整个广东地区，包括广东西部雷州府以及北部南雄府。② 魏校希望通过这样的方式可以“以对祖先祭祀的形式来与对里社之神的淫祠信仰进行对抗，通过乡约、社学塑造儒教式人格”，这样的行动虽然一时卓有成效，社学也随之纷纷兴起，但民间祭祀并未消失，且兴起的社学不久后也都逐渐废弃了。③ 社学难以维持的主要原因在

① 参见［日］井上徹：《魏校的捣毁淫祠令研究——广东民间信仰与儒教》，载《史林》，2003 年第 2 期；叶汉明：《明代中后期岭南的地方社会与家族文化》，载《历史研究》，2000 年第 3 期；杜荣佳：《明代中后期广东乡村礼教与民间信仰的变化》，载《中国社会经济史研究》，1992 年第 3 期；邓智华：《明代广东士绅的地方教化运动》，载《青海社会科学》，2007 年第 1 期；科大卫、刘志伟：《宗族与地方社会的国家认同——明清华南地区宗族发展的意识形态基础》，载《历史研究》，2000 年第 3 期。

② ［日］井上徹：《魏校的捣毁淫祠令研究——广东民间信仰与儒教》，载《史林》，2003 年第 2 期。

③ ［日］井上徹：《魏校的捣毁淫祠令研究——广东民间信仰与儒教》，载《史林》，2003 年第 2 期。

于地方乡绅用各种方法抢占社学土地，纷纷将其转为自己家族的族产，霍韬便曾因此遭到过弹劾。① 但值得注意的一点是，尽管地方乡绅与魏校之间存在土地矛盾，但他们都是为了普及儒家规范，因此他们在“抑制佛教、道教和破坏各种淫祠，旨在普及社学”的根本目的上并无不同。②

与“毁淫祠”相并行的还有乡礼的推行。嘉靖九年(1530)，乡绅黄佐著《泰泉乡礼》，秉承着朱子家礼的礼节，“申明立教明伦敬身等宗旨，提倡乡约、乡校、社仓、乡社及保甲等基层社会组织”。全书共六卷，开篇对乡礼的整体规划为“乡约之众，则编为保甲，乡校之后，立为社仓，其左为乡设”，其后依次是关于乡社组织构成、行为规范、职责分配、年节祭祀等方方面面的具体规定。黄佐的《泰泉乡礼》著成后，得到了地方官员的推广，因而广为传布，取得一定成效。③

这一时期的民间社会，尤其是士绅家庭，开始了普遍的造族运动，并形成了一种家族文化。一方面，这些士绅在岭南建立家族文化，“以家达乡”地儒化和汉化地方社会；另一方面，岭南的民间族群也利用国家正统意识中的敬祖重嗣观念来强化血缘和地缘组织。④ 总之，嘉靖年间是岭南地区社会文化变迁的关键时期，宗族势力在地方上的发展既依托于儒家文化对基层社会的深入渗透，也得益于大礼议后祭祀礼仪的转变带来的修祠祭祖之风的兴起，而国家与地方则以此为支点，“一方面士大夫以家达乡地儒化地方社会；另一方面，地方社会也透过家族制确立其正统

① ［日］井上彻：《魏校的捣毁淫祠令研究——广东民间信仰与儒教》，载《史林》，2003年第2期。

② ［日］井上彻：《魏校的捣毁淫祠令研究——广东民间信仰与儒教》，载《史林》，2003年第2期。

③ 杜荣佳：《明代中后期广东乡村礼教与民间信仰的变化》，载《中国社会经济史研究》，1992年第3期。

④ 叶汉明：《明代中后期岭南的地方社会与家族文化》，载《历史研究》，2000年第3期。

合法地位”，由此形成了国家与地方双向互动的网络。①

宗族制度在这一时期也有了长足的发展，并形成了所谓的“宗族社会”。祭祀礼仪的改革得以迅速普及，其动力也有来自官僚系统的部分，因为“官僚制度与宋明理学相辅相成，官僚通过儒学训练取得连皇帝也要在意识形态上给与尊重的政治地位，理学则通过官僚可以借助政治力量推动礼仪的推广”，于是只有“品官家庭才可以兴建的家庙式祠堂就成为代表官僚地位的象征”②。

概言之，这一时期的广东地方社会发生了一系列重大的变化，以魏校为代表的一批南下任职的地方官员大力推行符合国家礼仪规范的祭祀仪式，规范当地的教化，并打击非儒家正统的民间佛道和鬼神信仰；同时地方乡绅本着基本相同的目的也进行着兴建宗祠、社学以及修订乡约的活动。通过国家与地方、乡绅精英与民间社会的一系列互动，国家规范逐渐深入到地方的社会秩序当中，华南地区的宗族构建，或称造族活动，也在嘉靖年间开始蓬勃展开，最终形成了明清以来华南地区宗族社会的符合大传统的总体形象。

三、霍韬家族的宗族建构

礼议给地方社会带来的最直接影响便是开始允许祭祀始祖，而之前民间只许按照朱子家礼的规定祭祀其上的三代祖先。由于可祭始祖，“联宗祭祖”的情况纷纷出现，覆盖广泛地域与涵盖血缘关系的宗族组织得以应运而生。霍韬家族在嘉靖四年修建大宗祠的举动便是其中较有代表性的一种，因此，这一部分专门讨

① 叶汉明：《明代中后期岭南的地方社会与家族文化》，载《历史研究》，2000年第3期。

② 科大卫、刘志伟：《宗族与地方社会的国家认同——明清华南地区宗族发展的意识形态基础》，载《历史研究》，2000年第3期。

论霍韬家族建造宗祠等活动。①

关于霍韬修建大宗祠的原因，《石头录》中有如下记载：

时公无居室，与兄振先谋曰："君子将营宫室宗庙为先。"乃修大宗祠，中为始高曾祖神位，而以各房伯叔之祖附之。或问各房之祖同祠，礼乎？公曰："高祖于曾祖父，子也。一父数子，同居共食，礼也。生可共食，没独不可共享乎？若只宗子嫡孙入祠，则三四世后，各房皆舍其祖，拜嫡子之祖，生者安乎？礼非从天设地产，因人情耳。况家礼有附食之文乎？"霍氏之合祀各祖于宗祠，自公始也。②

这里不难看出，霍韬解释"连宗祭祖"的原因是子女生前一同生活吃饭，死后若只有嫡长子能够得到祭拜，那么子女的后代便不能祭拜他们的生身父母。这一点跟霍韬给嘉靖帝的上书中所强调的"父其父""母其母"的人伦大道可谓是一脉相承的。

除了亲孝方面的考虑，宗族财产的管理也同样重要。③ 修建大宗祠需要雄厚的财力支持，而霍韬的想法则是尽力扩充族产，以不断壮大家族的产业。霍韬常提醒族人，要"做第一等人事，做第一等人物，占第一等地步，使乡邦称为忠厚家，称为谨慎家，称为清白家，称为勤俭家，称为谦逊家"④。可见，他对家族的期望是相当之高的。他首先利用毁淫祠将会腾出不少土地的机会和他作为官员所具有的田地优免特权，大量并购土地以为族

---

① 参见甄晓岚：《论霍韬在嘉靖初年的法制建设》，华南师范大学硕士学位论文，2004 年，第 42—45 页；付新：《礼臣与乡宦——霍韬（1487—1540）研究》，东北师范大学硕士学位论文，2009 年。

② ［明］霍韬：《石头录》，载《北京图书馆藏珍本年谱丛刊》第 45 册，北京：北京图书馆出版社，1999 年，第 229 页。

③ 如科大卫指出的那样，"霍韬宗族设计的重要元素，就是合爨共产"。见科大卫：《皇帝与祖宗：华南的国家与宗族》，卜永坚译，南京：江苏人民出版社，2009 年，第 151 页。

④ ［明］霍韬：《与冢山书十一二》，载《渭厓文集》卷 78，四库全书存目丛书集部第 69 册，第 168 页。

产，且常常是低价购入寺田、沙田，迅速积累起大量的田地。值得注意的是，在并购土地的过程中往往还会发生用不当手段进行压价购买的情况，这一点也曾遭到朝廷一些官员的弹劾。而且“霍氏家族还强占农民的沙田，引起民众的不满，纷纷到官府发”①。可见，霍家扩张的土地当有不小的规模，且在此过程中也不那么注重儒家温良恭俭让的“大义”了。② 除此之外，霍韬也曾涉及铸铁、木材、银矿以及陶瓷等工商业以“本末兼顾”，而且也形成了一定的规模。

这里还可一提的是，现仍存于霍氏宗祠中的一块嘉庆十五年碑文，上面记录了当时霍氏家族的族产情况，碑文如下：

本宗尝业，向在西樵金欧大桐九江等处，共税一百六十四亩零……六世祖文敏公送出以为蒸尝留祭之用，历数百年，收租奉祀无异。嗣因佃丁多有拖欠之事，绅老宗子理事集祠酌议，盍无移远就近，似于祖业大有裨益。即觅人转受，得价银一千五百零五两一钱二分，除补回西樵上期租银四十九两零久分，又除二次立契签字杂项使用银二十四两三钱零，随即置回本地业，共税三十九亩六分，共价银一千一百六十二两二钱零，所有中用写契代笔丈二饭食在内，土名列后，其余剩之银将二百四十三两二钱零，清还各债以省纳利，尚存银二十六两三钱零，即收入尝部，将来祖业日引而月长，而文祖之遗意永垂不朽矣。是为序。

大纱帽二亩八分西了滘口二亩隔滘一亩六分

荒田园二亩三分隔滘三亩五分禄地渡□□□

三了涌一亩五分蛇口前一亩一分黎涌滘二亩三分

① 付新：《礼臣与乡宦——霍韬（1487—1540）研究》，东北师范大学硕士学位论文，2009 年，第 24 页。

② 当然，身为高级官员的霍韬还是尽可能地对家人进行了约束，警告他们做事要合乎礼度，不要借助家族势力作威作福，与邻为善，和睦相处等。见科大卫：《皇帝与祖宗：华南的国家与宗族》，卜永坚译，南京：江苏人民出版社，2009 年，第 152—153 页。

风车零五分石龟七分石狗二亩三分

东便国七分蛇口长零一亩六分洲尾三亩五分

石桥头五分垦脚一亩水松树脚七分

嘉庆十五年二月合族绅老宗子理事等仝立①

从碑文上反映的嘉庆年间霍氏家族族产的情况来看，不但分布范围广泛，且资金流水规模已达数千两，为数不小。此外，文中提及文敏公霍韬所创下的此份基业“历数百年，收租奉祀无异”，也可见霍韬时期是族产的开创阶段。另外，将族产结余收存备用时再次提及霍韬，以“将来祖业日引而月长，而文祖之遗意永垂不朽矣”来表达对世代传承此份宗族产业的希望。

总之，尽管霍韬动用各种正当与不正当的手段，但他的根本目的还是为建立大宗祠而提供经济上的保障。在已取得大量土地可用于祠堂、社学等设施兴建后，霍韬便开始着力于创建大宗祠这一最重要的活动。

嘉靖五年（1526）二月六日，霍韬宣布家族进行“合爨”，即共同于宗祠进食。这一传统在今天还有所保留，在一些乡村社会中，逢重大节日仍要共食。② 霍韬在这天先宣读了《合爨祭告家庙文》，以强化大家的共同认同感。③ 由于宗祠是凝聚全族人的重要组织，需要有相应的家族成员进行协调与维系，因此在“合爨”过后，霍韬宣布，规定设“家长”一人以“总摄家务”，另有“宗子”一人“惟主祭祀”，但若“宗子贤则以宗子兼家长”，也可以合二为一。④ 此外，对于全族人共同进食的“会

---

① 碑文可见于今广东省佛山市石湾区澜石镇石头村的霍氏宗祠，文本经抄录校对后列于此。

② 或许类似于现在仍然存在的同分猪肉之类的习俗。

③ 付新：《礼臣与乡宦——霍韬（1487—1540）研究》，东北师范大学硕士学位论文，2009年，第29页。

④ ［明］霍韬：《石头录》，《北京图书馆藏珍本年谱丛刊》第45册，北京：北京图书馆出版社，1999年，第231—232页。

膳”，规定也相当之详细：“家众计口支谷自爨，惟朔望会膳。会膳之日，三十以下不得饮酒精食，四十以下肉食不过一品。”①有研究指出，“会膳”不但体现了儒家传统孝道思想、赏罚分明原则，还体现了厉行节俭的道德训诫。②

除修建大宗祠外，追溯始祖和凝聚族人的另一重要方式便是编修族谱。霍韬曾为《霍氏族谱》写有一长一短两篇序言，短篇追溯始祖为山西太原霍邑人氏，但具体如何散布转徙至石头村，霍韬则表示“亦无可考”：

韬曰：我祖得姓，实自霍叔，食封于霍邑，汉春秋而上为太原人。故今子孙着姓，尤曰太原郡云。宋靖康时避狄难，迁于广之南雄珠玑巷，或曰秦时徙中国，民五十万填实南粤。我祖从徙，遂世为南雄人。二说未知孰是。宋季年，由南雄再谪南海。或曰嬉笑皇姑，罪谪迁，语亦无所稽。由南雄迁者，兄弟三人，皆负担来，一居石头，二人不知所居。或曰一居榕洲，一居梁浩。又云一居澜石，一居佛山，亦无可考。③

第二篇长序分别介绍了纨绔子弟椿林公、三世祖概堂公以及四世祖南谷公，历数诸位先祖创业之不易：“纨绔子弟椿林公，生大名洪武之初，业焙鸭蛋，得利什百，遂起。家人称曰：霍鸭氏。文士易称曰：凫鹜氏。”……四世祖南谷公逢黄萧养之乱，直到“黄贼始定，我祖昼则鬻布于市，暇则作扇市取值以起家”。霍韬对此感叹道：“我祖妣备历艰苦如此，我子孙念之哉。祖考以艰苦成立之，子孙以骄惰倾覆之。祖考有灵，希尔念之哉。”再次表达子孙要牢记祖先创业不易，要加倍珍惜，要守住

① ［明］霍韬：《石头录》，《北京图书馆藏珍本年谱丛刊》第45册，北京：北京图书馆出版社，1999年，第231—232页。

② 付新：《礼臣与乡宦——霍韬（1487—1540）研究》，东北师范大学硕士学位论文，2009年，第28页。

③ ［清］霍绍远、霍清：《石头霍氏族谱》，桂林：广西师范大学出版社，2015年，序言。

乃至扩大家业的愿望。①

一个值得注意的现象是，谱序往往可以反映出很多随着时代变迁而产生的问题。比如八世孙霍尚守的谱序中将祖先起源的细节不断丰富，大大超过霍韬描述的范畴。显然八世孙霍尚守不可能比他祖父辈的霍韬更了解他们的先祖，因而只有可能是根据现实需要进行的发挥，尤其是他格外强调修写族谱的重要性，因此目的也许在于更进一步地加强霍氏家族成员间的凝聚力。霍尚守是这样记述祖先的情况的：

吾宗之始祖，盖出皇帝，系云河东霍山，为冀州之镇。周初姬处邑其下，国名曰霍，则山之以也。襄王之世，霍人入于晋，其子孙遂氏故，封散各处。赵魏间历秦汉皆然。今着姓尤称太原郡云。汉有冠军侯去病，博陆侯光，郫都亭侯谞，著名于唐者，刺史总而已。宋元之际，宗分南北宋，状元端友元丞相孙，皆北宗也。南宗见祀者，惟举八行之暐云。开国以来，北宗弥炽延燕暨齐，擢第者十余人。若少司寇瑄，若大司马冀，若少卿恩，若中丞鹏。其表表者，南宗萃于南海，折为十宗世远，谱缺支派系分，连而一之，难矣。②

霍尚守一方面大量附会历代霍姓名人，包括霍去病、霍光等人，另一方则表示由于时代渐远而“谱缺支派系分”，正需要修订族谱以“连而一之”。他还特别提到霍韬的重要贡献：“修……墓，建社学，定家训，祭祀有田，赡族有田，社学有田，乡历有田，彬彬乎备矣。”③

另一个值得注意的变迁是现代人修的霍氏宗祠的简介，其中关于霍韬的描述如下：

六世祖韬字渭先，号渭崖，谥文敏，西庄次子生成化二十三

① 《霍氏族谱》，序言。

② 《霍氏族谱》，序言。

③ 《霍氏族谱》，序言。

年（1487）目重瞳极聪慧，自幼家贫，得伯父庭秀供读，十九岁入学，二十七岁以易经应正德，甲戌科殿试，二甲第一名会元，官至礼部尚书，太子少保，嘉靖十九年薨于任上，时年五十四，为表忠良，认赠荣禄大夫太子太保三世尚书，奉茔增城南郷岭，妣潭村区氏、郑氏、吕氏、老氏男九女五，次女适湛尚书子。

这里除了生卒年等基本信息外，只提及了霍韬曾任何官职以及葬于何处、子女的情况等，已经不再提及他与嘉靖“大礼议”的关系和在其中的重要作用了，而且也没有提及霍尚守所看重的霍韬创立宗祠家业的事迹，除了曾任职明代高官外，从今天普通人的角度已看不大出来霍韬对霍氏宗祠有何特殊贡献或作用了。似乎他只是众多世霍氏族人中较重要之一人，仅此而已。

结　语

霍韬除了扩大族产和建立祠堂外，还积极地兴建地方社学，包括先后建立的石头书院和四峰书院等，并有详细的家训传世。[①] 通过回顾霍韬在嘉靖初年“大礼议”中的直言、广东地方社会的一系列变化以及霍韬在地方兴建宗族的种种活动，不难发现贯穿其中的，是以霍韬为代表的一批士大夫在国家和地方层面均有的对儒家纲常礼教的坚持：霍韬在上书嘉靖帝力主“继统”时，始终强调的是孝道的“父其父”“母其母”，这一点即使是“继嗣”派的杨廷和等人也难以正面反驳。而面对岭南地区儒家伦理不占优势地位，各种佛道和民间鬼神、巫术信仰混行的情况，还是以魏校为代表的一批儒家士大夫在力主改变这种局面，以形成独尊儒家规范的只祭祀祖先，不祭其他的新局面。在这一

① 付新：《礼臣与乡宦——霍韬（1487—1540）研究》，东北师范大学硕士学位论文，2009年，第30—31页。

过程中，地方士绅也秉持着类似的目的，普遍推行教化，修订乡约，广兴社学，将国家官方的规范话语渗入到地方社会秩序之中，尽管存在着士绅借机提升经济、社会地位和影响力的情况，但客观上却由此形成了国家与地方互动的中介渠道。最后，霍韬在家乡的宗族建构活动则更为清晰地展示出贯穿他意图始终的想法，那就是以儒家正道教化地方社会，以宗族统合地缘与血缘组织，形成较明初期里甲制更为有效率的地方管理组织形式。

《石头录》中提到霍韬为一家模范家族题写序言的事情：

中邑之九江有姓陈者，兄弟八人，三世同居，乡邦称为陈雍睦家。公尝赠之序，其末云：教家不难于其始而难于其终，不难于其人而难于其躬，妇子嘻嘻，家节是漓，少长匪仪，家节是粃，一人不慎，一家是违；一念不慎，鬼神是窥。故曰身不修家不齐也，观此而公之所以修身齐家者，可知矣。①

修身齐家是儒家最根本的个人与家庭道德规范，霍韬时时不忘鼓励这样的规范伦理，正是国家之“礼”与家庭之“礼”在他思想中的核心地位的反映。也或许从这一角度看，可以有助于我们理解保留至今的霍氏家庙背后所反映的嘉靖初年的革命性礼仪变化与广东地方社会种种变迁之间的互动过程与复杂关系。地方社会通过对国家礼仪规范和教化话语的借用，维持其作为“文化资源和控产机构”②的庞大地缘组织，而这种借用客观上则进一步促进了王朝国家对华南广大乡村地域的文化统合，型塑起“大一统”国家的标准化叙述。

---

① ［明］霍韬：《石头录》，《北京图书馆藏珍本年谱丛刊》第45册，北京：北京图书馆出版社，1999年，第231—232页。

② 乔素玲、黄国信：《中国宗族研究：从社会人类学到社会历史学的转向》，载《社会学研究》，2009年第4期，第209-211页。关于宗族作为一种控产机构的论断的进一步发挥和详细论证见 David Faure, "The Lineage as Business Company: Patronage versus Law in the Development of Chinese Business", Reprinted from The Second Conference on Modern Chinese Economic History, Jan. 1989, The Institute of Economics, Academia Sinica, Taipei.

海上丝绸之路朝鲜史料中的宁波海商

蓬莱阁景区管理处　袁晓春

摘　要：朝鲜李朝《备边司誊录》为官方实录，文中记载了两艘宁波商船孙合兴商船、"顺茂号"商船的海洋贸易史料。宁波商船的船主跟船交易，商船中选用经验丰富年长人员担任舵工（船长），父子兄弟有时同为船员，往北方输送茶叶、酒，运回红枣、粉条等物产。同时，宁波海商、船员还搭乘福船，赴日本从事海外贸易。此外，文中还对宁波商船的货物价值、船员信仰佛教以及商船失事后焚烧船材取出铁钉带回等进行探析。

关键词：朝鲜；史料；《备边司誊录》；宁波；海商

"海上丝绸之路"是法国学者让·菲利奥（Jean Filliozat）在国际学术界第一次提出的名称，是指古代中国通过海洋与海外各国进行政府往来、商贸交易、文化交流等的海上航路。中国开辟的古代海上丝绸之路受到海外学者的高度评价，日本著名航海史学者松浦章指出："在东亚世界里，有着一片广阔的海域，这些名为渤海、黄海、东海、台湾海峡的广阔海域，将东亚各国悬隔开来。在古代，这些国家之间主要依靠船舶相互往来。船舶是海洋地域和国家间接触以及交流不可或缺一个重要因素。从 14 世纪到 20 世纪初叶这段漫长的历史时期里，从事于远洋航行的船舶主要是中国的帆船。在当时的东亚海域世界里，中国的造船和航海技术最为先进，其海洋政策也相对宽松，这使得中国帆船掌握了东亚世界的制海权，主导了当时的海上交通事业。”[①] 位于太平洋西岸中国海岸线居中位置的宁波，与古代中国东洋、西洋航路相互交集，在中国古代海上丝绸之路东西洋航路中占有举足轻重的地位。唐朝宁波海商张支信（或作张友信），频繁往来于中日东洋航路。863 年，张支信在日本为平成天皇三子头陀亲王造船，驾船运载头陀亲王等 61 人抵达宁波，随后头陀亲王等进入长安求法，这成为中日佛教交流史上的重要事件。[②] 明清时期，宁波商船在海上遭遇风浪漂流到朝鲜，朝鲜李朝官方给予友好安置，并将漂流到此的宁波商船船员、商人送回中国，李朝《备边司誊录》予以详细记载。有关史料未见于中国史籍与地方方志。《备边司誊录》为珍贵的古代东亚海洋贸易史料，故予以介绍，试做探析。

一、朝鲜李朝《备边司誊录》与宁波海商

中国与韩国通过海洋交流密切，史料记载丰富，韩国保存的朝鲜李朝《备边司誊录》即为其中之一。《备边司誊录》为朝鲜李朝的官方实录，时间起自朝鲜李朝光海君八年（1616），下至高宗二十九年（1892），现存 273 册，记载有 276 年的历史（缺其中 54 年的记录）。备边司最初是朝鲜李朝为处理女真与日本对朝鲜王朝的侵扰问题而设立的临时机构，后为朝鲜王朝国政诸般事务的最高决议机构，议处事项相当广泛，一般界定范围为朝鲜内政、中朝关系及朝日关系。明宗十年备边司被划为常设机构，人员从正一品的都提调到从正六品的郎厅人员。备边司主要记录会议，接收下面上报的文书、传达的指令、国王对事情的处理意

---

① ［日］松浦章：《明清时代东亚海域的文化交流》，郑洁西等译，南京：江苏人民出版社，序 1 页。

② 杨建德：《唐代航海家张友信》，载《中国港口》（中国港口博物馆馆刊专辑），2015 总第 1 期。

见等，主要负责誊写的是郎厅人员。备边司人员熟悉汉语并以汉语记叙，从而留下罕见的域外汉文文献。

对《备边司誊录》的学术研究始于20世纪30年代。1936年，日本学者重吉万次发表《关于备边司的设置》[①]，首先开始备边司的史料研究。1964年，韩国学者申奭镐发表《备边司与誊录》[②]，首次对备边司及其誊录关系进行探讨。在海洋贸易方面，日本关西大学松浦章教授编著、卞凤奎编译的《清代帆船东亚航运史料汇编》[③]一书，做出了开拓性贡献。国内学者利用《备边司誊录》史料方面，范金民在《清代前期福建商人的沿海北艚贸易》[④]、费驰在《17世纪末18世纪初的东亚商路及其影响》[⑤]均引用过《备边司誊录》中关于海洋贸易的史料。邹然在《〈备边司誊录〉与中国漂流民——以“问情别单”为主要史料》[⑥]、宋先超在《〈备边司誊录〉史料价值初探》[⑦]中都有部分介绍，以说明《备边司誊录》对海洋贸易做了可贵探索。但是利用《备边司誊录》进行中国海洋贸易史研究的，国内尚少见专文发表，有待于海洋贸易研究的系统开展。本文史料来源于大韩民国国史编纂委员会1959—1960年出版的《备边司誊录》誊写影印本，该版本涉及国内史料未见的40艘中国海船遭遇风暴

① ［日］重吉万次：《关于备边司的设置》，载《青丘学丛》，1936年第23期。

② ［韩］申奭镐：《备边司与誊录》，载韩国国史编纂委员会编《韩国史料解说集》，1964年。

③ ［日］松浦章：《清代帆船东亚航运史料汇编》，台北：乐学书局有限公司，2007年。

④ 范金民：《清代前期福建商人的沿海北艚贸易》，载《闽台文化研究》，2013年第2期。

⑤ 费驰：《17世纪末18世纪初的东亚商路及其影响》，载《中国边疆史地研究》，2011年第4期。

⑥ 邹然：《〈备边司誊录〉与中国漂流民——以“问情别单”为主要史料》，浙江工商大学硕士学位论文，2014年。

⑦ 宋先超：《〈备边司誊录〉史料价值初探》，东北师范大学硕士学位论文，2011年。

漂流到朝鲜半岛的航海史料，其记录的细节是国内史料中的盲点，为我们研究海洋贸易与文化交流提供了另外的观察视角。

《备边司誊录》中记载的两艘宁波海船分别是：清朝乾隆二十七年（1762）宁波府鄞县孙合兴商船、清朝道光四年（1824）宁波府鄞县“顺茂号”商船。像《备边司誊录》这样详细记载两艘宁波海洋贸易船船主、舵工、水手、客商、乘客的姓名、年纪、籍贯、贸易货物以及携带银两铜钱等具体海洋贸易资料实属罕见。朝鲜李朝《备边司誊录》记载的清朝宁波海洋贸易与航海史料，可以填补宁波古代海上丝绸之路相关史料的空白，具有较高的学术研究价值。

二、《备边司誊录》记载的两艘清朝宁波商船

1. 清朝乾隆二十七年鄞县孙合兴商船

据朝鲜李朝《备边司誊录》英祖三十八年壬午条记载，宁波府鄞县孙合兴商船于乾隆二十七年（1762）六月二十六日驶离鄞县，七月二日抵达上海，在上海装上茶叶等货物往北方发船。九月二十五日在山东石岛海面突遭狂风，十月二日漂流到朝鲜境内。

孙合兴商船上乘员 22 人，其中船员 19 人，包括船主孙合兴（宁波府鄞县人）、舵工蔡圣章、水手（17 人）全部来自宁波府鄞县，说明孙合兴商船的船籍地是鄞县。

随船的 3 名商人来自苏州与杭州，分别是苏州商人赵禹廷、潘长官，杭州商人于德铨，但是据记载 3 人均不是货物的据有人，而是做买卖的伙计。可见，这 3 人的老板并不随船做生意，而是派伙计押船从事交易，详情见表 1。

表1 清朝乾隆二十七年（1762）鄞县孙合兴商船①

姓名	身份	年龄	籍贯
孙合兴	船主	37	宁波府鄞县人
蔡圣章	舵工	59	宁波府鄞县人
卢大章	水手	33	宁波府鄞县人
孙泾水	水手	32	宁波府鄞县人
胡良臣	水手	45	宁波府鄞县人
郑殿华	水手	35	宁波府鄞县人
卢大伸	水手	42	宁波府鄞县人
李大发	水手	40	宁波府鄞县人
何元信	水手	34	宁波府鄞县人
朱伟公	水手	38	宁波府鄞县人
潘世韶	水手	28	宁波府鄞县人
孙世隆	水手	35	宁波府鄞县人
蔡弘仁	水手	21	宁波府鄞县人
朱大伦	水手	28	宁波府鄞县人
钟振生	水手	54	宁波府鄞县人
余允生	水手	61	宁波府鄞县人
许众周	水手	25	宁波府鄞县人
张奎德	水手	45	宁波府鄞县人
卢可才	水手	35	宁波府鄞县人
赵禹廷	客商	47	苏州人
潘长官	客商	38	苏州人
于德铨	客商	32	杭州人

① ［朝鲜］《备边司謄录》第13册，“英祖三十八年壬午”条，大韩民国史编纂委员会誊写影印本，首尔：东国文化社，1959—1960年，第819—821页。本文以下所引此书均为该版本。

2. 清朝道光四年宁波府鄞县“顺茂号”商船

据朝鲜李朝《备边司誊录》“纯祖二十五年乙酉”条记载，鄞县“顺茂号”商船于道光四年（1824）七月七日从宁波府镇海县装酒，自镇海县海口起航，八月七日驶抵天津顺利地交货、卸货。九月十三日“顺茂号”商船从天津出发，十六日到达山东一处有大山的地方，装运山东大枣。二十日又出发，十一月四日驶进大洋洋面，六日突然遭遇大风，七日“顺茂号”商船不幸桅杆、船舵全部损坏，亥时商船开始沉没海中。“顺茂号”商船16名乘员赶紧换乘小艇，在海中随风飘荡。八日申时，小艇漂至朝鲜海域被救上岸。

鄞县“顺茂号”商船载有乘员16名，其中船主朱和惠与舵工应文彩、水手陈武法等14人都是鄞县人，仅有陈忠焕、冯盛干2人为镇海县人，详情参阅表2。

表2　清朝道光四年（1824）“顺茂号”商船①

姓名	身份	年龄	籍贯
朱和惠	船主	42	宁波府鄞县
应文彩	舵工	65	宁波府鄞县
陈武法	水手	47	宁波府鄞县
王家国	水手	28	宁波府鄞县
王加临	水手	21	宁波府鄞县
朱大隆	水手	33	宁波府鄞县
应庆余	水手	33	宁波府鄞县
朱孝雷	水手	33	宁波府鄞县
姚文运	水手	21	宁波府鄞县

① ［朝鲜］《备边司誊录》第21册，“纯祖二十五年乙酉”条，大韩民国史编纂委员会誊写影印本，首尔：东国文化社，1959—1960年，第819—821页。

续表

姓名	身份	年龄	籍贯
谢明佩	水手	24	宁波府鄞县
彭守锦	水手	61	宁波府鄞县
李奎先	水手	47	宁波府鄞县
包傅贵	水手	28	宁波府鄞县
陈齐凤		25	宁波府鄞县
陈忠焕		50	宁波府镇海县
冯盛干		22	宁波府镇海县

我国沿海长期形成的航海习俗中，有父子不同船、兄弟不同舟的避险习俗。航海习俗要求直系亲属分开上不同的海船，以规避航海风险，来降低万一出现海难带给船员家庭的灭顶之灾。让人不可思议的是鄞县“顺茂号”商船上却出现父子、兄弟同船的罕见情况。朝鲜备边司官员在多年的问询中，偶然发现这一反常情形，因此在《备边司誊录》“纯祖二十五年乙酉”条予以明确记述：

问：你们中，有姓同者，是亲戚耶。

答：应文彩，即应庆余之父，王家国，即王加临之兄。①

可见，仅有16名乘员的“顺茂号”商船，出现父子、兄弟两对直系亲属船员，4名直系亲属船员占该船乘员总数的25%，应该不是偶尔发生的。这说明宁波鄞县一带的人们宗族观念强烈，从事海洋贸易的商船船员中也出现了打虎亲兄弟、上阵父子兵的情形，但是不知什么原因，忽视了父子不同船、兄弟不同舟的航海避险习俗，个中原因值得探究。

---

① ［朝鲜］《备边司誊录》第21册，“纯祖二十五年乙酉”条，大韩民国史编纂委员会誊写影印本，首尔：东国文化社，1959—1960年，第819—821页。

三、宁波商人、船员搭乘福船赴日从事海外贸易

明清时期，福建海船是海上丝绸之路海外贸易的主要载体。《备边司謄录》“肃宗三十年甲申”条记载宁波商人、船员搭乘福船进行海外贸易的情况。康熙四十三年（1704），福建泉州船主王富（时年55岁），驾驶大福船赴日本进行海外贸易，船上载有乘员116人，其中有宁波商人周兴年、徐子法、李君甫、杨起龙、郑德普5人，原载为：

周兴年四十八，浙江宁波府鄞县住。

徐子法年二十，浙江宁波府鄞县住。

李君甫年三十三，浙江宁波府鄞县住。

杨起龙年三十九，浙江宁波府鄞县住。

郑德普年二十五，浙江宁波府慈溪县住。①

此外，该船有宁波船员装货付直库余起云，船梢吴世填、王郎、任叶之、王材5人，原载为：

装货付直库余起云年四十五，浙江宁波府勤县住。

船梢吴世填年三十四，浙江宁波府鄞县住。

王郎年十九，浙江宁波府鄞县住。

任叶之年二十七，浙江宁波府鄞县住。

王材年三十一，浙江宁波府鄞县住。②

从上述文献来看，宁波的海商、船员在泉州王富福船中共有10人。那么，搭乘福船的宁波海商去日本进行海外贸易的货物都有哪些呢？文载：

问：你等将何样物件，贸来何样物件。

---

① ［朝鲜］《备边司謄录》第5册，“肃宗三十年甲申”条，大韩民国史编纂委员会誊写影印本，首尔：东国文化社，1959—1960年，第382—387页。

② ［朝鲜］《备边司謄录》第5册，“肃宗三十年甲申”条，大韩民国史编纂委员会誊写影印本，首尔：东国文化社，1959—1960年，第382—387页。

答：卖去苏木、白糖、乌漆、乌糖、犀角、象牙、黑角、藤黄、牛皮、鹿皮、鱼皮、乌铅、辑藤、大枫子、槟榔、银朱、水粉等物，贸换红铜、金、银、鲍鱼、海参、漆器、铜器等物以来矣。①

可见，宁波商人与福建商人合伙进行对日海外贸易，既将中国的漆、白糖、乌糖、藤黄、牛皮、鱼皮、槟榔等货物出口日本，也将从东南亚进口的犀角、象牙、苏木等名贵货物输往日本进行转口贸易，再从日本购回国内需要的金、银、红铜、海参、漆器等日本物产。

朝鲜李朝备边司官员知道清朝康熙年间开放海禁，允许商人下海从事海外贸易，但日本方面采取什么政策，备边司官员亟需了解：

问：大国既许通市，则必有互市之举，日本国人，亦往贩大国地方耶？

答：日本国，则不许本国人往贩他国耳。

问：你等往日本时，船有定数，而物货亦有定限耶？

答：船是八十艘，银是一百二十万两定数耳。

问：商船八十只，货银一百二十万两，谁为的定耶？

答：日本国王定之耳。

问：九政令施为，宜自大国定而行之，船只、物货之多寡，日本国王何以擅定耶？

答：此是日本国买卖，故自其国定数耳。

问：长崎岛开市时，官人监市耶？

答：我船到日本，交易之时，有二位官人，照管买卖事矣。②

① ［朝鲜］《备边司誊录》第5册，“肃宗三十年甲申”条，大韩民国史编纂委员会誊写影印本，首尔：东国文化社，1959—1960年，第382—387页。

② ［朝鲜］《备边司誊录》第5册，“肃宗三十年甲申”条，大韩民国史编纂委员会誊写影印本，首尔：东国文化社，1959—1960年，第382—387页。

其时，日本幕府方面采取锁国政策，不允许本国百姓进行海外贸易，但允许中国、荷兰等国商船来日本唯一开放港口——长崎进行贸易，每年只允许 80 艘商船赴日贸易，贸易价值限定于白银 120 万两以内。

朝鲜李朝备边司官员还注意了解清朝海船登记运营管理情况，详细询问不同海船的税收数量。文载：

问：你等行商外国时，有文引耶？

答：文引原有之，而因洋中遇风，船尾被浪打破，将人为衣箱，一统下水，故漂失文引矣。

问：你等文引，何等官人主管成给，而有收税商人之事耶？

答：文引则有户部收税文引一张，知县官本地方文引一张，而收税，则小船银子二十两、中船银子三十两、大船银子四十两，货物则随其多寡，增减其税矣。①

实际上文献记录的是清朝福建泉州从事赴日海外贸易商船的登记执照、收税比例，可见清朝从事海外贸易的商船需执有户部收税文引、本各地方文引等经营执照。

四、宁波商船船员、舵工（船长）年龄分析

据《备边司誊录》记述，宁波鄞县孙合兴商船的船主孙合兴、鄞县“顺茂号”商船的船主朱和惠均随船贸易，与清朝山东等省商船的船主大多居住在陆地，委托他人下海贸易的情况有很大不同，显示出宁波鄞县商人不避风险，下海贸易的勇气与胆量。从《备边司誊录》中看出，孙合兴商船、“顺茂号”商船属民间私船，船员年龄多在 20—40 多岁之间，呈现出适龄化趋向，与福建福船船员年龄有一定区别。在《备边司誊录》中，明朝

① ［朝鲜］《备边司誊录》第 5 册，“肃宗三十年甲申”条，大韩民国史编纂委员会誊写影印本，首尔：东国文化社，1959—1960 年，382—387 页。

万历四十五年（1617），福建林成商船漂流到朝鲜时，林成商船上有船员 41 人，船主林成不随商船出行，船长薛万春年龄 55 岁，其他船员年龄在 20—50 岁之间，50—60 岁的船员占少数。其中年龄最大的林泰 70 岁，年龄最小的船员萧晋 14 岁，可见福船船员年龄跨度最大，不像宁波鄞县船员的年龄较为年轻。引人注意的是宁波鄞县舵工（船长）年龄，孙合兴商船舵工蔡圣章 59 岁，“顺茂号” 商船舵工 65 岁。他们均为年龄较大、航海经验丰富的人员。这说明当时注意选择长期航海的资深人员担任舵工（船长），这也是宁波鄞县商船的特点之一。

五、宁波商船的货物价值、船员信仰，失事船舶处理的记录

清朝道光年间宁波鄞县“顺茂号”商船，在我国沿海南北方海运贸易中，货物资本价值多少？该船从山东返程装运红枣、粉条，有相关货物价值的记载：

问：你们，往山东省装载船上，只是红枣耶？

答：又有粉条。

问：装枣多少，粉条几斤？

答：粉条二千余斤，红枣二百余石。

问：粉条与红枣，价钱几许？

答：粉条每斤五十九文，红枣每石五百文。①

由此看出，一艘 16 人乘员的宁波海船装运货物的价值情况：粉条 11.8 万文、红枣 10 万文，货值共 21.8 万文。

朝鲜李朝备边司官员发现“顺茂号”的船员、商人面临危险，虽然匆忙下船，却带着金色佛像，感到十分不解，于是

① ［朝鲜］《备边司誊录》第 21 册，“纯祖二十五年乙酉” 条，大韩民国史编纂委员会誊写影印本，首尔：东国文化社，1959—1960 年，第 819—821 页。

询问：

问：两种物漂失之余，亦有如干带来耶？

答：风涛危急，船上诸物，都不暇收拾，所带者但衣被与三座金佛。

问：你们所持佛像，宜在寺刹中，而缘何带来？

答：佛也是神，无论居家居外，随处敬奉，以冀默佑。

问：佛若有佑，你们何至此境？

答：我们无一淹没，幸得俱全，安知非佛佑耶。①

上述文献说明，鄞县、镇海县从事海上运输、贸易的商人、船员虔诚信仰佛教，不论是在陆地，还是在海船上，人们随时敬奉，认为即使遭遇风暴海难，也会得到佛的保佑，全体人员均能安然无恙。

《备边司誊录》记载宁波鄞县海船失事后，船上人员对残船进行处理，可能是当时失事海船的通行做法。文曰：

问：你们，烧船时拔出铁物，共几斤，而亦无遗失否？

答：别无遗失，而斤数则七十五斤二两。②

清朝时期铁器是重要金属，海船失事后，船员们会将船材点火焚烧，烧后将铁钉等铁器带回，以做到废物利用。

结　语

朝鲜李朝《备边司誊录》记载说明，明清时期我国沿海人民有着不畏风险经营海洋的意识和优秀传统。然而，明清封建统治者出于维护统治的需要，不断采取海禁政策，使中国商船在太平洋西岸、印度洋沿岸航线的海上优势逐渐丧失。形成的封关锁

① ［朝鲜］《备边司誊录》第 21 册，“纯祖二十五年乙酉”条，大韩民国史编纂委员会誊写影印本，首尔：东国文化社，1959—1960 年，第 819—821 页。

② ［朝鲜］《备边司誊录》第 21 册，“纯祖二十五年乙酉”条，大韩民国史编纂委员会誊写影印本，首尔：东国文化社，1959—1960 年，第 819—821 页。

国局面，最终被来自海上的西方列强所击败。有关海上丝绸之路的海外文献表明，宁波的海商、船员曾活跃于我国海内外航路，父子、兄弟一齐上阵，共同经营、协同承担；宁波商人所代表的浙商，在我国经营海洋，积极开拓海内外市场等。这些方面都留下不灭的足迹，尚有待于人们进一步挖掘和研究。

附：《备边司誊录》第二百十三册纯祖二十五年乙酉（注：道光四年 1824年）

丁亥正月十二日

司启曰：全罗道罗州牧黑山岛、牛耳岛漂到大国人十六名，入接弘济院后，使本司郎厅及译官问情，别单书入，而今此漂人，皆愿速归，留一宿，即为发送何如。答曰：允。

全罗道罗州牧黑山镇牛耳岛漂到大国人问情别单

问：你们，俱是何省何府何县人？

答：浙江省宁波府镇海县鄞（注：县）等人。

问：你们，因何事何月日往何处，何月日漂到此处？

答：我们，去年七月初七日，装酒自镇海县放洋，八月初七日，往天津交卸，九月十三日，自天津出口，十六日到山东省大山地方，装枣二十日出口，十一月初四日放洋，初六日猝遇大风，初七日亥时，大船桅杆舵坏，沉没海中，乘小艇东西飘荡，初八日申时，到泊贵境。

问：你们船，是官船耶，私船耶？

答：私船。

问：大船到何地方沉没耶？

答：浪泊出没，未能知其何国地方，而只见得沙豆山。

问：沙豆山在何地方？

答：沙积成山，故我们因而称之，未知为何地方。

问：你们，烧船时拔出铁物，共几斤，而亦无遗失否？

答：别无遗失，而斤数则七十五斤二两。

问：你们，多经险危，俱无疾恙？

答：我们中，冯盛干为名人，到天安县，感冒风寒，三日苦疼，仍即差痊。

问：你们，是民家耶，旗下耶？

答：俱是民家。

问：你们姓名甚么，年纪几何？

答：耆民，朱和惠，年四十二。

舵工，应文彩，年六十五。

水手，陈武法，年四十七。

王家国，年二十八。

王加临，年二十一。

朱大隆，年三十三。

应庆余，年三十三。

朱孝雷，年三十三。

姚文运，年二十一。

谢明佩，年二十四。

彭守锦，年六十一。

李奎先，年四十七。

包傅贵，年二十八。

陈齐凤，年二十五。俱居鄞县。

陈忠焕，年五十。

冯盛干，年二十二。俱居镇海县。

问：有船票及船号耶？

答：有船票，船号则顺茂号。

问：何所指而谓之耆民？

答：耆民，即物货买卖者之称。

问：方龙洪、朱圣茂、王孝海、韩允来、陆秀干、荻仁家、应达茂等七人，列录于票中，而不来何故耶？

答：方龙洪代包傅贵，朱圣茂代朱大隆，王孝海代来孝雷、韩允来代陈忠焕，陆秀干代朱和惠，庄仁家代绿斋藏，应达茂代应庆余来。

问：你们以耆民朱和惠书示，而票中为何以陈武法载录？

答：票文误书，别无他意。

问：你们中，有姓同者，是亲戚耶？

答：应文彩，即应庆余之父，王家国，即王加临之兄。

问：你们，往山东省装载船上，只是红枣耶？

答：又有粉条。

问：装枣多少，粉条几斤？

答：粉条二千余斤，红枣二百余石。

问：粉条与红枣，价钱几许？

答：粉条每斤五十九文，红枣每石五百文。

问：两种物漂失之余，亦有如干带来耶？

答：风涛危急，船上诸物，都不暇收拾，所带者但衣被与三座金佛。

问：你们所持佛像，宜在寺刹中，而缘何带来？

答：佛也是神，无论居家居外，随处敬奉，以冀默佑。

问：佛若有佑，你们何至此境？

答：我们无一淹没，幸得俱全，安知非佛佑耶。

问：自镇海县距鄞县，多少远近？

答：水旱路各六十余里。

问：鄞县、镇海县，到天津、山东，水旱路各几里？

答：山东，二千里，天津三千里。

问：鄞县、镇海县，距北京水旱路各几里？

答：俱为三千多里。

问：鄞县、镇海县，各有几员官长？

答：一县中亦有文官，亦有武官，文官理民，武官掌兵，而牟利村民，自来贸贸，员数多少，未能详知。

问：你们地方风俗，以何为业耶？

答：士则绩文好学，民则农商相半。

问：你们地方年成何如？

答：十分年成。

问：伪们带来物件，往来之际，得无遗失耶？

答：一物无所失。

问：朝家矜怜你们之辛苦，朝夕所供，御寒衣袴，今地方从厚备给，你们果无寒饥之患否？

答：我们万死余生，幸泊贵国，得保残命亦云大矣，又蒙地方诸官诚心看护，衣之食之，慰恤曲至，贵国恩德，河海难量，此生图报，万无其阶云。

雍正朝鄂尔泰经略西北两路军务述论[①]

铜仁学院　杨春君

摘　要：雍正帝因征讨准噶尔无功，派遣宠臣鄂尔泰于雍正十年七月往西路军经略军务。雍正帝变更原计划，又令鄂尔泰于十一年正月往北路军经略军务。鄂尔泰在西路军主要经略后勤，而在北路军主要调查将领罪状、管理后勤和规划兵力调配。鄂尔泰虽是经营一应军务，但并未直接指挥作战。鄂尔泰经略军务，得出准噶尔不能速灭的结论，成为促成雍正帝罢兵的一个重要因素。

关键词：鄂尔泰；经略；雍正朝；西路军；北路军

在雍正朝对准噶尔的战争中，张廷玉[②]与鄂尔泰扮演了重要的角色。考之史料，张廷玉在对准噶尔战争中所扮演的角色，并未有多少直接的材料来佐证。相较而言，鄂尔泰在对准噶尔战争中所扮演的角色，材料较多。关于鄂尔泰的研究，成果丰富，但绝大多数成果都只是研究在西南地区的鄂尔泰。张珊搜集了中国大陆、台湾，以及日本学界关于鄂尔泰的研究成果，从“改土归

---

① 本文为铜仁学院博士科研启动基金项目“雍正皇帝形象之探讨”（项目编号：trxyDH1508）和国家社科基金“清代钦差大臣与国家治理研究”（项目编号：17XZS026）之阶段性成果。

② ［清］昭梿：《啸亭杂录》卷3《记辛亥兵败事》，北京：中华书局，1980年，第60页。

流”“地方管理”“少数民族统治”“水利、经济、整顿人口贩卖、社会改革”四个方面进行总结。[①] 雍正元年正月，内务府员外郎鄂尔泰云南乡试为副考官，三月外任江苏布政使，三年八月升任广西巡抚，十月调云南巡抚，管云贵总督事务。[②] 自雍正三年十月始，鄂尔泰先后任云南巡抚、云贵总督、云南贵州广西三省总督，直至雍正十年正月，鄂尔泰进京陛见。鄂尔泰在西南地区为官，改土归流，对巩固西南边疆做出了巨大贡献。鄂尔泰在西南时期所取得的政绩，奠定了鄂尔泰此后政治功业的基础。故学界对鄂尔泰的研究，也主要关注在西南地区的鄂尔泰。张珊对学界关于鄂尔泰研究的综述，也是关注于在西南地区的鄂尔泰。鄂尔泰在雍正十年正月进京，于正月即授保和殿大学士兼兵部尚书[③]，办理军机事务。自此后，鄂尔泰主要在京为官。但对在京官时期的鄂尔泰的研究，成果很少。

鄂尔泰与清朝对准噶尔战争之关系，主要体现在雍正十年、十一年间。雍正十年七月，雍正帝命鄂尔泰督巡陕甘，经略一应军务；十一年六月，鄂尔泰回京。在这约 10 个月的时间内，鄂尔泰在京外办理对西北两路军务。就此段时间内鄂尔泰的活动，各种关于鄂尔泰的传记都少有记载，“虽然现存鄂尔泰的传记多

---

① 张珊：《鄂尔泰研究综述》，《中国边疆民族研究》第六辑，北京：中央民族大学出版社，2012 年，第 290—297 页。

② 《清世宗实录》卷 3，雍正元年正月壬午，载《清实录》第 7 册，北京：中华书局 1985 年影印本，第 80 页，本文以下引用该书均为此版本；卷 5，雍正元年三月辛丑，第 122 页；卷 35，雍正三年八月庚寅，第 535 页；卷 37，雍正三年十月庚寅，第 552 页。按，《清史列传》卷 14《鄂尔泰传》载其履历为：雍正元年为云南乡试副考官、江苏布政使，八月为广西巡抚，三年十月署云贵总督，误，见王锺翰点校本《清史列传》，北京：中华书局，1987 年，第 1018 页。《满洲名臣传》卷 37《鄂尔泰传》也如是记载，亦误，见《满汉名臣传》，哈尔滨：黑龙江人民出版社，1991 年，第 1092 页。

③ 《清世宗实录》卷 114，雍正十年正月壬午，载《清实录》第 8 册，北京：中化书局 1985 年影印本，第 521 页。

达十余种，但内容简略，且大半雷同”[①]，《满洲名臣传》《清史列传》《清史稿》等史书也很少记载，《上谕内阁》中就没有记载雍正帝给鄂尔泰的上谕。本文主要依据满汉朱批奏折、实录等资料，探讨鄂尔泰经略军务的活动。

一、鄂尔泰经略军务的背景与目的

雍正七年，雍正帝命将从西北两路征讨准噶尔，但并未取得决定性胜利，双方互有胜负。未取得准噶尔战争胜利，其因很多，值得雍正帝去思考，而有战争持续下去，雍正帝也不得不采取措施以应对之。

雍正十年，准噶尔军6000人自乌鲁木齐偷袭哈密，岳钟琪调兵遣将，前后夹击，但并未成功。岳钟琪主动弹劾将领。大学士鄂尔泰除了弹劾失职将领外，还弹劾岳钟琪。鄂尔泰说岳钟琪“拥兵数万，纵投网送死之贼来去自如，坐失机会。不能料敌于先，复不能歼敌于后，且先后奏报互异”[②]。雍正帝开始着手调整西路军的统帅。

七月十一日，雍正帝赏赐鄂尔泰第宅一处。[③] 十二日，雍正帝令鄂尔泰亲往西路军训谕。上谕说：“陕西署总督查郎阿，朕另有简用之处，特命大学士鄂尔泰驰驿前往肃州，面降谕旨。陕西总督印务及所办军需事件，着直隶总督刘于义前往署理。刘于义接到谕旨之日，即收拾行装，驰驿前赴肃州，与查郎阿交代，朕自有训谕。刘于义之处，着大学士鄂尔泰恭到肃传旨。许容、

① 杨启樵：《揭开雍正皇帝隐秘的面纱》（增订本），上海：上海书店出版社，2011年，第390页。

② ［清］魏源：《圣武记》卷3《雍正两征厄鲁特记》，北京：中华书局，1984年，第146页。

③ 《清世宗实录》卷121，雍正十年七月乙未，载《清实录》第8册，北京：中华书局1985年影印本，第596页。

范时捷亦着在肃州等候。”① 十三日，雍正帝正式命少保、大学士鄂尔泰，“督巡陕甘，经略一应军务。颁给印信”②。雍正帝令：“铸造钦命少保、大学士、一等伯、督巡陕甘、经略一应军务印信。”③ 十四日，雍正帝正式调整西路军最高统帅。雍正帝说：“西路军营事务，岳钟琪办理总不妥协，着回京。其宁远大将军印务，着署陕西总督查郎阿署理，副将军张广泗暂行护理。查郎阿年来办理军务，事事合宜，克胜大将军之任，但肃州路远，未便来京请训，今特命大学士鄂尔泰驰驿前往肃州，传朕训谕……陕西总督印务及所办军需事，着直隶总督刘于义前往署理，赏银五千两。朕有训谕刘于义之处，亦着大学士鄂尔泰传旨。许容、范时捷俱着在肃等候。”④ 十五日，雍正帝又说：“朕命大学士鄂尔泰前赴肃州计议军务，署将军傅泰着即在宁夏等候，西安将军秦布、侍郎署巡抚马尔泰着于八月内到肃等候大学士，有面传之谕旨。”⑤ 七月二十三日，雍正帝又令侍郎杭奕禄由西安前赴宁夏，等候大学士鄂尔泰，有面传之旨。⑥ 可见，鄂尔泰前赴肃州计议军务，道由宁夏。雍正帝在很短的时间内，对西路军及西路军所在之陕甘地区的相关事宜做出了部署。从雍正帝的谕旨来看，鄂尔泰会见的人有署宁远大将军查郎阿（1684—1747，满洲镶白旗人）、刑部尚书署陕西总督刘于义（？—1748，

① 中国第一历史档案馆编：《雍正朝汉文朱批奏折汇编》第23册，雍正十年八月初八日奏，南京：江苏古籍出版社，1991年，第130页。

② 《清世宗实录》卷121，雍正十年七月丁酉，载《清实录》第8册，北京：中华书局1985年影印本，第596页。

③ 中国第一历史档案馆编：《雍正朝汉文谕旨汇编》第2册，雍正十年七月十三日，桂林：广西师范大学出版社，1999年，第131页。

④ 《清世宗实录》卷121，雍正十年七月戊戌，载《清实录》第8册，北京：中华书局1985年影印本，第596—597页。

⑤ 《清世宗实录》卷121，雍正十年七月己亥，载《清实录》第8册，北京：中华书局1985年影印本，第597页。

⑥ 《清世宗实录》卷121，雍正十年七月丁未，载《清实录》第8册，北京：中华书局1985年影印本，第600页。

常州府武进县人)、甘肃巡抚许容（？—1751，河南归德府虞城县人)、署西宁总兵范时捷（？—1738，汉军镶黄旗人)、署宁夏将军傅泰（满洲旗人)、西安将军秦布（满洲旗人)、工部左侍郎署陕西巡抚马尔泰（？—1748，满洲正黄旗人)、礼部左侍郎署西安将军杭奕禄（？—1748，满洲镶红旗人)、左副都御史协办肃州军需事务二格（满洲旗人)。

以经略为官职者，始于明代。[①] 在清代，顺治十年，为稳定南方局势并最终征讨永历政权，任命大学士洪承畴为经略。顺治帝说：“朕遍察廷臣，无如大学士洪承畴，着特升太保兼太子太师、内翰林国史院大学士、兵部尚书兼都察院右副都御史，经略湖广、广东、广西、云南、贵州等处地方，总督军务，兼理粮饷。听择扼要处所驻扎，应巡历者随便巡历，抚镇以下听其节制，兵马粮饷听其调发，一应抚剿事宜，不从中制，事后报闻。满兵或留或彻，酌妥即行具奏。文武各官，在京在外，应取用者择取任用，升转补调，随宜奏请，吏兵二部不得掣肘。应用钱粮，即与解给，户部不得稽迟。归顺官员，酌量收录。投降兵民，随宜安插。事会可乘，即督兵进取；时当防守，则慎固封疆。”[②] 可以看出，经略的权力是很大的。鄂尔泰担任经略，其地位如何，可以从所用文移看出。雍正帝规定：鄂尔泰所用文移，“除大将军平行外，督抚将军俱用照会，提镇各官俱用牌札”[③]。

---

① 参见邱业超：《明代辽东经略制度研究》，台湾“中央大学”硕士学位论文，2006年；[日] 辻原明穂：《明末の経略と督师——督抚制度との关わりから见た》，载《洛北史学》第13期，2011年。

② 《清世祖实录》卷75，顺治十年五月庚寅，载《清实录》第3册，北京：中华书局1985年影印本，第595—596页；杨海英：《洪承畴与明清易代研究》，北京：商务印书馆，2006年，第323—329页。

③ 《雍正朝汉文谕旨汇编》第2册，雍正十年七月二十一日，桂林：广西师范大学出版社，1999年，第138页。

鄂尔泰于七月二十五日自京起程①，八月初一日申时，鄂尔泰到达了山西朔州。② 鄂尔泰出京督巡陕甘，有皇四子弘历、蔡世远等送行。

皇四子弘历在《送毅庵鄂先生奉命经略西陲序》中，论述清朝对准噶尔的天高恩情，但准噶尔却背恩负德，“我皇父诞膺宝祚，宅中建极，觐光扬烈，赫濯声灵，谓讨准噶尔厥绩未成，不敢以弗终。今其子噶尔丹侧楞又凶顽桀骜，草蔓虫拚，匪剪伊除，难以煦沐”。故而遣师两路征讨。但是，清军在战争中并未取得胜利，而士兵常年在外，需要抚慰。“十年壬子秋七月，皇父以两路之师久未奏凯，唯我士卒雨沐风梳，历有岁年，思简贤能重臣往经理宣抚之用，摩拊庶士，且相事宜，以既厥绩而难其人。”此时，“大学士毅庵鄂先生毅然请行，天子以先生赞襄变理，护调元气，不可旦夕离，顾念斯事体大，非先生不可，特授经略之任，以三阅月为归期”。鄂尔泰为雍正帝的宠信重臣，旦夕不离左右，但兹事体大，非鄂尔泰前去不可，故定以三个月期限。鄂尔泰此行，一切物品备办，均出自内廷，“凡冠绅衣履、朝夕饮食之所需，信宿庐幕之具，车马、弓箭、锜釜之属，特命内府制备以行”。鄂尔泰在军事方面，也颇有才能。“前年乌蒙之叛，先生实以威勇镇静，不数月而平之”，故“今准噶尔蠢尔小丑，跳梁踯躅，天夺其魄，亡在朝夕。先生此行，抚辑我士卒，教诫我边吏，慰安我黔黎，审天时，查地利，运之樽俎帷幄之间，而挫敌锋于不战，奚必亲教之搏力、勾卒，赢越之法，徒以师武臣力争能，盖先生之威信所播者广，而凯歌可不日而奏

① 《雍正朝汉文谕旨汇编》第2册，雍正十年七月十五日，桂林：广西师范大学出版社，1999年，第133页。

② 中国第一历史档案馆译编：《雍正朝满文朱批奏折全译》第4125折，雍正十年八月初二日，合肥：黄山书社，1998年，第2140页。

矣”①。

鄂尔泰此次出行，定以三个月期限。鄂尔泰后来也说，在筹划好军务后回京，“亦不出腊月”②。究其原因除了雍正帝不愿鄂尔泰长期在外以外，“盖以小丑不足以烦公之久驻，而且夕承弼，其丕应昭受，为宏且远也”。此行的目的，除安抚士卒外，蔡世远对其还做出其他解释：

兹以准噶尔余孽尚稽天诛，两路大将军进师，凯旋未奏，命公往经理宣抚之。公此行，扬皇威于万里，宣明圣天子之德意，周爰谘诹，悉心谟画，相事机之会，度战守之宜，何以捣其巢而得其要领，何以防其逸而遏其冲，以及糗粮刍茭长运短运之何以顺适于舆情，供亿输将官与民市，民为官役之何以底于克协，或召募土兵，可以省远征师旅，抑或威信所敷，不战而可以坐屈蠢尔，搤其吭而革其面。③

鄂尔泰此行经略军务的总目的是“相事机之会，度战守之宜”。这可以从五个方面来考虑：（1）如何捣毁准噶尔巢穴和获其首领，即从根本上消灭准噶尔；（2）如何防止准噶尔军的逃跑和清军如何遏制准噶尔军的进攻；（3）如何筹划军需以保障供应，且使百姓转运军需但不至疲困；（4）如何招募土兵而不使清军调集大量军队远征，可理解为从准噶尔内部将其瓦解；（5）如何利用清朝的威信而使准噶尔屈服，或抓准准噶尔的要害使其改变对清朝的态度。

鄂尔泰在出京期间，其职务仍正常调动。十年九月，以鄂尔

① ［清］高宗弘历：《乐善堂全集》卷7，北京：社会科学文献出版社，1996年，第19—22页。

② 《雍正朝汉文朱批奏折汇编》第23册，雍正十年八月十五日奏，南京：江苏古籍出版社，1991年，第146页。

③ ［清］蔡世远：《二希堂文集》卷3《送鄂少保相国经略西陲序》，载《清代诗文集汇编》第250册，上海古籍出版社，2010年，第75页。

泰署镶黄旗满洲都统。[①] 鄂尔泰出京期间，雍正帝曾降旨，令云贵桂三省文武官员将地方事件应禀报给鄂尔泰者，仍行禀报。但后来雍正帝又以为，若所有禀报事件到京后再转送鄂尔泰，往返需时，未免迟滞。雍正帝提出一个变通办法，“朕意欲令鄂容安将三省递到事件送尔阅看，其中有应行奏闻者，尔即酌量具奏，再知会鄂尔泰，庶省一次往返”。鄂尔泰在二月十三日接到谕旨后，同意了雍正帝的看法，并提出让张廷玉办理。[②] 对鄂尔泰的赏赐也没有因为出差而停止。十二月，雍正帝御书“公忠弼亮”匾额，赏赐给鄂尔泰。[③] 可以看出，鄂尔泰虽不在京城，雍正帝对其宠爱如故。

二、鄂尔泰经略西路军务

鄂尔泰前往肃州和西路军军营，沿途经过宣化、大同、宁夏、花马池营、肃州等地。鄂尔泰沿途查看军情。经过宣化时，鄂尔泰查核了署宣化总兵高弘桀的溺职劣迹。高弘桀“材既平庸，人复衰弱，而所属营伍多不整齐，该管弁员半少纪律，即弓刀甲仗亦不足以壮军容。随经详切开导，示以条规，及至细加察访，知高弘桀自到任以来，唯事因循，兼多容纵，而且贪黩，居心营私蚀帑，是则溺职之甚者”。九月二十八日，鄂尔泰弹劾高

---

① 《清世宗实录》卷123，雍正十年九月庚戌，载《清实录》第8册，北京：中华书局1985年影印本，第624页。

② 《雍正朝汉文朱批奏折汇编》第30册，雍正十一年二月十四日奏，南京：江苏古籍出版社，1991年，第583页。

③ 《清世宗实录》卷126，雍正十年十二月甲子，载《清实录》第8册，北京：中华书局1985年影印本，第653页。不过，此项赏赐，在热衷记载赏赐殊荣的由鄂尔泰六子共同编纂的《襄勤伯鄂文端公年谱》（《鄂尔泰年谱》，北京：中华书局，1993年）中却没有记载。

弘棨溺职劣迹，并举出其溺职劣迹三款。[①] 鄂尔泰“路过大同，查看该镇军器”[②]。

八月，鄂尔泰到达宁夏，采访地方事务。九月二十八日，鄂尔泰上奏说，宁夏镇花马池营地方重要，但该处署理副将任春雷“自到任之日即卧病，至今诸多废弛，一无料理。该署将既并未告请该提镇，亦并无觉察，总兵萧生岱到任未久。情犹可原，提督宋可进莅任五载，岂无差调，乃曲事姑容，殊干徇庇，除面饬总兵萧生岱将任春雷揭报，随即照会署督臣刘于义据揭题参外，唯是甘省将牟习气相仍，营伍不讲，花马池地方非得勤能之员，难资整顿。据臣所见，灵州营参将陈弼精壮明晰，人亦老练，似可胜副将之任。其灵州遗缺，查有兴武营游击卓灵阿，质实强明，官声最着，亦堪递署参将”[③]。

西路副将军张广泗等于七月十一日直抵穆垒军营。七月二十四日，张广泗奏穆垒军营“系在两山之间，其两山相去仅只一二里许，而筑城其中，已同釜底。兼之两山蔓延丛杂，均为贼人可来路径，并非雄立特峙，可资据守，四面受敌”。“而以之筑城屯兵，为进取远计，实非其地也。是穆垒既不宜驻营则应迅图前进，或回驻巴尔库尔，另筹长策。”[④] 张广泗请求在巴尔库尔大营附近地区安驻兵丁，彼此连为一体，可免贼人窥伺。“但此事宜迅速举行，交冬降雪，则沙碛地面，贼人肆意出没，万难筹划矣。”八月初八日，雍正帝令鄂尔泰、署大将军查郎阿详悉酌议办理，自清军自穆垒撤军后如何防范进剿和吐鲁番回众作何安插

① 《雍正朝汉文朱批奏折汇编》第23册，雍正十年九月二十八日奏，南京：江苏古籍出版社，1991年，第359—360页。

② 《雍正朝汉文朱批奏折汇编》第24册，雍正十一年四月十一日奏，南京：江苏古籍出版社，1991年，第306页。

③ 《雍正朝汉文朱批奏折汇编》第23册，雍正十年九月二十八日奏，南京：江苏古籍出版社，1991年，第358页。

④ 《雍正朝汉文朱批奏折汇编》第23册，雍正十年七月二十四日奏，南京：江苏古籍出版社，1991年，第5—6页。

之处。八月十九日，“穆垒大兵撤回之时，贼人或于中途窥伺，或潜袭我军之后，务须加意防范。至于巴尔库尔，乃根本之地，亦须计算万全”，又令大学士鄂尔泰等就近妥协筹划。①

八月十四日，鄂尔泰自宁夏起程往肃州。当天接到初八日下达的上谕和其他相关奏折。上谕说，已经同意张广泗、常赉所提穆垒不宜驻兵应速撤回巴尔库尔的建议，并令鄂尔泰与查郎阿“计议撤兵之后如何防范及剿贼机宜，并安插土鲁番回众等事”。鄂尔泰回奏说，到肃州后同查郎阿周详计议。张广泗在奏折中说“兵疲士怨，及敌虽可击，吾卒未可以击”，鄂尔泰同意此看法，“臣即在军，亦断不敢轻议进剿，速撤天兵，暂住巴尔库尔，整顿鼓舞，不筹彼而先筹我，此自毋庸再计者”。鄂尔泰在阅读张广泗等弹劾岳钟琪的奏折，加上自己沿途访询，认为岳钟琪“诸事颠倒，任意错乱，毫无胆略，别具肺肝，律以军法，已罪不容诛”，请“速将岳钟琪弃诸市曹，以快人心，以伸士气。”同时接到的另一份上谕说：

穆垒大兵既撤回巴尔库尔，一切军营之事，有张广泗暂行办理，查郎阿不必于九月初二日急忙起程，可在肃州与大学士鄂尔泰多住十数日，将一应军务细细周详计议，于事有益，或于九月十五日起行，或再迟几日亦好。再者，大将军既领兵，仍驻巴尔库尔，则傅泰、马尔泰等派往之处，似可不必，着大学士鄂尔泰酌量奏闻。

鄂尔泰回奏说：“臣于九月初二日同查郎阿自肃起程前赴军营，一路同行，既可计议军务，到军营时再与张广泗等就所见所闻，悉心讲论。”因军营大员甚多，鄂尔泰以为“若将无用之人一概留营，反多瞻顾，于事毫无裨益，臣到军营时亦拟商同查郎阿等，详悉分别，奏明遣回”，傅泰、马尔泰、秦布三人可遣回。

① 《清世宗实录》卷122，雍正十年八月壬戌、癸酉，载《清实录》第8册，北京：中华书局1985年影印本，第606、第610页。

鄂尔泰在宁夏会见了侍郎杭奕禄，杭奕禄称“受恩深重，情愿效力”。鄂尔泰见其情词谆切，又通晓巴尔库尔情形军务，“原属明晰，且伊所协办军需，现有内阁学士德龄前往协办，可不必令回西安，臣已将杭奕禄带往肃州，与查郎阿商酌再定去留”①。

九月初一日，雍正帝对西路军全体将士说：岳钟琪志大才疏，无能无用，三军之士离心解体，兵气不振，故特将岳钟琪调回京师，以吏部尚书、陕西总督查郎阿署理大将军事务，命大学士鄂尔泰亲至肃州，颁赐敕书，指授方略。雍正帝希望通过“更换将帅，酌改规模”，为西路军带来好运。对于岳钟琪的种种罪行，雍正帝令查郎阿访闻奏报。②

八月下旬，鄂尔泰抵达肃州，会见了查郎阿。二人对清军西北两路形式和西路军的各项事务进行了详细探讨。鄂尔泰说：“臣抵肃州，与查郎阿讲论二十日，凡军营机务及一应情事，不惮琐屑，俱直切言之，是非可否，听伊裁取，应俟详晰缮折恭请训示。”③ 查郎阿也说：“西路军营一应军务，臣在肃州时与大学士臣鄂尔泰详悉计议。”④ 值得注意的是，鄂尔泰说关于西路军的具体事务，“听伊裁取”，即听以查郎阿为首的西路军将领裁决。换言之，鄂尔泰不直接介入西路军的运转，而仅是提供建议。九月十五日，查郎阿自肃州起程，前往巴尔库尔西路军大营，于十月初八日到达，同日接管宁远大将军印信。⑤ 但鄂尔泰

① 《雍正朝汉文朱批奏折汇编》第23册，雍正十年八月十五日奏，南京：江苏古籍出版社，1991年，第144—146页。

② 《清世宗实录》卷123，雍正十年九月乙酉，载《清实录》第8册，北京：中华书局1985年影印本，第616—618页。

③ 《雍正朝汉文朱批奏折汇编》第23册，雍正十年九月二十八日奏，南京：江苏古籍出版社，1991年，第357页。

④ 《雍正朝汉文朱批奏折汇编》第23册，雍正十年十一月二十八日奏，南京：江苏古籍出版社，1991年，第692页。

⑤ 《雍正朝汉文朱批奏折汇编》第23册，雍正十年十月十一日奏，南京：江苏古籍出版社，1991年，第438页。

并没有随查郎阿一起前往巴尔库尔。其后查郎阿所上奏折，也没有鄂尔泰的署名。

九月十二日，鄂尔泰接到九月初二日的上谕。上谕内容说：准噶尔军队多攻击清军之马军，以致步军不能发挥作用，雍正帝以为西路军可调整步军、马军在战场上的配置，令鄂尔泰、查郎阿、张广泗等细细斟酌。鄂尔泰阐述了自己的看法。①

九月十五日，鄂尔泰、刘于义、二格联名上奏，原宁远大将军岳钟琪原计采买牛只3000头，已从喀尔喀采买1000头，另2000头在甘肃采买，经查，“岳钟琪原议吐鲁番增驻兵丁，是以请买牛只，以备耕种之用。今驻扎之兵已少，所种之地无多，应需牲畜亦必省减”，且运送牛只到军营，沿途需细心照料，赶送一头牛约需银25两，总计5万两，加上九月运送，值霜雪严寒之时，牛只难免倒毙，因此“此项钱粮靡费无益”，而已另采买驴2200头，则原在甘肃采买牛2000头可停止。②

九月二十四日，鄂尔泰条奏边地屯田事宜，共五条，内容分别是：（1）总理屯务副都御史孔毓璞应颁给关防。（2）客民首报地亩，应分别给与工价。（3）屯田所需夫役，俱在甘凉肃一带雇募，令各地方官出具保结，以免逃逸。其口内口外沿途往返，给与口食，并筑土堡一座，酌量可容夫役居住。（4）屯田各处一应雇募夫役，添补农具，以及给散工价，收获禾稼等事，俱着地方官协同稽查办理。（5）各项动用银两，应令总理屯务大臣奏报，在军需银内动支，另行报销。得到雍正帝批准。③

九月二十六日，鉴于“边地屯田，最关紧要”，鄂尔泰提出

---

① 《雍正朝汉文朱批奏折汇编》第23册，雍正十年九月二十八日奏，南京：江苏古籍出版社，1991年，第356—357页。

② 《雍正朝汉文朱批奏折汇编》第23册，雍正十年九月十五日奏，南京：江苏古籍出版社，1991年，第292—293页。

③ 《清世宗实录》卷123，雍正十年九月戊申，载《清实录》第8册，北京：中华书局1985年影印本，第623页。

在甘肃屯田以部分解决粮食问题。“查肃州城南九家窑地方有荒地一区，土高无水，不能播种。其九家窑之北上寨、中寨、水堡、上盐池等四堡，俱系熟田，亦因水源不足，兼有漏沙，每岁不过薄收。请于上流凿山开洞，引千人坝之水，逆流而上，以避漏沙，则九家窑荒地可垦，且余水下注，则上寨等四堡熟地更可加倍丰收，于民生军需均有裨益。”该提议得到雍正帝批准。①

九月二十八日，鄂尔泰、刘于义联名上奏，请求变通捐纳以备积贮。“甘凉肃为军需汇集之地，费用浩繁，一切供应支放，全赖本色粮石，各属向无积贮，一有动用，必须采买，运供路途遥远，挽送维艰”，加上甘肃靠天吃饭，“地方若无积贮，则诸事周章，关系甚巨”。鄂尔泰等以为，“唯有将现行捐纳款项，改收本色粮石，在甘凉肃等处上纳，庶仓储可冀充盈”。但甘凉肃在边方远僻，人多不会舍近求远，于是提出四条建议，以增加粮食储备。②

九月二十八日，鄂尔泰、刘于义联名会奏陕甘地区部分士兵月饷折色问题。③

九月二十八日，鄂尔泰、刘于义、二格联名上奏，以为“年来车骡损失，米豆昂贵”，运送军营口粮的运户殊觉艰窘，通过接济运户，可以充实军需。鄂尔泰等提出四条改进措施：骡头宜采买，脚价宜少增，车载银鞘之数宜酌减，长支运价之银宜节减扣还。“以上四条，臣等目击情形，悉心筹划，据实陈奏。”④

十月初七日，鄂尔泰奏：“武备军威，火器最重。贵速利远，

---

① 《清世宗实录》卷123，雍正十年九月庚戌，载《清实录》第8册，北京：中华书局1985年影印本，第624页。

② 《雍正朝汉文朱批奏折汇编》第23册，雍正十年九月二十八日奏，南京：江苏古籍出版社，1991年，第361—363页。

③ 《雍正朝汉文朱批奏折汇编》第23册，雍正十年九月二十八日奏，南京：江苏古籍出版社，1991年，第364—365页。

④ 《雍正朝汉文朱批奏折汇编》第23册，雍正十年九月二十八日奏，南京：江苏古籍出版社，1991年，第366—369页。

火药宜精。若硝味不淡，炭体不轻，磺色不净，而又配合不匀，工夫不细，则气滞不灵，三军难恃以为勇。”鄂尔泰经由沿边至肃州，见各标营堡放炮放枪，“火烟不直且半浓黑，知制药多不如法。曾经严饬，指示大略，惟是拣材置料，硝易而磺难，硝贱而磺贵，惜费省工”，加上陕甘两省硫磺产量较少，多从外省采买，运费工价均贵，于军需多有不便。鄂尔泰经过调查，在肃州镇嘉峪关金佛寺堡之所管汛地内，有一座周围四五十里的硫磺山，就近开采，便利军需。“除面商署督臣刘于义令选委文武官弁，酌定规条，责成经理，并一面动支银数百两，先交总兵沈力学作本开工”，雍正帝肯定了鄂尔泰的做法，要求加强防范即可。[①] 同日，鄂尔泰又奏请“将现行捐纳款项改折本色粮石，在甘凉肃等处交纳”，以充军需，得到雍正帝批准。[②]

十月初七日，鄂尔泰、刘于义、二格疏言：“肃州为军需总汇，凡押运粮石，解送马匹，均关紧要。一应差委员弁必须考核勤惰，分别功过，使勤慎者知劝，怠玩者知儆，方于军务有益。查从前未有定例，不免疎于稽查，以致车骡损伤。米石缺少。马匹倒毙，殊干军纪，几悮军需，是非酌定考成明示条例，恐即随时劝惩，终亦无所遵循也。”鄂尔泰提出了详细的考察之法，按照粮食运送情况和运粮之车辆与骡子受损状况，给予不同层次的奖惩。同时，解送军前马匹，按照解到马匹之膘力与病瘦，也给予不同层次的奖惩。得到雍正帝批准。[③]

鄂尔泰经过大同时，亲自验看了大同镇新造的炮，觉得甚

---

① 《雍正朝汉文朱批奏折汇编》第23册，雍正十年十月初七日奏，南京：江苏古籍出版社，1991年，第410—411页；《清世宗实录》卷125，雍正十年十一月庚子，载《清实录》第8册，北京：中华书局1985年影印本，第646页。

② 《清世宗实录》卷125，雍正十年十一月庚子，载《清实录》第8册，北京：中华书局1985年影印本，第646—647页。

③ 《雍正朝汉文朱批奏折汇编》第23册，雍正十年十月初七日奏，南京：江苏古籍出版社，1991年，第411—412页。

好。到肃州后，鄂尔泰便与署大将军查郎阿商造小式劈山炮，但未经奏请。①

鄂尔泰到肃州后，按照雍正帝之前的旨意，会见了相关官员，并对这些官员进行了训示。甘肃巡抚许容说："见大学士鄂尔泰料理一切军需地方事务，经济学问，远过于常人。"② 协办肃州军需二格奏报说："鄂尔泰百凡开导，不特军需事件指示周详，即立身行己之方，忠君报国之道，无不细细讲论。"至西路军务，经鄂尔泰"宣扬圣意，官弁兵民莫不欢呼踊跃，且粮运屯田内外诸务，料理精详，机宜悉协"。二格保证："此后臣等遵循协理，可以无烦上廑睿虑矣。"③

鄂尔泰虽然经略军务，但没有直接指挥军队作战。鄂尔泰曾有过袭击准噶尔的军事计划。在肃州时，鄂尔泰与查郎阿商讨袭击小策凌敦多布之事。准噶尔部的重要首领小策凌敦多布在哈拉沙尔居住，其地离土鲁番之托克逊城仅八百里。清军则悄悄移驻土鲁番，一部分清军驻扎在阿尔灰山口以防从乌鲁木齐前来之准军救援，清军大队则轻骑急进哈拉沙尔，迅速一击。"小策凌敦多布系贼人之大头目，伊之游牧一失，贼众自然溃乱，必致纷纷离散，其于北路亦有裨益。"但前进之路险易与否，小策凌敦多布有多少游牧人数，沿途水草如何等各种问题，清军并未知晓，应派人前往密探。但由于各种原因未能联络回人，故放弃了如此重大的袭击行动。④ 在康熙朝，清军多次密谋进行突袭，但终未成功击败准噶尔。

---

① 《雍正朝汉文朱批奏折汇编》第 24 册，雍正十一年四月十一日奏，南京：江苏古籍出版社，1991 年，第 306—307 页。

② 《清代宫中档奏折及军机处档折件》，文献编号 402010038，雍正十年十月十五日奏。网址：http：//npmhost. npm. gov. tw/ttscgi/ttswebnpm？@@892849413.

③ 《雍正朝汉文朱批奏折汇编》第 23 册，雍正十年十月十九日奏，南京：江苏古籍出版社，1991 年，第 468 页。

④ 《雍正朝汉文朱批奏折汇编》第 24 册，雍正十一年三月初三日奏，南京：江苏古籍出版社，1991 年，第 79—81 页。

除了制订军事计划外，鄂尔泰还曾令张广泗调兵堵截准噶尔败兵。八月十九日，喀尔喀副将军丹津多尔济、额驸策凌等向雍正帝奏报奏报，在额尔德尼昭地区，蒙古军大败准噶尔军队，准噶尔军队由鄂尔昆之上游向推河逃遁而去。这就是著名的额尔德尼昭大捷。雍正帝将丹津多尔济之奏折录寄鄂尔泰、署大将军查郎阿，“贼人既由西尔哈脑儿投阿尔泰而去，若遇雪阻截，必向阿济一带潜行，向巴尔库尔以觅生路。大学士鄂尔泰等速将北路得胜情由寄知巴尔库尔军营，令其于阿济要隘之处，派兵堵截，毋得疏忽”①。九月十一日，鄂尔泰奏报说：准噶尔军被北路军在额尔德尼昭击败，向西逃去，“查毕济一带乃逆贼败遁必由之路，中间有衮他马哈之沙碛，系毕济要隘，离巴尔库尔不过三百余里”，已于八月二十八日，咨行护宁远大将军印务张广泗，令其挑选精兵，即日起程，前往衮他马哈堵截、哨探，若有踪迹，则再选兵进剿。雍正帝说：“鄂尔泰身在肃州，一闻信息，即调遣兵丁，截杀贼众，斯可谓为国之大臣！达尔济、诺尔浑、钦拜等，拥兵万余，驻扎扎克拜达里克，遇准噶尔穷寇徒手奔逃，并不迎击，待其已过，虚作追赶之势，怯懦不堪。将此寄与伊等知之。”② 雍正帝对鄂尔泰的主动之举，表示赞赏。九月二十六日，鄂尔泰在肃州接到九月十一日的上谕。上谕说：“据大学士鄂尔泰奏称，贼彝在北路败逃，定由必济一路潜逃，今已计议知会副将军张广泗派兵堵截追剿等语。大学士与署大将军等筹算调遣之处，俱是。但北路贼人逃遁日期，西路未能悉知，可速寄信去，免兵丁等多此一番跋涉。”调兵堵截之信未到西路军，而准噶尔军已经逃过了西路军的堵截地。鄂尔泰当即将此上谕抄寄查郎

① 《清世宗实录》卷 122，雍正十年八月癸酉，载《清实录》第 8 册，北京：中华书局 1985 年影印本，第 610 页。

② 《清世宗实录》卷 123，雍正十年九月乙未，载《清实录》第 8 册，北京：中华书局 1985 年影印本，第 619—620 页。

阿、张广泗，令其撤回堵截之兵。① 由于通讯的缘故，鄂尔泰虽然在接到信息之后立即传令西路军采取行动，但仍然来不及堵截。

三、鄂尔泰经略北路军务

与西路军一样，北路军也存在问题。和通泊之败，北路军损失惨重，且士气衰落，主将也被撤换，虽有额尔德尼昭大捷，但依旧没有改变北路军采取守势的状态。

十一年正月，雍正帝又命鄂尔泰前往北路军营，以经略军务。②

鄂尔泰对北路军务的关注，在雍正十年就开始了。雍正十年七月十二日，鄂尔泰等奏议前振武将军傅尔丹等的罪行。③ 七月二十八日，在前往甘肃肃州的路途上，鄂尔泰接到由军机大臣递送来的北路军最高统帅靖远大将军顺承亲王锡保的关于北路军的军报。鄂尔泰提出自己的看法，指出锡保的兵力布置、应敌策略存在问题。④ 八月初一日，鄂尔泰再次接到锡保的关于北路军的军报，再次指出锡保的兵力布置、应敌策略存在问题，并认为锡

---

① 《雍正朝汉文朱批奏折汇编》第 23 册，雍正十年九月二十八日奏，南京：江苏古籍出版社，1991 年，第 354—355 页。

② 《清世宗实录》卷 127，雍正十一年正月庚子，载《清实录》第 8 册，北京：中华书局 1985 年影印本，第 666 页。案，鄂尔泰从西路前往北路的时间，鄂尔泰在十一年二月二十四日的奏报中说："臣自去岁腊月自奉差北路。"这说明鄂尔泰是在十年十二月前往北路的。见《雍正朝汉文朱批奏折汇编》第 30 册，雍正十一年二月十四日奏，南京：江苏古籍出版社，1991 年，第 583 页。

③ 《雍正朝满文朱批奏折全译》第 4113 折，雍正十年七月十二日，合肥：黄山书社，1998 年，第 2133—2135 页。

④ 《雍正朝满文朱批奏折全译》第 4124 折，雍正十年八月初一日奏，合肥：黄山书社，1998 年，第 2140 页。

保已经“心意迷乱，显露恐惧之情”①。

三月初二日，鄂尔泰渡推河，会见了建勋将军达尔济。鄂尔泰询问达尔济为何畏惧不战，为何又追贼突返，为何随意欺瞒拒奏。达尔济并不能回答。鄂尔泰调查了达尔济的其他情况，并调查了北路军营的一些情况。②

三月初十日，鄂尔泰抵达北路军营，会见额驸策凌、将军常德、顺承亲王锡保等。鄂尔泰首先按照雍正帝的旨意，斥责锡保有勇无谋，面对敌人，“首先惊慌失措，显露胆怯之状”，造成“兵丁俱显胆怯，士气甚衰”。雍正帝令鄂尔泰在训示锡保后，“诸事详商办理面返回。”锡保承认其无能，“有关国家军机大事极为重要，锡保实不能担承”，请求革除大将军任。鄂尔泰搜集锡保过失的详情，“窃臣出边以来，抵至军营详细查访，去年七月，准噶尔贼匪来侵，顺承王并未谋划整军，将逸贼剿杀”。锡保“闻贼讯，惊慌而肆意调遣者，乃不晓用兵之道所致。兵营诸事俱应在其本身承办，观其心机才能，并无所谓不能之处，整饬军器、催征马驼、教养兵丁等事，并不存心谋益，惟谨慎因循办理”。锡保之无能，引起众将领、士兵乃至跟役、商贾的咒怨，喀尔喀蒙古人也瞧不起锡保。③ 早在雍正十一年正月十八日，鄂尔泰就奏报：傅尔丹在吴逊珠尔与贼接战退却，应解交三法司定拟；顺承亲王锡宝系总辖官兵之员，不能详为筹划，以致预备不及之兵退却，应交宗人府议处。④

四月初十日，军机大臣等议覆了靖边大将军顺承亲王锡保、

---

① 《雍正朝满文朱批奏折全译》第4125折，雍正十年八月初二日奏，合肥：黄山书社，1998年，第2140—2141页。

② 《雍正朝满文朱批奏折全译》第4237折，雍正十一年三月二十五日奏，合肥：黄山书社，1998年，第2184页。

③ 《雍正满文朱批奏折全译》第4238折，雍正十一年三月二十五日奏，合肥：黄山书社，1998年，第2184—2186页。

④ 《内阁大库档案》，登录号293013-001，雍正十一年正月十八日奏。网址：http：//archive. ihp. sinica. edu. tw/mctkm2c/mctkm2o？@@249870946。

经略军务大学士伯鄂尔泰对建勋将军达尔济的弹劾。达尔济的罪状共四条：（1）不将兵丁马匹沿途加意牧放，以致疎忽伤损。(2) 及至扎克拜达里克，闻贼人败遁之信，并不截剿，反将马匹尽行赶至营内，复致亏损，坐视贼遁，又不尾后追剿。(3) 及贼人去后，始博追击之名，又即行归营。（4）回奏时，借端巧饰。达尔济"情属可恶"，锡保、鄂尔泰请将达尔济交部严加议处。雍正帝批准了对达尔济的惩罚，"达尔济着革职，令为护军，交与顺承亲王，凡有苦差效力之处，令其前往，赎罪行走"，并任命了新官员以补达尔济之缺。①

四月二十五日，鄂尔泰等又奏请，"将驻扎呼伦贝尔地方索伦巴尔虎兵三千名内调拨二千名，前往察罕叟尔军营，其军营现在所有残疾兵丁，应行减退"，得到雍正帝批准。②

四月十一日，鄂尔泰奏：

臣到北路军营，见阖营兵丁衣服半多破敝甚至缺少，细纺其故，皆由出口数载，所带衣服等物既多损坏，自前岁火屯呼尔哈以来，屡经遇贼又多遗失，虽蒙恩给钱粮充裕，但军前物价高腾，除日用盐菜之外，节省数月不能自置一衣，兼之市买之物，亦不坚固适体。欲从家中寄来，而路途遥远又艰于其便，间有觅人附寄者，每觔给以三钱之价，尚有浮沉，难保必到。

在再四筹划之后，鄂尔泰以为，每年士兵所需衣帽靴袜等物约十觔可够用，因此建议：

伏祈敕下满洲蒙古汉军各旗查明各佐领下出师兵丁之家，令其酌备衣帽鞋袜等物，不得过十觔，书写姓名，汇集本旗都统造册，转送户部军需房，或由运粮之便，或由解送官物之便，或专

① 《清世宗实录》卷130，雍正十一年四月辛酉，载《清实录》第8册，北京：中华书局1985年影印本，第690页。

② 《清世宗实录》卷130，雍正十一年四月丙子，载《清实录》第8册，北京：中华书局1985年影印本，第695页。

催车驼每年一次运到军前。①

雍正帝很快针对此事发布上谕。五月二十五日，雍正帝在上谕中说："从前曾令出征兵丁家中有寄带衣服等物者，俱着送部，于运送官物之便带至军营。朕思衣服等物，随时需用，必俟运送官物之便始行寄往，未免稽迟时日，且堆积繁重，带送亦觉艰难。着该部将兵丁家中带去之物，酌量各旗送到之数，间一二日作一起，由驿站递送。"②

四月十一日，鄂尔泰在北路查看火器，"新造子母炮每位重百觔，受药三两，铅弹五两，平打仅到四百步，高打不过五百步，犹未为便"，因先前经过大同时，觉得大同镇所造炮位甚好，奏请令大同总兵李如柏将新式过山鸟炮速造百位并驮架齐备，运抵北路，于军务大有裨益。③

四月二十日，鄂尔泰已经从军营返回京城，抵达三十台，接到驿递前请安奏折。雍正朱批说："朕躬甚安好，卿好么？鄂容安中二甲第八名，会试中的亦高，鄂伦亦中二甲十几名，特谕卿喜之。"此年鄂尔泰长子鄂容安年20岁，侄子鄂伦亦中进士。到四月二十七日，鄂尔泰已行至十九台，预计五月初旬可到京。④五月初二日，鄂尔泰行至第八台。⑤

五月十五日，军机大臣等议覆了鄂尔泰的折奏。鄂尔泰在奏折中共提四条建议：（1）因准噶尔大败之后，势不敢再进攻北

① 《雍正朝汉文朱批奏折汇编》第24册，雍正十一年四月十一日奏，南京：江苏古籍出版社，1991年，第307—308页。

② 《上谕内阁》卷131，雍正十一年五月二十五日，影印文渊阁四库全书第415册，台北：台湾商务印书馆，1983年，第664页。

③ 《雍正朝汉文朱批奏折汇编》第24册，雍正十一年四月十一日奏，南京：江苏古籍出版社，1991年，第306—307页。

④ 《雍正朝汉文朱批奏折汇编》第24册，雍正十一年四月二十七日奏，南京：江苏古籍出版社，1991年，第392—393页。

⑤ ［清］鄂尔泰：《鄂文端公遗稿》卷3《第八台途次即事抒怀，时五月二日也》，第386—387页。

路腹地，特斯、台锡里二处驻扎兵丁，应于今岁交秋应缓行至科布多等处，俟明岁进攻阿尔泰。同时，应做好此部分军队的粮草供应。（2）特斯、台锡里地方既无庸驻兵，应行停止二处修堡。请于扎布韩、察罕鄂罗穆地方修筑一堡，以照看台站运路。（3）大兵进剿，必须派兵接续。应于塔奔托罗海、额克阿拉尔、默尔根锡纳地方，各驻兵4000名，明岁大兵前进阿尔泰时，即令此兵前往科布多，以候调遣。（4）明岁进攻阿尔泰，关系紧要，请令副将军额驸策凌、塔尔岱、常德等前往会同办理；其掌管副将军印信之人，恭候钦定。雍正帝令额驸策凌掌管靖边左副将军印务，副将军常德与额驸策凌同行；塔尔岱掌管靖边右副将军印务，议政大臣永福授为内大臣，与塔尔岱同行；其余依议。①

六月初五日，雍正帝令鄂尔泰兼管兵部尚书事务②，可见鄂尔泰已经回京，重履原职。

此后，实录中无鄂尔泰关于清军西北两路军务的专门记载。自然，鄂尔泰作为雍正帝和乾隆帝的重臣，在皇帝召对和在大臣会议中，鄂尔泰会发表其关于西北两路军务的意见。

结　论

鄂尔泰自雍正十年七月下旬出京，前往西路军经营一应军务，至十一年六月上旬至京再任要职，前后约计十个月的时间，鄂尔泰在路途中的时间也包括在其中。鄂尔泰经略军务，大概可以分为两个阶段：（1）雍正十年七月至十二月，经略西路军务阶段。（2）雍正十一年正月至五月，经略北路军务阶段。

从前述鄂尔泰的活动来看，鄂尔泰经略西北两路军务的活

① 《清世宗实录》卷131，雍正十一年五月乙未，载《清实录》第8册，北京：中华书局1985年影印本，第701—702页。

② 《清世宗实录》卷132，雍正十一年六月甲寅，载《清实录》第8册，北京：中华书局1985年影印本，第706页。

动，各有不同。经略西路军务，主要经略后勤。从鄂尔泰等的奏报来看，涉及的后勤主要有采买牛只、屯田、军需捐纳、士兵月饷发放、运户经营改善、火药制造、军需运输考成等。此外，还根据雍正帝和军机处的要求，对某些问题发表自己的意见，或与他人回奏，如马步军在战斗中的使用问题等。当然，鄂尔泰也将其沿途所见，特别是有关军务的情形奏报给雍正帝，如建议撤换署宣化总兵、署花马池营副将。从奏报的时间来看，鄂尔泰经略西路主要集中在九月、十月，十一月、十二月未有奏报。需要说明的是，虽然关于西路军军需事务，虽然鄂尔泰单独或同其他官员一同上奏，但更多的是由署陕西总督刘于义和其他办理军需的专职、兼职官员等来处理。换言之，鄂尔泰只不过处理其中比较紧急或重要的军需事件。

原计划鄂尔泰在处理完西路军的事务后便于年底回京复命，但在十一年正月，鄂尔泰又奉命抵达北路军以经略军务。与在西路军的经略不同，鄂尔泰在北路军的活动，主要有三部分：（1）调查北路军将领，主要调查达尔济和锡保的罪行。（2）后勤管理，主要是士兵衣物运输和军器供给。（3）北路军的兵力布置和统领。从奏报的数量来看，鄂尔泰关于北路的奏报远不及关于西路的奏报。

而具体的军事行动，鄂尔泰没有直接指挥。鄂尔泰在肃州与查郎阿密谋让清军从吐鲁番袭击小策凌敦多布，但最终未能成功。鄂尔泰传令西路军堵截准噶尔败兵，还未执行，准噶尔军就已经越过了西路军的伏击点，西路军只好撤回。

“统兵任重，务期谋出万全。”① 鄂尔泰虽然在改土归流中指挥作战，但土司军队不能与准噶尔军相提并论，鄂尔泰此次出京经营一应军务，但只是关注后勤、布置兵力、调查人事等具体问

① 《雍正朝汉文朱批奏折汇编》第23册，雍正十年九月十五日奏，南京：江苏古籍出版社，1991年，第292页。

题，并没有直接调兵遣将，冲锋陷阵，仅有的一次传令调兵堵截也未能成功，军权仍然控制在西北两路的大将军手中。

鄂尔泰经略军务，产生了对准噶尔议和的想法。十年八月十五日，鄂尔泰说："就势论势，以机应机，欲捣贼巢，以灭丑类，或不能，且不必，而守界安疆，使无能侵扰，以宁息我兵民。"[①] 鄂尔泰以为，不能从根本上消灭准噶尔，目前只能守好边疆，安定黎民，不主张对准噶尔继续用兵。雍正十一年，鄂尔泰在《癸丑三月十六日抵军营有述》中说："万里征诛会，群公恩遇深。王师宁有敌，狡虏旧难寻。烽火三年戍，安危一寸心。何时真罢战，饮至共开襟。"[②] 从诗中可以看出，鄂尔泰已经在盼望停战了。回到北京后，鄂尔泰奏："西夷未可卒灭，扰敝中华，无益。"[③] 鄂尔泰的意见，成为雍正帝最终决定罢兵的一个重要参考意见。

---

① 《雍正朝汉文朱批奏折汇编》第23册，雍正十年八月十五日奏，南京：江苏古籍出版社，1991年，第145页。

② 鄂尔泰：《鄂文端公遗稿》卷3，载《清代诗文集汇编》第238册，上海：上海古籍出版社，2010年，第386页。

③ 李元度：《清朝先正事略》卷13《鄂文端公事略》，载《清代传记丛刊·综录类》，台北：明文书局，1985年，第463页。《清史稿》卷288《鄂尔泰传》载："入对，言准部未可骤灭，用兵久，敝中国，无益，上颇然之。"（第34册，北京：中华书局，1977年，第10235页）

花苗人韩杰家族的迁徙史

云南省社会科学院　朱信丽

摘　要：本文主要讨论清代以来中国西南苗族的一个支系——花苗（阿卯）迁徙的过程、迁徙方式和迁徙原因。受美国人类学家詹姆士·斯科特“逃避”和“攀附”理论的启发，研究西南苗族迁徙的历史，应当考虑从多种角度来拓展研究视角。从韩杰家族迁徙的经历可以看到，基督教传入西南苗族地区，教会和苗族的关系也锻造了苗族与国家的关系。这种关系的转变，影响了苗族和国家的政治距离和在地理空间上的分布。类似韩杰这样的个体，一旦思想获得启迪，眼界得到开阔，他就能影响一个民族走什么样的路，迁徙到何种地方。

关键词：花苗；韩杰；迁徙

自元朝开始，由贵州和四川进入云南的“东路”和“西路”等主要交通线路逐渐成熟。明代以后，贯穿贵州中线入滇的“东路”或“一线路”古驿道形成了日趋明显和有影响力的“古苗疆走廊”。“古苗疆走廊”不仅是一条“民族传统的迁移通道”①，“同时也是一条动用国家力量开辟的政治、经济、文化空间”②。

---

① 曹端波：《国家、族群与民族走廊——“古苗疆走廊”的形成及其影响》，载《贵州大学学报》（社会科学版），2012 年第 5 期。

② 马静：《“古苗疆走廊”之内涵及特点》，载《广西民族大学学报》（哲学社会科学版），2014 年第 3 期。

这些交通线路和走廊分布在西南三省，经过的区域是中国苗族的主要聚居区。在这个区域内生活的苗族主要有讲苗语西部方言的“Ad Hmaob”（阿卯、阿髦或者阿髳，汉语译音）和“Hmongb”（蒙，汉语译音）。前者的语言属苗语西部方言滇东北次方言，后者属苗语西部方言川黔滇次方言。本文的研究对象韩杰是“阿卯”的成员，他在1939年所著的《花苗史略》中，称自己这个族群为“花苗”，并认为“花苗”是“苗族”的一员。韩杰是第一位从本土土著的视角写作自己历史的人，也是基督教新教传入中国西南苗族地区后，唯一一位参与过循道公会、内地会、苗族自立会和安息日会的苗族人。韩杰的《花苗史略》一直被韩杰家族保管，2013年由中央民族大学出版社正式出版。中央民族大学历史学教授苍铭认为：“韩杰是苗族人在云南苗族地区传教办学的开拓者，是新中国建立前滇北苗族地区最有影响的宗教人士。”[①] 本文通过对韩杰的个案研究，探讨清代以来苗族的迁徙路径和迁徙原因。

一、韩杰家族在清代的迁徙

韩杰的《花苗史略》开篇载，“苗族之于中原，居汉之先。与汉往来，约五千年之久。亡国已四千六百余年矣。死心不降，失此还彼，漂流无定，成为无产之民族”[②]。传说五千多年以前，苗族祖先蚩尤与汉族的祖先炎帝、黄帝为了争夺生存空间和扩大生息地，相互之间发动了很多战争。涿鹿大战蚩尤身亡后，蚩尤的后人为了躲避战争、政治迫害和饥荒，以及部族间获得更大的生存空间等，开始了漫长的迁徙。花苗自唐代开始，离开“武陵

① 韩杰著，苍铭等校释：《〈花苗史略〉校释》，前言，北京：中央民族大学出版社，2013年。

② 韩杰著，苍铭等校释：《〈花苗史略〉校释》，前言，北京：中央民族大学出版社，2013年。

蛮、五溪蛮”地区，陆续向西向南迁徙。根据花苗人口耳相传的故事，其中一部分迁至西北，因不适应寒冷的气候，经西北进入四川；而另一部分则从多湖泊的洞庭湖“格孜”[①] 一带，进入川南。从这两个方向进入四川的苗族与先到川南的苗族生活了很长一段时间。至南诏全盛时期，南诏国王调四川苗兵征讨安南都护府。为躲避战争，唐五代时花苗又离开川南地区往滇东北和黔西北迁徙。苗族古歌唱道：共十二支系苗族，沿着丽格庶（乌江）来到比诺地（大方水西一带）。[②] 花苗学者杨汉先在《大花苗移入乌撒传说考》中认为，威宁苗族约在唐宋时期进人西南，进入威宁的时间约在南宋时期。[③] 最早的花苗人进入威宁后，先居住在今威宁盐仓镇的最高峰一带。由于这些地方属于高寒山区，气候极其寒冷，生存条件很差，后来，花苗人从高山地带下至低处羊街河一带打猎。来到这里，发现地势较之前的高山平坦，气候也好很多，通过和当地人联系，征得盐仓土司家同意后，花苗才迁入羊街河两岸居住。

《韩杰家史》载，韩杰的祖先于康熙年间随族人来到云南彝良一个叫“麦子坝”的地方。后来韩姓先祖被当地汉族赵姓老人收为养子，遂继承赵家的土地和家产。待赵姓老人去世以后，其族人与韩姓先祖争抢家产，双方诉讼至京。韩姓先祖因证据齐全、知书达理，在诉讼中获胜，并被赐予贵州水城一官吏的职位。后来因为该祖先在水城任官职而染恶习，家族衰落，留下一子坚守麦子坝土地，其余两子开始往贵州威宁迁徙。花苗自唐代

① 威宁大花苗古歌里有“格孜”与“格孜九大湖”。“格孜”是地名的意思，指洞庭湖。

② 《威宁苗族百年实录》编委会：《威宁苗族百年实录》（内部资料），贵阳：贵阳云岩印务，2005 年，第 3 页。

③ 1940 年，杨汉先先生到威宁羊街天生桥的兴隆厂做调查，当晚住在一户大花苗杨姓老人家，杨老告诉自家于此居住已经 32 代人。因此，杨先生推测大花苗人约在唐宋时期进入贵州威宁。

开始从川南迁来滇东北和黔西，当时的这些地方大部分都是彝族的领地。从秦汉时期开始，彝族首领自立为君长。蜀国时期，彝族君长被中央王朝赐为罗甸王，建立罗甸国，晋、南朝、隋时期沿袭方国政权。唐宋时期受中央王朝的羁縻。1274年元建立云南行中书省后，为了加强对滇东北和黔西北彝族地区的统治，分别设立乌撒宣慰司、乌蒙宣慰司。明朝统治乌蒙、乌撒、东川、芒布地区后，在此设置府，这四个府皆由彝族土官世袭。[①] 明朝时期，这些土官土司管辖的地区农奴制经济占统治地位，存在着浓重的奴隶制残余。虽然明朝廷派了军队驻扎在这些彝族地区的平坝地区和交通要道，并修建了黔西至曲靖的驿道，但在彝族管辖的核心区域，仍然由土司土目自主管辖。自唐宋开始逐渐迁徙至滇东北和黔西的大花苗，到明清两代，就已经大规模定居在中国西南云、贵、川三省交界彝族统治者的领地内，东从贵州水西彝族土司管辖的范围开始，西至云南楚雄彝族土司的领地，南北则横贯整个乌蒙、乌撒土司的领地范围。到清康熙四年（1665），清政府为了进一步加强对乌撒和水西地区土司政权的控制，开始实行“改土归流”。清康熙三十七年（1698），清政府以水西安氏土司没有子嗣为借口，乘机实行“改土归流”，结束了水西的地方民族政权统治。但是，贵州西北部的“改土归流”并不彻底，在清廷平息“三藩之乱”过程中，有土司土目协同清廷用兵东川、乌蒙、镇雄三地。为了巩固和奖励这些地区的土司，清廷在一些地方保留和恢复了土官。《大定府志》记载，“改土归流”后，水西地区仍然保留了157家土目。

当时生活在滇东北和黔西北的花苗大部分都租种彝族土司土目的土地，农业生产基本上还停留在刀耕火种阶段，山区和高寒山区的贫瘠土地本来就薄产，还要把收成的大部分交给土目老

---

① 《彝族简史》编写组等编：《彝族简史》，北京，民族出版社，2009年，第130页。

爷。比如："彝良二区地主，每一亩地向佃户收一头猪，两只鸡，租镰刀还收刀租，近百年来收粮食，租额为产量的30%。"① 韩杰的祖先们于1750年前后开始迁往贵州威宁境内，先顺洛泽河西岸逐步移居于云贵桥、兔街的那鲁。后来又南下到达羊街、盐仓一带居住。1785年，迁居到盐仓一带的这几个家庭因生活所迫互相跟随又迁入金钟地区与当地回民杂居在一起。1800年左右，他们西迁到达威宁黑石头的安家沟，并定居于长海子。到了长海子，韩杰的家人为了生计，用银30两、公鸡1只、火腿30斤当耕了长海子沼泽边彝族土目家的沟地。"自从苗族迁居到黔西乌撒和滇东乌蒙地区以来，花苗人要替土司开荒种地，交纳粮食。而且，花苗因为在彝族的领地，还深受贩卖之苦。土司对待苗族，几乎没有给一点自由。到了清廷加封土司下的土目时，苗族的土地又被土目再次瓜分。凡是过去是土司佃民的苗族，必须在原来土司的基础上追加抵押和租金。于是，出现了很多的地租，有羊租地、鸡租地，更有马租地、刀租地、服役地等。在威宁的其他地方，"租种威宁彝族土目安辉武的土地，主要以实物交租，租额50%"②。除了交基本的粮食地租以外，威宁彝族土目还要让苗族人用马、猪、鸡、牛、羊等交租，并且还有很多无偿的劳动，"有个土目要求每个苗族佃户一年给他服100天的劳役"③。"在威宁的中坡坎，佃户向地主要先交押金，除去交租金外，还要给地主服打柴、背煤和抬滑竿等劳役。实物地租实行四六分成，农民仅得产量的40%，地主则收产量的60%作为地

① 宋恩常：《云南苗族述略》，载《民族问题五种丛书》云南省编辑委员会等编《云南苗族瑶族社会历史调查》，昆明：云南民族出版社，1982年，第8页。

② 《苗族简史》编写组编写：《苗族简史》，贵阳：贵州民族出版社，1985年，第256页。

③ 东人达：《滇黔川边基督教传播研究（1840—1949）》，中央民族大学博士学位论文，2003年，第83页。

租。”[①] 有些地区，土目还对花苗有生杀予夺的权利，花苗人稍有不服，就被土司土目严刑拷打，摧残致死。最残酷的还有人租，苗族人生儿育女都不能算作自己的，都是土目地主的财产。如果是死人租，土目家有人死时，还要被殉葬。

通过研究《韩杰家谱》[②]，笔者发现韩杰的祖先从1750年离开彝良麦子坝到1800年定居在威宁长海子的五十年间，韩家人有记录的迁徙就有六次，每次迁徙的距离都在二十公里左右。而在长海子当耕土目家的土地之后，不仅先要付出当耕土地的财物，还要交付各种地租，并遭受贩卖之苦。尽管忍辱负重，韩家人总算在长海子相对稳定地生活了一个世纪。从韩家在清代的迁徙路线可以看到，他们的迁徙几乎没有超出彝族土司和土目的领地范围，总的迁徙路线是由北向南。只有在长海子定居前的最后这次迁徙，方向才开始从东往西。另外，从他们的迁徙轨迹来看，苗族家庭基本上是沿着苗族人居住过的地方不断迁徙；他们所走的路线既不是“官道”，也不是车水马龙的交通要道。韩家人也并不是一直在迁徙、“喜欢”迁徙，一旦稍微有能够定居下来的条件，他们依然首选长期定居在一个地方。

二、韩杰家族在民国时期的迁徙

19世纪中后期，基督教新教开始在中国传播。1887年，由英国人戴德生（James Hudson Taylor）创立的中国内地会，最早来到贵州传教。1888年，内地会的党居仁（James Adam）到达贵州西部的安顺传教，并成为西方传教士在中国西南第一个向花苗传教的人。1904年，党居仁把离安顺较远的苗族人介绍给云

① 宋恩常：《云南苗族述略》，载《民族问题五种丛书》云南省编辑委员会等编《云南苗族瑶族社会历史调查》，昆明：云南民族出版社，1982年，第8页。

② 韩兴智：《韩杰家谱》（手抄本），韩杰家族保存，1992年。

南昭通的英国圣经基督教教会的柏格理（Samuel Pollard）。1905年，为了更方便地在苗族地区开展传教工作，柏格理离开昭通，在云南、四川和贵州三省交界的石门坎，建立圣经基督教教会在苗族地区的传教中心。1906年6月，柏格理来到长海子——韩杰的家乡建立教堂和学校。四年之后，韩杰成为长海子小学的第一批优秀初小毕业生，被选送到石门坎光华小学读高小。1911年，韩杰从柏格理在石门坎创办的光华小学高小部毕业，作为优秀毕业生被派到云南寻甸的彝族地区传教和教书。

1915年，柏格理在石门坎因照顾患伤寒的学生，感染疾病，病逝于石门坎。在圣经基督教教会①于云贵川苗族地区传播基督教的活动中，柏格理发挥了很大的作用。科林·马克林（Colin Mackerras）在他的著作中说："尽管去中国的传教士总的来说传教不算成功，但是他们却在教育领域非常活跃。传教士们对教育事业所起的作用和创新，是19世纪上半叶最大的贡献。"② 柏格理创立学校，让苗族人学会读书识字。此外，韩杰在《花苗史略》里还叙述：柏格理聪明、善良，情商极高。柏格理不仅鼓励花苗人积极参与民国政府的社会活动，还帮助他们认识自己的民族。辛亥革命时期，柏格理引导花苗人的爱国热情，他安排钟焕然做募捐宣传，同时鼓励学生做宣传劝捐员，动员苗族民众为辛亥革命捐款。最终，整个学校募得助国金500余元，用以援助滇省的政府军。通过这件事情，韩杰认识到："尽管这笔捐款的数额不大，但是它却证明了苗族人是爱国的。如果没有柏格理的引导，身为苗民，怎么会知道自己也能爱国呢?"③ 韩杰最后还说：

---

① 该教会后改名为"圣道公会"和"循道公会"。

② Colin Mackerras. "Religion and the Education of China's Minorities", *China's National Minority Education: Culture, Schooling, and Development*, edited by Gerard A. Postiglione, Routledge, 2013, p. 28.

③ 韩杰著，苍铭等校释：《〈花苗史略〉校释》，北京：中央民族大学出版社，2013年，第59页。

“可知基督不独重天国，而亦重世国；故此栢牧导苗族实行之也。”①

柏格理的言行举止极大地影响了韩杰。首先，柏格理让苗族人知道自己也是这个国家的一员。他们也可以为这个国家贡献力量，苗族对这个国家有同等的责任和义务。其次，柏格理对苗族人强调一个观点，基督徒应该积极参与这个现实国家的活动。这使得国家认同和主动参与社会活动的意识在韩杰的头脑里萌芽。刚刚建校之初，柏格理就鼓励学生说：“你们好好勤奋读书，不用多少年你们也能成为老师。”② 柏格理发起的“以苗教苗”的活动对苗族社会做出了巨大的贡献。在民国时期，教会学校先进的西方教育体系为花苗培养了最早的三位博士和第一批的大学生。民国初年，有些人认为苗族要进步，需与汉族同化。柏格理说：“不可以，这是中国，是各个民族共同组成的中国。我担心以后中央政府成立，而没有苗族的位置啊。你们苗族，是中国自古以来的原住民，已经存在了许多年都没有灭亡，你们切不可自取灭亡啊!”③ 通过这件事情，很多苗族学生开始理解花苗历史和文化的珍贵，苗族人的民族认同意识更加被强调。

1915 年，韩杰回石门坎娶张姓苗族女子为妻，然后谐妻子继续前往云南的寻甸彝族地区教书。1922 年，韩杰根据基督“爱”的思想，创立了苗族自己的自立教会。1923 年，苗族自立会因为管理分歧，人员就解散了。韩杰先说服家人，自己要到上海寻找工作，由于全家人极力阻挠，他不得不取消了这个念头。然后，他带着二儿子都才在罗次、富民两县走村串寨，想要筹措

① 韩杰著，苍铭等校释：《〈花苗史略〉校释》，北京：中央民族大学出版社，2013 年，第 59 页。

② 韩杰著，苍铭等校释：《〈花苗史略〉校释》，北京：中央民族大学出版社，2013 年，第 59 页。

③ 韩杰著，苍铭等校释：《〈花苗史略〉校释》，北京：中央民族大学出版社，2013 年，第 59 页。

资金，创办苗族自己的学校。他想通过现代教育，建立“自立、自养、自传”的教会和学校，改善苗族的地位。1928 年，韩杰在富民县者北袁家村的“大龙潭”建立了自己的第一所学校。为了提高苗族人的对外交流能力，韩杰鼓励他的学生学讲汉语。等到学生们具备了一定的基础知识，韩杰就开始教他们学写公文。同时，他也教学生学习石门坎苗文。待这些成绩提高以后，韩杰就用双语给学生们讲解更多的历史和科学知识。同年，韩杰为了印刷诗歌册子和筹集买粉笔及纸张的经费，步行到昆明求助于美国安息日会的米乐尔（C. B. Miller）牧师，米牧师就鼓励和邀请韩杰加入了安息日会。韩杰在大龙潭创建的学校的学生逐渐增多起来以后，附近武定、罗次等苗族地区的老百姓因被恶势力敲诈勒索、抓兵或蒙受冤屈等，都来大龙潭求助韩杰，请他代写文书申冤讼诉，结果大部分都得到官府的公正处理。从此韩杰一时声名远扬，不少苗族人便跟随他信奉了安息日会，附近的一些苗族村寨陆续建成安息日会的教堂和学校。

1934 年，韩杰和苗族人龙昌德参加安息日会上海总会在南京举办的一个暑期教员培训班。韩杰第一次离开西南地区，从云南的河口出境，经越南乘船到达上海，再由上海到南京参加培训。从南京回来，韩杰开始着手写作《花苗史略》。

1939 年年底，韩杰完成了十三章两万余字《花苗史略》的写作。1941 年，富民县政府举办学生运动会，韩杰的时雨小学代表队竞赛成绩优异，荣获“民族之光”奖旗。韩杰办学的成功，扩大了其在滇中地区的知名度。至此，韩杰的学校在苗族地区的发展达到了鼎盛时期。

1942 年，韩杰听说长海子老家的亲戚深受国民党抓兵之苦，遂返回老家，动员好几家亲戚随其一同迁至云南。《韩杰家史》详细记录了这次迁徙的路线，当时几家人走走停停，用富源、沾益、曲靖、马龙、杨林至昆明这条“大路”作参考，尾随其左右，多数情况下抄距离近的小道和毛路走，前后用了两个月的时间到达云南富民县和禄劝县的交汇地区，几家人从此散居在这个区域。新中国成立以后，韩杰创立的十多所学校全部被政府接收。韩杰就到离昆明有二十公里的一座山的山顶上开辟新的天地，这里原本有几家从外地迁来的苗族人，韩杰就带领他们，一起开垦周围的荒地。待到这个村子发展起来以后，韩杰就给这个村子取名叫“砚台”，并把附近的一座大山取名叫“文笔山”。从此，韩杰就定居在这里，直至 1959 年去世前夕才回到富民县的大龙潭。

三、花苗迁徙的原因

杨汉先在《大花苗移入乌撒传说考》认为，花苗在唐代迁徙至四川南部，由四川南部分散后，继续迁往云南滇东北的昭通和贵州西北部的毕节地区，从这两个地区继续向西向南迁徙。苗族历史学家伍新福在对云南彝良的花苗做调查时，曾记录花苗从洞庭湖流域迁徙至云南的大体路线：一是从贵州威宁到凉山，沿金沙江到楚雄；二是由贵州威宁北上，经奎乡、龙街迁到彝良；三是从威宁向西直接迁到昭通，再到鲁甸、巧家。① 从有关花苗迁徙的各种资料中看到，对于西南地区的苗族而言，与政治、经济、军事等有关的交通线路远远不及与血缘亲情、族群联系、文化相似的感情轨迹重要。从今天花苗的分布格局来看，除了安顺附近紫云县等地方有少数花苗定居以外，大部分花苗都分布在古苗疆走廊的北部，并没有穿过这条走廊。韩杰家族从彝良麦子坝迁往威宁长海子的过程中，他们所走的路线基本没有沿着传统意义上的“官道”和大路，而更突出的是沿着族群队伍中前人的迁徙路线走。从花苗迁徙的路线来看，花苗人主要经四川迁至贵州西北和云南，而不是横穿贵州腹地的黔东、黔中。

① 伍新福：《苗族史研究》，北京：中国文史出版社，2006 年，第 114 页。

通过分析花苗的很多古歌和故事，我们发现花苗这个族群迁徙的主要特点是：族群内部在早期应该一直有核心的领导人在带领着这个群体迁徙。因为在花苗的很多故事里，花苗人总有类似“老爷爷”或者“一对夫妇”这样的指挥。花苗这个群体在早期核心领导人的带领下，大体上作为一个花苗整体自北向南迁徙。花苗人内部的依赖性极强，亲缘关系和血缘关系的概念深入人心，无论迁徙到哪里，亲连亲、戚连戚的情况比比皆是。在丧失核心领导人的后期，依赖着集团内较强的家族和亲族关系——集团内部始终存在着稳定的联系。这种内部联系表现在由家族间建立起来的一个个核心家庭，与其他家庭间又建立起联系，通过这样的亲缘关系而彼此紧紧相连。通过这些联系，花苗整个群体才能保持从四川、贵州到云南的过程中，语言和服饰基本一致，并且具有共同的生活习惯和心理素质。

花苗人自明清以来频繁从贵州西北部和四川南部迁往云南的类型和原因有如下几种：

一是为躲避战乱。明清以来，中央王朝对西南地区统治的加强，造成西南地区在归入中央王朝统治的过程中战事连连，社会比较动荡。朝廷为了征服以彝族为主的少数民族地区，发动了很多大小战争，即使是在相对和平的时期，彝族土司土目间为了争夺土地和财产，也冲突不断。而身处其中的花苗，不仅平时做土司的农奴，还要保卫土司的安全，一旦发生战争，苗族便首当其冲。乾隆《东川府志》载：“苗子，善治田，为爨、僰服役。”所以，苗族等到有了机会，就连夜带着全家人向外逃跑。

二是被迫迁徙。“清道光二十八年（1848）云南省武定环州彝族土司李氏与贵州威宁彝族安氏土司开亲，土司家女儿表示最好的陪嫁品是‘苗奴’。到了女儿出嫁那天，土司家强迫40户苗族160多人作为陪嫁物去环州。当时为寒冬腊月，途中饥寒、疾病交加，到了环州就只有 120 人了。”[①] 陪嫁去的苗族有潘、张、龙、罗、王、杨等姓，这些花苗人此后就定居在云南。咸丰九年（1859）陶兴春、陶三春起义，辅处乡开戛村苗族青年阿尤核（姓张）组织队伍响应，活动于威宁、赫章、彝良三县交界。起义失败后，为躲避迫害，部分苗族被迫离开威宁向外迁徙。遇到灾荒歉收年，花苗人即使倾家荡产，甚至赔上性命也交不了按照规定该给土目的租。这种情况下，苗族人只有在深夜悄悄出逃。很多时候，跑了又被土目家丁追回来，或者继续落入下一家土目的控制范围，再次成为统治阶级的奴隶。幸运出逃的，就搬迁到汉族和其他民族生活的地区，重新开始新的生活。

三是为了保持宗亲间的联系，一家跟着一家，不断迁徙。“1828 年，云南万德幕莲土司那氏，向威宁观风海、大丫金氏土司辖地招去了 30 多户苗族为其狩猎。”[②] 这 30 多户苗族人家，作为到云南定居的早期苗民，他们一旦在云南落脚，极强的生存能力使得他们很快适应当地的生活。到了云南，他们随着打猎和劳作范围的拓宽，越来越发现这里比威宁的老家有更多的优点。除了森林野兽更多以外，云南适宜的气候和相对平缓的土地，差不多就是花苗人心里的“世外桃源”。因此，从那时候起，先到了云南的花苗人，有的就找机会回老家，将在云南生活的情况告诉家里人。于是，亲带亲，戚连戚，陆续迁往云南。为了寻找更适于生存的空间，花苗逐渐从迁徙历史上最后一个集结点——四川南部的贵州威宁迁往滇东北、滇中各县，形成了今天花苗分布在滇东北昭通和曲靖地区，滇中昆明市的禄劝、富民、寻甸县、嵩明等县，以及楚雄市武定、元

① 《威宁苗族百年实录》编委会：《威宁苗族百年实录》，内部印刷，2006 年，第 4 页。

② 《威宁苗族百年实录》编委会：《威宁苗族百年实录》，内部印刷，2006 年，第 4 页。

谋、禄丰等县的分布格局。

韩杰家族从清康熙年间的彝良麦子坝辗转于贵州威宁，最后迁徙至云南省会城市——昆明的郊区。这条直线距离三百三十公里，实际迁徙里程四百五十公里的路程，韩杰一家用了近三百年的时间。用詹姆士·斯科特的观点来看，韩杰家族的迁徙史也可以说是一部“逃避史”。韩杰在民国时期至新中国成立的这段时间，韩杰由于接受了基督教的现代教育，积极参与社会活动，主动构建民族认同和国家认同。为了创办苗族的学校，他一次就能迁徙一百公里以上，甚至在初到云南的早期，还有足够的自信和勇气去上海找工作。在安息日会工作期间，韩杰首次出国到越南，经过海路到达当时中国最繁华的城市上海，从上海到南京，还领略了古都的历史和沧桑。韩杰的个人活动范围得到了拓展，并带动家庭的迁徙产生了质的飞跃，他这个小家庭的迁徙方式从传统式转向了社会型。此外，韩杰还在花苗族群已经“逃避”了几千年的时候，写作完成《花苗史略》，用文字叙述来向世人表明，花苗在民国政府即将建立民族国家的关键时刻，唯有“面对”才是苗族拥抱未来的出路。他通过记录家庭、族人口耳相传的历史，强化了花苗的族群意识；借助对苗族历史文化的了解，结合对贵州和云南各个苗族族群的认识，将自己“阿卯”这个族群认同为花苗和苗族，并且为“苗族”这个更大的群体留出了空间。虽然韩杰没有接受过专业和系统的训练，但他关于自己族源的论点支持了中国学术界一直争论的苗族原住说和苗族北方起源说的观点。在书中，韩杰将自己这个民族认同为花苗，苍铭认为：“韩杰在文中使用苗族这个族称，而不是使用‘苗’‘苗民’或者‘苗人’等，并认可‘花苗’的身份，在20世纪30年代十分罕见，反映了作者强烈的民族情感和民族观。”① 此外，韩杰的《花苗史略》还反映了苗族对国家认同的思想。书中写道：“兹为民族自决之时期，民族团结之亟需。愿为民族者，恢复为一，以辅国族，而建大厦，是所至望。”② 近代以来，由于受基督教现代教育的影响，尤其是在传教士柏格理等人的影响下，以韩杰为代表的花苗知识分子，主动、积极地建立起“苗族”的民族认同和国家认同。他们在新中国的“民族识别”之前就已经通过自身实践完成了苗族的民族认同，实现了从逃避到面对、从“Bib Yos Ad Hmaob”（我们是阿卯）到“我们是苗族”、从边缘到进入国家的跨越式迁徙。

结　论

中国的西部苗族这个群体自唐代开始陆续从四川南部向滇东北和黔西北迁徙。从四川和贵州进入云南的重要交通线路有自元代起就比较成熟的“西路”和“东路”通道，以及围绕“东路”而形成的古苗疆走廊。但是由于苗族的文化特征和在历史上所经历的特殊遭遇，他们在迁徙的过程中，对这些交通线路的利用并不是很高。他们迁徙的轨迹并没有与这些线路和走廊有明显的重合。作为中国的西部苗族，他们没有因为“攀附”而早早被同化或者自动消失在历史的长河中。为了生存，虽然有时不得已也依附于他人，但是总有一种追求平等和自由的信念在支撑着他们一次又一次的迁徙。近代以来，由于基督教传入西南的少数民族地区，教会在开展教育事业的过程中，教会和苗族的关系也锻造了苗族与国家的关系。

① 苍铭：《一个苗族传教士的民族史观与国家认同——〈花苗史略〉评述》，载《广西民族研究》，2013 年第 4 期。

② 韩杰著，苍铭等校释：《〈花苗史略〉校释》，北京：中央民族大学出版社，2013 年，第 12 页。

克拉克夫妇在西南民族地区的传教活动

中央民族大学　严　赛

摘　要：1840 年鸦片战争以后，中国与西方国家相继签订不平等条约，使得大批的传教士进入中国内地，中国内地会是其中发展较为迅速的一个团体。中国内地会成员乔治·威廉·克拉克夫妇于 1880 年被派往中国西南的云贵地区进行传教，在经历了一系列艰难困苦之后，他们逐渐获得当地民众的好感，并且逐步从教育、医疗和印刷三个方面作为突破，为内地会其他传教士在此地区的发展打下了基础。

关键词：中国内地会；乔治·威廉·克拉克；传教活动；西南边疆

1840 年的鸦片战争使中国的国门被西方的坚船利炮所打开，在物质层面，随之而来的是资本主义社会的大量商品进入中国的市场；在精神层面，以传教士为主的基督教使团进入中国，他们从中国的东南沿海开始传教布道，足迹遍布了中国的十余个省区①。对西方人来讲西南边疆地区是物质与精神层面的“发展”都滞后东南沿海的地区，但是西藏、四川、贵州、云南等省区又有着极其优越的地缘优势，被英法等国看作进入中国内地的跳

---

① 主要包括北京、天津、山东、河北、河南、安徽、江西、江苏、浙江、福建、广东、广西等。

板。因此从19世纪中期到20世纪中期，以英法为首的西方国家的政府使团、商业团体、宗教团体所率领的政府官员、军人、商业代表、传教士、探险家、学者等都纷至沓来，在西南边疆形成了一股调查研究的热潮，时间持续了近一个世纪。西方学者瓦伦（Warren. B. Walsh）把19世纪60年代开始对西南边疆（主要指云南地区）过度热衷现象称为“云南神话”①。本文就以中国内地会乔治·威廉·克拉克夫妇在云贵地区的传教活动为例，论述个体传教士如何在西南地区传教，由此得出中国内地会在西南地区发展迅速的内在原因是基于传教士们热衷传播基督教的目的。

一、19世纪中后期的中国内地会

虽然个体的传教士早在明朝就开始陆续来华，大批传教士来到内地还是在19世纪中期。1840年鸦片战争后，中英签订的《南京条约》中并没有特殊的条文是针对基督教的传教使团的。但是其中的不少条款，给传教士们进入中国提供了机会，如清朝政府开放广州、厦门、福州、宁波、上海五处为通商口岸，准许英国派驻领事，准许英商及其家属自由居住，割让香港岛给英国等，这使得西方人传教士开始在这些开放的港口建立教堂。而1843年中英《五口通商章程》中规定的领事裁判权，即英国侨民在中国犯刑事罪时，由英国领事根据英国法律处理，使英国传教士进入中国内地虽然违法，却免受中国法律影响。一旦中国发现通商口岸有洋人出现，也只能将他们送到最近的领事馆，并不能进行制裁。② 1844年中美《望厦条约》与《南京条约》一脉

① Warren B. Walsh. The Yunnan Myth, *The Far Eastern Quarterly*. Vol. 2, 1943, p. 273.

② Edited by John K. Fairbank. *The Cambridge History of China*. Vol. 10: Late Ch'ing, 1800-1911, Part 1. Cambridge University Press, p. 550.

相承，但是在内容上更长，并附加了更多条款。美国渴求来中国传教的新教传教士因此条约受益，因为其中第17条规定美国人有权在通商口岸开设医院，建立教堂。[①] 1844年10月，法国人在美国《望厦条约》的基础上与中国政府签订了《黄埔条约》，在法国公使的胁迫下，耆英不得不同意，允许法国天主教在通商口岸自由传教，修建坟地，清朝地方政府负责保护教堂和坟地。这也是清朝雍正皇帝公开反对天主教以后，官方首次正式承认并保护天主教在华传教。1845年的补充条例中，耆英将这种特权亦给予了新教。[②] 当然，侵略者的野心不会因此得到满足。法国人对天主教在中国不确定的地位和数量较小的传教士仍然相当不满，在《黄埔条约》的基础上，他们还逼迫清政府接受了另两项保护基督教皈依者和教堂的条款：一条是1844年12月出台的，虔诚的基督教追随者将免受中国政府的处罚；而1846年2月规定的另一条是各省自康熙以来的旧教堂建筑，如果仍然保留至今，将恢复使用，并将所有权归还基督教。因此这十年中，基督教来华的传教士数量迅速递增。截至1850年，来华的传教士团体有17个[③]，仅1843—1857年来华的天主教耶稣会教士就有58人[④]。

新教团体中国内地会（China Inland Mission）也和其他传教群体一样，在这期间来到了中国。[⑤] 1865年，戴德生（Hudson

---

① Jonathan D. Spence. *The Search for Modern China*. New York: W. W. Norton & Company, 2013, p. 160.

② Jonathan D. Spence. *The Search for Modern China*. New York: W. W. Norton & Company, 2013, p. 161.

③ Jonathan D. Spence. *The Search for Modern China*. New York: W. W. Norton & Company, 2013, p. 162.

④ Edited by John K. Fairbank. *The Cambridge History of China*. Vol. 10: Late Ch'ing, 1800-1911, Part 1. Cambridge University Press, p. 550.

⑤ Edited by John K. Fairbank. *The Cambridge History of China*. Vol. 10: Late Ch'ing, 1800-1911, Part 1. Cambridge University Press, p. 555.

Taylor）将10英镑零钱存入伦敦银行，标志着中国内地会的正式成立。也正是这10镑钱及其所产生的利息，为中国内地会之后的运转提供了源源不断的资金支持。内地会的总部设在伦敦北部的纽因顿格林麦德梅（Newington Green Mildmay）地区，戴德生既是成立者，也是早期的领导者，秘书为伍德（F. Marcus Wood）。创会的同时，内地会也在各地设立了委员会，如中国、伦敦、北美、澳大拉西亚（Australasia），也在奥克兰、新西兰设立了分支。[①] 1901年剑桥七杰（The Cambridge Seven）[②] 之一、曾经的炮兵少尉何斯德（Dixon Edward Hoste）接任戴德生的会长之职，直至1935年抗战爆发之前。中国内地会的运转方式与新教其他教会指派的社团如浸礼会（Baptists）、卫斯理公会（Wesleyan）、卫理公会（Methodists）、长老会（Presbyterians）等有所不同。一般来说，教会指派的传教社团由其所在地的教堂负责提供资金支持，教会在各地的传教团也会定期向教堂的教士报告所开展的工作；但是中国内地会却是唯一一个非新教教会指派的传教社团。[③] 也就是说他们在英国没有一个固定的教堂作为总部机构，各地运营所需要的资金是传教士通过自己的努力积攒获得。“所有的传教士都完全依靠自由意识进行传教，没有个人的利益诱惑或者权利授予……”[④] 传教士的经费由内地会资助，

---

① Donald Mac Gillivray. *A Century of Protestant Missions in China（1807－1907）*. Shanghai：printed at the American Presbyterian Mission Press，1907，p. 135.

② 剑桥七杰：盖士利（William Cassels，1858—1925年）；司安仁（司米德，Stanley Smith，1861—1931年）；施达德（Charles Thomas Studd，1860—1931年）；亚瑟·端纳（Arthur Polhill－Turner，1862—1935年）；宝耀庭（Cecil Polhill－Turner，1860—1938年）；章必成（Montague Beaucham P，1860—1939年）；何斯德（Dixon Edward Hoste，1861—1946年）。

③ Edited by John K. Fairbank. *The Cambridge History of China*. Vol. 10：Late Ch'ing，1800－1911，Part 1. Cambridge University Press，p. 555.

④ Broomhall，Marshall. *The Chinese Empire：AGeneral &Missionary Survey*. London：Morgan & Scott；Philadelphia，China Inland Mission，1907，Appendix：8.

但是筹办各类活动则自负盈亏，获得利益无须上缴总部，这样使传教士的传教活动相当自由。正是这种与众不同的传教模式，使得中国内地会所获得的成就让其他教会不能匹敌。“与天主教不同的是，新教在1860年以后着力进军中国的内地（主要指中国内地会）。”从1865年到1875年这些年的经历看，内地会在中国最初的十年渐渐扎下了根，通过在尚未传教地区和省份开发工作站，他们慢慢地积累了许多经验，由此带动了新教传教团数量的增加，到1875已达到500多个，而在中国民众的帮助下，地区工作站也增长到了上千个。[①] 戴德生和他们传教团队从1877年的东部三个省会——浙江、江苏、安徽，到1890年，脚步遍布了除去湖南的各个省份。[②] 据1906年1月1日的统计数据，当时的内地会共有849个传教士（包括他们的妻子）在各个联络站工作，其中包括18名中国籍牧师，365名中国籍布道者，169名中文学校的老师，206名售卖圣经的商贩，130名圣女，394名中国籍无偿劳动者，14078名联络员，中国有21648人在内地会的影响下经受洗礼。同时他们在中国组织了476个新教教堂，188所学校，37个药房，101个鸦片避难所，7个医院。[③] 而与国外的情况相比较，这样的发展速度属非常缓慢的。[④]

二、克拉克夫妇在云贵的传教活动

1875年，中国内地会虽然已经在东南地区逐渐发展，但是

---

① Edited by John K. Fairbank. *The Cambridge History of China*. Vol. 10: Late Ch'ing, 1800–1911, Part 1. Cambridge University Press, p. 555.

② Edited by John K. Fairbank. *The Cambridge History of China*. Vol. 10: Late Ch'ing, 1800–1911, Part 1. Cambridge University Press, p. 555.

③ Broomhall, Marshall. *The Chinese Empire: AGeneral &Missionary Survey*. London, Morgan & Scott; Philadelphia, China Inland Mission, 1907, Appendix: 8.

④ Donald Mac Gillivray. *A Century of Protestant Missions in China (1807–1907)*. Shanghai, printed at the American Presbyterian Mission Press, 1907, p. 135.

他们还是非常希望将新教的势力范围扩展到内地和西南边疆地区。因此戴德生开始招募一批新的传教士组建一个新的团队，旨在进入中国内地的 9 个无基督福音的省份（unevangelised provinces）。[①] 乔治·威廉·克拉克便是这个团队的一员。1875 年 8 月 4 日他与另两名传教士詹姆斯·卡梅伦（James Cameron）、乔治·尼古拉（George Nicoll）坐小船离开英格兰前往中国。9 月 26 日，经历了一个多月的舟行劳顿后他们乘坐的“花堡”号（Flowery Castle）绕道香港顺利到达上海。[②]

乔治·威廉·克拉克，中国内地会的传教士之一，1849 年 5 月 30 日出生于伦敦东部的薛迪奇区（Shoreditch）。由于家中有五个孩子，年幼的克拉克从 9 岁开始就在一家工厂做全职童工。少年时期，他又进入了安妮·麦克菲森（Annie Macpherson）所经营的夜校念书。安妮非常提倡孩童移民加拿大。在安妮的一个主日学校（Sunday schools，即教会学校，孩子们在双休日学习主的教导），克拉克成为一名基督徒，当时的他才 14 岁，同时他也成为安妮的全职助理。在克拉克 23 岁那一年，他开始负责麦克菲森的第一个社团，该社团主要是派送学校中的男孩去加拿大，于是他一边在这里做伐木工人和火车司机，一边继续在学校念书。1875 年，他应戴德生的号召，加入了 18 人的团队，成为中国内地会的一员。在克拉克到达中国的第一时期，他游历了 12 个省（市），行程 3.2 万多公里，主要关注湖南、贵州、四川 3 个省。[③] 1879 年，他在上海与瑞士传教士芬妮·罗西耶（Fanny Rossier，或者 Marta）结婚。次年，他们到达贵州，并把家安在

---

① Mary Gertrude Guinness Taylor（Howard Taylor）. *The story of the China Inland Mission*. London：Morgan & Scott，1894，Vol. 2，p. 13.

② Mary Gertrude Guinness Taylor（Howard Taylor）. *The story of the China Inland Mission*. London：Morgan & Scott，1894，Vol. 2，p. 134.

③ Agnes Clarke. *The Boy from Shoreditch*. China Inland Mission，1962，p. 17.

了省会贵阳。芬妮也成为第一个深入西部内陆的女传教士。[①] 1880年年底痛失一个儿子，1881年5月移居到了云南，成为第一对到达该省的新教传教士夫妇。在云南的工作既孤独又艰苦，而且进展并不显著。1883年，另一个儿子塞缪尔（Samuel）出生，但是芬妮并没有从生育中恢复健康，于这一年年底逝世。由于无人帮助照料小儿子，克拉克在1884年离开了上海。1886年，他与另一名内地会女传教士艾格尼丝·兰开斯特（Agnes Lancaster）结为夫妇。[②] 艾格尼丝于1880年前往中国，并一直在山西太原工作，结婚后他们住在山西北部的归化城。1888年回到英国休假，1889年前往天津担任中国内地会的秘书。他们养育了一个儿子（John）。1892年艾格尼丝在生了他们的女儿小艾格尼丝之后在天津逝世。1919年克拉克在山东逝世，后被葬于天津英属公墓。[③] 尽管克拉克并没有接受过系统正式的教育，却能讲一口流利的中文，保持连续记日记的习惯，并著有他所到几省的相关著作，翻译了几部中国的古典文学，之后她的女儿小艾格尼丝将这些著作都捐献给了英国博物馆。

作为一名来到异国传教的传教士来说，如何能够在人生地不熟的异国他乡立足，并完成传播自己信仰的使命，是一件极其艰辛的事。克拉克夫妇最初来到云南大理时，遇到了数不清的困难，中西方生活方式、文化习俗有着巨大差异便立即显现在各个方面。首先官员们对他们表现出了极大的歧视，他们极力阻止克拉克夫妇在大理府获得居民身份。经历了万难后，夫妇两人才勉强租了当地的房子，但是没有人愿意给外来人士修理。之后一段时间，两人一直雇不到合适的佣人。克拉克自己在1882年2月

① Agnes Clarke. *The Boy from Shoreditch. China Inland Mission*, 1962, p. 21.

② Kathleen L. Lodwick. *Chinese Recorder and Missionary Journal*. Vol. 17, Shanghai: American Presbyterian Mission Press, 1886, p. 124.

③ James Hudson Taylor. *China's Millions (1890)*. London: Morgan and Scott, 1890, p. 3.

给同来的传教士卡梅伦的信中也写道："自从我们来到这个地方以后，我妻子的病好了很多（芬妮在贵阳一直生病）。因此我们才能够在这里建立一个联络站……作为外地人来到这个城市，我们的仆人并不是一个基督徒，第一座房子也很不方便，但是我们还是在那里待了五个月，因为你不知道另一种状况是不是会比这样的更加困难。正好在这个房子的半年租期快要结束时，我们租到了一个更加方便的房子，以便连接之前的那个房子。房子的月租是 2400 现钞，但是我们还要花 30 两（大约 8 镑）来自己装修改变，如此一来，房子就很舒服了……"① 直至 1883 年柯乐洪（Archibald R. Colquhoun）来考察访问前夕，他们的生活才得以稳定。"凭借着他们的机智、随和、友善，终于克服了当地人的憎恶，他们不仅聘到了一位佣人，还请到了一位当地的老师，成为他们教会学校的核心。"② 克拉克夫妇从自我的形象树立开始做起，慢慢博取当地人的好感。"我们一直想要给当地人留下一个很好的印象，这样会少一些关于我们的谣言。"③ 这个阶段经历了两年多的时间，也就是说克拉克自身形象的建立到 1883 年才基本完成，他们才慢慢被当地人接受才真正定居下来。

当然在建立自我形象的同时，克拉克更重要的目的是在这个地区建立传教士的形象，他们主要将传教活动范围限制在云贵地区，并利用对教育、医疗等事业的发展积极处理与当地民众的关系。从陌生到熟悉，他们在这个多元族群文化并存的地区渐渐扎根，并探索出了新教教义进一步传播的方向，把目标从汉人转向

① James Hudson Taylor. *China's Millions (1882)*. London: Morgan and Scott, 1882, p. 107.

② Archibald R. Colquhoun. *Across Chrysê: Being the Narrative of AJourney of Explorationthrough the South China Border Lands from Canton to Mandalay*. Vol. 2, London: S. Low, Marston, Searle, and Rivington, 1883. p. 248.

③ James Hudson Taylor. *China's Millions (1882)*. London: Morgan and Scott, 1882, p. 107.

了广大的少数民族群体。笔者认为克拉克夫妇在云贵地区的传教方式已经有别于早期他的传教方式——口头传教。早期克拉克与同行的传教士使用的是较为直接和简单的方式，“他们不放过任何机会，当他们遇到一群人的时候，克拉克掏出一大堆书，开始与人们攀谈，希望以此满足他们的好奇。在谈论一会之后，克拉克随即拿出了他们的布道书和经文，想知道他们会不会购买。令克拉克惊喜的是，人们热切地抢购起来”①。相比之下，克拉克夫妇在云贵的传教方式更加系统，更有针对性，也更有成效，归纳起来主要有以下三种。

（一）发展教育

克拉克从自身的经历中得出结论，如果需要完全地让当地人民皈依基督教，必须最先从孩子开始教育。② 所以他们每到达一个地方后首要的事情就是发展当地的教育。1880 年 2 月 5 日，克拉克夫妇到达了贵阳府，向内地会总部汇报了平安抵达的消息。2 月 13 日，他再次写信给内地会，表达了自己发展贵州教会学校的想法。“我们已经讨论过要开办一所男孩走读学校，我希望能在 2 月 17 日正式开展。就当我们决定要开办这所学校后的几个小时，我就收到了主日学校老师和学者们对我的资助，这些经费足以支持我三个月，……学校的老师是一个值得信任的基督徒，让他担任此职再合适不过，他邀请了我妻子在 16 日去他们家和他妻子朋友一起吃饭，我们相信在这之后会有更多的妇女加入。”③ 不过由于克拉克夫妇在贵阳所停留的时间并不长，学校

① Mary Gertrude Guinness Taylor (Howard Taylor). *The story of the China Inland Mission*. London: Morgan & Scott, 1894, Vol. 2, p. 203.

② Archibald R. Colquhoun. *Across Chrysê: Being the Narrative of AJourney of Explorationthrough the South China Border Lands from Canton to Mandalay*. Vol. 2, London: S. Low, Marston, Searle, and Rivington, 1883. p. 249.

③ James Hudson Taylor. *China's Millions (1880)*. London: Morgan and Scott, 1880, p. 78

也没有如期建立。

1881 年 5 月克拉克夫妇来到云南。1882 年在大理府租了一间小房子之后便首要发展未在贵州发展的教育事业。1883 年当他们真正安顿下来后，就在自己的花园里建立了一所教会学校，聘请了中国的教师，一方面他们自己向学生们传教，另一方面让中国的老师教孩子们学习中国的传统文化。① “目前，当地人充分认识到，我们与天主教不一样，我们开设了一所男孩寄宿学校，已经有 3 个学生，我们希望新年过后有更多的学生来到这所学校。”② 克拉克在云南的教会学校发展得很快，1883 年 10 月当妻子去世后，克拉克悲痛万分，还是因为教育事业的发展给予了他继续传教的力量。他在 1883 年 12 月 5 日给《中国亿兆》写信，描述了他给孩子们传授教义的经历，并认为在孩子们中间工作能给自己带来莫大的安慰。“我已经慢慢把心中的悲伤埋藏起来了，因为我正在把福音通过露天教学的形式传播到 14 个地方的学生中间。我非常迫切地希望得到更多的种子以更快的形式散播到他们各自的家中。”③ 正是克拉克这种坚定的信念和不懈的努力，让大理地区的汉族父母开始允许自己的孩子前往克拉克的教会学校进行学习。

（二）提供医疗救济

医疗事业的受益主体是老人、妇女、孩子这些弱势群体。在医疗条件相对落后的内陆地区，用先进的西方医术和药品解除老弱病人所受疾病的困扰，不但能获取当地民众的信任，还能扩大

---

① James Hudson Taylor. *China's Millions* (*1884*). London：Morgan and Scott，1884，p. 66.

② James Hudson Taylor. *China's Millions* (*1882*). London：Morgan and Scott，1882，p. 108.

③ James Hudson Taylor. *China's Millions* (*1884*). London：Morgan and Scott，1884，p. 66.

传教士的影响力。“很多访客免费来我们这里，大部分是来获取药品。”① 克拉克夫人在给戴德生夫人的一封信中就用一个典型的例子讲述了大理一个老妇人如何因为药物而皈依新教。

“（1882年）11月16日……这一次我想要告诉你关于上周来的一个老妇人的故事。她来主要是因为听说我们有治疗眼睛的药物。她非常穷，是一个素食主义者和信教者（非基督教），依靠救济金住在一个破庙里看管佛像。她看着比她实际年龄更加聪慧，告诉我：‘不知道我的失明有什么罪孽，我一直在祈求佛祖，但是也没有好转，我已经老了命也不好。我有一个四十岁的儿子，但是我有十年没有看见他了。我睡在三块板上，没有盖的被子，每天买六分钱的米糕和三分钱的豆子（不到半便士），这些已经足够我过一天了。’然后我们将她领到客房，将福音告诉她。她很聪明，一边听一边问我们：‘那我怎么信仰耶稣呢?’我丈夫教了她一段祈祷文，重复很多遍直到她完全记住……之后我们把她带到街上，她就自己拄着拐杖回去了，她万分感谢我们，我们让她今天再来。有个妇女问她去了哪儿，她就回答：‘我去拿药，他们会给我药，并且让我相信基督。’老妇人今天如期而至，在这期间她每天都会背诵祷告，她的眼睛也一天天好起来了……”②

以上是克拉克夫妇利用医疗帮助基督徒的一个典型案例。老妇人也是一个普遍性与特殊性的综合。一方面，她在物质生活上需要支柱，贫穷使她在一无所有，而疾病更加使她雪上加霜；另一方面，她又在精神上需要依赖，知识匮乏使她的信仰游离于佛教、原始宗教之间，并不确定。传教士便抓住了偏远地区人们的这些弱点。贫困无助的人们在最失望和迷茫的时候找到了依靠，

---

① James Hudson Taylor. *China's Millions* (*1882*). London: Morgan and Scott, 1882, p. 108.

② James Hudson Taylor. *China's Millions* (*1882*). London: Morgan and Scott, 1882, p. 53.

这些帮助不但使他们在物质生活上得以满足，在肉体上免受疾病的折磨，还在精神生活上受到传教士的特殊引导，将所有施予者归结于上帝。因此精神世界无所依靠的下层民众便成为传教士最容易接近的突破口，加上老弱病残对先进的医学技术和药品的依赖，如此案例积少成多，使得传教士在当地民众中无形的良好形象被逐渐树立起来。

（三）发展印刷事业

克拉克在云贵地区所采取的第三种传教方式就是利用发展印刷事业，传播新教文化。1882 年 2 月 3 日，他给卡梅伦的信中就提到了这个工作“幸运的是，我带了雕版过来印刷，也能在市里买到合适的纸，所以我已经印刷和传播了 3000 本福音书”[①]。到 6 月 24 日克拉克在给《中国亿兆》的信中写道：“一年前我们来到了这个城市一间空荡荡的屋子，……而现在这里的很多人都知道了‘福音’，在我闲暇的时间里，我印刷了几千本福音书。我自己计算了一下，我已经以 12 个不同的主题印了 6600 本书，编辑了 48700 本小册子和 3000 份地图。其中有十分之一的库存也已经被我们的接受者购买，我还从一些年轻的朋友中得到了更多的钱，会继续这个事业……”[②] 在仅仅三个多月的时间里，克拉克就将印刷内容从单纯的福音书扩展到了与内地会相关的宣传册和与中国相关的地图，在数量上也有了显著增长。当然如果一味赠予，并不能支持他的印刷事业长久发展，所以后来他想到了更加有效的方式：一方面，将普通印刷的书籍、福音书赠予当地的普通民众；另一方面，在市集等一些人多的场合，针对上层富裕人士，贩卖质量较高的版本，以此赚取费用，供之后印刷更多数量的书籍、图册。刚开始时，由于人们的疑惑和观望，克拉克并

---

① James Hudson Taylor. *China's Millions (1882)*. London: Morgan and Scott, 1882, p. 108.

② James Hudson Taylor. *China's Millions (1883)*. London: Morgan and Scott, 1883, p. 12.

没能把所有的书都卖了。但是即便在这样的情况下，克拉克还是卖出了 168 本《圣经》以及其他宣传册，也卖出了同行所积存的所有卡片。① 这样克拉克不但宣传了基督教文化，也给自己在当地继续生活提供了额外的经费；但是克拉克似乎对此并不满意，“我需要印刷很多小书，其实我应该能以十倍的数量卖出这些书……”②。1884 年 6 月 9 日，他却强忍痛苦从云南大理府撰写消息给《中国亿兆》，汇报自己在印刷事业上的成就，因为他不仅在大理出售印刷品，还带到昆明大街上贩卖：“我们很高兴又回到了老家。临时前往省会对我们的工作大有裨益，当我在省会昆明时，我上街布道 199 次，出售 8000 本书，希望上帝能拯救更多灵魂。”③

书籍、印刷品这种传播方式所带来的成效是克拉克未曾想到的，这些书有很大的流通量，因为很多远地的人赶来参加隔周一次的市集，手里也拿着这些书。“福音书能深入上百地区，我也坚信其中的真理会被广泛流传……”④ 其实正是克拉克早期的传教经历让他充分看到了西南地区民众对知识和新闻的渴望，他写道：人们希望有书，这种热忱的购买欲望非常普遍。通常我们路过一些市场，许多人会在听了我们的宣讲后马上买上书，带回山里的家中。我们的很多书可能已经在我们没有到访的地方传播开来。⑤ 这样一来，不只是传教士所到之处，就连他们

① James Hudson Taylor. *China's Millions* (*1884*). London: Morgan and Scott, 1884, p. 66.

② James Hudson Taylor. *China's Millions* (*1884*). London: Morgan and Scott, 1884, p. 66.

③ James Hudson Taylor. *China's Millions* (*1884*). London: Morgan and Scott, 1884, p. 26.

④ James Hudson Taylor. *China's Millions* (*1882*). London: Morgan and Scott, 1882, p. 108.

⑤ James Hudson Taylor. *China's Millions* (*1883*). London: Morgan and Scott, 1883, p. 12.

不曾到过的地方，都因为书籍的流通与传播接收到了中国内地会的讯息。

结　论

不难发现，无论克拉克通过何种方法，他的最终目的都是传播基督教。为了能够更快速有效地完成自己使命，他不断从冲突和碰撞中探索新的形式。从一个不被接受的外国传教士，到最后与周围的邻里都和睦相处的居民，他逐渐融入了中国的这个群体。虽然在这个互动的过程中，克拉克需要忍受周围环境的磨砺，但是他找到了自己的平衡。克拉克只是中国内地会这 800 多名传教士的一员，可以想象，每一个内地会的传教士在中国传教时，都是这些困难的经历者。正是因为他们没有忘记自己作为传教士这个身份所应达到的目标，基督新教在西南地区才得以传播。尼格尔·兰伯特有一个对个体目的和行为的比喻，很好地解释了传教士的传教行为：设想有一个在空间内自由移动的抛射体，其本身的能量和动力使得它能够有一条自己的运行轨迹，只有在重力或者其他物体碰撞的作用下，它才会偏离原有的轨迹。但是，即便是有这样的情况发生，最终的偏移也只取决于本身的抛射体……①也就是说传教士团体来到中国后，虽然在着装、语言、文化上受到了中国本土因素的影响，但这些仅仅是外力的影响，在其作用下他们不断变通以融入当地社会，尽管他们会有所偏离原有的状态。毕竟传教士本身的传教目的是其在异国传教的能量动力源泉，即便融合后会有偏离，他们的初衷没有改变。“虽然我是自由的，但我的行为会与我所期望的有很大差异，自

① Nigel Rapport. *I am dynamite*: *An Alternative Anthropology of Power*. London: Routledge, 2003, p. 7.

我是一个社会的结构，包含了其所来自的组织群体或者社会的态度。”① 作为中国内地会的一员，传教士们的目的和行为的初衷也就源自他所在的这个团体。这样也就不难解释19世纪末中国内地会在西南地区迅速扩张的自身原因了。

① Lisette Josephides. *Melanesian Odysseys*: *Negotiating the Self*, *Narrative and Modernity*. New York and Oxford: Berghahn, 2008. p. 25.

中国近代地理教科书之书写

——以《中国近世舆地图说》为考察重点

中央民族大学　李家兴

摘　要：晚清时期，在“西风东渐”风气的影响下，传统的舆地学开始向近代地理学转变。近代地理学转型并不是一蹴而就的，其中地理教科书的出现对近代地理学的发展起着重要的推动作用，晚清学制的改革也为地理教科书的发展提供契机。在近代地理教科书中，《中国近世舆地图说》[①] 是颇具代表性的一部，本文拟从编写背景、体例、内容、特点等方面，对该书进行重点考察，以此来窥探中国近代地理教科书的发展历程。

关键词：近代地理；教科书；《中国近世舆地图说》

有关中国近代地理教科书的研究，学术界已有很多的成果。早年的学术成果以邹振环《晚清地理学在中国——以 1815 至 1911 年西方地理学译著的传播与影响为中心》[②] 和郭双林《西潮激荡下的晚清地理学》[③] 最具代表性。进入新世纪以来，倪文君

---

① 《中国近世舆地图说》是作者最初在“地图学史”的课程学习中读到的，现中央民族大学图书馆藏有宣统元年广东教忠学堂石印本。

② 邹振环：《晚清西方地理学在中国——以 1815 至 1911 年西方地理学译著的传播与影响为中心》，上海：上海古籍出版社，2000 年。

③ 郭双林：《西潮激荡下的晚清地理学》，北京：北京大学出版社，2000 年。

《近代学科形成过程中的晚清地理教科书述论》①、何思源《地理书写与国家认同：清末地理教科书中的民族主义话语》②、朱楠《清末地理教科书发展及中学堂地理教科书系统结构研究》③、宋丽芳《清末时期我国初等小学地理教科书编写研究》④、代玲玲《清末小学地理教科书及其理念研究》⑤ 等论文，从理论与视角、书写问题、文本结构等方面，探讨了近代地理教科书编纂的诸多特点。然而，在诸多有关近代地理教科书的研究中，《中国近世舆地图说》却少有人论及。为此，本文将聚焦于《中国近世舆地图说》，拟从编写背景、体例、内容等方面，全面探讨该书的编纂特点，进而窥探近代地理教科书书写特点以及近代地理学的发展文脉。

一、近代地理教科书的编纂背景

长期以来，传统的舆地学一直被当作历史学的附庸，在《四库全书》分类中，地理类被分在史部地理类中就是一个很好的例证。在救亡图存的背景下，近代地理学的传入和清末学制的改革，给近代地理学发展提供契机。那时的中国人还沉迷于科举，对外面的世界知之甚少。在《中国近世舆地图说》卷末的跋中提道："然尝地理一事贵乎通今，至近世则更宜注意

① 倪文君：《近代学科形成过程中的晚清地理教科书述论》，载《华东师范大学学报》（哲学社会科学版），2006 年第 5 期。

② 何思源：《地理书写与国家认同：清末地理教科书中的民族主义话语》，载《安徽史学》，2016 年第 2 期。

③ 朱楠：《清末地理教科书发展及中学课堂地理教科书系统结构研究》，华东师范大学硕士学位论文，2015 年。

④ 宋丽芳：《清末时期我国初等小学地理教科书编写研究》，首都师范大学硕士学位论文，2013 年。

⑤ 代玲玲：《清末小学地理教科书及其理念研究》，华东师范大学硕士学位论文，2014 年。

以山川之险，夷疆域之广狭，港湾之深浅，欧美人士探险，我国绘图注说，月异而岁不同而吾邦士夫反有茫然莫辨者。"① 这生动地表明了当时国家上层官员士大夫对世界地理和中国边界地理的茫然无知。

晚清时士大夫的世界观念开始发生变化，他们基于了解侵略国国情的需要，开始翻译西方的地理学著作。如林则徐等译的《四洲志》、魏源编写的《海国图志》、徐继畬编纂的《瀛寰志略》等。"中国地理学从传统向近代的学术转型，与引进、吸收和融会西方地理学学术思想有密切的关联，近代地理学是中西地理学交融的产物。"② 在近代地理学逐渐形成的过程中，"新式地理教科书的出现，即便不能代表这种转型的最终完成，至少也是强有力的推动和促成者"③。地理教科书的编者为当时增长国人地理知识，提高国人自然科学和社会科学素养，激发国人爱国热情做出了不可忽视的贡献。

近代地理体系的形成和教科书的出现，与学制的改革紧密相关。晚清新政，光绪帝就已颁发上谕："人才为政事之本。作育人才，端在修明学术。近日士子，或空疏无用，或浮薄不实，如欲革除此弊，自非敬教劝学，无由感发兴起。"④ 由此清政府也走上了向国外学习教育制度的路。1904 年，由张百熙、荣禄、张之洞等共同拟定了中国近代教育史上第一部在全国范围内实际推行的学制系统《奏定学堂章程》。学堂章程中对中学堂地理教育有着这样的规定："先讲地理总论，次及中国地理，使知地球

① 罗汝楠：《中国近世舆地图说》，宣统元年广东教忠学堂石印本。

② 邹振环：《晚清西方地理学在中国——以 1815 至 1911 年西方地理学译著的传播与影响为中心》，上海：上海古籍出版社，2000 年，第 377 页。

③ 倪文君：《近代学科形成过程中的晚清地理教科书述论》，载《华东师范大学学报》（哲学社会科学版），2006 年第 5 期。

④ 朱有瓛：《中国近代学制史料》第一辑下册，上海：华东师范大学出版社，1986 年，第 454 页。

外面形状、气候、人种及人民生计等之大概，及中国地理之大要，兼使描地图。次讲外国地理……”① 对于师范学堂的地理教学要求基本上与中学堂一致，只是规定“为师范者教地理之次序法则”②。然而，晚清近代地理教科书的编写刚刚兴起时，由于当时学制仓促改变，各地新式学校遍地开花，各科急需大量的教科书，“政府无暇对教科书编者的资质、编写质量进行审查。谁去编写地理教科书都可以，与出身和社会地位无关，全凭个人喜好或其他动机”③。这虽然丰富了国人的地理常识，但也导致地理教科书体例芜杂，无统一标准。

二、《中国近世舆地图说》的成书过程和简介

本文所要论述的主要对象《中国近世舆地图说》就是在以上背景下产生的一部颇具代表性的地理教科书。光绪二十七年(1901)，“着各省所有书院，于省城均设大学堂，各府及直隶州均改中学堂，各州、厅、县均改设小学堂，并多设蒙养学堂”④。是年，邑绅吴道镕、丁仁长⑤等，筹议公立广东教忠学堂⑥。“光

① 朱有瓛：《中国近代学制史料》第二辑上册，上海：华东师范大学出版社，1987年，第386页。

② 朱有瓛：《中国近代学制史料》第二辑下册，上海：华东师范大学出版社，1989年，第41—42页。

③ 林培英：《谁在编写清末地理教科书?》，《中华读书报》，2013年5月22日，第14版。

④ 朱有瓛：《中国近代学制史料》第一辑下册，第454页。

⑤ 丁仁长，字伯厚，号潜客。1882年中举人。翌年举进士，授编修，充国史馆协修。1896年补侍读。后因丁父艰而归里。1900年各省废书院、改学堂，与吴道镕等就职广州府学，创办教忠师范学堂，被推为监督，旋兼大学堂、存古学堂监督。1926年，病卒天津。

⑥ 光绪二十八年（1902），丁仁长等人创立广东教忠学堂。“教忠”为“教以忠诚之道”之意。光绪三十一年（1905）改为初级师范学堂，属于中等教育学堂。现为广州市第十三中学。

绪二十八年（1902）先皇帝愤积弱之久，慨然思振。将使天下士一奋于学而吾粤教忠学堂应诏而兴諏经考史之外，求足以胜地理之专师者。”[①] 教忠学堂的地理教师是罗汝楠[②]。其不仅长于传统的舆地而且光绪二十九年（1903）被派往日本弘文学院留学，进行速成师范培训，故其还受着日本地理教科书编写的影响。然而，罗汝楠意识到西方地理教科书中的不足之处，“近世地理诸书大抵译自外国，凡外人之所述者则复冗无节，外人所未述者则漏略弗详”[③]。在这种情况下，国人开始在日本式地理教科书的框架下和表述方法上利用中国本土学者知识背景的优势，为中国地理学探索出自己的体系模式和表述方法。[④]

《中国近世舆地图说》既集成了中国传统舆地学的优点，又借鉴了当时日本地理教科书和国内大量地理教科书之长，是一个博采众长的实用型地理教科书。这一套8本23卷的大部头地理学著作，由清人罗汝楠撰写内容，门人方新校绘地图，广东教忠学堂于清宣统元年（1909）出版，石印本8册，属线装书，图幅长21cm、宽15.7cm。书的中缝处印有“中国近世舆地图说”“广东教忠学堂刊印”等文字，并标明该页所属具体的卷数。该书的封面设计比较单一，只有“中国近世舆地图说”以及“丁仁长署”几个字。扉页印有由陈宗颖[⑤]用篆体字提名的“中国近世舆地图说”8个大字，并且标明了出版的年月“宣统元年二月”，除此之外还有“每部银价叁元”“书经存案，翻印必究”

① 罗汝楠：《中国近世舆地图说》，宣统元年广东教忠学堂石印本，第1页a。

② 罗汝楠，字憩棠，湖涌村南头人，近代地理学者。广州庠生，广雅书院肄业，为山长廖廷相编修所看重。清光绪二十八年（1902）于广东教忠学堂教授地理。光绪二十九年（1903）官派日本入弘文学院留学。著有《中国近世舆地图说》《后汉书郡国志》《汉书地理志》《宋书州郡志》《历代地理志汇编》等。

③ 罗汝楠：《中国近世舆地图说》，宣统元年广东教忠学堂石印本，第2页b。

④ 倪文君：《近代学科形成过程中的晚清地理教科书述论》，载《华东师范大学学报》（哲学社会科学版），2006年第5期。

⑤ 陈宗颖，字孝坚，番禺人。光绪十四年优贡生，授阳山县训导。

等价格和版权信息。这反映出该书当时是流通于市场上的地理教科书。

卷首有丁仁长和罗汝楠分别撰写的序文，序文大体介绍了当时的时代背景和创作背景。凡例共有 14 则，在凡例中，作者详细介绍了本书编写的宗旨、编写的体例、材料的选取、讲述的重点和适用范围。该书图像丰富，图例内容包括国界、省界、府界、柳边、商港等。从图例的绘法来看，既运用了传统的制图方法又运用了西式的绘制方法，比如京师是用凸字形表示、省会是用双口形、直隶厅和散厅都是用菱形表示的，铁路和港口的表示方法与现在的相近。从内容上看，主要关注的是行政区划以及水陆交通、军事要塞、市镇等，其中也有长城和柳条边等地图内容。这与当时的内忧外患的背景是紧密相关的。书中提道："地理之学图说并重，非说无以表精神，非图无以见形式。"① "地理之学与兵事关系至重，是编说各省形势。凡有关于兵事者记载尤加详备。" "中国沿边各省大都与外人毗连，彼界此疆时虞交涉。此编于交通孔道、分界条约其可考者必为详载，以成有用之书。"② 从这几句可看出作者编写此书的真实目的和呼吁国人知晓地理救亡图存的迫切之情。

《中国近世舆地图说》的出版时间在光绪二十八年至宣统元年之间。由书中序言和凡例以及书后的跋文可知，该书的编写分成了两个阶段：光绪二十八年至光绪三十三年，该书的内容已经写完，但是"滤图说分行，阅者究多窒碍……是书通计大小图四百余幅，历两寒暑而始成。其中规划摹绘悉本说内所引"③；至宣统元年这本《中国近世舆地图说》才最终完成并由粤东省城十七甫怀远驿东雅石印局承印。然而笔者发现，罗汝楠也辑有讲义《地理学总论》一书，该书由广州双门底宝青阁承刊。笔者

① 罗汝楠：《中国近世舆地图说》，宣统元年广东教忠学堂石印本，第 2 页 b。
② 罗汝楠：《中国近世舆地图说》，宣统元年广东教忠学堂石印本，第 3 页 b。
③ 罗汝楠：《中国近世舆地图说》，宣统元年广东教忠学堂石印本，第 616 页 b。

查询资料并没有发现这本书，大概这本书是《中国近世舆地图说》的前半部分，罗汝楠将其单独成书。

三、《中国近世舆地图说》书写的体例、图像、内容特征

1. 编写体例

《中国近世舆地图说》不仅借鉴了外国地理教科书的体例形式，而且还借鉴了当时国内主要教科书的。采用了当时国内通用的体例，以省和地区为对象，由古即今，兼采传统舆地学之长，采用易于让学生记忆的游记形式，对当时的时局、军事要塞和经济民生等进行全面的介绍。通过研究可以透视当时地理教材的发展情况以及历史环境。

《中国近世舆地图说》第一卷为总论，其中包括地理学通论、亚洲总论和大清总论等；第二卷按照当时由北向南的内陆22个省，再加上蒙古和西藏、青海依次介绍地方地理信息。值得注意的是，本书中并不包括台湾省。当时的地理教科书大都"先亚洲总论，次中国总论，次地文地理，次人文地理，次地方志，系依现在世界通行之编例，务使学者先纲后目，便于记忆而联络其地理学之观念"①。而罗汝楠在《中国近世舆地图说》的凡例中写道："世界通例凡编地理教科书者先言全球总论，次言亚洲总论，次言本国总论，又次言地方志是编略仿其例，盖总论则挈领提纲。"② 罗汝楠将地理学通论放在本书的开头，将当时地理学知识体系完整地展现在读者面前。这既可以让人们在全球的视野下意识到中国的真实情况，也更符合地理学教学的需要。

① 屠寄：《中国地理教科书》，上海：商务印书馆，1905年，第5页。

② 罗汝楠：《中国近世舆地图说》，宣统元年广东教忠学堂石印本，第3页a。

这一时期官方认可的地理教材主要有屠寄的《中国地理教科书》①、臧励合的《新体中国地理》②、张相文的《新撰地文学》③等。其中，《新体中国地理》在当时具有一定影响并且在内容结构方面也具有一定的代表性。④ 在此，通过对《新体中国地理》和与其编写体例、编写年代相差不大的《中国近世舆地图说》进行对比，以窥探当时地理教材的书写情况。

《中国近世舆地图说》	地理学通论	地理学之注意 地理学之范围 地理学之分科（天文地理、地文地理、人文地理） 天文地理（星云、行星、太阳系、月球、地球的形状和运动、月食、日食、潮汐等） 地文地理（水陆、陆界、海拔、面积、岛屿、地形、地壳构造、地质、海洋等） 政治地理（人种、语言、宗教、教育、交通）
	亚洲总论	起源、位置、海峡、高原、海岸线、山脉、沙漠、国体政体、民族职业、交通、区划等
	大清总论	国名、位置、广袤面积、区划、地势、山脉、海洋、潮汐、河流、气候、交通等、
	地方志	分为黄河流域、杨（扬）子江流域、珠江流域，并对其做具体介绍（介绍内容大致与大清总论相同）

① 屠寄：《中国地理教科书》，上海：商务印书馆，1905 年。

② 臧励和：《新体中国地理》，上海：商务印书馆，1913 年。

③ 张相文：《新撰地文学》，上海：文明书局，1908 年。

④ 仲小敏：《我国现代中学地理课程价值与实现》，长春：东北师范大学出版社，2007 年，第 56 页。

《新体中国地理》	地理学总论	地理学发端（地理学范围、分类） 天文地理学（地球的发生、构造、位置、形状、运动、区划等） 地文地理（水陆之分界、陆界、水界、气界、物界） 人文地理（人种、语言、文字、产业等）
	亚细亚总论	地文地理（释名、位置境界、地势、海岸河流、湖泽、沙漠等） 人文地理（人民、生计、邦制、交通）
	中国总论	地文地理（位置境界、区域、地势、海岸、山脉、河流、湖泽、气候） 人文地理（人民、宗教、政治、军事、国防、财政、教育、刑法、外交、农业工业、商业）
	地方志	将我国分为黄河流域、杨（扬）子江流域、珠江流域分别介绍我国的各个地区

通过对比可知，《中国近世舆地图说》中亚洲部分论述得更加详细，涉及海港、海峡、区划。《新体中国地理》中中国总论部分论述更加完备且章节安排较《中国近世舆地图说》合理，这是其最大的优势，就内容而言相差不大。总体上说，“在总论中对地球环境和人类活动的现象规律等进行了整体的阐述，再在随后的区域分论对地球不同区域的自然环境和人文环境进行阐述”①。这种编排方式是对地理科学体系的一种完整的阐释。

2. 图像系统

图像系统是地理教材的重要组成部分，图形不仅能够帮助学生简洁生动地理解抽象的内容，而且能够帮助学生更直观地认识当前的形势。这在清末地理教科书的编写中越来越受到重视。“地理之学图说并重，非说无以表精神，非图无以见形式。”这是《中国近世舆地图说》序中的一句话。可见，图文相配已经

① 朱楠：《清末地理教科书发展及中学课堂地理教科书系统结构研究》，华东师范大学硕士学位论文，2015年，第33页。

是当时编写地理教科书的常识。《中国近世舆地图说》中的图像种类较多，从用途上主要分为地图、示意图、统计图等。

地图方面。世界地图：世界海流之图、亚洲位置地势简图、亚洲海湾海峡岛屿简图、亚洲山脉简图等；中国地图：行政区划图、大清帝国位置区划图、各省份的行政区划图、中国地势图、沿海图渤海沿海图、黄海沿海图、东海沿海图、南海沿海图等。以上各图都有经纬线、比例尺、图例等地图要素且以北京为中线的图居多。此外，还有众多的流域图、军港图、街道图。例如，黑龙江、松花江流域图。沿江险要图胶州湾图，榆林港图等。以上地图，往往绘出山脉、水系以及流域情况，基本没有经纬线。全书一共将近400幅地图。除此之外，还有众多的示意图和统计图等。

全书共有图像400多幅，特别是地图种类众多。同时期其他教科书的地图图幅较少。[①] 与之相比，无疑《中国近世舆地图说》的图说结合得更好。其中地理学总论方面的有些内容，在现今的地理教科书中依然有所体现，比如，现在所绘的四季更替之图和《中国近世舆地图说》中所绘相差无几。

《中国近世舆地图说》中的地图大都采用当时流传度和精准度较高的地图，“所绘各图大都参用胡图、董图、邹图为底本，其军港口岸、租界及分界等图则多采译外人之图，依次附入至沿革地图。另外还参考了李申耆及杨惺吾等专书”[②]。据笔者观察，该书的地图除了部分租借地、港口等图借鉴用外国人专绘地图外，其余的都是由当时的地图名家所绘。这些名家包括邹代钧、董佑诚、李兆洛、杨守敬以及主持编绘《皇朝中外一统舆图》的胡林翼等。除此之外，本书地图的完善还离不开方新的校绘。书后的跋中写道：“又虑图说分行，阅者究多质疑。爰命取胡氏

① 朱楠：《清末地理教科书发展及中学堂地理教科书系统结构研究》，华东师范大学硕士学位论文，2015年，第33页。

② 罗汝楠：《中国近世舆地图说》，宣统元年广东教忠学堂石印本，第3页b。

《大清一统图》暨阳湖董氏、新化邹氏等图依其位置，审定分率，按里开方，作各分图。其全图则概以邹氏为稿本……通计大小图四百余幅，历两寒暑而成。其中规划摹绘悉本说……”① 由此可见，本书地图众多且质量高，除了因采用当时绘制精准的地图和外国人所绘制的地图作为参照外，也与方新的辛苦校对是分不开的。

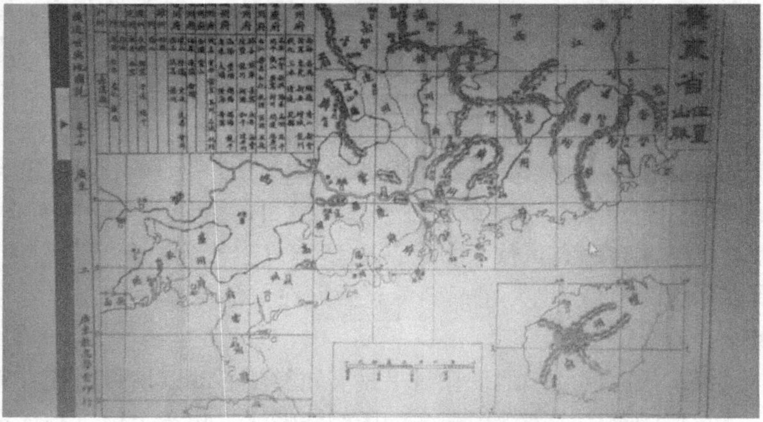

（《中国近世舆地图说》中部分图片）

3. 内容的选择有时代性和重点性

浓重的爱国意识与民族危机意识。“教育”一直是建构民族国家共同体、启蒙和培育民众民族国家认同感的不可或缺的手段，“清末兴起的国民教育风潮，强调于教育中灌输国民观念，启发爱国情怀。这一时期的地理教育，同样重视这一点”②。从内容来看，这些地理教科书不仅是教师教授学生地理知识的工具，同时还是向他们灌输民族主义思想和塑造国家认同感的重要

① 罗汝楠：《中国近世舆地图说》，宣统元年广东教忠学堂石印本，第616页a。

② 何思源：《地理书写与国家认同：清末地理教科书中的民族主义话语》，载《安徽史学》，2016年第2期。

载体。罗汝楠在总论中写道：“地学纲领，其要有二：一须有世界之知识，二须有爱国之思想。”“有爱国之思想，必先明本国地理。”① 地理教科书是当时人们了解世界大势和国内外情况必不可少的书籍，是有志之士的必读之书。

交通问题。随着清末社会危机的加深，清末的交通已经发生了巨大的改变。公路关乎国计民生，《中国近世舆地图说》中图例部分标明了铁路、国道、驿站等，书中提道：“若论交通，则兴筑铁路，由浦口而西出安徽，由安徽而复北入徐州为一线。由池河西出安徽。而直接河南信阳为一线。又由宁至沪为一线。他日告成，其货物之转输，尤为利便也。”② 交通是地方上发展经济的命脉，本书介绍交通的情况非常频繁。此外，《中国近世舆地图说》还重点介绍陆军和海军以及港口等方面，“今日而言，江防陆防两者仍有可恃。自常州上至焦山三重门户，节节布置，其江防尤为可恃乎”。在军事要塞做好完善的军事防御也是罗汝楠十分看重的。

经济民生问题。地理教科书是实施教学活动以培育时代有用人才重要的载体，因此中国各处的经济情况、物产等信息是该类教科书编者主要的关注点。《中国近世舆地图说》中对传统的物产做了详细的介绍，对植物、动物、矿物三大类进行阐述，对商埠之间的贸易也做了重点介绍，对轮船公司、铁路发展等关乎国家发展的事宜陈述详尽。例如：“秦淮入江之口，亦属省治咽喉。现开设商埠，全年出入口货约值银六百八十余万。物产出口，以丝绸为大宗，此外则山陕、河南运来皮货。现德人运入丝辫，物

---

① 罗汝楠：《中国近世舆地图说》卷1，宣统元年广东教忠学堂石印本，第6页a、b。

② 罗汝楠：《中国近世舆地图说》卷9，宣统元年广东教忠学堂石印本，第294页a。

美价廉，官府兴利。已经设有制造局、银圆局。”① 这对学生了解国内经济发展状况、重视实业兴国有着重要的引导作用。

《中国近世舆地图说》的时代性和重点性突出体现在地方地理的叙述上。“实用”地理的理念最终落实在每一个省、府、州、县的沿革、区划、物产等方面，该书无异于一本中国地方信息的数据库。

总 结

晚清地理教科书的出现是时代背景下的产物。了解当时的国际、国内环境必然需要从地理环境开始。地理教科书不仅是一部教材，更是一部启发民智和激发人民爱国热情的良剂。此外，晚清大量地理教材的出现与当时的学制改革有密切的关系。当时清政府迫于外界压力和自救的心理，进行了一系列近代化运动，其中在教育改革方面取得了相当大的进步。改革的成果使得中国出现大量新式学堂，同时也增加了对国内外地理知识的需求。“本爱护之心，求振兴之策，以无负国民之责务也。”② 这是罗汝楠对当时地理知识重要性的鲜明认知。当时地理教材的发展由一开始的“全面开花”到后期的官方认定。地理教科书的编写有了固定的体例：先地理原理，后亚洲、中国及各省份地理信息的介绍；由古即今，关注交通、矿产、海港等与国计民生相关的领域。这是在历史背景下确定的编写体例，对现在地理学科和地理教材都有深远影响。《中国近世舆地图说》是当时比较有代表性的一部地理教材。其编写者不仅具有深厚的传统舆地学功底，而且还有着丰富的对外学习经历，罗汝楠的个人经历使得这本书在

① 罗汝楠：《中国近世舆地图说》卷 9，宣统元年广东教忠学堂石印本，第 293 页 b。

② 罗汝楠：《中国近世舆地图说》卷 9，宣统元年广东教忠学堂石印本，第 6 页 a。

体例和内容上有了保证。此外，该书多借鉴当时的国内外地理教材，考证精细。本书的凡例中已有明确的说明："采用中外图书无虑数十百种，是编写征引其详，述者则问举书名，其摘用者则略而不举。"① 与当时官方认可的地理教材相比，《中国近世舆地图说》不管在内容上还是在体例上都能与之媲美，而且该书更加关注"实用"和地图的使用，这是该书的一大优点。邹振环认为，真正的地理教科书应包含如下几层含义：第一，"其编排应当体现出由浅入深、逐级递升的原则"；第二，"其应当符合教学的规则，有时间、单元的限度"；第三，"应有配套地图和教授法"。② 笔者认为就地理教材而言，在内容的完整性、编写体例、图文之间的对照、书写方式等方面，《中国近世舆地图说》无疑做得更加合理，对我们现在地理教材的书写意义重大，是当时颇具代表性的一部地理教材。本人有幸见到此书，所以有必要对其进行介绍和讨论。

① 罗汝楠：《中国近世舆地图说》，宣统元年广东教忠学堂石印本，第3页b。

② 邹振环：《晚清西方地理学在中国——以1815至1911年西方地理学译著的传播与影响为中心》，上海：上海古籍出版社，2000年，第284—285页。

从图腾文化视角看文身功能

中央民族大学　杨国芳　赵　桅

摘　要： 图腾观念是原始人类早期存在的共同观念，以图腾观念为基础产生了囊括图腾名称、图腾标志、图腾仪式、图腾艺术等要素在内的图腾文化。文身是图腾艺术的表现形式之一，作为一种表层的结构层次，文身是原始人类图腾观念的外在表现形式，而深层结构的图腾观念则对文身功能的产生和发展产生了重要影响。本文试从广义的图腾文化视角来看文身功能的产生和发展，试窥探图腾文化与文身的关系。

关键字： 图腾；文身；功能；影响

图腾文化是一个包罗万象的概念，包括图腾观念、图腾名称、图腾标志、图腾禁忌、图腾外婚、图腾仪式、图腾艺术等要素。① 文身是图腾艺术中图腾人体装饰的形式之一，从文身的产生来看，文身具备了反映原始社会人类图腾观念的图腾功能；从文身的发展看，文身的避害功能仍与人类的图腾观念密切相关；文身的区分功能受到了图腾标志和图腾外婚等要素的影响，文身的婚姻功能是图腾观念、图腾标志、图腾外婚和图腾仪式发展延伸的结果。可见，从文身产生之初起，文身功能就与图腾文化各

---

① 参见何星亮：《中国图腾文化》，北京：中国社会科学出版社，1992 年，第 9—33 页。

要素密不可分，图腾文化影响着文身功能的发展。

一、图腾文化

“图腾”一词源自北美印第安人奥基华斯部落的语言，表示氏族的徽号或标志。《中国百科大辞典》对图腾的解释是：“北美印第安语‘totem’的音译，意为亲属或标记，为原始宗教形态之一。原始人相信各氏族与某种动植物或某种无生物具有特殊的亲缘关系。故将该自然物视为本氏族的保护者或以之为本氏族的标志和名称即为图腾。”①《世界文化词典》的解释是：“图腾源于北美印第安人方言，意为‘他的标记’‘他的亲属’。多为动物，也有少数为植物或其他物体。据信人与所崇拜的图腾有亲缘关系，或某种神秘关系，使用特殊的名称和徽号。多以之为亲人或守护者，相信其具有超人的能力，对之尊敬、崇拜乃至畏惧。”② 海内外学者对于图腾及其相关文化现象一直都有研究，本文中笔者所借用的图腾文化是何星亮先生在综合了中外学者对于图腾的研究后所提出的。“我认为，与图腾有关的各种观念、现象、习俗等，内容甚广，包含多方面的文化现象，非‘主义’‘制度’‘宗教’‘观念’等词所能概括。唯独‘文化’一词，包罗万象，各种图腾文化元素均可囊括其中。故在泛指时，当称‘图腾文化’为宜，但在说明具体的某一方面时，也可称‘图腾制度’‘图腾崇拜’等。”③ 图腾文化是一个囊括了与图腾有关的观念意识、文化现象的名词，其中包括图腾观念、图腾名称、图

① 中国百科大辞典编委会编，袁世全、冯涛主编：《中国百科大辞典》，北京：华夏出版社，1990 年，973 页。

② 蒋广学、朱剑主编：《世界文化词典》，长沙：湖南出版社，1990 年，第 61 页。

③ 何星亮：《中国图腾文化》，北京：中国社会科学出版社，1992 年，第 19—20 页。

腾标志、图腾禁忌、图腾外婚、图腾仪式、图腾艺术等文化要素。图腾文化是各文化要素层累的结果，这个层累的过程包括时间和空间两个层次。在时间上，各文化要素的产生存在先后顺序，“图腾观念产生时间最早，其他元素都是在图腾观念的基础上产生并积累而成的”①。除了各文化要素间存在先后顺序外，文化要素的构成元素上也有时间顺序，例如，图腾观念包括图腾亲属观念、图腾祖先观念、图腾神观念三种，在顺序上，图腾亲属观念是最早产生的观念意识。在空间上，文化元素有表层结构（显露于外，易被察觉）、中层结构（通过一定的形式进行表现）和深层结构（不易被察觉，要通过其他文化结构元素的表达才能被发现）三个层次结构，在图腾文化元素中，图腾观念属于深层结构，图腾仪式、图腾外婚、图腾艺术中的音乐、舞蹈等属于中层结构，图腾标志、图腾身体装饰艺术属于表层结构。

在原始社会，人类通过装饰身体、雕塑、图画、舞蹈、音乐等艺术形式来表达自己的图腾观念。其中，图腾身体装饰形式包括绘身、劈痕、文身等形式。上文说到图腾文化诸元素都以图腾观念为基础发展而来，从这个层面来说，文身作为图腾身体装饰的形式之一，是图腾观念的表现形式，图腾观念影响着文身的发展。

二、文身小史

文身习俗曾普遍存在于世界许多民族中，在中国，文身是古代百越民族及其后裔民族特有的文化习俗。关于文身的释义：“古称‘黥’‘札青’‘雕青’等。指在人体上留下永久性花纹，用以美化身体的一种习俗。由原始人在身体上绘画以为装饰的习

① 何星亮：《中国图腾文化》，北京：中国社会科学出版社，1992 年，第 28 页。

俗发展而来。反映了原始人的某种审美观或宗教意识。"① "指在人皮肤上留下的永久花纹，象征图腾、成年、氏族，或者出于避邪，或者美化自己以吸引异性。文身是由绘身发展来的。"② "古称'雕题''黥肌''绣脚''绣面''刺墨''扎青'等。是用刺、针、刀等尖状锐器在皮肤上刻出花纹或符号，渗入颜色使之保持终生，永不褪落的身体装饰艺术。"③ 对于文身的释义，不同的辞书有不同的解释。学者王晓东在参见多种关于文身的释义后，将文身解释为："文身（Tattoo），人类历史上的古老习俗，大约出现在旧石器时代晚期，世界上许多民族都曾经存在过文身习俗。文身分为绘、刺、劈三种形式。绘，指用各种染料（油脂、泥土等）在皮肤上涂抹或描绘图案；刺，指用尖利的器物（藤刺、针等）刺破皮肤，敷以染料（植物灰、墨、铁丹等），形成永久性花纹；劈，指用刀等在皮肤上划刻出隆起的条纹。文身的功能及象征意义或为个人性或为群体性，具有族群识别、地位象征、成人标志、防灾祛病、婚姻、装饰等功能。"④ 笔者以为，这一定义将文身出现的时间、形式、功能等进行了高度的概括，具有较高的参考价值。

文身是中国古代百越民族的习俗之一，史书中关于文身的记载多与百越民族及后裔民族有关。先秦时期，《礼记·王制》："中国戎夷五方之民，皆有性也，不可推移。东方曰夷，被发文

① 陈国强主编：《简明文化人类学词典》，杭州：浙江人民出版社，1990 年，第 97 页。

② 刘锡诚、王文宝主编：《中国象征辞典》，天津：天津教育出版社，1991 年，第 294 页。

③ 徐万邦、王齐国主编：《民族知识辞典》，济南：济南出版社，1995 年，第 489—490 页。

④ 王晓东：《文身习俗研究——以中国和日本文身习俗为中心》，北京：中国社会科学出版社，2009 年，第 11—12 页。

身，有不火食者矣。南方曰蛮，雕题交趾，有不火食者矣。”①《左传·哀公七年》：“泰伯端委，以治周礼，仲庸嗣之，断发文身，赢以为饰，岂礼也哉。有由然也。”②《穀梁传·哀公十三年》：“吴，夷狄之国也，祝发文身。”③“被发文身”“雕题”等都是古代中原民族对南方蛮夷之民异俗的描绘之词。秦汉时期，《史记·越王勾践世家》：“越王勾践，其先禹之苗裔，而夏后帝少康之庶子也。封于会稽，以奉守禹之祀。文身断发，披草莱而邑焉。”④《史记·赵世家》：“夫剪发文身，错臂左衽，瓯越之民也。黑齿雕题，却冠秫绌，大吴之国也。”⑤《淮南子·泰族训》：“夫刻肌肤，镵皮革，被创流血，至难也，然越为之，以求荣也。”⑥《后汉书·哀牢传》：“哀牢夷者，其先有妇人名沙壹，居于牢山。尝捕鱼水中……种人皆刻画其身，象龙文，衣皆着尾。”⑦隋唐及以后，《新唐书·南蛮传下》：“三濮者，在云南徼外千五百里，有文面濮。俗镂面，以青涅之……”⑧除了官方正史的记载外，隋唐以后的一些见闻录中也有关于百越民族后裔文身习俗的记载，段成式《酉阳杂俎》：“越人习水，必镂身以避蛟龙之患。今南中绣面佬子，盖雕题之遗俗也。”⑨钱古训《百夷传》：“男子……其首皆髡，胫皆黥。不髡者杀之，不黥者众

① 《礼记注疏》卷12《王制》，景印文渊阁四库全书，上海：上海古籍出版社，第278页。

② 《左传·哀公七年》，杨伯峻编著《春秋左传注》，北京：中华书局，1981年，第1641页。

③ 《穀梁传·哀公第十二》，上海：商务印书馆，1936年，第319页。

④ 《史记》卷41《越王勾践世家》，北京：中华书局，1959年，第1739页。

⑤ 《史记》卷43《赵世家》，北京：中华书局，1959年，第1808页。

⑥ 何宁撰：《淮南子集释》（下），北京：中华书局，1998年，第1406页。

⑦ 《后汉书》卷86《南蛮西南夷列传第七十六·哀牢传》，北京：中华书局，1965年，第2848页。

⑧ 《新唐书》卷222下《南蛮下》，北京：中华书局，1975年，第6328页。

⑨ ［唐］段成式：《酉阳杂俎》卷8《黥》，北京：中华书局，1985年，第62页。

叱笑，比之妇人。”[①] 朱孟震《西南夷风土记》：“缅人男女，自生下不剃头发，以白布缠之。阳物嵌缅铃，或二或三。三宣、六慰、酋目，亦有嵌之者。男子皆黥其下体成文，以别贵贱。部夷黥至腿，目把黥至腰，土官黥至乳。涂体，男以旃檀，女以郁金，谓极黄为美。……孟艮子，性猛好斗，遍体黥以花草鱼鹊。”[②] 从以上古籍中关于文身的记载可知，文身在中国已有悠久的历史，其中以百越民族的文身习俗最具代表性。

何星亮先生曾提出判断图腾文化及其残余的六条准则，[③] 笔者以为，文身满足其中的三条准则：氏族、胞族、部落、民族、家族或个人以某种动植物或自然物作为保护神，相信人们与它有着特殊的关系；氏族、胞族、部落、民族、家族或姓氏等以某种生物或非生物命名，并以它作为识别的标志；古代有关于某种动植物、非生物是本群体的亲属、祖先或保护神的传说，现在又有与之有关的各种禁忌、仪式、神话和艺术等。既然文身满足上述的准则，则文身作为一种图腾文化或其残余，并不是一种简单的民族习俗，它是适应社会发展而出现的，具备了丰富的功能意义。目前学术界认为文身所具备的功能包括避祸得福功能、图腾功能、区分功能、婚姻功能、美饰与性吸引功能、成年的标志、勇气和胆识的表现等功能。[④] 从图腾文化视角看，笔者以为可将文身的功能概括为图腾功能、避害功能、区分功能和婚姻功能四

---

① ［明］钱古训撰，江应梁校注：《百夷传校注》，昆明：云南人民出版社，1980年，第89—90页。

② ［明］朱孟震：《西南夷风土记》，上海：商务印书馆，1936年，第4页。

③ 参见何星亮：《中国图腾文化》，北京：中国社会科学出版社，1992年，第31—32页。

④ 参见徐一青、张鹤仙：《信念的活史：文身世界》，成都：四川人民出版社，1988年；刘军：《肌肤上的文化符号——黎族和傣族传统文身研究》，北京：民族出版社，2007年；王晓东、周晓波：《中国文身习俗研究》，成都：西南交通大学出版社，2012年；赵桅：《百越文身历史及意义探析》，载《三峡大学学报》（人文社会科学版），2014年第4期。

大方面。

三、图腾文化与文身功能

何星亮先生在其专著《中国图腾文化》中说："深层文化的变化，必然会引起整个文化结构的变异。"① 在构成图腾文化的要素中，图腾观念是最深层和稳固的文化要素，其他要素的产生都以图腾观念为基础。笔者以为，文身作为图腾艺术的一种表现形式，它的出现、其功能的产生都与图腾文化有着紧密的联系。主要表现为，在图腾文化的影响下，文身所具备的功能即发生相应的改变或增加。

（一）图腾功能

文身产生的原因，文身产生之初所具备的功能是什么，一直是学界争论的焦点之一。例如，陈华文先生曾在许多文章中提出作为成年的标志是文身的初始功能；② 顾颉刚先生以百越民族为例，提出原始人类恶劣的生存环境是文身产生的原因，避害功能是文身的初始功能等。③ 针对顾颉刚先生的观点，岑家梧先生以为："纹身起源于保护生命之要求，可视为合理的解释，惜顾氏不解图腾同样化的意义，而取生物学的说明，尚距真理一步。原来图腾民族的黥纹，以图腾图像附着于身体之上，即代表图腾祖先的存在，赖此发生魔术的保护力，避免蛟龙之害。"④ 笔者在参阅相关研究著作后以为，文身起源于图腾观念，图腾功能为文

---

① 何星亮：《中国图腾文化》，北京：中国社会科学出版社，1992 年，第 6 页。

② 参见陈华文：《吴越"文身"研究——兼论"文身"的本质》，载《东南文化》，1992 年第 6 期；《"断发文身"——一种古老的成人礼俗及其标志的遗存》，载《民族研究》，1994 年第 1 期；《试论文身的源起文化功能》，载《广西民族学院学报》，1996 年第 2 期。

③ 参见顾颉刚：《古史辨》第 1 册，上海：上海古籍出版社，1982 年 3 月，第 123 页。

④ 岑家梧：《图腾艺术史》，上海：商务印书馆，1937 年，第 49—50 页。

身的起源功能较为可信。

文身的图腾功能是指文身具备反映原始人类图腾观念的功能。“图腾观念，即把图腾当作自己的亲属、祖先或神。只有在这种观念的驱使下，才会产生图腾名称、图腾标志、图腾禁忌、图腾仪式、图腾神话和艺术等。”① 在生产力低下的原始社会，人类对于自身与周遭环境的认识还处在蒙昧阶段，面对来自自然界的危险，原始人类幻想着以与动物缔结亲属关系的方法来保护自己的安全。“相信这种关系一经确定，这种动物便会负有亲属的义务，不仅不会伤害自己，而且还会受到它们的保护。”② 在这种原始的亲属观念下，原始人类开始在自己生存的环境中寻找与自己关系密切，且能保护自己的动物作为自己的亲属，并将选中的动物形象当作图腾加以信仰、依赖。随着意识的发展，人类相信“万物有灵”，因此图腾对象的选择也由动物扩大到植物、非生物。海南岛黎族妇女的文身纹样以蛇、雷电等为主；台湾高山族文身纹样以蛇的花纹为主；傣族文身纹样包括龙、蛇、虎等动物，芽、叶、花等植物。从现有对少数民族文身纹样的研究来看，文身的纹样是对人类意识形态的一种反映，黎族、高山族、傣族等民族历史上都曾以蛇为图腾，他们相信蛇是本民族的祖先，以蛇为亲属，信仰蛇，可以得到蛇的保佑。从以上列举的事实可知，蛇作为民族的图腾，它的出现与图腾观念有着密切关系。原始人类为了得到图腾的保佑，将图腾刻画在自己身上，“图腾部族的成员，为使其自身受到图腾的保护，就有同化自己于图腾的习惯”③。文身的图腾功能就是在原始人类将图腾作为自己的亲属、祖先、神，相信图腾具有保护功能的观念下产生

① 何星亮：《中国图腾文化》，北京：中国社会科学出版社，1992 年，第 55 页。

② 何星亮：《中国图腾文化》，北京：中国社会科学出版社，1992 年，第 62 页。

③ 转引自岑家梧：《图腾艺术史》，上海：商务印书馆，1937 年，第 44 页。

的。文身是原始人类图腾崇拜意识的反映，笔者以为文身产生初期所具备的图腾功能是文身的初始功能，这一功能是文身最主要的功能并贯穿于文身发展的整个过程。

（二）避害功能

文身的避害功能是文身图腾功能的现实解释，笔者以为避害功能是图腾观念在社会发展中遗留的表现。在社会发展到更高阶段后，前人的图腾观念、图腾护佑意识在今人的脑海中还留有模糊的记忆，然而人类已不再以意识形态来解释现实，而是从现实出发来说明自身的行为。《淮南子·原道训》："九疑之南，陆事寡而水事众，于是民人被发文身，以象鳞虫。"高诱注："被，剪也。文身，刻画其体内，黥其中，为蛟龙之状，以入水，蛟龙不害也。故曰以象鳞虫也。"[①]《汉书·地理志下》："粤（越）地……其君禹后，帝少康之庶子云，封于会稽，文身断发，以避蛟龙之害。"应劭注解："常在水中，故断其发，文其身，以象龙子，故不见伤害也。"[②]从这两条史籍记载可知，人们对于文身产生的原因及所具备的功能已不再以单纯的图腾崇拜来做解释，而是上升到了实用层面，开始思考身边环境所产生的影响，并结合自身生存需要，将文身的功能解释为求福避祸。我国少数民族的文身神话也说明了文身功能从意识形态到现实的转变。"《宾报桑尼沙勐》（傣族为何要文身）一书告诉我们，很早以前，傣族祖先生活在江河湖泊旁边，以打鱼摸虾为生。那时，千里江河中藏有庞然大物的水怪'缅责纶'，它不断兴风作浪，危害大家，专门咬在水中干活计的人，穿裤子的它不咬，尤其咬白腿子。傣族生活于热带，不习惯穿裤子，总是光腿下河劳动，水怪'缅责纶'逞威咬死咬伤无数。傣族祖先聚众商讨办法，大家想出了从'麦色耿'树上取汁染腿的办法（傣族妇女用它染

① 何宁撰：《淮南子集释》（上），北京：中华书局，1998年，第38页。

② ［东汉］班固，［唐］颜师古注：《汉书》卷28《地理志下》，北京：中华书局，1962年，第1669—1670页。

齿)，它附着力强，刷在身上长期不会脱落。自从大家用‘麦色耿’的黑树胶把腿染黑后，下江下海水怪‘缅责纶’再也不敢咬傣族了。”① “传说，远古的时候，水中有一种叫作‘批厄’的水怪，经常伤害下河捕鱼捞虾的男人，弄得人们提心吊胆，几乎不敢独自入水劳作。只有一个叫作岩比节的小伙子不顾危险，照旧天天下水捕鱼以赡养年老多病的母亲。一天，他用网捉回了变成鲤鱼的龙王的七女儿，龙王得知消息，立刻派大臣携金银财宝前来寻找。岩比节得知实情后，分文不要，并愿护送龙女回宫。龙王的大臣感激不尽，就在岩比节的腿上、身上刺了许多鱼鳞状的花纹，从此以后，只要他入水，水就会自然分开，水中的怪物也纷纷躲避他，就连吃人的水怪‘批厄’也不敢靠近了。后来，人们都纷纷学着他的样子，在身上文刺花纹，借以防身护体。”②从史籍记载到民族神话故事，文身功能从图腾观念的意识形态领域发展到避祸的现实领域存在着清晰的事实，从相信图腾具有保护作用，到从现实生存的环境说明文身所具备的功能。笔者以为避害功能是图腾功能的现实化，其实质仍是相信所文刻的图案具有护佑作用。

（三）标志区分功能

图腾文化丰富的过程也是文身功能发展增加的过程，图腾标志是图腾文化的要素之一，图腾文化具有区分群体的功能。“人们描绘或雕刻图腾图像，可能在图腾产生之后不久便开始。为了表示对图腾的尊崇同时也为了社会的需要——区分群体的需要，

---

① 《民族问题五种丛书》云南省编辑委员会等编：《傣族社会历史调查》（西双版纳之十，修订版），北京：民族出版社，2009 年，第 98 页。

② 张文勋等：《滇文化与民族审美》，昆明：云南大学出版社，1992 年，第 380—381 页，转引自刘军：《肌肤上的文化符号——黎族和傣族传统文身研究》，北京：民族出版社，2007 年，第 64 页。

原始人在自己的住所、工具甚至在身上描绘或雕刻图腾图像。”① 图腾的标志区分功能是适应社会区分群体的需要而出现的，而这一社会需要最初应是出于婚姻的目的。在原始社会的婚姻形态从族内群婚向族外婚、对偶婚发展的过程中，为了避免同一氏族内成员间通婚，人们采用信仰不同图腾的方式来区别氏族。于是在这样的社会需求下文身具备了区分功能。文身的标志区分功能不仅满足了当时的婚姻需要，而且也适应了社会发展中平衡资源分配的需要。“试将史前原始民族的遗物参证于社会进化史理论的结果，知道图腾制为原始人类从事狩猎采集经济阶段上必然产生的集团体制。原始人群，由于固定地域所产生的自然物不同，生产工具的样式殊异，狩猎与采集的范围，遂陷入专门化，而发生专一种类的动植物猎取的生产集团。复由于动植物的固定猎取之限制，引起生产劳动性的沉降，与原始社会固有的生产关系发生矛盾。图腾制即由各生产集团为缓和这个矛盾而来结合更大的生产集团的特殊体制。”② 岑家梧先生的这段话，不但解释了图腾制的性质，也说明图腾不仅能够标识氏族部落的自然特性，而且能够适应社会生产力的发展，实现资源的平衡分配。所以氏族部落成员将自己的图腾文在身上不仅表明了自己的氏族属性，以区分不同的氏族部落；而且也满足了社会发展中婚姻和资源分配的需要。《战国策·赵策》：“被发文身，错臂左衽，瓯越之民也。黑齿雕题，鳀冠秫缝，大吴之国也。”③ 樊绰《蛮书》：“黑齿蛮，金齿蛮、银齿蛮，绣脚蛮，绣面蛮，并在永昌，开南，杂类种也。……绣脚蛮，则于踝上腓下，周匝刻其肤为文彩，衣以绯布以青色为饰；绣面蛮，初生后出月，以针刺面上，以青黛涂之，

① 何星亮：《中国图腾文化》，北京：中国社会科学出版社，1992 年，第 154 页。

② 岑家梧：《图腾艺术史》，上海：商务印书馆，1937 年，第 5 页。

③ ［西汉］刘向：《战国策》卷 19《赵策》，上海：商务印书馆，1937 年，第 61 页。

如绣状……”① 中国古代将“雕题”“被发文身”“绣脚”“绣面”等作为区分不同地域民族的标志，文身的标志区分已不再局限于原始社会氏族部落间的区别，这一功能在后来用以区分同一民族的不同支系，比如海南岛黎族就将不同的文身纹样作为区分支系的依据。再后来，文身也发展为中原民族对边疆少数民族的印象，以彰显中原文化的先进性，表现出中原汉人对边民的区别态度。从图腾文化看，文身的区分功能首先源于图腾标志，图腾作为标志是识别不同氏族的需要，这一点与图腾文化具有区分不同群体的功能相一致；其次，文身的区分功能的内涵在氏族社会实行图腾外婚的婚姻形式下得到了拓展；最后，图腾标志、图腾外婚等图腾文化要素都与图腾观念有关，在图腾观念下，人们选择将更多不同的动植物当作本氏族的保护神，进而成为本氏族的标志，将本氏族标志文刻在身上，这便使得文身具备了区分功能。可见，文身的区分功能本质上反映了原始人类的图腾观念，在发展中受到图腾标志、图腾外婚的影响。

（四）婚姻功能

当文身具备了标志区分功能后，文身所具备的婚姻功能得以延伸出来。在许多书籍中，将文身的成人标志、勇敢的象征、性吸引等区分以作说明。笔者以为，这几项象征性的功能都与文身的婚姻功能相关，可归于文身的婚姻功能。“其绣面也，犹中州之笄也。女年及笄，置酒会亲旧女伴，自施针笔，为极细花卉，飞蛾之形，绚之以徧地淡粟纹……”② “女及笄，即黥颊为细花纹，谓之绣面。女及黥，集亲客相庆贺。”③ 史籍记载了关于海

① ［唐］樊绰，向达校注：《蛮书校注》卷4《名类第四》，北京：中华书局，1962年，第103页。

② ［南宋］周去非撰，杨武泉校注：《岭外代答校注》卷10《虫鱼门》，北京：中华书局，1999年，第419页。

③ ［南宋］范成大撰，严沛校注：《桂海虞衡志校注》，南宁：广西人民出版社，1986年，第118页。

南岛黎族少女以文面作为成年的标志，文身即是成年的标志，就代表成年后的人具有婚姻的权利。再看来自云南傣族的对歌和谚语："女：你的皮肤又黄又滑，和田虮大腿一样难看。青蛙的脊背脚杆花得多美啊，你连青蛙也不如。快去刺纹吧，没有钱，我把银镯脱给你。男：刺纹好倒是好，就是疼痛难挨，双针刺，墨水浸，红肿疼痒加发烧，结痂如同蛇蜕皮，想起来我心里就害怕。女：没有花纹算什么男人？不刺花纹谈得上什么真心？你怕疼，就同田虮住去吧，你不刺，就去戴女人的黄藤圈吧，哪个还想和你说话呀，你连青蛙也不如"①；"文身是英雄，是好汉，是勇敢的人，有本事的人。不文身的人是'岩里拜修'（不成熟的人），是生人、胆小鬼、懦夫、野人。受到歧视和被女人戏弄"②；"（文身）男人越黑（文满全身）越好。威武、好看、漂亮，姑娘喜爱，不文身找不着老婆"③。从歌词、谚语中可以看出，傣族女性将文身看作男子是否具备勇敢、坚毅品格的象征，而拥有勇敢、坚毅品质的男性更容易得到女性的青睐。从这些记载来看，把文身作为成年的标志仪式，作为勇敢坚毅品格的象征，其目的在于说明文身的人已经到了寻找伴侣的年纪，拥有婚姻的权利。文身作为成年的标志与图腾仪式中的入社仪式有关，所谓入社仪式是古代冠礼或成年礼的原始形式，"在氏族社会，每一个青年男女达到成熟期，必须举行成年礼才能成为氏族公社的正式成员……其最早的形式可能是早期氏族社会的图腾入社仪式"④。图腾入社仪式有两项重要内容，其中就包括刺刻文身。

① 转引自刘军：《肌肤上的文化符号——黎族和傣族传统文身研究》，北京：民族出版社，2007年，第254页。

② 《民族问题五种丛书》云南省编辑委员会等编：《傣族社会历史调查》（西双版纳之十，修订版），北京：民族出版社，2009年，第100页。

③ 《民族问题五种丛书》云南省编辑委员会等编：《傣族社会历史调查》（西双版纳之十，修订版），北京：民族出版社，2009年，第100页。

④ 何星亮：《中国图腾文化》，北京：中国社会科学出版社，1992年，第189页。

从图腾文化角度看，文身的婚姻功能首先与图腾仪式有关，在身上文刻图腾表示成年；其次与图腾外婚和图腾标志有关，文刻的图腾是本氏族的标志，只有这样才能按照氏族社会的规定进行婚配；最后从本质上来说，相信文刻图腾即会得到图腾神的认可，受到图腾的保护是文身婚姻功能得以发展出现的根源。

结　语

文身这一行为作为习俗保留现已不多见，现在的文身更多的是出于美饰或是文身者出于自我激励，或为纪念某人某事所进行的。从图腾文化视角看，文身的功能与图腾文化分不开，文身从产生之初就受到了图腾文化的影响。在生产力低下的原始社会，人类还不能理解自身与自然间的关系，受生活环境的限制影响，人类为了求生存，便开始以亲属、祖先、神等的名义寻求身边的动植物的护佑。由盲目到有目的的崇拜，原始人类在图腾观念的支配下，为了与图腾融为一身而有了将图腾雕刻在身上的文身行为。人类对图腾护佑功能从单纯的信仰到实用性的解释，即是文身的避祸功能，这个时候的人类开始从身边所处的环境来分析文身的原因，即便这一解释具有了现实意义，但从本质来说，人们相信并依赖图腾的保护，是文身具有避害功能的深层原因。社会的发展使得文身具有了标志区分的功能，这一功能是适应社会婚姻形态转变，平衡社会转型过程中的资源分配而产生的。这一功能与图腾文化区分群体的功能一致，人们通过信仰不同的动植物来区分彼此的氏族部落，当他们把图腾文在身体上后，文身便具有了标志区分的功能。最后，文身在满足了婚姻形态转变的社会需要后，增加了标志成年男女拥有婚姻权的功能。这一功能从表现形式上来看，更具实用意义，而不再具有文身的图腾文化内涵，但从表入里，即可发现，文身的意义还是在于对遗俗文化内涵的传承。综上所述，笔者以为文身的功能与图腾文化是不可分离的，图腾文化中的图腾观念、图腾标志、图腾仪式、图腾外婚等文化要素影响着文身习俗的产生、发展，丰富了文身功能的文化内涵。

商业、农业、旅游业

——黄姚古镇居民生计方式的变迁

中央民族大学　段军艳

摘　要：清代民国时期的黄姚古镇曾是繁荣的商业贸易集镇，20世纪50年代后，由于社会环境和国家政策的变迁，黄姚古镇居民的生计方式从商业向农业转变。20世纪90年代末，黄姚古镇开始开发旅游业，近十年来，旅游发展呈现出产业效应，古镇居民的生计方式从农业向旅游业转变。

关键词：黄姚古镇；居民；生计方式；变迁；

生计方式是人们为适应不同的环境所采取的一套谋生方式。自然环境或社会环境的重大变迁通常都会对生计方式产生或大或小的影响。历史时期黄姚古镇地处偏远的山区，当地土著的壮族和瑶族以农业为主要生计方式。明末清初，广东汉族移民大量迁入黄姚，从事小商品贸易，黄姚逐步成为一个区域性的商业集散地，商业成为当地居民的主要生计方式。20世纪50年代，黄姚古镇的社会环境和自然环境都发生了巨大变化，古镇居民的生计方式从以商业为主转型为以农业为主。20世纪90年代末期，黄姚古镇开始旅游开发，近十年来，旅游已经成为黄姚的支柱产业，与旅游业相关的“吃、住、行、游、购物、娱乐”行业，成为古镇居民新的生计方式。

一、清代黄姚商业生计方式的形成

黄姚古镇位于广西昭平县东北部，距离贺州市72公里，北面与钟山同古镇、清塘镇接壤，东面与凤凰乡、贺州市公会镇毗邻，南与樟木林乡、富罗镇交界，西面与走马乡相依。全镇辖区总面积244平方公里，辖19个行政村（街）委会，552个村民小组，总户数17603户，总人口64248人，其中壮族和瑶族人口占比为22.56%。[①] 黄姚古镇属典型的喀斯特地貌，耕地少，土质差。清代以前，世居的壮族和瑶族很少与外界交往，壮族以稻作农耕方式谋生，瑶族则以刀耕火种和采集捕猎为生。明末清初，广东的莫、梁、古、劳、吴、林、黄、叶、郭姓等汉族移民大量迁入黄姚。[②] 据《昭平县志》记载，清代黄姚、马江等地先后出现私营店铺。[③] 至清乾隆年间，黄姚人口迅速发展，街市非常繁盛，移民带来了内地的生产技术，人们在这里从事榨油、制作豆豉和黄精、种桑养蚕、染纱织布等手工业生产活动，黄姚成为方圆几十里的商品集散中心。每逢圩市，附近村镇的人都赶来黄姚圩市交易，圩市里有固定的商铺和商号，经营的商品包括日用百货、盐油柴火、豆豉、糖果、布匹等日常生活用品样样齐全。清光绪年间文人李作霖曾作诗《黄姚归市》云："石抱山环水绕渠，峰回路转径通衢。权衡非市如归市，贸易无墟却有墟。"如今古镇上的安乐街、金德街、迎秀街等主要商业街市上的店铺林立，足以见证当时的繁华景象。

清代黄姚对外贸易的交通渠道主要是水路，商户们请挑夫将

① 统计数据由黄姚镇人民政府提供。

② 苍铭：《黄姚古镇形成与存留原因探析》，载《中央民族大学学报》（哲学社会科学版），2006年第4期。

③ 昭平县志编纂委员会编：《昭平县志》，南宁：广西人民出版社，1992年，第370页。

黄姚的豆豉、黄精等挑至公会、沙子、马江，再通过水运至梧州、桂林、柳州、广州等地进行销售，又从这些地方收购生产原料，购买日常百货等运回黄姚圩市出售。清末至民国是黄姚商业发展鼎盛时期，日常往来于黄姚与沙子、马江等地的挑夫多达二三百人，当挑夫也成了当地青壮年的一种谋生方式。繁盛的商业贸易吸引了许多广东客商迁移并定居黄姚，他们的后人多是承袭祖业继续从事经商活动，黄姚当地人口不断增加，人流和物流发展有效地促进了当地的经济发展。黄姚古镇六十多岁的郭老伯介绍说：

黄姚在清朝时很发达的，这个石板街这么光滑都是踩平的。清朝的时候一条街上到处都是人，这附近几个村的人都愿意来黄姚，因为挑东西来卖能卖出去，来买东西也有的买，而且黄姚人很和气，童叟无欺，所以都愿意来黄姚做买卖。我们家祖上是做杂货生意的，卖糖、烟、酒、蜡烛、香、纸钱啊。那时去广州进货走水路从广州上梧州，梧州到马江，马江再上沙子冲，沙子冲再请人挑过来。那会儿长工很容易请，一年到头都有几十个人做长工的，长工常年都有的挑。我爷爷一年要出去进货两趟，去一趟要两三个月才回来。家里做生意还买了些田，大概有五六亩，因为做生意没有人手就租给穷人耕种，我们家只收田租。

黄姚私营商业的发展一直持续到 20 世纪 50 年代初期。1954 年政府对私营商业实施“限制、利用、改造”政策，部分私商转业，至 1956 年政府完成了对私营商业的社会主义改造，黄姚当地私营商业基本消亡。加上 20 世纪 50 年代之后，黄姚镇政府搬迁至巩桥，黄姚昔日的商业繁华逐渐落寞。

二、中华人民共和国成立后黄姚以农业为主的生计方式

中华人民共和国成立后农业成为黄姚的支柱产业，也是财政收入的主要来源，这里所说的农业主要指的是以粮食作物和经济

作物为主的种植业，但由于人均耕地较少及农业生产科技含量低，并没有形成规模化农业生产。党的十一届三中全会后，落实了家庭联产承包责任制，调整了产业结构，当地农民开始大力发展农业生产，养殖业、副业、手工业也得到不断发展，随着中国改革开放步伐的开启，黄姚的中青年也逐渐走出黄姚，加入了外出打工的大潮。

（一）农业

黄姚囿于其四面环山的山地环境，耕地面积相对较少，其土地类型主要是水田和旱地，水田专门用来种植水稻，旱地主要用来种植玉米、红薯等作物。黄姚居民的粮食主要是大米，故当地的粮食作物以水稻为主，其产量占粮食总产量的95%以上。[①] 由于水田面积有限，只有精耕细作才能提高产量，当地农民通常在立春前后施桑肥，雨水至惊蛰种玉米，春分播谷种，清明前后种豆、花生，谷雨育养第一批春蚕，立夏前后插秧，六七月（指农历，后同）田间管理、养蚕，七月末八月初收玉米、花生等旱地作物，接着收割水稻，立秋插秧、种红薯、施桑肥，九月育第一批秋蚕、田间管理，霜降插稻谷、挖红薯，冬至砍桑树，大寒冬耕翻桑地。关于农业和季节，当地还有这样一首歌谣：清明前后种麻种豆；人慌我不慌，霜降大齐黄；九月立冬满洞红，十月立冬满洞空；立夏田头罢；四月四不下大下细，田头走变鸡窝地；立秋无雨实担忧；六月不剩老婆头，十月不剩烂箩头。[②] 除了种植水稻外，当地传统农作物还有玉米和红薯，几乎各家各户都种有玉米，由于自然条件的限制，当地的玉米只能一年种植一次，七八月收割玉米之后，当地人会把玉米剥掉外皮后放在自家门前的街道上晒干，然后脱粒拿去巩桥集市交易，20世纪90年代时

① 昭平县志编纂委员会编：《昭平县志》，南宁：广西人民出版社，1992年，第231页。

② 程瑜主编：《黄姚古镇——广西昭平黄姚古镇调查与研究》，北京：知识产权出版社，2008年，第53页。

能卖到6角至8角钱一斤。黄姚的主要经济作物有花生、黄豆、青梅、烟叶、甘蔗、板栗等，黄姚经济作物的收入占农作物总收入20%以上。① 花生是当地的主要油料，每年的三四月份村民们就开始犁地整行种花生，村民每年收花生时都会把最好的花生作为种子留到下一年种。青梅又叫酸梅，20世纪50年代才开始大量种植，60年代时曾被列为出口商品。晒烟是黄姚镇的传统产品，烟叶是利用阳光调制的，属晒黄烟类型。每年入春之后，当地烟农就利用家中小孩还未上学、青年人尚未外出打工的有利时机，组织劳力一道到田间开展晒黄烟种植的各项工作：老年人忙着为烟苗洒水，中青年忙着整地起垄，小孩手拿小锄头帮大人在烟垄上开挖烟坎。在耕种方式上，每年约有12%左右的旱地为红薯和花生或红薯与黄豆轮作，水田是水稻与蔬菜、豆类、晒烟轮作，轮作时间一两年，甚至三五年。套种是传统耕作方式，农民历来习惯在玉米地里间种黄豆、花生，在红薯地里套种玉米等②。村民杨先生说：

以前家里田地都是公家分的，当时田地都是种稻谷，种的稻子主要是自己吃，不够拿去卖的。还种了玉米，也有养蚕，地里专门种了桑树来养蚕。那会儿家家户户都有种桑养蚕。一般儿都是种一亩多桑树。

村民古先生说：

八几年（20世纪80年代）的时候人均四分地，六个人分了两亩四分水田……水稻种两季，春天种黄豆、黑豆、豆角、玉米，冬天全部种红薯。水稻还要交公粮，一亩地要交90斤左右。

20世纪70年代，黄姚人的食物完全依赖自己田地的农产品，加上黄姚地少人多，人们种的粮食只够自家食用，很少有多

① 昭平县志编纂委员会编：《昭平县志》，南宁：广西人民出版社，1992年，第235页。

② 昭平县志编纂委员会编：《昭平县志》，南宁：广西人民出版社，1992年，第236页。

余的粮食进行买卖。所以不少贫困家庭还会通过上山砍柴而后售卖的方式贴补生活。村民莫女士回忆：

我爷爷辈家里有四兄弟，七几年的时候家里特别的穷，只有一亩多的旱地，地里主要种红薯，种的红薯都不够自己吃，就靠四兄弟上山砍柴，然后卖柴赚钱，一天要砍40斤柴去买，当时100斤柴能卖8角钱，一斤米要1角6分，40斤柴就能换2斤米，全家都靠砍柴卖钱去买米吃。

（二）养殖业

养殖是黄姚的主要副业之一，养殖的种类主要有猪、牛、鸡、鸭、蚕等。由于当地家庭经济并不富裕，养殖规模都很小，多以满足自身的需求为主，家禽多在节日或婚丧嫁娶时才会宰杀。

1956年起昭平县政府实行生猪派养派购政策，任务分配到每个社队并落实到农户，当地人将派养猪称为“任务猪”。1962年后，政府号召“大养其猪”，要求做到“一人一猪”。因此，黄姚家家户户都养猪。党的十一届三中全会以后，政府允许生猪上市，取消派购实行议价购销，养猪业迅速发展，黄姚每家至少养一头猪，多的有五六头猪。据村民郭老伯介绍：

20世纪50年代后，养猪会补贴很少的钱，还有任务猪，要养到120斤才能交，差一斤都不收。以前有些人家没钱买饲料，猪都是吃草，很难养肥的。而且交猪都是把猪扛起来去公社交，很辛苦的。那时家里一般都会养一头猪的，没有多养，因为没有钱买饲料。

黄姚居民养牛主要以役用耕地为主，20世纪50年代，耕牛多以生产队集体放牧形式饲养。1979年后农村落实家庭联产承包责任制，实行耕牛评价保本到户①，家庭养牛开始迅速发展，

① 昭平县志编纂委员会编：《昭平县志》，南宁：广西人民出版社，1992年，第245页。

当时家里经济条件好的就一家养一头牛，经济条件较差的就几户合养一头牛。鸡鸭养殖基本以放养为主，而且规模较小，养殖的周期较长，养鸡基本是以自家食用为主，每逢喜事或过年过节时，当地人的餐桌上都少不了鸡肉。家庭经济条件较好的村民周女士介绍说：

我们家八几年（20世纪80年代）养了6头母猪，还有1头牛，牛主要用来耕田，鸡鸭也都有养。养猪养鸡能给黄姚古镇居民带来一定的实惠，但就经济收入而言，种桑养蚕体现的优势更为突出。

1979年昭平县开始推广桑蚕养殖，至1984年黄姚大力推广桑蚕养殖，黄姚几乎家家户户都种桑养蚕。1990年，黄姚镇蚕茧产量已由1984年的34.99吨增加到142.8吨，占全县蚕茧总产量的37.3%，增长3.08倍，蚕茧收入也从10.66万元增加到118.97万元，占全县蚕茧收购总额的36.4%，增长了10.16倍。1991年黄姚养蚕户达到1638户，占全县养蚕户数的29.68%，蚕茧产量约达188吨。蚕茧生产已初步形成该镇的拳头产业，蚕茧收入占到全镇农业总收入的15%以上①，种桑养蚕成为当地农户的主要经济收入来源之一，黄姚一年中有六个月可以养蚕，每个月能出两批蚕茧，一个月就能收入700元左右，种桑养蚕一年就能有4000元左右的收入②，许多黄姚居民的农业和生活开支都靠养蚕收入来维持。村民古先生说：

我记得黄姚是七几年（20世纪70年代）开始养蚕，开始只有几户人家养，1980年以后我们就把3亩水田全部种桑树。1981年、1982年是盛养期，黄姚镇百分之八九十的人都养蚕。一年护理好的话是八批，普遍是五六批。镇上有专门的育蚕室，育蚕室把蚕卵育出幼蚕，一个周期是7天。一张蚕是八箕，开始是8

① 李有芬、陈郁美：《黄姚镇靠种桑养蚕脱贫致富》，载《广西政报》，1992年第2期。

② 数据源自对黄姚镇古先生的采访笔录。

元一箕，一张64元。我们因为地方有限，养半张大概要12—16个平方，养一张要两个房间。这里的农业开支和生活开支都是靠养蚕，像我们一批收入300—400元钱，一批半个月就可以结茧，一个月可以有六七百元，一年就有四五千元收入。

养蚕与家禽养殖相比，对气候环境、卫生条件、养蚕技术都有较高的要求，当地有经验的蚕农郭女士说：

蚕是很娇气的，天气不好结茧率就会降低，雨水多的时候也不适合养蚕。下雨天摘的桑叶还需要把桑叶上的水擦干才能拿给蚕吃，还要经常给蚕床消毒。到了20世纪90年代中后期，受国际生丝价格波动的影响，以及养蚕自身存在的脆弱因素，再加上外出打工潮的出现，很多农户开始放弃养蚕，养蚕业逐渐衰落。

（三）土特产生产和加工

土特产生产和加工是黄姚的主要副业之一，当地比较著名的土特产有黄姚豆豉、豆豉辣椒酱、黄精、黄精酒、话梅等，黄姚制作和销售土特产的历史由来已久，制作工艺也流传至今。

黄姚豆豉是“黄姚三宝”之一，因产于黄姚而得名，黄姚豆豉生产历史悠久，传说清朝时就被列为宫廷贡品，在民国时远销东南亚。20世纪50年代前，黄姚豆豉多是以家庭为单位的民间小作坊式进行加工生产，当时黄姚豆豉作坊遍及黄姚街街头，其中“舌怡盛”“古信汇”“梁隆安”等以生产豆豉闻名的老字号的品质最好。[①] 清乾隆二十四年（1759）修纂的《昭平县志》载：“豆豉为黄姚特产，远近驰名，他处制者远不及。豆豉又以邑东黄姚街出品为最得地道，因其炊浸、洗豆时俱用宝珠江水，故制成豆豉透心柔软，香甜无异味，物质精良，驰名中外，诚特产也。”传说黄姚镇举人林作楫嗜好豆豉，曾背着豆豉去江西上任，故当地还流传着一首打油诗：“县官爱豆豉，味道果然长。一餐没豆豉，下饭总不香。”光绪年间，湖南举人邓寅亮游览黄

① 陈刚：《黄姚古镇豆豉香》，载《农村财政与财务》，2002年第11期。

姚，当地秀才林正甫以豆豉相赠。邓赋诗一首："姚溪土产淡豉香，羌丝豆豉作家尝。从此便成千里别，香飘楚粤永难忘。"民国时期，黄姚镇有四五十家豆豉作坊，年产豆豉约2000担。[①] 新中国成立后，黄姚豆豉加工逐步由私营转为集体，其传统制作技艺得以保存和发扬并沿袭下来，除黄姚豆豉厂批量生产正宗黄姚豆豉之外，仍有许多豆豉作坊出产豆豉，常年产量达20万公斤。[②] 1996年，黄姚豆豉厂倒闭，只剩一些小的豆豉作坊生产黄姚豆豉。至2002年，黄姚还有10家豆豉加工个体作坊。[③] 由于黄姚豆豉手工制作的工序繁复，同时还对天气、人力和场地都有较高的要求，比如只有天气好出太阳时才适合晾晒豆豉，人工操作要耗费很大的体力，以及要有大面积的场地摆放晾晒豆豉等，加上黄姚豆豉手工制作的高成本和外地机械加工豆豉的低成本的竞争劣势等因素的影响，黄姚豆豉手工作坊的数量日益减少，目前只剩6家。

黄精是"黄姚三宝"之一，民国时制作豆豉的作坊多兼制黄精，即用山姜九蒸十晒而成，年产千余担。[④] 民国《昭平县志》记载："黄精，以关区黄姚出产为最良。其制法：先将山姜洗净置于镬内，用宝珠江水煮以终日，捞起晒稍干，再用亩甑蒸。九蒸九晒故称九制黄精，食其味甜，能温中补血。倘蒸晒不足次数，食之痒喉败血。"

黄精酒也是黄姚著名特产之一，黄姚黄精酒是用野生黄精、优质米酒和红枣等泡制而成。黄姚民间素有以黄精泡酒饮用的习

① 昭平县志编纂委员会编：《昭平县志》，南宁：广西人民出版社，1992年，第322页。

② 程瑜主编：《黄姚古镇——广西昭平黄姚古镇调查与研究》，北京：知识产权出版社，2008年，第58页。

③ 陈刚：《黄姚古镇豆豉香》，载《农村与财务》，2002年第11期。

④ 昭平县志编纂委员会编：《昭平县志》，南宁：广西人民出版社，1992年，第322页。

惯，民间传说黄精酒是清代康熙至光绪年间的宫廷御用贡酒，已有200多年的历史。黄姚人几乎家家都会泡制黄精酒，在每年的黄精收获季节以及“三月三”节庆日，人们便将上年泡制的黄精酒拿出来互相馈赠品尝以示庆贺。

黄姚还盛产梅子，每年的农历芒种后，当地村民就开始采摘黄熟梅子制作话梅。黄姚人制作话梅的工序也很复杂，梅子需要经过十蒸九晒才能成为肉质丰厚、酸甜适度的可口话梅。黄姚人还用白酒浸泡青梅酿制青梅酒出售。由于话梅的制作不仅需要较多的人工进行收果、晒果、泡果、腌果等工序，还需要较大的场地用来摆放晾晒话梅，所以当地的小手工作坊的话梅产量并不高。20世纪80年代初期，黄姚成立了话梅厂，当时占地约2000平方米，当地有近200人都去话梅厂做工。[①] 话梅厂生产的话梅不仅销往本地及周边地区，还外销至广东新兴等地。

（四）外出打工

20世纪80年代以来，黄姚人的生计方式有了新的变化，由于农业机械化的推广和新的农业技术的普遍使用，土地对劳动力的需求减少，大量农民从农业中分离出来，闲下来的农民在生活压力之下也需要思考自己的出路。改革开放之后，各大城市经济的快速发展也催生了对劳动力的大量需求。同时，在更加开放的文化观念影响下，年轻一代不再安于故土，更愿意走出去增加见识和学习技能。当然，与原有的农业生产收入相比，高收益也是当地人选择外出打工的主要原因。20世纪90年代中期开始，黄姚开始有部分人外出打工，而打工的人在外地建立一定的社会关系网络和掌握谋生技能之后，又带动了自己的亲戚朋友相继外出务工。2000年之后，外出打工已经成了当地的普遍现象，绝大多数的中青年都外出打工，留守家里的大多是老人、妇女和儿童。据调查，外出打工的当地人大部分都选择去广东省，外出打

① 数据来源于对黄姚古镇周女士采访的笔录。

工的行业以餐饮、建筑、制造加工等居多。

三、旅游产业链下的当代生计方式

黄姚“八山一水一分田”的自然地理条件限制了古镇的农业发展，以农业为主要财政收入来源的黄姚成为广西区定的贫困乡镇。为了改变黄姚的贫困现状，提高当地居民的生活水平，政府决定依托黄姚丰富的自然资源进行旅游开发，1999 年，昭平县旅游局成立了“广西昭平县黄姚景区旅游开发有限公司”，正式开启了黄姚旅游开发历程。2010 年以后，黄姚旅游开发开始呈现产业效应，在促进了当地的经济发展的同时，也使得黄姚的经济结构从原来以农业为主的第一产业转向了以旅游业为主的第三产业。居民的生计方式也从传统的农业生计方式转型为以旅游业为主的生计方式，黄姚居民目前从事的生计活动涉及房屋租赁、客栈经营、餐馆经营、土特产加工和销售、交通运输、旅游服务业等多个与旅游密切相关的行业。

（一）*房屋租赁*

古民居是黄姚古镇珍贵的物质文化遗产之一，住在古镇八条主要街道的临街位置的居民，可以说是旅游开发最直接的受益者。黄姚居民把自己在老街上的古民居称为“老屋”，因为很多居民都在古镇新街上新建了房子或是在旅游开发后住进了安居工程的新楼。在旅游发展初期，由于游客量较少，旅游对黄姚的利益驱动作用并不显著，当时老街一栋老屋的年租金在 3000—5000 元左右。随着近几年旅游市场的不断升温，老屋的高附加值特性使它成为投资的热点，老屋的租金价格也水涨船高，2017 年一栋主街临街位置的老屋年租金已经涨到 5 万元左右，租金的价格较十几年前上涨了 10 倍之多。家住金德街的莫先生就在 7 年前以年租金 7000 元的价格将老屋出租出去，租期为 20 年，两兄弟还因为这 14 万元的租金分配问题产生隔阂。而莫女士在 2011 年以100万元的价格卖掉了自己的老房子，与亲属分完之后自己能拿到45万元。今年年初，一对来自四川的中年夫妇花费年租金4万元的价格租下一个不到100平方米老屋。对于那些拥有老屋的黄姚居民而言，租售老屋的收入有效地提高了他们的收入水平，并改善了他们的生活质量。

（二）客栈经营

2016年黄姚的年游客数量达到68.04万人次[①]，古镇春节黄金周接待游客7.9万人次[②]，随着黄姚游客数量的快速增长，黄姚的客栈数量也日益增加。2003年以前黄姚仅有5家客栈，2008之后客栈数量上升到了13家。[③] 据不完全统计，截至2017年5月，黄姚老街和新街上的客栈已达到157家[④]，客栈数量与过去相比增幅达到了10倍。客栈数量的不断增加，给黄姚人带来数百个就业岗位。外地的罗先生就在2013年花了近80万的价格买下一栋面积达200平方米的古屋，2014年花费200多万元对老屋进行改造，重建成一个三层楼高有10个床位的主题客栈。客栈建成后第二年就有人出价500万元想收购这个客栈，因罗先生的心理预期价位是千万元以上最终没有成交，现在客栈每天平均收入1000元左右，国庆黄金周时日均收入可达10000元左右。[⑤] 同样是从事客栈经营的本地人，苏先生则有着不一样的经历。苏先生从2000年开始卖豆豉辣酱，2011年时租下了老街的一栋老屋，2013年花了20多万对老屋楼上的4个房间和后屋的2个房间进行装修后开始主营客栈。由于二楼地板是古旧的木地板，硬件设

① 数据来源于黄姚镇2017年政府工作报告。

② 昭平县人民政府门户网站：《黄姚镇：春节接待15万旅游收入超450万》，http: //www. gxzp. gov. cn: 1477/Government/PublicInfoShow. aspx? ID = 13694，2016年2月16日。

③ 参见程瑜主编：《黄姚古镇——广西昭平黄姚古镇调查与研究》，北京：知识产权出版社，2008年，第146页。

④ 数据来源于对黄姚镇郭老伯的访谈笔录。

⑤ 数据来源于对黄姚镇罗先生的访谈笔录。

施包括隔音效果都不是很好，今年黄金周的旺季收入只有4000元左右，而在2014年时黄金周的收入能达到10000元以上。[①] 现在苏先生除了经营客栈外，还同时经营酒庄，并且已经把主要精力转移到酒庄的经营上。古镇里有的客栈二楼和后院是客房，一楼经营餐馆；有的客栈则同时销售土特产商品和饮料等其他商品。像苏先生这样多元化经营模式不仅能吸引更多的游客，还能增加客栈的收入，并且能够规避单一经营带来的风险。

（三）土特产加工和销售

黄姚土特产包括黄姚豆豉、黄姚豆豉辣酱、话梅、黄精、黄精酒、青梅酒等多种品类。在不同生计方式的选择上，更多的黄姚居民愿意选择土特产加工和销售行业，因为选择这种生计方式相比经营客栈和餐馆来说，从业成本更低一些，而且以前很多黄姚居民自己都会在家里腌制豆豉辣酱，进入这个行业的门槛也相对较低。这些有着“黄姚特色”标签的土特产也深受游客们的喜爱。为了满足游客不同口味需要，当地居民还在原有产品基础上不断开发新的品种。例如人们在黄姚的特产黄精基础上就已经开发出黄精茶、九制即食黄精、五制黄精（可煲汤和泡茶）3种衍生产品；当地果酒的品类则有话梅酒、青梅酒、杨梅酒、桑果酒、山葡萄酒、金樱子酒、百香果酒、山楂酒、捻子酒、万寿果酒、橄榄酒、玫瑰花酒、桂花酒等10多种；黄姚豆豉辣酱也衍生出原味豆豉、盐香豆豉、香辣豆豉、姜汁豆豉、蒜蓉豆豉、原味辣酱、刀豆辣酱、野山椒、黄豆酱、木瓜丁、外婆菜、辣椒酱、豆豉萝卜丝、豆豉黄瓜条、豆豉芥菜丁、豆豉鲜笋片、豆豉玉米粒近20个品种。黄女士从1999年就开始在自家制造豆豉辣酱，黄女士的爱人主要负责制作辣椒，她自己负责销售，公公则帮助剥蒜等。因为在老街没有房屋，2011年时黄女士共花费16万元租下安乐街一处面积为100平方米左右的老屋，租期为20

① 数据来源于对黄姚镇苏先生的访谈笔录。

年。因为家里的土地都已被征收，黄女士的全家生计都靠出售豆豉辣酱来维持。黄女士一年的辣椒进货量达 1 吨，辣椒的价格每斤在 2—3 元多不等，加上大蒜、木瓜干等所需原材料，黄女士的豆豉辣酱店每年进货成本就达三四十万元，最近几年豆豉辣酱的收入能达到 50 多万元。①，为了降低经营风险、增加收入，黄女士的店铺里还同时销售昭平茶叶、黄精酒、蘑菇干、笋干等当地特产。对于未来生计的规划，黄女士最希望的就是能在政府相关部门的支持下办一个豆豉辣酱厂，将自己的豆豉辣酱品牌生产规模扩大，并希望自己的豆豉辣酱产品未来能通过食品质量认证。在黄女士看来，只有这样才能实现可持续经营。像黄女士这样自己制作土特产的商户并不在多数，很多商户选择批发进货再零售的方式，通过产品差价获取利润，他们除了购买本地自产的黄姚豆豉、话梅等商品外，还会从外地购进更低价格的同类商品来赚取更大利润。本地手工制作的黄姚豆豉每斤零售价基本在 12—15 元，而从外地渠道进货的机械化制作豆豉的单价在 10 元左右。杨老板是一家传统手工制作豆豉作坊的负责人，豆豉年产量近 20 吨，他给黄姚本地商铺的批发价是 8 元②，虽然批发并不赚钱，但为了铺占市场只能低价卖给这些商户，而杨老板的豆豉作坊主要通过零售方式（有两个临街门面）和网上销售方式盈利。如今，黄姚街边的土特产售卖店铺和摊位随处可见，这使得同行业之间的竞争越来越激烈，为了维持生计，经营特产的店家们会选择在人流量多的地段开店、经营多品类的土特产商品、用质优价廉的产品赢得游客口碑、增加电商渠道销售等多种策略去增强竞争力。

（四）餐馆经营

除了土特产销售、客栈经营外，还有部分的黄姚居民选择从

① 数据来源于对黄姚镇黄女士的访谈笔录。

② 数据来源于对黄姚镇杨先生的访谈笔录。

事餐饮行业，黄姚的餐馆以经营黄姚本地特色的家常菜为主，豆腐酿和瓜花酿基本上成为每个黄姚餐馆的必备菜。在老街从事餐饮行业的古先生一家之前都是以务农为生，祖上留有一栋老屋，经过跟几个兄弟协商之后，拿到老屋一半面积的使用权，并于两年前简单装修后开始餐馆经营。古先生一家五口的所有收入来源都依靠餐馆的经营，目前餐馆淡季时的月收入可达3000元，旺季时一个月有8000元左右的收入。[①] 古先生一家在经营餐馆之前还养了四五头猪，由于家里还有不到三亩的旱地没有被征收，所以还种有玉米、红薯和时令蔬菜，地里种的这些粮食和蔬菜基本都是自家食用，餐馆需要的新鲜蔬菜也都是自己地里种的。目前像古先生这样在经营餐馆的同时还从事农业耕作的家庭已是少数。同样在金德街开餐馆的莫先生和妻子在2014年之前都在广州打工，由于女儿要回黄姚上小学，夫妻俩选择回到黄姚古镇的老屋经营餐馆。餐馆面积虽然不足20平方米，只有4张桌子，但平时每个月的收入也有2000—3000元不等，旺季时月收入约6000元，一家人的日子也过得其乐融融。[②]

（五）打工

对于那些家庭经济条件一般，没有足够的资金从事个体经营，又因为家庭原因不能外出打工的黄姚居民来说，选择在本地打工成为他们维持生计的主要方式。同时，黄姚迅速发展的餐饮、住宿、土特产加工等多个行业也都存在对人力资源的需求。林女士一家三口，家里有一个孩子正在黄姚本地上学，因为没有可以做生意的资本，加上爱人没有工作，家里的所有开销都靠她个人收入来维持。为了赚取更多的收入，林女士在古镇应聘了两份工作：一份是白天去安乐街上的一家客栈做清洁工，每天从上午9点工作到中午1点左右，月工资在1200元左右；另一份工

① 数据来源于对黄姚镇古先生的访谈笔录。

② 数据来源于对黄姚镇莫先生的访谈笔录。

作是每晚去钱兴广场的大排档做服务员，工作时间是下午5点到晚上11点左右，这份工作的月工资是1500元左右。两份工作的月收入不到3000元。① 虽然这样的收入水平对于维持一家三口的日常开支依然有些拮据，但考虑到在外地打工的高生活成本以及难以顾及家庭等因素，像林女士这样的黄姚居民更加倾向于把握住黄姚本地的就业机会。

随着近几年黄姚旅游的不断升温，在外地打工的黄姚居民不断返乡谋求发展。在外地学校当老师的郭女士就选择了辞职后回到黄姚经营自己的客栈。郭女士经营客栈的老屋就在仙人古井景点旁边，门前来往的游客数量较多。目前客栈有5间客房10个床位，最少的月收入也有3000多元。② 虽然每个改变生计方式的黄姚居民背后都有着不同的故事，但相同的一点就是，他们都共同经历和见证了黄姚古镇在旅游开发和发展过程中的社会变迁。

结　论

黄姚古镇居民生计方式变迁是多种因素综合作用的结果，主要包括外部和内部两个层面的相关因素：外部因素主要是指国家政策、政府管控、市场化、技术创新等会对生计方式变迁产生外部作用力的因素；内部因素是指各个民族在自身传统文化影响下，谋求生存发展的自发性和自主性等内生性因素，它们是生计方式变迁的关键力量。黄姚古镇居民生计方式变迁的原因主要归纳为以下三个方面：

首先，国家政策的影响是黄姚古镇居民生计变迁的重要因素。中华人民共和国成立后政府对于私营商业的社会主义改造和供销合作社的成立，加上分田到户政策等外部因素的影响，从根

① 数据来源于对黄姚镇林女士的访谈笔录。
② 数据来源于对黄姚镇郭女士的访谈笔录。

本上改变了黄姚古镇以往的商业为主的生计方式，从而转型为农业和养殖业为主的复合型生计方式。改革开放之后，政府的扶贫政策对黄姚古镇的生计方式变迁也起到了重要作用。黄姚作为广西扶贫开发的重点区域，政府为了实现精准扶贫，决定对黄姚古镇进行旅游开发，并给予政策支持，这成为古镇居民生计方式变迁的新契机。

其次，内部生存环境产生的压力是黄姚古镇居民生计方式变迁的前提条件。由于黄姚古镇土地资源有限，农业生产和养殖业带给当地居民的收入较少，当地居民缺乏就业机会等生存压力，促使人们通过改变生计方式来谋求发展。

最后，当地居民对生存环境的自我调适及探索成为黄姚古镇居民生计方式变迁的直接动力。黄姚古镇传统商业和农业文化中留存下来的勤于劳作、精于经营的生存之道，使得黄姚古镇居民更能适应外界环境的变化，也只有居民积极主动地参与和投入到旅游业的发展当中，才能真正促进黄姚古镇旅游业的可持续发展，黄姚古镇居民表现出来对外部环境的自主性和适应性是当地生计方式变迁顺利进行的根本。

韩国农耕节日初探

——以金堤地平线为例

中央民族大学　裴恩皓

摘　要：以大米为主食的韩国人，自古以来，就以稻作农业为主要的生计方式维持着基本的生活。传统的农耕稻作以一年为周期，按自然节奏来安排生活，并以大规模劳动力共同协助的方式来实现收获。在此特殊的经济合作中，作为主体的农民，为了减少劳动中的许多疲劳和烦琐，提高工作效率，积极主动地创造出了丰富多样的农耕文化活动，农耕节日即为其中之一。当今在韩国农村和都市各处举办的种种农耕节日则是在传统农耕文化的基础上，结合现代元素而创造出的文化事象。这一现象反映了什么样的时代背景？且有何内涵与意义？是值得探讨的问题。本文以金堤地平线农耕节日为例，试图对上述问题进行探讨和分析，并对节日本身未来的发展模式提出个人的见解。

关键词：韩国农耕节日；金堤地平线；农耕生计

朝鲜时代后期，韩国著名文人黄玹①讲道："湖南②作为我国南边的护国地带，不仅山川优美，且物产丰富，全国近半数的粮

---

① 黄玹（1855—1910）：字云卿，号梅泉，是一位朝鲜后期的忧国之士。1910年被日本帝国夺取国权之后，感到无比痛恨，留下四篇《绝命诗》，最后饮毒殉国。除了《绝命诗》，其代表著作还有《梅泉野录》。

② 湖南：朝鲜半岛大体可以分为北部、中部、南部。其中，湖南属于南部地区，行政区域上属于全罗南道和全罗北道。

食资源都产自我国湖南地区。”以此来强调韩国湖南地区地理和经济条件的重要性。[①] 而其中的“金堤”是当今韩国最大的粮仓，且具有悠久的稻作文化历史。

从地理位置上看，金堤位于朝鲜半岛的西南地区，是韩国最大平原之一。湖南平原东南紧邻芦岭山脉，北部和西部分别与锦江和黄海相邻。位于湖南平原中心的金堤，在过去韩国三韩时期[②]属于“马韩”[③] 的领土之一，曾被称为“辟卑离国”[④]、“碧骨郡”等。除此之外，在该地曾经有过韩国历史上规模最大、最古老的“金堤碧骨堤”[⑤]。由此可见，金堤作为韩国稻作文化的中心地带之一，对该国的农业生产发挥了非常重要的作用，并在此地形成了具有特色的农耕节日。

每年收获时节的秋季（约 9 月末至 10 月中旬），以金堤碧骨堤为中心，都要举办“金堤地平线节日”活动。2016 年，笔者有幸参加了“第 18 届金堤地平线节日”，并进行了一个多月的田野调查（其中节日举办的时间为五天）。在本文中，笔者以这次田野调查的资料为基础，结合前人研究成果，对该节日的历史、主要活动进行说明与介绍，尤其对碧骨堤祭祀、立石拔河、农乐、碧骨堤双龙游戏等活动内涵进行了初浅的分析，并就节日在现代社会中的意义，保护和传承等问题做了一定的探讨。

---

① 东学农民革命纪念事业会：《全北的历史与文化》，1999 年，第 206 页。（韩文原著名称：전북의역사와문화，责任人：동학농민혁명기념사업회）

② 三韩时期：公元前 2 世纪末至公元 4 世纪左右，分别为马韩、辰韩、弁韩，合称三韩。

③ 马韩：公元前 1 世纪至公元 3 世纪左右，韩国三韩时期（马韩、辰韩、弁韩）政治联盟体之一，是主要分布在汉江流域到忠庆道和全罗地道区多个政治集团的统称。

④ 辟卑离国：三韩时期马韩的小国之一。根据《三国志·魏志·东夷传》的记载，马韩共有五十四国，其中之一为辟卑离国。

⑤ 金堤碧骨堤：包括密阳守山堤、堤川义林池等韩国三大水利设施之一。金堤碧骨堤与湖南平原稻作农业的形成和发展有着密切的关系，具有非常重要的历史意义。

一、节日背景简介

在韩语中，含有“节日（或庆典）”意思的词汇，主要有“名节（National Holiday）”① 和“祝祭（Festival）”。“名节”在《韩国标准国语大辞典》中被定义为“每年按照制定的时间，遵守并庆祝、纪念的日子。比如，元旦、正月十五、端午节、中秋节、冬至等”。“祝祭”是由“祝（to wish）”和“祭（to offer sacrifice）”构成的词，解释为“祝贺”“庆祝”及“向神拜祭”。② 由此可见，韩语中，“节日”不仅有庆祝、祝贺的含义，而且还含有祭祀、祭拜的意思。

20世纪在日本帝国的侵略、西方文明迅速传入的背景下，韩国的传统文化遭受到了很大的打击，丧失了许多宝贵的传统文化。因此，韩国政府为了保护和继承传统文化，从1991年始，在文化体育部主导下，以民俗学专家为主，创办了“乡土节日咨询委员会”。该委员会创办的主要目的在于：系统地保护和继承全国各地的乡土文化，并改善乡土文化节日中存在的一些问题。随之，在韩国全国各地纷纷兴起了“传统文化保护运动”③。在这样的背景下，许多地方以地区或乡村为单位，开始举办了各种与乡土文化相关的节日活动，金堤地平线节日也是其中之一。

人们通常认为，金堤是在韩国唯一能看到天地相交的地方——“地平线”，金堤地平线节日由此得名。1991年于碧骨堤兴起的以民间为主导的小规模活动是该节日的雏形，直到1999年10月8日，第一届节日活动才得以正式举办。从此开始，直至2016年，共举办了18次。在多年的努力下，该节日在2013

① 但中文“名节”指的是名誉与节操。

② 国立教育院：《韩国标准国语大辞典》，Dusan-donga，1999年10月。

③ 金明子等：《韩国民俗学概论》，首尔：民俗院，1998年，第441—444页。（韩文原著名称：한국민속 학개론，责任人：김명자외 4）

年获得了由韩国文化体育观光部认定的“韩国的代表节日”这一荣誉。庆典委员会就举办该庆典的目的与意义做出了如下解释：

金堤地平线节日是由韩国文化观光部指定的具有代表性的韩国文化庆典之一。其举办目的在于：在作为韩国最大谷仓地带的中心地——湖南平原碧骨堤上，通过举办庆典活动，来继承和发扬韩民族的农耕文化。在具有浓厚历史文化氛围的金堤碧骨堤上，为国内外前来参观的游客提供亲身体验韩国传统农耕文化的机会，创造一个和平交流共处的场所。①

在现代文化日益发展的今日，韩国许多优秀的传统文化渐渐消失的同时，传统文化的继承与发展成为人们关心的问题之一。而韩国文化观光部举办此节日活动的主要目的恰恰在于保护与传承韩民族优秀的传统文化，这既迎合了时代的大背景，也有助于韩国传统农耕文化在国内得到更好的发展，并通过前来参加活动的外国友人传播到世界各地。

二、主要活动及其文化内涵

金堤地平线节日的主要内容大体可分为：农耕大同活动②、传统文化活动、农耕生活体验活动、夜行主题活动等四项。此外，活动内容根据观众参与的情况，亦可以分为两种：一是以主办方和金堤市民为主的活动，如年祈愿立石拔河、碧骨堤祭祀、农乐表演、碧骨堤传说双龙游戏等。在这些活动中，外来的观众要与活动场地保持一定的距离。另一种则为外来观众可以直接参与体验的项目，如同放风筝、拔河比赛、制作草屋、搓稻草绳

① 内容来源于金堤地平线企划团做的庆典宣传单。

② 农耕大同活动：世世代代传承下来的农民团体游戏。大同的说法原来源于“天下大同”，孔子的儒家思想。孔子讲，“四海之内皆兄弟也”，大同是“仁”的最终归途。

子、荡秋千、体验收割稻子等。

一般来说，每届节日活动内容多少有些差异，但主要的项目是基本一致的，这与举办节日的目的和意义有着直接且紧密的关联。考察金堤地平线节日中每年反复进行的主要活动，可以发现其中所蕴含的历史文化意义，这有助于了解该地区农耕文化的特点，也有助于进一步了解韩国农耕文化的整体脉络。在此，将主要以碧骨堤祭祀、立石拔河、农乐、碧骨堤双龙游戏等活动为例，探讨节日活动所具有的历史文化内涵。

（一）金堤碧骨堤祭祀

祭祀（Ancestral Rites），自古以来就是人类文化中的一个重要组成部分，是伴随着古代人类文明史发展而来的产物。虽然在不同文明中，祭祀的形式、祭祀的目的、祭拜的对象、祭祀的程序和方式等不尽相同，但祭祀的历史痕迹仍不难找寻。如中国的宗庙祭祀（The Ancestral Shrine Sacrifice）①、印度婆罗门教（Brahmanism）② 的祭祀仪式、犹太人的和睦祭（Peace Offering）③ 等。

有些学者认为，祭祀作为民间信仰的一部分，最早从百姓阶层源起，逐渐发展为自然宗教④。⑤ 祭祀的种类，根据行为主体的目的或祭祀的对象，可以分为天祭、地祭、季节祭、堂山祭（或洞祭）、巫神祭、家祭等。⑥ 作为一种民间祭祀活动，碧骨堤祭祀既有为金堤平原的稻作丰收而求雨的“季节祭”，又有为祈

① 宗庙祭祀：或叫“宗庙制度”，是中国儒教祖先崇拜的产物。宗庙是供奉历朝历代国王牌位、举行祭祀的地方。

② 婆罗门教：指的是印度古代宗教，起源于公元前2000年的吠陀经（Veda）。

③ 和睦祭：旧约时期，犹太人为了与天主和睦相处，以动物为牺牲品举办的宗教仪式。

④ 自然宗教：指的是与佛教、基督教、伊斯兰教等世界宗教不一样，且以自然崇拜为主要对象的宗教。

⑤ Kim Tae-kon：《韩国民间信仰研究》，首尔：集文堂出版社，1983年，第11页。（韩文原著名称：한국민간 신앙연구，责任人：김태곤）

⑥ 金明子等：《韩国民俗学概论》，首尔：民俗院，1998年，第181—185页。

愿村子平安的“堂山祭”，较为隆重的还有为祈求丰收的祭天仪式。

关于金堤壁骨堤祭祀的历史，笔者认为起源于韩国古代马韩时期的农耕仪式。与此相关的具体历史记载，可以在中国古代文献《三国志·魏志·东夷传·韩传》① 中找到。此文献详细描述了当时的祭祀内容：②

……且以为健常以五月下种，讫祭鬼神，群聚歌舞饮酒昼夜无休。其舞数十人俱起，相随踏地低昂手足相应节奏，有似铎舞③。十月农功毕亦复如之。信鬼神国邑各立一人，主祭天神，名之天君。又诸国各有别，邑名之为苏涂④，立大木。

——《三国志集解》⑤

由此可见，在金堤这片古代马韩土地上，曾经每逢5月和10月，就会定期举办为祈求丰收的祭天仪式。这种以天为祭祀对象的仪式与当时的农耕生活息息相关。因此，也可以称之为“农耕仪礼型祭天仪式”。

此外，通过碧骨堤防上的韩文碑，可以获悉金堤碧骨堤的详细记录，从中可以了解到碧骨堤的历史背景。

在金堤邑向南距离达到15里左右的地方有堤坝，叫“碧骨堤”。金堤的古名称为“碧骨”，因此，随之而起名，目前郡的名称，因堤防而改名。根据过去的记录，堤坝的长度达到60843尺，堤坝内的周长为77406步。修五条水路，灌溉稻田的总面积为9840结95卜。……这个堤坝百济、新罗时期都一直存在，向

---

① ［晋］陈寿：《三国志》，内容涉及曹魏、蜀汉、东吴等三国的历史（220—280）。其中，《魏志》部分的后段记录着有关《东夷传》的内容。《东夷传》包括了扶余、高句丽、东沃沮、挹娄、濊、韩传等历史。

② 东学农民革命纪念事业会：《全北的历史与文化》，第65—66页。

③ 铎舞：是一种中国古代的汉族舞蹈，舞者持铎而跳舞，一般用于宴享。

④ 苏涂：古代马汉国中所设置的含有神道色彩的特殊区域，所有的犯人在此都可以得到庇护。

⑤ 卢弼：《三国志集解》，北京：中华书局，1982年，第697—698页。

农民提供了许多便利。因此，高丽显宗时代，按照原来的制度，进行了修补，到了仁宗二十一年（1143），又做了修补的工作，但是最终被废弃，使当时的知识分子禁不住痛恨。

——《金堤壁骨堤碑文》(此文由韩语翻译为中文)

从碑文可知碧骨堤初期的位置、名称的由来、最初堤防的面积等内容。另外，在早期的碧骨堤上有五条水路，主要作用是为农耕提供用水，是当时大规模农耕水利设施之一。之后，随着各个王朝政策方向的变动，经历了增筑、缩筑，甚至废弃等过程而成为当今的面貌。虽然与过去相比，其规模缩小了许多，且彻底失去了水利设施的功能，但是其所具有的历史意义仍然传承到今天。

根据《碧骨堤祭享笏记》[①] 内容，祭祀的顺序大致分为“初献官祭礼”“亚献官祭礼”“终献官祭礼”等三个部分。

首先，举行参神礼，即降神前向神祭拜的活动。进餐后，行初献礼，由祭主进第一杯酒，让初献官来主导。贡酒时，酒需填满酒杯的70%。之后，进行启饭仪式。随后，祭主和全体人员跪坐，听祭官朗读祝文，接着祭主做祭拜，然后返回到原地。

其次，是亚献礼即由亚献贡酒的仪式。具体顺序和内容与初献礼相同。

最后，是终献礼，为第三次贡酒仪式。按照惯例，一般由祭官中年龄最大的长者来主导。

除此之外，还有侑食[②]（《诗经·小雅·楚茨》）、阖门、启

---

① 笏记：指的是为了防止在祭祀程序上产生混乱，为使执事者、献官等参礼者的行为更加有序、有条理，而提前制定的一种祭祀仪式程序。中国曾经从周代起，有关于笏的记载。

② 侑食：指祭祀中为先人助歆享酒食之兴。

门、辞神、撤床、饮福①（《宋史·礼志二》）等仪式。② 不过，2016 年祭祀活动中，由于祭祀场地等原因，省略了阖门、启门等程序，比较简单地进行了祭祀活动。由此可以看出，韩国许多的传统文化在社会的发展过程中，也不断在发生变迁，一定程度上说明了农耕生计渐渐退居次要地位。

（二）拔河

拔河（Tug of War），一般指在一定的时间内，由两支队伍从两端拉拽用稻草搓成的粗绳，先把对方拉到自己一侧的队伍则获胜的游戏。拔河比赛主要盛行于韩国、中国、日本、越南、印度等以稻作农业为主的亚洲地区。中国学者何根海在《拔河游戏的文化破译》中，就拔河游戏主要在稻作农业地区经常举行的原因，以及拔河游戏具有的文化内涵做出了如下解释：

"拔河又粗又长的主绳就是对龙这个风雨之神的模仿，人们企图通过拔河这种巫术活动来祭祀龙、控制龙。因为龙队雨水有一种神秘的感应能力和控制能力。因此，祭龙神目的就是控制雨水的降落。它内隐着农耕稻作民族执着追求雨水和期望控制雨水的强烈愿望，反映了一农耕稻作为主的农民的生产性祈愿和精神追求。"③

除了稻作农业地区外，还有一些地方以某种特定的目的举行拔河比赛，譬如北美等地的因纽特人（Eskimo）④、勘察加半岛中部的堪察加人（Kanchadal）⑤，他们之所以举办拔河活动，是

---

① 饮福：泛指祭毕宴饮。《宋史·礼志二》："既享，大宴，谓之饮福。"

② 韩国学中央研究院：《韩国民族文化大百科》，https：//encykorea. aks. ac. kr，登录时间：2017 年 1 月 29 日。

③ 何根海：《拔河游戏的文化破译》，载《池州师专学报》，1998 年第 4 期。

④ 爱斯基摩人：又称为因纽特人（Inuit），北极地区的土著民族，主要分布在西伯利亚、阿拉斯加、格陵兰等北极圈内外，属于蒙古人种北极类型，总人口约 13 万人（2000 年）。

⑤ 堪察加人：亦称伊捷尔缅人（ltelmen），居住在俄罗斯堪察加半岛南部，总人口有 3193 人（2010 年）。

为了占卜狩猎的情况。[①] 由此可见，拔河游戏不是一项在一个特定国家或民族中存在的游戏，而是如祭祀、仪式等一样在全球广大范围内均有的“人类的普遍游戏文化”。

从笔者了解的资料来看，“拔河”一词最早出现于中国唐朝封演撰写的《封氏闻见记》[②] 中：

拔河，古为之牵钩，襄汉风俗，常以正月望日为之。相传楚将伐吴，以为教战。梁简文帝临雍部，禁之而不能绝。古用蔑缆，今民则以木麻。絙长四五十丈，两头分系小索数百条，挂于前，分二朋两相齐挽。当大絙之中，立大旗为界，震鼓叫噪，使相牵引，以却者为胜，就者为输，名曰“拔河”。中宗时曾以清明日，御梨园球场，命侍臣为拔河之戏……

——《封氏闻见记》[③]

可见，拔河起源于“牵钩”，曾为正月十五进行的风俗活动之一，最早出现在春秋战国时期。在与中国毗邻的韩国，拔河也是一项重要的民俗活动。拔河集中分布在中国长江流域和西南地区，朝鲜半岛则在南方地区较为盛行，尤其是与中国黄海岸相望的中西部地区，拔河较为多见。[④] 因此，韩国学界通常认为，拔河是伴随着稻作文化的传播而传入至韩国的。即起源于中国长江流域的稻作文化，经由淮河流域，又历经黄河传播到朝鲜半岛中

---

① 民俗园：《东亚的游戏》，www. minsokwon. com，登录时间：2017 年 4 月 29 日。

② 《封氏闻见记》：中国唐代由封演撰写的笔记小说集，全书十卷，内容主要涉及当时的婚仪、服饰、打球、拔河等社会生活。此书为研究唐朝文化的重要材料之一。

③ ［唐］封演：《封氏闻见记》，上海：商务印书馆，中华民国二十五年十二月，第 76—77 页。

④ 金光彦：《韩国饮食生活中的大米的历史与文化》，*Korean J. Dietary Culture*，1992 年，第 177 页。（韩文原著名称：한국식생활에서의쌀의역사와문화，责任人：김광언）

西部的过程中，拔河也随之传入到韩国。[1]

记录韩国拔河有关内容的文献中，以 15 世纪朝鲜时期的《东国舆地胜览》[2] 为最早。除此之外，《五洲衍文长笺散稿》[3]、《东国岁时记》[4] 等文献也有相关记载。[5]

金堤立石拔河与金堤壁骨堤祭祀一样，也是昭示金堤地平线节日开幕的主要活动之一，具有十分重要的象征意义。立石拔河本是金堤市校月洞立石村于每年正月十五进行的一项传统民俗游戏，村民们通过此游戏来祈祷村子的平安及在新的一年里能够丰收。

校月洞立石村距金堤市区 1.5 公里，村庄入口处，有座当地村民世世代代传承下来的“立石”[6]，其被视为“堂山奶奶”的神体。该立石于 1974 年 9 月 27 日被正式指定为“全罗北道民俗资料第七号”[7]。神石究竟立于何时？至今仍不明确。但流传下来的说法之一为：该石柱是为纪念修建壁骨堤而设立的。[8] 在日帝强占时期（或称抗日战争时期），韩民族的文化发展遭到压制，甚至抹杀。在此期间，许多民俗活动无法进行。尽管如此，

① 安承模：《关于韩民族与农耕文化起源的批判小考》，载《人文研究论集》第 2 辑，1997 第 3 期，第 81—84 页。（韩文原著名称：韩民族과农耕文化의起源에대한批判的小考，责任人：안승모）

② 《东国舆地胜览》：朝鲜成宗时期，由卢思慎、梁诚之、姜希孟等撰写的地理志，主要记载了有关当时各个道（行政单位）的地理、风俗等内容。

③ 《五洲衍文长笺散稿》：由 19 世纪学者李圭景以百科辞典的形式撰写的书籍，主要记录了有关忠庆道一带农村的生活风俗。

④ 《东国岁时记》：朝鲜后期（1849 年）由洪锡谟撰写的民俗文献，记载了有关朝鲜时期的岁时风俗、节日活动等内容。

⑤ 韩国学中央研究院：《韩国民族文化大百科》，https：//encykorea. aks. ac. kr，登录时间：2017 年 5 月 2 日。

⑥ 立石（神石）高 201 厘米，宽 62 厘米，厚度为 40 厘米，上围 140 厘米，下围长度 200 厘米，是用天然石料做成的立方体石柱。

⑦ 《韩国民俗信仰词典 · 乡村信仰篇》，国立民俗博物馆，登录时间：2017. 03. 14。

⑧ 韩国学中央研究院：《韩国乡土文化电子大典》，登录时间：2017 年 3 月 14 日。

堂山祭却一直没有被遗落，且持续发展至今。

2016年的立石拔河，以原内容为基础，充分展现了整个游戏过程。主办方为体现出现场感，把立石村的立石一比一进行了原样仿制，将仿品摆设在文化广场的右侧，令前来的游客叹为观止。

立石拔河游戏的主要内容大体分为“斗鼓穿稻草绳游戏”（韩文名为“gossaum”）、“拔河”、“堂山祭”等三个部分。

首先，在文化广场上摆放拔河时用的两根绳子，系由稻草编制而成的相当粗大且长的草绳。按照立石村的传统风俗，每逢农历正月十五的两三天前，村民们都会协力一起收集起当年的稻草，然后把一根根稻草用手搓成一条条绳子，这个过程叫“搓绳子”。搓完的绳子会被挂在较高的树枝上，再把三根较细的绳子合成一条更粗的绳子。这个过程会反复进行，直到最终完成一根既粗又长的拔河用绳。①

当地人认为，搓绳子是一个非常重要的过程。因此，一般会向经验丰富的老人请教之后，由村里的一些成年男人来负责这一作业。游戏前会准备两条绳子，东侧的绳子通常属于男队，而西侧则属于女队。男女队绳子的长度都约有32米，厚度约30厘米。男女队绳子最大的区别在于“稻草环扣”的大小上。因为在“穿稻草绳”比赛中，女队要先接受男队的绳环，然后把两队的绳穿套在一起，所以才产生了稻草绳末端环扣大小的差异。并且，男队绳环的大小要达到能够最后插上“玉簪木”② 的程度。③

在准备完绳子之后，会将参赛人员分成两队。分队时，没有人数的限制。男队站在东侧，而女队站在西侧。但未婚男子通常

① 韩国学中央研究院：《韩国民族文化大百科》，登录时间：2017年3月15日。

② 玉簪木：是指把雌绳子往雄绳子插进去的时候，为了防止绳环脱开，在绳环中间插进去的木桩。

③ 韩国学中央研究院：《韩国民族文化大百科》，登录时间：2017年3月15日。

允许站在力气相对弱小的女队当中，以帮助女队在比赛中取胜。

两队正式出场时，各队的旗手站在队伍最前方，举着写有“农者天下之大本”的旗帜。与此同时，农乐团队开始演奏传统乐器前进登场。待两支比赛队伍走到广场的正中央，在正式开始拔河比赛之前，首先进行的是“穿稻草绳游戏”。游戏开始时，男女两队各成一排，相对而站。随后，各队的队员们把稻草绳举起，准备进行游戏。游戏中，男女两队会为把稻草绳末端的环扣穿在一起而齐心协力。为了使游戏充满乐趣，在穿环扣的过程中，双方有时会做出避开、躲闪，不配合穿环的表现。不过，经过一定的游戏时间后，双方会把稻草绳末端的环扣牢牢地穿上，并在男队绳环中间插上玉簪木防止两条绳子断开。套稻草绳游戏的过程与男女房事行为颇为相似。之所以如此，是因为该游戏本身承载着人们祈求多产和丰年的愿望，正如中国学者何根海在《拔河游戏的文化破译》（1998）中所解释：“拔河如要达到某种目的，只要模仿真的事物，使用象征此事物或此过程的象征或象征性行为就可以如愿以偿。”① 事实上，从古至今，在东方社会中，男女的房事行为含有阴阳的调和、新生命的诞生、祈求多产等多种象征意义。特别是在以稻作农业为主的农村地区，以捕鱼来维持生计的渔村地区，经常通过各种传统游戏，再现这种富有多产、新生等美好意义的男女行为，以祈求一年中能够多产、丰收。

在穿稻草绳游戏结束后，将男女队两根稻草绳连起来的一根长绳拿去进行拔河比赛。比赛过程中，竞争虽非常激烈，但比赛的结果往往是女方获胜，这也是基于“拔河比赛中，女队获胜才能实现一年丰收、多产愿望”的传统说法。其实，按照当地的传统习俗，立石拔河原于阴气最旺的正月十五夜晚在水田或旱田上举行，这与“祈愿一年的丰收、多产及村子的平安”的愿望有

① 何根海：《拔河游戏的文化破译》，载《池州师专学报》，1998 年第 4 期。

着密切的关系。

拔河比赛后，紧接着开始进行在立石上缠绕比赛用的稻草绳来祭祀的仪式——“堂山祭”。堂山祭的内容与前面提到的壁骨堤祭祀基本上一致，在此不再赘述。值得提及的是，在某些地方的习俗中，拔河比赛之后，会把稻草绳子一直套在村子的立石或神木上。不仅如此，还有些人相信，比赛后剩下的稻草会带来丰收、多产的福气。因此，大家争先恐后地抢着比赛用的稻草，并放在自己家的屋顶上。①

（三）农乐

在演奏乐器的同时，也伴随着行进、跳舞及展现各种技艺，主要目的在于提高人们的工作效率。在以农业为主业的地区，农民们常常因大量的农事疲惫不堪，而激昂的音乐和欢快的舞蹈有助于缓解长时间累积下来的疲劳，提高人们做农活的兴致。

农乐在国家形态出现之前就已出现。早在原始部落时代，农乐被用于农耕生活、祭祀仪式、歌舞表演及战争等多种场合之中。农乐世世代代传承至今，以不同的形态出现在各个国家、各个民族及地区。在稻作农业发展较早的亚洲地区有很多与农乐相似的各种活动，如韩国的“风物游戏”、中国的“秧歌舞”②、日本的“田乐”③、印度尼西亚爪哇岛的“甘美兰（Gamelan）”④ 等。⑤

随着经济的发展，社会生产水平的不断提高，人力被更为先

① 郑升谟：《韩国的岁时风俗》，首尔：学古斋，2001 年，第 110 页。（韩文原著名称：한국의세시풍속，责任人：정승모）

② 秧歌舞：中国秧歌舞起源于古代，劳动人民在田间辛苦插秧、耕耘的同时，以敲锣打鼓助兴。早在宋代就有农事中唱秧歌的记载。

③ 田乐（田楽，でんがく）是日本平安时代中形成的一种传统艺术，由农民在插秧前祈祷丰收的田间庆祝活动发展来的传统舞蹈。

④ 干美兰：印度尼西亚共和国最悠久的一种民族音乐形式，以峇里岛和爪哇岛的甘美兰合奏最为著名。

⑤ Jeon Kyeong-wook：《韩国传统演戏词典》，首尔：民俗院，2104 年，212 页。（韩文原著名称：한국전통 연희사전，责任人：전경욱）

进的机械所取代。在农业机械化的今天，在耕地里几乎再也找不到传统农乐活动的影子。不过值得庆幸的是，这种宝贵的传统文化活动，经过一定的改良，被呈现到更容易为人们接触到的现代式舞台上而得以保存及传承。著名英国学者霍布斯鲍姆在他的著作《传统的发明》中提到了有关以传统为基础创造“新传统”的概念。他认为：“当社会的迅速转型削弱甚或摧毁了那些与‘旧’传统相适宜的社会模式，并产生了旧传统已不再能适应的新社会模式时，当这些传统和它们的机构载体与传播者不再具有充分的适应性和灵活性，或是已被消除时，总之，当需求方或供应方发生了相当大且迅速的变化时，在这些情况中，传统的发明会出现更为频繁。”① 韩国传统的农乐就属于他所提及的“传统的发明或被发明的传统”。

在现代化的浪潮中，我们应该如何保护传统文化，中国云南大学的马翀炜教授认为：

传统如果遇到了需要保护的地步，也就僵化了，也就意味着其生命力的丧失，也就不再是传统。因为那可能只是过去的某种存在，而绝不再是现实的传统。因为，传统就是过去在今天的显现，是今天在过去基础上的创造与建构。②

由此可见，传统文化的保护，要因时制宜、因地制宜，需要符合新的时代条件。在原有的传统要素和形式上，适当地进行改造和改良，创造出具有生命力的传统文化，是契合社会发展规律，也是传统得以吐故纳新，维系其活力的重要基础。

2016 年金堤地平线节日的农乐竞演大赛，吸引了来自韩国各地的农乐团队前来参与，他们展现了具有地方特色的农乐。参加农乐演出的团队有庆南昌宁风物团队、庆南密阳风物团队、大

① ［英］E·霍布斯鲍姆，T·兰格：《传统的发明》，顾杭译，南京：译林出版社，2004 年，第 5 页。

② 马翀炜、张帆：《传统的保护与发明》，载《云南大学学报》（社会科学版），2005 年第 2 期。

邱岭南风物团队、全北群山风物团队、全北益山风物团队等10个团队。其中，湖南右道农乐队代表着金堤地区农乐的特色，与韩国其他地区的农乐相比，它不仅组织更严整，而且内容更丰富多样，曲调的技巧格外突出。

（四）双龙游戏

自古以来，龙和凤凰、麒麟、乌龟一起被称为“四灵”，它们有的是人们想象出的动物。在古代人类文明的发祥地——中国、巴比伦、埃及和印度等地区，龙很早就出现在各国的神话传说及民间信仰中。也正由于龙不是真实存在的动物，各个地区和各民族对龙的描述和定义存在一些差异。① 关于龙的起源，每个国家都有不同的观点。其中，中国的龙文化历史相当悠久。从古至今，龙始终是中华文明的核心，是中华民族的象征，在中国的传统文化中，龙文化是延续时间最长的文化之一，也是最为复杂的文化之一。②

依据中国相关学界的资料，中国龙文化的起源，最早可以追溯到原始图腾崇拜（Totemism）时期。据一些学者研究，太昊伏羲是中国龙图腾部族最早的一位重要祖先。③ 每逢中国传统端午节时，在中国南方地区隆重举行的“赛龙舟”就是起源于古代中国吴越民族的龙图腾祭祀活动。

不过，在不同国家，龙所赋有的含义却不尽相同。韩国人一般对龙的象征意义有如下的认识：第一，以农业或渔业为主的地区，作为治水的神，是具有“龙神信仰”含义的龙。第二，作为具有土地吉凶意义“风水说”的龙。第三，“希望与大业”象

① 韩国学中央研究院：《韩国民族文化大百科》，登录时间：2017年5月23日。

② 何星亮：《中国龙文化的特征》，载《思想战线》（云南大学人文社会科学学报），1999年第1期，第76—77页。

③ 黄淑娉：《中国历代史话·原始社会史话》，北京：北京出版社，1992年，第136页。

征的龙。第四，作为“佛教护教者”的龙。第五，“皇帝权威象征”的龙。与韩国隔海相望的中国，把龙分为生物龙、文化龙、政治龙、艺术龙、宫廷龙、民间龙、儒家龙、道教龙及佛教龙等更多种类。①

过去，韩国在接受中国文化的过程中，直接采纳了中国人想象中的龙的面貌特征和其象征意义。后来，又将中国人对龙的想象与韩国的传统思想相结合，进行了本土化，这也影响着韩国民俗传说和民间信仰等许多传统文化。

双龙游戏是金堤市扶梁面新用里“龙骨”② 村世代相传的一项传统游戏，每年都会出现在碧骨堤庆典活动中，并且该活动还被指定为“全罗北道民俗资料第十号”。按照该地区的风俗习惯，双龙游戏在每年农历九月九日“重阳节”③ 当天进行。如今，在金堤碧骨堤庆典活动中进行的双龙游戏，最早出现于1996年农历九月初九，是由金堤文化院和金堤郡主办的“金堤郡民日”乡土节日的活动之一。金堤地平线节日中的双龙游戏，就是当时传统游戏的再现。

该游戏的产生与一个名为“丹若”的姑娘有关，据说她曾牺牲自己，保护了碧骨堤。这个故事可追溯到新罗元圣王④时期，在当时的民间广为流传。传说离碧骨堤约200米的地方有一座“草鞋山”，该山的北端，有一个巨大的水洼，里面有一条白

① 何星亮：《中国龙文化的特征》，载《思想战线》（云南大学人文社会科学学报），1999年第1期。

② 龙骨：龙湫中的“龙”字和碧骨堤中的“骨”字，合并称为“龙骨”。此外，龙骨村位于碧骨堤沿岸，成长条状，远看似一条龙，也因此将其命名为“龙骨村”。

③ 重阳节：重阳节又称重九节、晒秋节、踏秋等，为每年的农历九月初九日。《易经》中，把“九”定为阳数，九月九日，日月并阳，两九相重，故曰“重阳”，也叫" 重九“。该节日来源于中国。

④ 元圣王（？—798）：新罗第38代王，姓金，名敬信，新罗第17代“奈勿麻立干”王（在位356—402）的第12代孙子。

龙，它时时刻刻保护着碧骨堤的安全。因此，人们把这条龙称为“碧骨龙”。而碧骨堤中间堤防约100米，有个叫扶梁面龙骨村的地方，在村子南端的莲浦川中，住着一条青龙。因此，人们把这两处有龙生活的地方称为“双龙湫”，将白龙和青龙统称为“双龙”。

然而，白龙和青龙有着截然相反的性格特点。白龙本性温顺，尽职守护堤坝，避免灾难的发生，保护着当地人的生命安全；而青龙生性暴躁，经常制造风灾、水灾等各种灾难，不仅对堤坝和房屋造成破损，甚至还威胁到当地人的生命安全。秉性善良的白龙曾对青龙伤天害理的行为给予了多次警告，可天生脾气暴躁的青龙仍为所欲为，不听劝阻。结果，性格不合的两条龙之间发生了无法避免的冲突。

由于双龙的冲突，碧骨堤也濒临瓦解，人们不得不展开了烦琐的修复工作。而就在这时，青龙提出了一个无情无理的要求：要以金堤太守独生女丹若的性命来换取村庄的平安、粮食丰收及碧骨堤修复工作的安全进行。丹若姑娘得知此事之后，为了修筑碧骨堤壮丁们的安全，为了金堤的安全及万顷稻田的丰收，不惜献出自己宝贵的生命，满足了青龙的无理要求。没有想到，丹若姑娘的无私牺牲精神竟然感化了之前蛮横的青龙，之后青龙再也没有惹是生非。多亏了丹若，以人为祭物的恶习也从此销声匿迹，村庄里多了一份和谐安宁。①

至今，在双龙游戏中，仍能够找到这个传说故事的影子。双龙游戏分为“碧骨堤的修筑”“双龙的出现与争斗”“丹若的牺牲”“丹若的回归”“村庄平安的到来”等环节，该游戏过程中使用的服装和道具都是依照传统双龙游戏的内容而制作的。

以上对金堤地平线节日中能够代表当地农耕文化的壁骨堤祭

① 国立民俗博物馆：《韩国岁时风俗词典》，网址：www.nfm.go.kr，登录时间：2017年3月21日。

祀、立石拔河、农乐、双龙游戏的历史背景和文化含义进行了探讨。其实，除了上述活动之外，还有点鼠火游戏[①]、制造稻草房、体验各种农具活动等，它们都属于“韩国农耕文化圈”范畴。这些农耕文化活动，通过新的文化舞台——“节日”，得到充分的再现，从而发展成为能够体现韩国农耕文化及其内涵的节日活动。

结　语

众所周知，从19世纪产业大革命到20世纪，人类在短时间内实现了整个社会跨越式发展。然而，以物质为主的这种发展模式，给人们带来极大的物质满足的同时，也引发了大量优秀传统文化丧失的危机。就像中国学者董金权所说：“人们的社会生活节奏在不断加快，价值观也在转变，物质利益开始张扬，工具理性也在膨胀，为追求物质收获而放弃一些精神生活成为现代人一件习以为常的事。”[②]

在这样飞速发展的现代化进程中，一些基于传统元素而创新的节日作为保护并发展各民族、各地区传统文化的重要途径之一，出现在人们的生活里，它把民族文化、地方文化及国家固有的传统文化，在一定时间和空间内，向大众展现出来。

不过，在现代社会中，一些节日（包括新创节日）仍存在受现实的制约和局限性等问题。比如，在过去，祭祀形式和程序错综复杂，而今进行祭祀时或多或少放弃了过去的烦琐，逐渐地简化；又如过去要在稻田这一特定场合中进行的农乐活动，如今

---

① 点鼠火活动：韩国的民俗游戏之一，正月十五的前一晚上，在稻田或旱田上，人们到处去点火。该游戏不仅具有杀灭稻田中害虫的作用，还包含了祈求丰收的寓意。

② 董金权、徐柳凡：《传统节日文化的内涵回归与外延伸展》，载《中国国情国力》，2008年第7期。

在节日中被搬到了现代式的舞台上。对此现象，一些学者提出批判性的观点，认为节日中出现的活动受现代化的影响，失去了原本的面貌，具有一定的局限性。但笔者认为，这种随着时代的发展而出现的“文化变形”或“文化变迁”的现象是必然的。我们需要接受当今的生活方式截然不同于过去的事实，人们是在继承传统文化的同时，根据现实的条件以有创意的方式对传统文化加以发展的。如云南大学学者刘从水所言：“持续保护、发展我们传统文化的核心在于以人为本、创新节日舞台、创新传统节日的要素和形式，而不在于要求保持传统节日的原初形态和内容。”①

或许有的节日内容已不是过去的本原面貌，但仍具有教育的作用。法国著名的历史学家莫娜·奥祖夫（Mona Ozouf）在他的著作《革命节日》（2017）一书中提道：“节日可以是一所学校，节日是可以针对所有国民的教育对象，能够保持永久性的教育。”② 可见，人们通过节日这所“学校”能够了解本民族的文化，潜移默化地受到民族文化的熏陶与影响。当然，在世界各国各具特色的节日活动中，人们也可感受到彼此文化的相异之处，从而懂得尊重彼此的文化，学会包容对方的习俗。

---

① 刘从水：《舞台节日：民族文化传承的国家发明——基于云南民族传统节日变迁的研究》，载《西南边疆民族研究》，2017 年第 1 期。

② ［法］莫娜·奥祖夫：《革命节日》，北京：商务印书馆，2017 年，第 282—283 页。

从“异乡”到“家乡”

——宜宾市哪吒信仰产生原因浅析

厦门大学　周熠翔

摘　要：哪吒是中国传统的神祇，是民间信仰的神灵之一。宜宾市被认为是哪吒的故乡，该市的翠屏区有一个被海峡两岸共奉为祖庙的哪吒行宫。本文以历史学的角度分析宜宾市的哪吒信仰，认为宜宾市为哪吒故乡的这个说法经不起推敲，推测宜宾市哪吒信仰是随着妈祖信仰，在“湖广填四川”的历史大背景下，由闽籍移民带来的外来信仰。

关键词：哪吒信仰；宜宾市；民间信仰；社会史；文化史

哪吒是中国传统神话传说中一位深入人心的小英雄，中国民间流传了很多关于哪吒的传说事迹。宜宾市翠屏区翠屏山上建有一个“哪吒行宫”，该行宫被海峡两岸共尊为哪吒祖庙。宜宾市哪吒行宫作为两岸文化友好交流的窗口，在学术界、文化界和宗教界却少有人关注。

哪吒信仰目前兴盛于我国东南沿海地区，但宜宾市却存在这种“异乡”的信仰，究竟是什么原因造成了这种现象，这是一个值得思考的问题。

一、宜宾哪吒行宫：太子栖身之所

宜宾市哪吒行宫，位于宜宾市翠屏区翠屏山，紧邻蜀南楼和千佛寺，与真武道观隔山相望。哪吒行宫究竟始建于何时，已不可考。行宫负责人Y先生告诉笔者，此行宫始建于明万历年间，与真武道观建成时间相差不久。当笔者询问Y先生是否有相关的证据可以证明的时候，则语焉不详，仅用“传说”这个理由来解释。根据有限的资料可知，现存的哪吒行宫于1991年7月落成，并在当年7月17日举行了落成典礼，31日举行了哪吒金身开光仪式。[①] 为考其所说之真实性，笔者翻阅了《大明一统志》和《大清一统志》。《大明一统志》和《大清一统志》均对宜宾市翠屏山有记载，但并未对哪吒行宫有所记载。相反，两本志书都对仙侣山（现名真武山）的真武宫（现名真武道观）有记载。[②]

负责人Y先生告诉笔者，宜宾市哪吒信仰由来已久，新中国成立后由于特殊的社会背景，信众开始大量减少；随后的“文化大革命”掀起了全国范围内的“破四旧”运动，更是给了本来就已经衰落了的信仰体系一个沉重打击。于是，大家不敢“明着”搞信仰活动，只能“暗地里”偷偷地信，时间长了，也就没几个人再信了。一次偶然的机会，几个村民无意间挖到了埋在地里多时的哪吒金身，挖出金身时哪吒的左臂已断。这个消息很快传到台湾，一位名为“黄樟”的太子宫主持便亲自来到宜宾翠屏山做考察，认定宜宾是哪吒故乡。

《哪吒与宜宾》一书中对这件事有着详细的描述，大致说的是哪吒给身在台湾的黄樟先生托梦，令他去一个名为“翠屏山”的地方，找到他的金身，并修复他已断的左臂。不过，三太子却只给黄樟先生留下了三个线索——“翠屏山”“两江汇合、三江并流”“江边山上有黑白两座塔”。于是黄樟先生便率领各信徒，踏上了艰难的寻根之旅。他们先后寻访了南京和自贡，均无所斩

① 黄永江：《哪吒与宜宾》，成都：四川人民出版社，1992年，第12—14页。

② 参见［明］李贤等：《大明一统志》卷68，西安：三秦出版社，1985年。

获。在一次偶然的机会，他们来到了宜宾翠屏山，黄樟先生立刻就认出了这梦中相识的场景，在没有向导的情况下径直往山里走去，凭借一己之力找到了已经失修的哪吒行宫。①

在哪吒行宫的入口处，有一座石碑。石碑是为了纪念1991年翻新哪吒行宫而立的。碑文对哪吒行宫的修建历史有简要介绍，内容如下：

古僰戎州，三千年僰文化，问鼎巴蜀。兴周来纣，曾封侯立国，数不尽人文风物。悠悠乎，一部《封神》，演绎哪吒神话，神州不无胜迹仙踪。曾几何时，三太子威播台澳，徒然香火日盛。朝朝暮暮，只盼归根还故。先生黄樟，台岛托梦，庚午寻根宜宾，翠屏毓岫，境与梦同，重建行宫于哪吒古洞。时年辛未二月初三破土奠基，占地二千余平米。依山造势，削壁垒石，拔地而起，山门突兀，配庑转曲，悬功匾千方，扬人间美善。太子主殿，坐北朝南，歇山重檐，名联充楹，帷幄天地间，暮鼓晨钟，觉宇宙之无穷。大殿气宇轩昂，彩塑哪吒神像，超凡脱俗，冠神州千庙之首。

重建哪吒行宫，历时四月，落成初祭，有朋友自远方来。择吉日良辰，于同年六月初八开光祭典，共祈哪吒祖庙。巧逢仙风沐雨，天人合一，海峡两岸传为佳话。哪吒行宫，既文既博，亦史亦玄，汇天地之灵气，聚人文之风韵，升化袍泽亲情，开启文明，万古流馨，伟哉中华。今爰为序。

哪吒行宫坐落在宜宾市翠屏山，占地2000多平方米，由山门、太子殿、哪吒洞三部分组成。山门由白色大理石建成，上书四个红色大字“仙踪胜迹”，其后是一幅八卦图。经由山门，还要攀爬一段梯子才能到达行宫正门。行宫门前有一旗杆，上挂有“哪吒行宫”的锦旗，旗杆旁边有信徒和游客们的祈福牌。从正门进入，可以看见许多牌匾，牌匾的内容大多是善男信女们对建

① 黄永江：《哪吒与宜宾》，成都：四川人民出版社，1992年，第3—8页。

造行宫的捐助和祈福。进入正门后，再经过几步台阶，便是太子殿。太子殿供奉着哪吒三太子的神像，太子爷左手持乾坤圈，右手持红缨枪，左手高于右手，并在左手手肘附近戴有一串佛珠；混天绫绕过太子爷的脖子搭在两肩上，双脚踏风火轮，左脚略微抬起；双眼注视着长江。太子殿背后便是哪吒洞，传说此洞是哪吒真身修炼成神的地方，洞中所供奉的便是哪吒三太子的金身。这个洞在平时是不准进入的；即便是信徒，也只有在每年除夕的子时和农历九月初九①两个时间，才允许进入洞中拜祭。整个哪吒行宫坐北朝南，坐卧于翠屏山中；太子神像面对着长江，保佑着宜宾地区的风调雨顺。

太子正殿的东西两侧均是祈祷塔，祈祷塔内均写有信众的名字和籍贯，信徒则以中国宜宾、重庆、闽台以及东南亚地区的人居多。东侧的偏厅则是两岸哪吒交流活动的纪念堂，纪念堂的墙上挂满了台湾信众来宜宾哪吒行宫祭祀的照片。Y 先生告诉笔者，台湾信众前往宜宾祭拜太子的时间不一定，是由当地的乩童所决定。据 Y 先生说，乩童就是能够与神对话的人，他们作为人与神的媒介存在。台湾信众会在每年年初到当地太子宫询问到宜宾的祭拜时间，此时乩童就会做法，太子便会附身乩童，以“神谕”的形式告诉他们祭拜的时间，信众则会遵守神的指引，在特定的时间前往宜宾进行祭祀活动。台湾太子宫的乩童大多是文乩，主要是替太子下达神旨，祈求一方平安；同时，也有不少武乩，手持兵刃法器，起舞念经，向太子表达信徒的祈愿。笔者小时候曾经在宜宾哪吒行宫里见到过台湾乩童，那位乩童是台湾天后宫主持的儿子，与台湾信徒来宜宾祭拜，他在来到哪吒行宫后立马被太子附身。在被附身期间，他穿上了台湾信徒特制的黄色肚兜，嘴里不断念着常人无法听懂的咒语。太子利用他的身体焚

① Y 先生告诉笔者，除夕子时是为了烧子时香，祈求一年顺利；农历九月初九则被认为是哪吒出生的日子，届时除了祭祀活动外，还会举行盛大的庙会和学术交流会。

香祭天并在太子殿前写下了旨意，之后享用了贡品。后来在一帮信徒的虔诚恭送下，太子才肯离开乩童，那人醒后称自己什么事情都不记得，着实神奇。总之，宜宾市哪吒行宫在黄樟先生发现并建设以后，便被海峡两岸尊为哪吒祖庙，至今仍旧香火不断。

二、宜宾市哪吒信仰产生原因推断

由于缺少相关的文献资料，宜宾市哪吒信仰究竟产生于何时已不可考，笔者拟从以下几个方面进行推断。

（一）妈祖信仰与哪吒信仰：哪吒信仰产生的合理推断

在福建和台湾地区，哪吒时常作为妈祖的同祀或陪祀而存在。[①] 台湾新营太子宫有如下传说：有一年北港朝天宫妈祖出巡，由台南回北港时经过曾文溪，溪水涨潮，信徒不得过。此时，太子宫的太子爷起驾，命令各信徒将轿子上的红带子前后相系，一会儿溪水竟然就平息了下来，信徒得以顺利通过。此后，妈祖金身出巡之前，太子爷的金身必先作为先行官出行，以保妈祖出巡平安。

明末清初，四川地区在战乱过后，人口急剧减少。为了开发四川地区，康熙皇帝下诏对四川进行了政策性大移民，史称“湖

---

① 经过笔者的进一步研究调查，发现哪吒和妈祖的关系比较复杂，多个主祀哪吒的庙宇同祀妈祖，而主祀妈祖的庙宇则大多同祀有哪吒。如台湾宜兰县保安宫主祀中坛元帅，同祀三官大帝、关圣帝君、天上圣母、福德正神；宜兰县昭安宫主祀中坛元帅，同祀三官大帝、福德正神、太乙真人、姜子牙、金吒元帅、木吒元帅、天上圣母、千里眼、顺风耳。台湾基隆市慈安宫主祀中坛元帅，同祀有本师释迦牟尼文佛、千手观世音菩萨、关圣帝君、天上圣母、千里眼、顺风耳、齐天大圣爷、团仔公。台湾云林县虎尾天后宫主祀妈祖，同祀观世音菩萨、注生娘娘、玄天上帝、中坛元帅、福德正神；云林县莿桐天后宫主祀天上圣母，同祀中坛元帅、福德正神、虎将军、玄天上帝、李府元帅、土地婆；北港复兴宫主祀天上圣母，同祀保生大帝、陈府千岁、池府千岁、福德正神、中坛元帅。从数量上看，将哪吒作为主祀的庙宇远不及将哪吒作为同祀的庙宇。

广填四川”。这次大移民，使四川从严格意义上的“四川人的四川”变成了“天下人的四川”，给四川文化带来了丰富的移民色彩。清朝六对山人的《锦城竹枝词百首》曾如此戏谑四川的移民状况：“大姨嫁陕二姨苏，大嫂江西二嫂湖。戚友相逢问原籍，现无十世老成都。”①

在湖广填四川的移民大背景下，由于地理位置相近，大部分入川移民都来自湖广地区（今湖北、湖南两省），广东、江西、福建等地的客家移民也有相当数量。② 入川移民为了种种目的营造了移民会馆。关于会馆的功能，梁方仲先生认为应该理解为一种同行业商人组织的“行”，其任务是：（1）对官府供应行役，接受官府的要求，筹办所需的用品，属于行的商人（名曰行人、行商、行户；又有行头、行首、行老、旬头等人物）顺次担当（比市价低廉）需要用品的任务。（2）祭祀神佛时相互协力。（3）宋代入中粮草制度，铺户（交引铺）为行商作保。（4）垄断某一种商业。③ 笔者认为，由于会馆具有祭祀神佛的功能，不能简单地认为是一个商行，更应该将其看作是一个具有凝聚同行或同乡作用的公共场所。正如赵逵先生所说：“正是移民通过对乡神的祭拜，建立起对故乡的‘共同记忆’，扩大了祠堂中祭祀先祖的‘狭隘性’，也缩小了对传统先贤或者神灵的‘同一性’，而取得了一种以‘地缘’和‘业缘’关系为纽带的祭祀神灵的‘差异性’和‘多样性’，丰富了宗族文化内涵。这种组织的经营和灵神的崇拜合为一体的组织形式使得会馆成为一种特殊的建

---

① ［清］六对山人：《锦城竹枝词百首》，载雷梦水、潘超、孙忠铨、钟山编《中华竹枝词》（五），北京：北京古籍出版社，1996 年，第 3178 页。

② 关于“湖广填四川”的移民过程，蓝勇先生已经做了详细的考证，在所有的移民中，楚地移民在方志中提及所占比例为 32.9%，会馆数量比例为 24%，为所有籍贯移民中占比最高的省份。参见蓝勇、黄权生：《“湖广填四川”与清代四川社会》，重庆：西南师范大学出版社，2009 年，第 22 页。

③ 梁方仲：《中国经济史讲稿》，北京：中华书局，2008 年，第 241 页。

筑形式，它不仅是商业聚会的场所，更是移民精神寄托的场所。”①

宜宾市在清代是川南重镇，由于三江在宜宾市汇合，宜宾市的商品交流相当丰富，素有“搬不完的昭通，填不满的叙府”之说。优越的自然环境，自然吸引着移民的涌入和会馆的建立。从清代竹枝词中可以看出宜宾市会馆酬神活动的繁盛。清人周之楷写道：“小舟摇下荔枝滩，滩前滩后山连山。不及儿家好闲事，西凉庙里赛神还。”② 清人史次星也写道：“兔丝雀麦舞斜风，蹋阁穿林祭赛同。千尺彩旗川主庙，十番画鼓禹王宫。”③ 目前，宜宾市现存万寿宫、云南会馆、川主庙等遗存，可以窥见清时移民文化的浓厚氛围。宜宾市现存一个福建会馆，名为“天上宫”。天上宫现名玉佛寺，位于宜宾市李庄线子街，是宜宾市区仅存的唯一一个福建会馆。该会馆在宜宾市的旧方志中并未有所提及，目前只能从碑刻中大致了解其历史，现将《玉佛寺简介》摘录如下：

李庄玉佛寺位于镇内线子街东段，坐南向北，由山门、戏楼、大雄宝殿、观音殿等组成复合式的四合院。建筑以砖木结构和木雕为主，占地2117平方米。原名天上宫，清道光二十五年由福建籍移民集资修建，主要供天后圣母，以体现对妈祖的崇敬。

天上宫有大量的木雕装饰，以深度浮雕为主，辅以部分镂空雕，内容多为传统戏剧故事。原圣母殿前的檐口排着四根雕刻精美的龙凤斜撑，表达了对天上圣母的尊崇，也反映了历史上的繁

① 赵逵：《“湖广填四川”移民通道上的会馆研究》，南京：东南大学出版社，2012年，第88页。

② ［清］周之楷：《合江竹枝词》，载雷梦水、潘超、孙忠铨、钟山编《中华竹枝词》（五），北京：北京古籍出版社，1996年，第3392页。

③ ［清］史次星：《自流井竹枝词》，载雷梦水、潘超、孙忠铨、钟山编《中华竹枝词》（五），北京：北京古籍出版社，1996年，第3398页。

荣和建筑水准。虽然在“文革”中曾遭受过一定程度的损坏，但总体上仍有很高的艺术价值……

根据上述碑刻材料我们可以推断，在道光二十五年（1845）之前，宜宾地区就已经有了一定数量的福建籍移民，妈祖信仰也随之传到宜宾。① 清雍正时，四川安县莆田籍知县陈汝亨撰有《天后宫记》，他写道：“闽、浙、关东，皆所式凭。而予尝游彭蠡，过洞庭，由震泽，渡易水，历孟津，望三门，禹迹之所经，龙穴之所都，而后之神实镇护焉。盖遇险而灵，非独于海然也。夫神之在一邑者，庇一隅。吾乡濒海，称大方焉。而后降生，生于莆田而福庇天下。功德所被，求之丈夫中，古今有几人哉？西蜀四面巨川，万流奔赴，湍波激荡之中，舳舻往来不绝，非后之功乎？”② 陈汝亨从四川的地理环境与福建相对比，将妈祖从福建的“地方神”上升为“天下神”，目的可能在于消除入川闽籍移民与其他移民间的心理隔阂，实为妈祖信仰在四川地区的流行与传播找寻了合理性。《天妃显圣录》记载了宋已降妈祖的显圣敕封过程。其中有关于妈祖保佑漕运的记载，摘录如下：

至顺元年庚午（1330 年）春，粮船七百八十只，自太平江路太仓刘家港开洋。遇大风突起，波撼星辰，桅樯飘荡，数千人战栗哀号。官吏恳祷于神妃，言未已，倏阴云掩霭，恍见空中有

---

① 笔者在对《叙州府志》的整理中发现，书中关于“天后庙”的记载大致有以下几条：(1)（宜宾）天后庙：城外西南隅。（见于该书卷 10“坛庙”条目，第 247 页。）(2)（富顺）天后庙：在治东门内。乾隆知县熊葵向建。（见于该书卷 11“坛庙”条目，第 260 页。）(3)（南溪）天后庙：在城南顺城街，一在上桂里。（见于该书卷 11“坛庙”条目，第 267 页。）(4)（高县）天后庙：在县署右。（见于该书卷 11“坛庙”条目，第 274 页。）(5)（筠连）天后庙：治东南。乾隆四十六年知县严肇墉建。（见于该书卷 11“坛庙”条目，第 276 页。）另，关于“福建馆”的记载仅见于该书卷 12，“寺观”条目，仅有“福建馆”三字。

② ［清］陈汝亨：《天后宫记》，参见［清］杨英灿纂修、［清］余天鹏续修、（清）陈嘉绣续纂《安县志》卷 31“艺文”条目，清同治三年增补嘉庆刻本影印版，成都：巴蜀书社，1992 年，第 26 页。

朱衣拥翠盖，伫立舟前，旋有火照竿头，晶光如虹。舟人且惊且喜。无何，风平浪息，七百余艘漂流四散，正集合整理篷桨解缆而进，又闻空中有语云："可向东南孤岛暂泊。"众朗撑舟依孤岛旁。方抛椗，江上狂飚汛发，暴雨倒峡。舟人相慰曰："非神灵指示，我等皆在鼍宫蛟窟矣！"次日晴霁，遂达直沽交卸。中书奏神护相之功，奉旨赐额曰"灵慈"。[①]

由于妈祖具有保护漕运的神格，再加上安县知县陈汝亨的宣传，妈祖信仰在四川站稳了脚跟，直到现在四川遂宁和自贡两个城市还有居民信仰妈祖。妈祖信仰随着闽籍移民的进入而传到宜宾。赵逵先生认为会馆在建筑风格与信仰上类似神庙，里面也要供奉神灵……与中国古代宗教多神信仰的庞杂性、随意性、附会性、实用性等特征相一致，同乡会馆的神灵设置也由最初的一神供奉而变为多神供奉，即主神外，还设置若干配享神。[②] 哪吒作为妈祖的陪祀神，很有可能在此时随着妈祖信仰在宜宾的扎根而扎根发展。

（二）时势造神祇：哪吒信仰根基的合理推断

《三江竹枝词》写道："石梯步步短长支，唤渡人忙过渡迟。榕树多株阴远荫，镇江特祀水神祠。"[③] 这首词虽然描写了当时宜宾三江口地区的民众生活状态，却在结尾处告知读者祭祀水神祠的原因——为了镇水，直接道出了中国民间信仰的功利性。中国民间信仰的功利性是其最主要的特点，但是这种功利性并不是民众主动地与社会调适之结果，而是它本身所固有的"灵验本

① 《天妃显圣录》，"神力助漕"条目，南投：台湾省文献委员会，1996 年，第 34 页。类似的记载还见于该书第 60 页"波涛中默佑漕船"条目。

② 赵逵：《"湖广填四川"移民通道上的会馆研究》，南京：东南大学出版社，2012 年，第 27 页。在该书同页举了以下例子：北京山西临襄会馆供奉协天大帝、增福财神、酒仙尊神、菩萨尊神、马王老爷诸神；上海的豫章会馆"正殿供奉许圣真君，旁殿供奉五路财神，厅楼供奉文昌帝君诸神像"。

③ ［清］佚名：《三江竹枝词》，载雷梦水、潘超、孙忠铨、钟山编《中华竹枝词》（五），北京：北京古籍出版社，1996 年，第 3424 页。

位”和“实用实例”。[①] 简单地说，民间信仰的信众和传统宗教的信众的差别在于，民间信仰的信众不讨论人与神的关系这种有哲学思辨之味的重大问题，他们讲求“现世现报”和“有求必应”。对于民间信仰的信众来说，其所信仰的是什么神没有显得特别重要；所信之神的神格，以及其神格能否解决现实问题则十分重要。

已有前辈学者研究，证明哪吒信仰与水崇拜息息相关[②]，而宜宾市则位于三江汇流处，产生水崇拜观念是十分正常的事情。有学者统计：仅在两宋时期，见于《宋会要辑稿》的潼川府路(宜宾在宋时就属潼川府路)的水神祠庙，就有十六个之多，为全川之首。[③] 足见川南水崇拜之盛。自明朝中后期以来，宜宾长期处在战火的蹂躏下，从明末张献忠进驻宜宾开始，宜宾随后就处在南明政权和清政权的武力争夺下；清末，“保路运动”在四川兴起，宜宾的反清保路军迫使宜宾知府成立川南军政府；抗日战争期间，随着国民政府西迁重庆，宜宾便成了重庆的陪都，行使部分文化职能，也曾多次惨遭日军惨烈的轰炸。在战乱的年代，人们渴望有一个神灵能够安定四方，扫除战争的阴霾。哪吒，恰好同时满足了人们水崇拜和安定战争的两种念想，所以才会被传统宜宾人当作神祇崇拜。直到今天，宜宾及其周边乡镇仍然存在着类似于骑龙坳、龙塘湾、龙脊石、龙脑桥、龙漩子、老龙沟、龙洞等的旧地名，也不能说与哪吒信仰完全没有关系。

前文已述，哪吒信仰在宜宾地区的扎根是顺理成章的事情，不过哪吒信仰并不是宜宾人民的自主创造，必须要借助“有效的外力”，这个“有效的外力”就是《封神演义》的流传。近代，

---

① 徐华龙主编，赵李娜著：《民间信仰口袋书系列·神》，上海：上海辞书出版社，2014年，第181页。

② 邓卫中：《哪吒与水崇拜》，载《中华文化论坛》，2002年第4期。

③ 康文籍：《宋代四川地区民间信仰研究——以祠庙为中心》，西南大学硕士学位论文，2009年，第41—42页。

随着维新运动的蓬勃发展，梁启超等先生掀起“小说界革命”，社会各界开始重新审视我国古代的小说。有学者研究表明，20世纪上半叶，中国出版了多个版本的《封神演义》。[①] 随着白话文的普及，更多白话文版的《封神演义》被改写并出版，使得社会上更多的人能够接触到《封神演义》。除了书本的印刷和流传外，四川地区独特的茶馆文化也可能对《封神演义》的流传起到作用。茶馆，作为四川人谈论闲事的休闲场所，实际上也起到了信息传播的作用，人们会在谈笑间有意无意将自己所知道的“闲事”作为谈资与他人交流，《封神演义》可能在这种民间舞台上以“摆龙门阵”的方式完成了传播，更不用说还有一些专门在茶馆说书的民间艺人对其的刻意加工了。[②] 除了直接的哪吒传说以外，宜宾市还有一些传说建立在武王伐纣的历史背景上。闻名遐迩的宜宾市李庄白肉，传说就是由武王伐纣时起义的各路人马将身首断开的妖狐苏妲己的肉切薄片蘸蒜泥分而食之演变而成的名菜。这也从另一个角度反映了《封神演义》在宜宾地区的流传。

---

① 褚殷超：《〈封神演义〉传播研究》，山东大学硕士学位论文，2006年，第17页。还可参见周博：《〈封神演义〉的成书及其在明清时期的传播研究》，广西师范大学硕士学位论文，2007年。

② 民间对于《封神演义》的刻意加工有评书话本、戏剧等。川剧的传统曲目《顺天时》《土行孙招亲》等都改编自《封神传奇》。相关研究成果可参见刘盛龙：《宜宾茶馆文化——唱玩友》，载《农业考古》，1992年第4期。王镇恒、王云、朱世英：《四川名茶与四川茶馆文化》，载《农业考古》，2000年第2期。王笛：《二十世纪初的茶馆与中国城市社会生活——以成都市为例》，载《历史研究》，2001年第5期。托德臣：《清代民国时期的茶馆》，载《农业考古》，2008年第5期；《清代民国时期的茶馆》（续），载《农业考古》，2009年第2期。熊尚全：《川渝茶馆：公共空间和文化再生产基地》，中央民族大学硕士学位论文，2013年。

结 论

法国学者涂尔干曾说：“一种事物所呈现的神圣性，并不蕴含在它固有的特性之中，而是被添加上去的。宗教事务的世界不是经验的自然界的一个特定方面，它是被加在自然界之上的。”① 有着深厚移民背景的宜宾市就是典型，随着闽籍移民的迁入，他们想要在“异乡”树立起自己的信仰以标榜自己“异乡人”的身份，哪吒信仰便随着天后信仰传到宜宾。这种思考模式对民间信仰的研究或许能够提供一种思考的方式。

① ［法］涂尔干：《宗教生活的基本形式》，上海：上海人民出版社，2006 年，第 217 页。

台湾阿美人传统饮食文化之变迁

中央民族大学　李威颖

摘　要：阿美人是台湾地区古老的少数民族，也是台湾17个世居少数民族族群中人口最多的一个族群。在其悠久的历史发展过程中，阿美人因依山傍水、光热充足等优越的自然环境和母系氏族社会、部落领袖制度、男子年龄阶级等社会环境，创造出了独具特色的饮食文化。饮食文化作为阿美人传统文化的重要组成部分，经历了日治时期、国民党统治时期至“解严”时期、解严后至今等三个发展阶段，在此期间，因异质文化的传播、经济全球化的发展、科学技术的进步等因素发生了巨大的变迁。阿美人传统饮食文化变迁的背后更是深刻地揭示出阿美人乃至整个台湾社会这一个多世纪以来风起云涌的时代变迁。

关键词：阿美人；传统饮食文化；变迁

关于文化的定义，英国著名人类学家泰勒曾在《原始文化》一书中写道：“所谓文化或文明乃是包括知识、信仰、艺术、道德、法律、习俗，以及包括作为社会成员的个人而获得的其他任何能力、习惯在内的一种综合体。”① 可见，文化是人的社会成

---

① ［英］泰勒：《原始文化》，蔡江浓编译，杭州：浙江人民出版社，1988年，第1页。

果，文化具有民族性，而传统文化便是一个民族在历史上创造的文化的总和。阿美人①作为台湾世居少数民族中最古老的族群之一，在其悠久的历史长河中创造出了独特的民族文化。作为民族文化的重要组成部分，阿美人传统饮食文化历经一个多世纪的发展，因时代变迁，发生了剧烈的变化。本研究基于赴台田野调查之所获，就阿美人传统饮食文化的变迁议题试作初步探讨，以促进台湾少数民族传统文化的进一步研究。

一、阿美人概述

阿美人，自称为 pangtsah 或 pangcah，含有“同族人”的意思，又因其族人来源于北方，故又被称为 amis，其意即为北方人。阿美人是台湾少数民族中人口最多的一个族群，至今已超过 20 万人②，“分布于中央山脉以东沿太平洋沿岸的狭长地带，北之花莲附近的奇莱平原，南达台东以南的大麻里，约在北纬 24 度以南至 22 度之间”③。其中以花莲、台东两县分布最为集中，且大部分阿美人多聚居于平原地带。关于阿美人的分类，最早可追溯于 19 世纪末期，由日本学者伊能嘉矩根据地理分布与部落迁徙的事实，将阿美人分为南势阿美人、秀姑峦阿美人、海岸阿美人、卑南阿美人、有恒春阿美人等五个族群。此后佐山融氏、移川子之藏、马渊东一、宫本延人、鹿野忠熊氏等日本学者又做分类，至台湾光复后经卫惠林先生再做修改，从地理分布和风俗

---

① 台湾少数民族统称为高山族，而台湾地方政府认定为阿美、泰雅、排湾、布农、卑南、鲁凯、邹、赛夏、雅美（达悟）、邵、噶玛兰、太鲁阁、撒奇莱雅、赛德克、拉阿鲁哇、卡那卡那富、平铺 17 个“原住民族”。为引证和行文方便，本文中所称“阿美人”中的“人”是民族学的“族群”之意。

② 据台湾《阿美族人口统计表》，截至 2014 年 9 月阿美人口约有 200023 人。

③ 李亦圆：《台湾土著民族的社会与文化》，台北：联经出版事业公司，1982 年，第 142 页。

习惯的角度，又将阿美人分为北部群①、中部群②、南部群③等三个族群。

阿美人的分支虽多，但其支系多处于典型的母系氏族社会。“阿美人的社会制度是中国唯一保留完整的母系氏族制。主要特征是财产和家系的继承，是母女相继长女承继制，亲嗣系统是单系继嗣制，即上代只从母方追溯到祖先世系，下代是女继母。”④旧时阿美人各部落中盛行男子入赘至女方家中，女子在家庭中地位较高，家中大小事务均听从于年长女性的安排。然而，在家庭以外的事务中，往往由男子们出面操办，成立属于部落内部的社会组织，例如部落领袖制度、男子年龄阶级制度。⑤在这样的社会环境的影响下，阿美人男女之间分工明确，女子们负责采摘野菜和田间劳作，男子们负责捕鱼打猎以及其他重体力的生产劳动，他们各尽其责，维持所属部落的社会结构，支撑整个部落的正常运作。由于所处的自然环境与社会环境较为独特，阿美人在历史发展过程中，创造出了许多灿烂的民族文化。作为民族文化的重要标志，阿美人传统饮食文化更是独具特色。

---

① 即南势阿美人。

② 包括秀姑峦阿美人和海岸阿美人。

③ 包括卑南阿美人和恒春阿美人。

④ 陈国强、田富达：《高山族》（民族知识丛书），北京：民族出版社，1988年，第39页。

⑤ 阿美人部落领袖制度和年龄阶级制度构成了母系氏族制度以外的，以男性为主体的另一种部落社会制度。部落领袖制度是阿美人各部落内部上至部落头目、耆老，下至各年龄阶级的级长，共同组成的一种社会组织制度；年龄阶级是依据部落男子的年龄大小分组的一种男性社会组织制度。这两者在部落日常生产、节日祭仪、对外联谊等方面中发挥着重要的作用，同时对阿美人政治、经济、教育、伦理以及整个社会的正常运作具有积极的促进作用。

二、阿美人传统饮食

从古至今台湾阿美人皆选择山麓之下的平原地带聚居，许多部落选址于中央山脉与海岸山脉之间的纵谷平原，此地山水相间、地形平坦、土壤肥沃、光热充足、雨量充沛等，优越的自然环境使得部落祖先得以逐水草而居。再者，由于两性之间的分工明确，母系氏族社会制度、部落领袖制度、男子年龄阶级制度三者相互配合，形成台湾少数民族中一种特殊的社会组织结构。因此，在优越的自然环境和独特的社会环境的长期影响下，形成了阿美人丰富而又独特的传统饮食文化。阿美人传统饮食主要为以下几类：

（一）野菜

阿美人素来就有“吃草的民族”之称。古时阿美人妇女负责家庭中一切事务，其中最基本的就是家庭成员的衣食起居，她们每日清晨早起，三五人结伴而行，到户外采集野菜，以解决家人的温饱问题。阿美人妇女们善于在河边、草丛中、树林里采摘各类野菜，因不同的野菜可食用部位不同，需从根、茎、叶、花、果分而采之。阿美人“天赋中具有对野生动植物独特辨识的能力，有一句玩笑话说‘阿美人经过的草地，只要是绿色的一定会不见’，充分显示阿美人取材大自然的生活智慧，所以别族的人曾说阿美人可以把整座山的绿叶、青草、树皮都吃光。”① 阿美人传统饮食中的野菜以山苏、山苦瓜、山芹菜、山茼蒿、箭竹笋、过猫、半天心（槟榔心）、芒草心、藤心、面包果等最为常见。不同季节、不同时间、不同地点，所采摘的野菜种类不尽相同。妇女们在长期的采摘实践中，早已熟知哪个季节、哪个地方

---

① 田哲益：《台湾的原住民——阿美族》，台北：台原出版社，2001 年，第 190—191 页。

有哪种野菜，甚至包括采摘野菜时使用何种辅助工具、采摘技巧等均深得要领。

妇女们根据所采摘的食材，回家烹煮成所有家庭成员的一日三餐。对于采摘回来的野菜，根据其鲜嫩程度，可采取煮汤、爆炒、凉拌、生吃等烹饪方法。而无论何种烹饪方式，阿美人妇女们都能游刃有余地做出味道鲜美、老少皆宜的健康美味。长期以来，这种吃野菜的饮食习惯慢慢地流传了下来，逐渐地成了阿美人的传统饮食文化的一部分。

（二）海产品

古语有云：一方水土养育一方人。阿美人世代聚居的周边皆有溪流、河川分布，加之东邻太平洋，其优越的地理位置使得鱼、虾、蟹、贝等各类海产品成为族人饮食结构中的一部分。阿美人男子在青少年时期依制会加入部落的年龄阶级中，由上一级年龄阶层派下来的“gaga”① 作为阶级长，指导和训练最低阶层的男子们进行捕鱼、捉虾等野外生存训练。青年组的年龄阶层因体魄魁梧、四肢有力，具有参与部落日常事务的经验，常常与同年龄阶层的成员结伴出海捕鱼，捕获海产品。大到上百斤重的鱼，小到一厘米的虾，将会成为妇女烹饪的对象。无论是红烧，还是清蒸，或是生吃，皆是美味佳肴。

海产品不仅味道鲜美、饱腹感强，而且大都含有丰富的钾、钙等人体必需的营养元素。由于海产品美味又营养，长期食用海产品渐渐地成为部落族人们的一种饮食习惯。久而久之，海产品成为阿美人传统饮食结构中的一部分。而最初只为解决全家人的温饱，后来随着捕鱼技术的提高、装备的完善，捕鱼便成为一种生计方式。

（三）野味

俗话说：靠山吃山，靠水吃水。阿美人生活绝对离不开山，

---

① gaga 在阿美语中为“哥哥”的意思。

大大小小的山脉，给予了他们丰富的生活物质。因此，其居住的部落不远处大都有山脉分布，因森林茂密、植被覆盖较好，许多动物常在此出没，故而成为阿美人祖先早期最佳的狩猎场。男子们狩猎前会事先占卜，根据卦象来决定是否出去狩猎，去哪一片区域狩猎，如若在狩猎过程中发现了一些不佳现象，也会立即停止狩猎活动。“狩猎因鸟、兽之种类不同其猎法也有异，狩猎法大概有十一种。”① 旧时阿美人在狩猎时由于遵循自然法则，采用占卜提前预测以及狩猎技巧娴熟，每次外出狩猎几乎都会满载而归。前一刻还在和同伴嬉戏的山羊，在下一秒有可能就已经倒在猎人的枪下或者提前布好的陷阱里，成为猎人们的猎物，像这样类似的情况比比皆是。森林里养育的动物，比如山猪、山羊、山兔、山鸡、蜗牛等都成为阿美人饭桌上的美食。

动物鲜美的肉可补充其身体日常活动所需的蛋白质和脂肪等能量，纯天然的皮毛大都被用于缝制衣物或床上用品。阿美人食用野味方法多样，可生吃、煎炸、炖煮、爆炒，每一种食用方法都可烹饪出难得的美味。对于食用不完的猎物，他们会用盐巴进行腌制以达到长期保存的目的，这样就可以避免在狩不到猎物或是封山时依旧有肉享用。

（四）以米为主食

阿美人分布的地方多为平原地带，周边有溪流密布，水源便利，光照充足，因此在很早的时候他们便开始刀耕火种与水田稻作。阿美人“居住地域概为平地，在清光绪元年清廷积极‘抚番开山’，南、中、北横贯公路相继到达，大量汉人涌至，受汉

① 台湾总督府临时台湾旧惯调查会：《番族惯习调查报告书》第二卷，台湾“中央研究院”民族学研究所编译，台北：“中央研究院”民族研究所，2000年，第33页。（笔者参考此报告书后，将他们的狩猎活动简单分为两种方式：一是布下陷阱隔几日再收取猎物，二是直接现场狩猎。）

俗影响颇深。”[①] 阿美人“传统农耕为旱田烧垦，但因地处平原，很早便接受汉人的农业技术，广行水田耕作，山坡旱田则以粟作和旱稻为主。”[②] 诸如上述，旧时阿美人就有种植稻作物和粟的历史，其作物中最具特色的便是糯米、小米等谷类。充满智慧的阿美人在很早的时候就用收获的稻米做白糯米饭果腹，在阿美人重大的祭典和婚丧仪式中也常用红糯米作为贡品。

此外，他们利用多余的小米酿制小米酒。小米酒不仅是其平日里的饮品，也是祭典和婚丧仪式中的贡品。“阿美人喜欢酒，大小祭祀、节日必备酒；每一个阿美妇女几乎都会佳酿的技术。”[③] 香喷喷的糯米饭，加上香醇的小米酒，带走了族人因长时间劳作所产生的饥饿感与疲惫感，在唇齿之间留下了稻米的清香与甘甜。因此，把糯米饭作为每日主食，用小米酒代替其他佳酿，自然而然成为阿美人的日常惯习，而糯米饭和小米酒也成为其最具特色的传统饮食。

三、阿美人传统饮食文化的变迁过程

著名的人类学家伯恩曾经说过：“正如没有哪个人会永远不死一样，没有哪一种文化的模式会永远不变。”[④] 由此可见，世界上没有一成不变的事物，世事万变乃属常态。人类的发展史就是一部人类社会的变迁史，文化本身就是一个生生不息的运动过程。饮食文化作为民族文化的重要构成部分，随着时间的流逝，

---

① 王嵩山：《台湾原住民的社会与文化》，台北：联经出版事业公司，2001 年，第 154 页。

② 田哲益：《台湾的原住民——阿美族》，台北：台原出版社，2001 年，第 178—179 页。

③ 陈国强、田富达：《高山族》（民族知识丛书），北京：民族出版社，1988 年，第 37 页。

④ ［美］C. 恩伯、M. 恩伯：《文化的变异》，杜彬彬译，沈阳：辽宁人民出版社，1988 年，第 533 页。

发生变化也在所难免。在此，作者将阿美人传统饮食文化的变迁过程大致分为以下三个时期：

（一）1895—1945年日本殖民统治时期

随着日本在台湾实行殖民统治，大量日本人涌进台湾岛内，在长达五十年的殖民统治过程中，他们将日本的饮食文化习俗带到了台湾，并渗透到岛上的各个角落。值得注意的是，日本殖民台湾以后，开始大规模推行“皇民化运动”，殖民政府从日常生活方式着手，“要求台湾人吃饭要吃日本料理，穿衣服要穿日本和服，住要住日本式榻榻米，行礼要行日本90度弯腰礼和乞讨式磕礼”①。虽然日本与台湾同为岛屿环境，在饮食上有许多相似之处，但亦存在诸多差异。正是这些差异，使得日本殖民管辖之下的阿美人饮食结构发生了变化。由于畏惧日本殖民政府的高压政策，处于弱势的阿美人各部落不得不遵照政令执行，日本料理开始在台湾社会中盛行，日式便当、各式饭团、味增汤等大量具有日本特色的饮食充斥于阿美人的日常生活中。此外，由于山川河道被日本统治者控制与管理，原先采摘野菜、户外狩猎的生存法则受到了挑战，致使阿美人传统的饮食习惯渐渐地发生了变化，取而代之的是以经营农业、渔业为主所获得的食物供给。

（二）1949—1987年国民党接管台湾至“解严”时期

1945年9月2日，日本向中国政府签订无条件投降书后，国民政府正式接管台湾。随着大陆官兵的到来，八大菜系、各地小吃、林林总总的美味佳肴铺天盖地般地交汇于此地。五湖四海的地方美食，承载着他们挥之不去的家乡记忆逐渐地融合，并与当地饮食共同形成了独具特色的台湾饮食文化。旧时阿美人经常食用的山苏、山苦瓜、山芹菜、山茼蒿、箭竹笋、过猫、半天心

① 黄新宪：《关于日据时期台湾皇民化运动若干问题的探讨》，载《福建论坛》（人文社会科学版），2005年第5期。

(槟榔心)、芒草心、藤心、面包果等野菜和山猪、山羊、山兔、山鸡、蜗牛等野味均在阿美人的日常饮食中逐渐消失。面条、馒头、饺子等南方不常有的面食慢慢地成为部落族人一日三餐的重要组成部分。日式料理、中式餐饮以及阿美人传统饮食习惯共同构成了 20 世纪下半叶当地部落的饮食文化。

(三) 1987 年台湾“解严”后至今

1987 年 7 月 14 日,国民党主席蒋经国发布命令,宣布台湾地区自 7 月 15 日零时起“解严”。[①] 台湾社会的政治、经济、文化等逐渐以更加自由的氛围发展,尤其是在经济全球化的推动下,跨国公司与合资企业如雨后春笋般蓬勃发展。工作、旅行、求学等因素使得台湾与世界各国联系密切;人员的流动与频繁的对外交流,也使得世界各地美食最终相互交融。因种种原因迁徙至台湾的外来人口,将各自的饮食习惯带到台湾,乃至扩散和传播至阿美人的部落中。而阿美人各部落外出务工人员、求学者也将国外尤其是西方国家的饮食习惯带回部落,使得部落饮食文化更加丰富多彩。加之,随着经济的发展、科技的进步,许多现代厨房家电出现在阿美人的家中,电烤箱、微波炉、面包机、榨汁机等现代化工具的广泛运用使得族人的生活水平大大提高,面包、牛奶、咖啡、甜点、意大利面、比萨等西式饮食也逐渐地融入阿美人的饮食结构之中。

① 《台湾省戒严令》是基于国共内战中国民党所处的不利形势,1949 年 5 月 19 日由台湾省政府主席兼台湾省警备总司令陈诚颁布,旨在稳固国民党的政治统治。该戒严令自颁布之日起,直至 1987 年 7 月 14 日由国民党主席蒋经国宣布解除,戒严时间长达 38 年之久,对台湾地区人民群众的各项民主权利进行严格限制,给社会生活带来众多不便,在一定程度上阻碍了台湾社会经济、文化、政治等方面的发展。因此,1987 年 7 月 14 日,蒋经国宣布解除台湾地区戒严的命令,这对台湾社会和民众而言意义重大。

四、阿美人传统饮食文化变迁的原因

以上在叙述阿美人饮食文化变迁的过程中，或多或少地介绍到使其发生变化的原因。阿美人传统饮食文化在不同阶段发生了不同的变化，总体而言，导致阿美人传统饮食文化变迁有以下三方面原因：

（一）异质文化的传播

综上所述，从19世纪末至20世纪末，在这长达一百年的时间里，阿美人饮食结构发生变化与日本殖民统治、国民政府的迁入等政治因素有着很大的关联，而此阶段也正是大量异质文化传播至台湾社会的时期。文化的传播这一外源性动力成为部落饮食文化变迁的主要原因之一，在部落文化的变迁过程中发挥着重要的作用。美国著名人学家克莱德·伍兹认为："接触会导致文化解体，尤其是当一个群体作为征服者统治另一群体时，这种文化的解体更是必然。"① 当异质文化以非常之强硬的势态传播进来后，发生变迁乃是不可避免的趋势，虽然阿美人的传统饮食文化并未完全解体，但已支离破碎，仅以十分微弱的力量存在着。日式料理、中式餐饮已成为部落族人的惯用饮食，而吃野菜、食野味却成为阿美人日常生活中屈指可数的"大餐"。

（二）经济全球化的发展

经济的变化是引起阿美人传统饮食文化变迁的另一主要原因。经济的全球化使得世界各地的生产、消费国际化，西方发达国家的物质产品均有方便获取的途径。此外，随着经济全球化的发展，阿美人渐渐地融入这种大的时代背景之下，为了追求更大的经济利益，逐渐放弃了原有的以农业、渔业为主的生计方式，

① ［美］克莱德·伍兹：《文化变迁》，施惟达、胡华生译，昆明：云南教育出版社，第1989年，第36页。

开始加入工商业的生产队伍中。面对新的经济环境，通过自我调适，慢慢地适应这种新的生存模式，最终导致其传统饮食文化缺乏继续生长的土壤，变迁的发生在所难免。

（三）科学技术的进步

改革开放总设计师邓小平曾指出“科学技术是第一生产力”，这充分体现马克思主义生产力理论和科学观，突显出了科学技术的重要性。因此，科学技术的进步是部落传统饮食变迁的又一重要原因。科学技术的突飞猛进极大地促进整个世界的发展，使得物质生产迅速增长，大量生活物资涌向市场。此外，随着科学技术的进步、生产力水平的提高，现代化的日常生活工具在阿美人各部落中的投入使用，使得物质生活更加方便快捷、丰富多样，各类副食、零食、西式餐点、进口食品出现在阿美人的餐桌上成为可能。

结　语

阿美人在漫长的历史长河中，因独特的自然环境和社会环境，创造出了独具特色的传统饮食文化。饮食文化发展与变迁的过程按照不同时代大致分为日本殖民统治时期、国民党统治时期以及台湾“解严”后至今三个阶段，导致其变迁的原因大致有三点：一是异质文化的传播，二是经济全球化的发展，三是科学技术的进步。在上述因素的影响下，阿美人传统饮食文化由原来的吃野菜、食野味发展到日式料理、中式餐饮和西式餐点的交汇与融合。毋庸置疑，阿美人传统饮食文化变迁的背后，深刻地反映出了阿美人乃至整个台湾社会这一个多世纪以来风起云涌的时代变迁。

《皇清职贡图》中的蒙古族服饰

中央民族大学 任梦楠

摘　要：《皇清职贡图》是清朝乾隆皇帝为昭王会之盛而下令编纂的有关诸番外夷的图册，图说用满汉两种文字对夷人和外藩人物的服饰、风俗进行了记载。乾隆朝时期平定了准噶尔部，且土尔扈特部归国，故《皇清职贡图》中记载了新疆地区蒙古族情况。准噶尔部、土尔扈特部服饰之间互有差异，其中最直观的差别是帽式和是否佩戴梡巾，这与两部落间的文化传统与经济生活有很大的关系。

关键词：皇清职贡图；蒙古族服饰；差异

《清朝通志》记载称，我大清朝一统天下，边远一隅均敬仰归附，凡是遇到新年和皇帝祝寿之类的庆典，像外藩蒙古及朝鲜、越南、老挝等藩属之国，莫不岁时纳贡，抃舞殿廷，极尽欢乐。乾隆皇帝特命画院大臣详细描绘他们华丽的衣着，绘制成图。这不仅仅是为了表示四夷诸藩对当朝天子的称赞，更是表示这些夷人外藩是真心臣服。这是清朝对绘制职贡图的官方解释。《皇清职贡图》是清朝强盛的标志。一统天下的乾隆皇帝为昭王会之盛，特命军机处绘制番夷图。在下令命各地绘制图像前，清廷已经有了部分民族的图像，清廷将这部分图像作为图式，要求各督抚“将所属苗、猺、黎、獞，以及外夷番众，俱照此式样，仿其形貌衣饰，绘图送军机处"[1]。《皇清职贡图》的编写自此开始。作为一项涉及外交的国家任务，《皇清职贡图》的编绘具有重大政治意义。乾隆特意交代此事要"就便图写"，避免夷人、外藩对此产生疑问或心生畏惧。谕旨下达后，各地纷纷响应，开始进行图像的绘制。

乾隆十六年（1751）署理湖广总督恒文奏"咨呈军机处奉谕绘画苗、猺、黎、獞等外夷图像"[2]，四川总督策楞"奏为恭进番图事"[3]。闽浙总督喀尔吉善等奏："查闽省界在东南，外夷番众甚多。臣等绘图进呈，通计畲民二种，生熟社番十四种，琉球等国外夷十三种。"[4] 湖南、湖北、四川、福建、浙江等地的外夷番众均被记录在册，送呈中央。这些奏报上来的图样都为《皇清职贡图》的最终形成奠定了基础。

《皇清职贡图》告成后，乾隆皇帝曾于乾隆四十五年将此图赐给大臣，直隶总督袁守侗谢恩称"（职贡图）传盛世于丹青"[5]；四川总督文绶称此图"下笔而神形毕肖"[6]；浙江学政王

---

① 《清高宗实录》卷390，乾隆十六年闰五月己巳，北京：中华书局，1986年，第120—121页。

② 恒文：《咨呈军机处奉谕绘画苗猺黎獞等外夷图像》，乾隆十六年十一月一日，文献编号007505，台北故宫博物院朱批奏折。（图书文献处资料库，网站：http：//npmhost. npm. gov. tw/tts/npmmeta/dblist. htm.）

③ 策楞：《奏为恭进番图事》，乾隆十六年十一月十七日，文献编号007657，台北故宫博物院朱批奏折。

④ 《清高宗实录》卷419，乾隆十七年七月丁亥，第495页；喀尔吉善：《奏陈外夷及番众形像图册》，乾隆十七年七月二十六日，文献编号009023，台北故宫博物院朱批奏折。

⑤ 袁守侗：《奏为钦赐皇清职贡图谢恩事》，乾隆四十五年十一月十八日，缩微号：04-01-12-033-1413，中国第一历史档案馆宫中朱批奏折。

⑥ 文绶：《奏为御赐皇清职贡图谢恩事》，乾隆四十五年十二月十七日，缩微号：04-01-12-033-1770，中国第一历史档案馆宫中朱批奏折。

杰奏此图“形模酷肖”[①]；户部右侍郎彭元瑞称赞此图“真古今所稀”[②]；两广总督巴延三赞美乾隆皇帝“德冒无疆”[③]，必定被记入史册；陕甘总督勒尔谨奏职贡图“各具冠裳”[④]。这六位大臣对乾隆和《皇清职贡图》皆极尽夸赞。这也说明，职贡图至少绘制了六部以上，分发流传到各地。

《皇清职贡图》有彩绘本、武英殿刊本和《四库全书》写本三种版本。彩绘本有四卷，刊本和写本把彩绘本的每卷分为两卷，在此基础上又补丁了一卷，故有九卷。《皇清职贡图》作为乾隆朝的一部官修图册，绘制了当时中国境内及周边民族的人物图像，并配有满、汉文字进行解说。

一、《皇清职贡图》研究综述

《四库全书总目》载称职贡图的编写始于乾隆十六年，对朝鲜等外藩夷人进行了图像绘制，“分图系说，共为七卷”，此部分在乾隆二十二年完成。“迨乾隆二十八年以后，爱乌罕、霍罕、启齐玉苏、乌尔根齐诸部咸奉表入觐，土尔扈特全部自俄罗斯来归，云南整欠、景海诸土目又相继内附，乃广为续图一卷”[⑤]，图中绘制了上述各部落男女衣帽、“性情习俗”以及“服食好

① 王杰：《奏为恩赏皇清职贡图谢恩事》，乾隆四十五年十二月初六日，缩微号：04-01-12-033-1616，中国第一历史档案馆宫中朱批奏折。

② 彭元瑞：《奏为恩赐皇清职贡图全部谢恩事》，乾隆四十五年十二月初三日，缩微号：04-01-12-033-1811，中国第一历史档案馆宫中朱批奏折。

③ 巴延三：《奏为钦赐皇清职贡图全函谢恩事》，乾隆四十五年十二月十六日，缩微号：04-01-12-033-1806 中国第一历史档案馆宫中朱批奏折。

④ 勒尔谨：《奏为恩赐皇清职贡图全帙谢恩事》，乾隆四十五年十二月十七日，缩微号：04-01-12-033-1818，中国第一历史档案馆宫中朱批奏折。

⑤ 《四库全书总目》卷 71《史部·地理类四》，北京：中华书局，1965 年，第 633 页。

尚”。《清史稿》中有记载称“乾隆二十九年敕撰皇朝职贡图九卷”①。对《皇清职贡图》的成书时间，一些学者进行了深入的分析，提出了不同见解。

有关《皇清职贡图》版本和成书时间的研究，台湾学者庄吉发先生的《谢遂〈职贡图〉满文图说校注》一书除对《皇清职贡图》进行详细的满文校注之外，还对《皇清职贡图》的绘制经过及绘制时间进行了讨论，推断出谢遂《职贡图》画卷开始绘制的上限是乾隆十六年（1751）。畏冬先生的三篇文章《〈皇清职贡图〉创制始末》、《乾隆时期〈皇清职贡图〉的增补》和《嘉庆时期〈皇清职贡图〉的再次增补》，对《皇清职贡图》的创制进行了考证，认为“乾隆十五年八月十一日，四川总督策楞接大学士傅恒函寄上谕，命其将所知‘西番、猡猡男妇形状，并衣饰服习，分别绘图注释’。自此拉开了绘制《皇清职贡图》的序幕”②。祁庆富先生在《〈皇清职贡图〉的编绘与刊刻》中，对《皇清职贡图》的创作背景和版本进行了概述和研究，对其彩绘本、写本、刊本进行了分析，对嘉庆时期的补绘进行了论说，认为《皇清职贡图》的编纂始于乾隆十五年，并以四川作为试点，认为“彩绘正本四卷‘告成’应在乾隆二十六年”，“刊本刊刻完成于乾隆五十四年”③。齐光的《〈皇清职贡图〉绘本成于何时》认为“直至乾隆五十八年（1793）增绘完《巴勒布大头人并从人即郭尔喀》之后，《皇清职贡图》才最终得以增补完成”④。

除了对《皇清职贡图》进行版本和成书时间的研究之外，

---

① 《清史稿》卷146《艺文二》，北京：中华书局，1976年，第4287页。

② 畏冬：《〈皇清职贡图〉创制始末》，载《紫禁城》，1992年第5期。

③ 祁庆富：《〈皇清职贡图〉的编绘与刊刻》，载《民族研究》，2003年第5期。

④ 齐光：《〈皇清职贡图〉绘本成于何时》，载《文汇报》，2013年5月6日，第00C版。

还有对其中一个民族进行专题研究的，李瑜的《〈皇清职贡图〉、“滇夷图”中的云南古宗图像解析》，对《皇清职贡图》中云南古宗的名称、体制、服饰特点、生产方式进行了分析。郭天红的《〈皇清职贡图〉与赫哲族》分析了图中记载的赫哲族“贡貂”制度、渔猎、生活习俗以及赫哲族的性格特点、宗教信仰。罗树杰的《从〈皇清职贡图〉看瑶族服饰》分析了图中所载瑶族的分布，并对其服饰文化特征进行了分析。

以《皇清职贡图》为主要依据，介绍当时某一地区、国家民族文化的文章如：陈伟明、汤苑芳《自然环境与清代岭南少数民族头饰文化的演变及特色——以〈皇清职贡图〉为中心》介绍了职贡图中所载岭南少数民族的头部装饰，认为清代岭南少数民族头饰文化的形成演变与自然环境的关系十分密切；郎朗天的《〈皇清职贡图〉中西洋人物形象及服饰研究》分析论述了图中所载大西洋、小西洋、俄罗斯、英吉利、法兰西、荷兰等地区及国家的人物形象及服饰。

对《皇清职贡图》进行系统概述的：佟颖的《〈皇清职贡图〉研究》，论述了《皇清职贡图》的基本情况和特点，以及其在民俗学、语言学上的价值；刘延庆的《〈皇清职贡图〉绘民族服饰与当代中国少数民族服饰比较研究》，对《皇清职贡图》所载民族服饰与当代少数民族服饰进行了对比，认为其服饰变化受到政策、经济、文化交流、旅游、生产方式变化以及审美价值观念变化的影响。

《皇清职贡图》中记载了大量的当朝少数民族及外国的服饰、习俗，有巨大的研究价值，但目前对这方面的研究还比较缺失，本文主要对《皇清职贡图》中所记载的准噶尔、土尔扈特蒙古族两个部落服饰进行分析概述，分析两部落间服饰的差异及其差异原因。

二、被载入图册的蒙古族部落

《皇清职贡图》作为官修的有关四夷外藩的图册，具有重大的政治意义。乾隆在谕旨中称，要“就便图写，不得特派专员，稍有声张，以致或生疑畏”①。乾隆本人在召见大臣时，也会让画师在一旁观摩。《皇清职贡图》的绘者是当朝的著名宫廷画师丁观鹏、金延标、姚文瀚和程梁。《胡氏书画考三种》有记载称“谨案职贡图旧藏于清宫，为丁观鹏等合画，已不存。而诸臣恭和及跋则载在《续编》，皇上因命补图补书，并命廷臣据继和焉”，嘉庆时期的这次补绘，则是“庄豫德、沈焕、黎明、程琳、沈庆兰、冯宁、蒋懋德、张舒合补职贡图四卷”。②

清初，土尔扈特部在伏尔加河一带游牧。乾隆三十六年（1771）土尔扈特部东归，迁徙至伊犁西南塔木哈卡伦附近，结束了7个月、1万多里的长征③。土尔扈特部东归后，乾隆皇帝对其礼遇有加，曾在承德木兰围场接见土尔扈特部台吉④渥巴锡，乾隆三十六年辛卯乙巳“土尔扈特台吉渥巴锡等以归顺入

① 《四库全书总目》卷71《史部·地理类四》，北京：中华书局，1965年，第633页。

② ［清］胡敬撰，刘英点校：《胡氏书画考三种》，国朝院画录卷下，杭州：浙江人民美术出版社，2015年，第215页。

③ 张体先：《土尔扈特部落史》，北京：当代中国出版社，1999年，第134页。

④ “台吉”是清对蒙古贵族的封爵名。“宰桑”为蒙古官号。齐光《解析〈皇清职贡图〉绘卷及其满汉文图说》中认为，《皇清职贡图》绘卷在记述伊犁等地的卫拉特蒙古时，使用了“伊犁等处台吉（ili i ba i taiji）”一词，而没有使用“头目（da）”或“官员（hafan）”。所以这里的“台吉”不等同于清朝外藩蒙古扎萨克旗内有爵位的“台吉”，此处应在强调他们的领主（蒙文noyan）身份，而不是爵位。所以其次记述了“宰桑”和“民人”，即台吉的属下官员及属民。伊犁厄鲁特的这段绘图，很有可能是清朝平定准噶尔部后立即绘制的，当时归附的准噶尔人还未被编入八旗，依然保留着其原有的社会体制。

觐，上御行幄受朝，赏顶带冠服有差”①，为表对他们的重视，乾隆将渥巴锡等人觐见路途中对其有所怠慢的一干人等全部发配边疆，让他们自备资斧，去伊犁效命。乾隆命画师绘制了《土尔扈特部归顺图》，多次宴请土尔扈特部台吉。《清高宗实录》记载，“丙午，赐土尔扈特台吉渥巴锡等鞍马櫜鞬，并令随围从观”，“赐扈从王公大臣蒙古王公台吉及土尔扈特台吉渥巴锡等宴”。② 还对其大加赏赐，并准许爵位世袭罔替。

准噶尔境内有很多适合耕种的地方，在伊犁河谷、乌鲁木齐、额尔齐斯河一带均有一些农业定居点和园圃，但是准噶尔部人民不尚田作，以畜牧为业，在需要粮食的时候，“则因粮于回部，回部当谷麦收获时苦其钞掠，岁纳什之三四以为常”③。准噶尔部一直维持着和清朝的朝贡关系，对朝廷非常恭敬顺服，“当使臣奇培特在准噶尔行赏之时，噶尔丹还跪受敕书及赏赐诸物”④。叛乱被平定后，准噶尔部也被绘入了《皇清职贡图》中。

三、《皇清职贡图》中关于蒙古部落的记载

《皇清职贡图》中绘有伊犁等处台吉、伊犁等处台吉妇、伊犁等处宰桑、伊犁等处宰桑妇、伊犁等处民人、伊犁等处民人妇、土尔扈特台吉、土尔扈特台吉妇、土尔扈特宰桑、土尔扈特宰桑妇、土尔扈特民人、土尔扈特民人妇，并未绘制当朝漠南蒙古族。与清朝相比，现代进行的民族识别认为民族是人们在历史

① 《清高宗实录》卷892，乾隆三十六年九月己巳，第963页。

② 《清高宗实录》卷892，乾隆三十六年九月丙午，第967页。

③ ［清］褚廷璋：《皇舆西域图志》卷39《风俗一》，载《中国地方志集成·省志辑·新疆青海西藏》第二册，南京：凤凰出版社，2012年，第683页。

④ 任伟：《读〈平定准噶尔告成太学碑〉》，载《中原文物》，1993年第3期。

上形成的有共同语言、共同地域、共同经济生活以及表现于共同的民族文化特点上的共同心理素质这四个基本特征的稳定共同体，现在的56个民族是结合中国实际进行的民族划分和识别。而在清朝，清朝的主体民族是满族、汉族，清朝人的民族观和今天不同，他们通常按地域和族群来划分民族，因此清代民族的种类更多，也更复杂。我们现在所划分的蒙古族，清朝人并没有把一些蒙古直系或部落看作是同一民族。《皇清职贡图》绘制的是清朝统治之下的边疆各个民族和外番，所以在《皇清职贡图》中，居于边疆的伊犁等处准噶尔部和土尔扈特部被绘入了职贡图中。

《皇清职贡图》中记载："伊犁即古屈里①地也，旧为厄鲁特部落所属，有二十一处。乾隆二十年我师平定，遂隶版图，其人专事游牧，冬就燠，夏就凉，居无定处。"而"土尔扈特重黄教，事游牧"，无论是伊犁处的厄鲁特还是土尔扈特部，都以游牧作为自己的生产方式。身在伊犁等处的准噶尔部，因为有了地理环境优势，所以有招回人进行耕种的，对伊犁等处回人的记载中也有此处的回人与厄鲁特人进行贸易的记载："伊犁回人族姓不一，住伊犂之塔勒奇察罕乌苏等处与诸厄鲁特贸易。"② 准噶尔部能够在"归顺"后依旧招到他族人民进行农业生产，从侧面表现出了准噶尔部的经济实力还有所存留，且准噶尔部的农业生产，一直是以招他族外包作为主要手段。

在穿戴服饰方面，准噶尔部与土尔扈特部一样，其台吉、宰桑、民人的衣服有等级之分，准噶尔部的头目被称为台吉，"戴红缨高顶平边毡帽，左耳饰以珠环，锦衣锦带，腰插小刀，佩帨巾，穿红牛革鞮"，台吉的妻子"辫发双垂，约以红帛双珠，两耳珠环，衣以锦绣，其冠履俱与台吉同"。而土尔扈特部台吉则

① 屈里，地域名，同伊犁。参见钟兴麒编《西域地名考录》，北京：国家图书馆出版社，2008年，第749页。

② 《皇清职贡图》，清乾隆十六至五十五年间彩绘绢本，现藏于法国国家图书馆。

是“红缨平顶深檐冠，衣长袖锦衣丝绦革鞮，妇人辫发双垂，耳贯珠环，冠红缨高顶，衣鞮与男子同”。台吉下设宰桑来管辖人民，根据宰桑所管辖的部落大小和所辖部落的远近来划分和识别职位的大小，准噶尔部的宰桑“男戴红缨高顶卷边皮帽，左耳亦饰珠环，衣长领衣，或以锦绣或以纻丝氆氇，腰插小刀，佩帨巾，穿红牛革鞮，其妇人服饰亦俱与台吉之妇相似，盖亦无甚区别也”。与准噶尔部宰桑相比，土尔扈特部宰桑戴“红缨高顶帽，衣锦衣束带”。

准噶尔部的民人与土尔扈特部民人一样事游牧，准噶尔部民人“男带黄顶白羊皮帽，左耳饰以铜环，着无面羊皮衣，腰系布带，穿黄黑革鞮，妇辫发双垂，两耳俱贯铜环，其冠服革鞮亦与男子同”；而土尔扈特部的民人“则素帽褐衣而已”。

四、土尔扈特部与伊犁等处准噶尔部服饰异同

《皇清职贡图》中记载称土尔扈特部的旧俗、丝织品、皮织品以及衣冠等与准噶尔等部落不相同，所以要“增绘以广前图所未有”。

蒙古族服饰发展与变化受到社会发展及周边民族的影响，不同地区的蒙古族服饰也因此不尽相同。清朝时期，清廷给各旗划分并规定了牧地，不许“他王侵入人各所分地界”①，不许各旗蒙古人之间越界放牧或任意往来，限制蒙古人与汉人的联系，不许蒙古人随便进入汉地、学习汉语或者与汉族通婚，同时也不允许汉族进入蒙古地区或与蒙古人通婚，“外藩蒙古等不准卖与内地旗人”，因此，不同蒙古部落之间的沟通联系逐渐减少，差异因此产生，各蒙古部落的服饰差异也越来越大。

---

① 张羽新：《清朝治理新疆方略汇编》第二册，北京：学苑出版社，2013 年，第 147 页。

（一）帽饰、发型

在头饰方面，《新疆礼俗志》有记载称“（土尔扈特）妇人冠金纯毡帽，顶橘红绒或丝长穗小帻”①。准噶尔部台吉（图 1）戴红缨高顶平边毡帽，土尔扈特部台吉（图 2）则是戴红缨平顶深檐冠，两者帽均为红缨，体现了蒙古族尚火以及对红色的喜爱。两者帽子的形制不同，一个是平边毡帽，一个是深檐冠。准噶尔部宰桑戴红缨高顶卷边皮帽（图 5），土尔扈特部宰桑戴红缨高顶帽（图 6）。准噶尔部民人男戴黄顶白羊皮帽，土尔扈特部民人男则戴素帽。两部妇女帽式除土尔扈特台吉妇戴红缨高顶帽外，俱与男子相类。

图 1

图 2

① 张智主编：《中国风土志丛刊》（25），扬州：广陵书社，2003 年，第 9 页。

图 3

图 4

从蒙古两部落帽饰中反映出的等级观念：统治阶级（台吉、宰桑）可使用红色，其他民人的帽子上则没有此类颜色。《皇舆西域图志》载称准噶尔部人民“（冠）其顶高其边平，以白毡为里，外饰以皮，贫者无皮饰，毡或染紫绿色，无冬夏之别，但以毛质厚薄为差上。缀缨名‘扎拉’，止及其帽之半”①，与《皇清职贡图》中所绘相符。《蒙藏状况》载称：“男子之礼帽即官帽，有冬、夏之分。夏帽即圆锥形之红缨凉帽，冬帽即卷边之红缨暖帽，暖帽开岔，可以放下盖前后，亦所以蔽寒。”② 帽子可曲可卷，是蒙古民族在长期的游牧生活中总结出来的实践经验。

① ［清］褚廷璋：《皇舆西域图志》卷 39《风俗一》，载《中国地方志集成·省志辑·新疆青海西藏》第二册，南京：凤凰出版社，2012 年，第 683 页。

② 《边疆史地文献初编·北部边疆》第三辑，北京：中央编译出版社，2001 年，第 280 页。

（二）饰品

在饰品方面，准噶尔部台吉左耳饰以珠环，宰桑左耳亦饰珠环，民人左耳饰以铜环，但在《皇清职贡图·伊犁等处民人》一图中，并未画出耳饰。土尔扈特部蒙古民众的耳饰并没有在《皇清职贡图》中有所体现。从图中可以看出，准噶尔部男性皆插小刀、佩椀巾，土尔扈特部则没有此习俗。

对饰品材质的偏好也能反映出蒙古族的民族文化。根据《新疆礼俗志》的记载，土尔扈特部女子"耳环、腕钏、指约，多以金、银、珊瑚珠宝为之，矜尚玶丽"①，蒙古族喜爱金、银、珊瑚类珠宝。相比金银类贵重金属，作为草原民族，蒙古族对珊瑚类珠宝的喜爱受到文化因素的影响较为明显——土尔扈特蒙古族事黄教，而在佛教当中，红珊瑚被视为是如来佛祖的化身，金、银、珊瑚也是佛教"七宝"之中的部分，表现出了宗教对蒙古族服饰的影响。卫拉特蒙古自明朝就开始信奉藏传佛教格鲁派，也称黄教，两部落间在宗教信仰上相同，且普遍认为土尔扈特部的东归，也是受宗教信仰以及清朝所宣称的民族政策等因素的影响，所以《清实录》中记载"兴黄教即所以安众蒙古。所系非小。故不可不保护之"②。伊犁处台吉妇"约以红帛双珠，两耳珠环"，从图中可以看出伊犁宰桑妇也同样耳戴珠环，民人妇女则是两耳俱贯铜环。土尔扈特部女性耳部配饰在图字上没有记录，但是在图中可以看出，土尔扈特台吉妇（图 4）和宰桑妇（图 8）的右耳均佩有环形耳饰。

---

① 张智主编：《中国风土志丛刊》（25），扬州：广陵书社，2003 年，第 9 页。

② 《清高宗实录》卷 1427，乾隆五十八年四月辛己，北京：中华书局，1986 年，第 84 页。

图 5

图 6

图 7

图 8

（三）衣着

蒙古袍是蒙古族在长期的游牧生活过程中逐渐创制改造而成的，可分为直身袍和断腰袍。蒙古族的服饰经过了一系列变化，最为直观的变化即是与汉文化相适应，从左衽变为右衽，《皇清职贡图》中蒙古族均着右衽蒙古袍。职贡图文字记载，准噶尔部台吉锦衣锦带，宰桑“衣长领衣，或以锦绣或以纻丝氆氇”，民人“着无面羊皮衣，腰系布带”；土尔扈特部台吉衣长袖锦衣丝绦，宰桑衣锦衣束带，民人着褐衣。从图中可以看出，土尔扈特部民人蒙古袍明显短于其部落的台吉与宰桑，这可能是为了方便马上劳作。蒙古族部落的衣服长、衣领立也顺应蒙古民族的游牧生活，起到了夏天防虫，冬天防寒、防风的作用。腰带是蒙古族服饰中必不可少的一部分。腰带还能在蒙古民族骑马的过程中起到固定肋骨及脏器的作用，不使脏器因过度颠簸而受伤。缠在腰部的蒙古腰带可以调节蒙古袍的长短。男子扎腰带时，多把袍子向上提，骑马方便，在腰带两边可佩挂饰物，图 10 中土尔扈特民人即用腰带将袍子向上提起，到约膝盖处。而蒙古族女子一般会在扎腰带时将袍子向下拉展，使得腰以上的部分能够贴合身体，方便劳作。腰带不但起到固定衣物的作用，还可以挂配饰。《皇清职贡图》中的男式蒙古袍皆有腰带。腰带是蒙古族服饰的装饰物，也具有实用性，腰带还在一定程度上代表了礼仪。如《皇清职贡图》中准噶尔部台吉、宰桑、民人即把小刀和椀巾挂在腰带上。除了有装饰功能外，腰带也体现出了一定的礼仪。在蒙古族的婚俗习惯中，怀孕或准备怀孕的女子可以不用佩戴腰带。图中准噶尔部台吉妇、宰桑妇均佩有腰带，民人妇无腰带（图 11）。土尔扈特部宰桑妇（图 8）、民人妇（图 12）均未系腰带。

图 9

图 10

图 11

图 12

两部落人民皆穿皮鞋，准噶尔部台吉、宰桑穿红色皮鞋，民人则穿黑黄皮鞋；土尔扈特部台吉及其妻子穿红色皮鞋，宰桑与民人则穿暗色皮鞋。

《新疆礼俗志》补充了《皇清职贡图》中对土尔扈特部儿童服饰和妇人礼服的记载。“外罩长袖两裆，直衿钩边，周以编绪，此妇人礼服，有事必服之。童子冠式不一，制与满汉同，其貂皮冠谓之窝尔图（其式如官帽，顶缀红绒，毶后檐开缝缀绸带四），汉人多仿效之者。”① 不过根据《清高宗实录》记载，土尔扈特部回归时，有些儿童因穷苦不着寸缕，需要清廷的接济②，这也有可能是其服饰与满汉服饰相似的原因。

五、两部落服饰差异的主要原因

两部落之间的经济差异导致了两部落蒙古族服饰差异较为明显。在服装上，最为明显的表现是作为游牧民族，土尔扈特部民人手持马鞭，腰插斧子，表现出游牧民族特色；而准噶尔部民人则未持鞭，但手持小刀。准噶尔部上至台吉下至民人均佩有椀巾，腰插小刀，这是因为准噶尔部的农业畜牧业已有所发展，足够满足部分人群对于衣物美的追求。《皇舆西域图志》载准噶尔部台吉穿锦袍，上有刺绣，宰桑则使用毛织品，台吉、宰桑之妇衣用锦绣，并镶以金花或刺绣；但贫贱的人一般选用绿色及杂色的袍子，冬天在里面絮入驼毛，也有仅穿羊皮衣的人。③

土尔扈特部归来之时其人民衣不蔽体，需要靠清朝的接济生活。乾隆三十六年七月，乾隆接到奏报称土尔扈特部人民“现在

---

① 张智主编：《中国风土志丛刊》(25)，扬州：广陵书社，2003 年，第 9 页。

② 参见《清高宗实录》卷 889，乾隆三十六年七月辛酉，北京：中华书局，1986 年，第 916—917 页。

③ 参见《中国地方志集成 · 省志辑 · 新疆青海西藏》第二册，南京：凤凰出版社，2012 年，第 683 页。

衣不蔽体"，情况十分紧急，乾隆着人迅速解决此事，并将"单内开有棉袄二千五百余件。又毡衣八百余件"这等"残旧衣物"发往伊犁，作为土尔扈特部人民的"御冬之具"①。后又因为土尔扈特部女子都习缝制，所以给了他们皮子，让他们自行缝制衣服，这使得土尔扈特部的衣物服饰特点能够有所保留。

---

① 《清高宗实录》卷889，乾隆三十六年七月辛酉，北京：中华书局，1986年，第916—917页。

清中期广西瑶人发饰特征解析

——以《皇清职贡图》为中心①

中央民族大学　李　瑜

摘　要：《皇清职贡图》于乾隆二十六年（1761）修成，其中卷 4 绘制了 8 幅广西瑶族男女图像，并附有图说，生动勾勒了清中期广西瑶族男女的衣冠样貌。本文以《皇清职贡图》为中心，通过结合图文描绘、历史文献，分析清中期广西瑶人名称与分布、发式特点和以竹簪、木梳、板冠、巾帕、绳、银为头饰形成的原因。将同时期湖南、贵州分布的苗瑶支系图与之进行综合对比，以窥探其发饰与广西瑶族男女发饰的异同。图中所绘发饰，再现了清中期瑶人的发式和头饰特点、宗教信仰、审美观念等。

关键词：皇清职贡图；广西；瑶族男女；发式；头饰

《皇清职贡图》②（以下简称《职贡图》）是清朝乾隆年间以“御制”名义汇编的由画像和图说两部分组成的大型民族图志。其中卷 4 收录有广东、广西夷人 33 种，每一种有男女各一幅图，共 66 幅图，每图附图说，其中有广西瑶人图男女各 8 图及图说。《职贡图》注重人物形象的刻画，每幅图均配有地理分布、居住环境、赋税情况、服装样式、风俗等方面的文字解说。

---

① 本文由中央民族大学“双一流”博士论文选题项目资助（项目编号：10301-0170040601022）

② 本文所用版本均为［清］傅恒等纂：《皇清职贡图》，乾隆十六年编成，嘉庆十年增修，哈佛大学哈佛燕京图书馆藏本。

一、瑶人的名称与分布

“猺”“蛮猺”等歧视性族群称谓是元代以后出现的，明、清各代沿用之。《职贡图》中的“猺人”一词一般是历史上汉人对瑶人的称谓。瑶族名称比较复杂，自称28种，他称近100种。“瑶”不是瑶族自称，汉族和其他民族在“瑶”前冠以一定的限定词组成对瑶族的称呼，瑶族的他称均来自瑶人服饰、生计方式、性格和风俗等方面的特征，蕴含着十分丰富的文化内涵。

表1　瑶人各支系称谓表

命名类型	名称	原文记载
服饰	梳瑶	以髻中绾木梳故概名梳瑶。
	竹箭瑶	男女俱挽髻，簪竹簪三支似于箭。
	顶板瑶	皆以黄蜡胶、红板于首。
生计方式	过山瑶	过山瑶僻住山巅，以焚山种植为业，地力渐薄，迁他徒，故以过山瑶命名。
	山子瑶	山子猺居深山中，耕山为业，远徙无常，类过山瑶，故别其名曰山子瑶。
性格	大良瑶	本朝定鼎以来，怀德畏威，耕鉴相安，纳正供于良民等矣。
	平地瑶	兴安县平地瑶，傍石林，结茅屋，佃田输租，不事剽窃，俗醇似平民，因名平地猺。
风俗	盘瑶人	岁时祭盘古庙故名盘瑶，又名自在瑶。

以服饰之异命名的分别是梳瑶、竹箭瑶、顶板瑶三个支系。梳瑶，髻中绾木梳，弯曲有如扇面；竹箭瑶，盘髻于竹箭上；顶板瑶，覆板于头。瑶人傍山而居，因耕作的游动性较大而得名过山瑶、山子瑶。瑶人品性醇良，便有大良瑶、平地瑶之命名。盘瑶因祭祀盘古庙的风俗而得名。由上述可知，随着社会的发展，瑶人各支系称谓因地理环境、生活习惯、生计方式、信仰崇拜、

审美情趣的不同而显得别具一格。中华人民共和国成立后，正式定名为瑶族。

表 2 瑶人分布

分布地区	瑶人支系
桂东北地区	临桂县大良瑶
	永宁州梳瑶
	兴安县平地瑶
	修仁县顶板瑶
	灌阳县竹箭瑶
桂西北地区	罗城县盘瑶
	庆远府过山瑶
桂东南地区	陆川县山子瑶

宋代，今广西地区（宋代时称为广南西路）已有瑶人迁入。据《桂海虞衡志》载："本五溪盘瓠之后。其壤接广右者，静江之兴安、义宁、古县，融州之融水，怀远县界皆有之。"① 静江府为广南西路政治、经济、军事、文化中心，也是瑶人在广西的重要分布地。据《职贡图》载，清代广西是瑶人最主要的聚居地，这个时期瑶人主要集中分布在桂东北、桂西北、桂东南地区。临桂县，今桂林市临桂区；永宁州，治今永福县西北寿成；兴安县，属桂林市辖县；修仁县，古旧县名，今撤县设修仁镇，辖境桂林市荔浦县西部；灌阳县，辖境为今桂林东北部；罗城县，今罗城仫佬族自治县，隶属河池市；庆远府，辖境大致在今河池地区宜州市及其周边；陆川县，今隶属玉林市。

① ［宋］范成大著，胡起望、覃光广校注：《桂海虞衡志辑佚校注》，成都：四川民族出版社，1986 年，第 183 页。

二、以竹簪、木梳为饰的发型

发饰包括发式和头饰两种。发式就是发型。头饰就是头部装饰品。

(一) 发型与头饰

广西瑶族男子、女子多以竹簪、木梳为头饰。竹簪也叫竹笄，固定冠冕的叫衡笄，固定发式的叫笄。笄一头锐，一头钝或有雕饰。木梳，即梳理头发的工具，是用木材制作的梳子。广西瑶人所用竹簪均无雕纹，造型极为简单。木梳的外形大致为月型，即月梳，无柄，梳齿较密。

广西瑶族男子、女子插一支或三支簪。插一支簪子的现象在南方少数民族的发饰使用中较为普遍，而贯三支及以上数量发簪的现象较少（图 1）。湖南宁远处箭杆瑶族女子（图 2）也插竹簪，簪的数量为三、四、五、七支不等。图绘：髻盘结顶，髻中横贯四支簪。图注："箭杆猺乃猺人中一种，因其用竹箭为簪，长尺余，或七支、五支、三支不等，插于髻，故以为名。"灌阳县与永宁毗邻，散处于灌阳县的竹箭瑶与宁远处箭杆瑶应为同一支系。另外，湖南永绥干州等处红苗女子（图 3）也使用相同的贯簪法。图绘：髻盘结头顶，四支长簪仰插于簪，额前围网巾。图注："按文献通考苗，古三苗之裔。又杜氏《通典》长沙黔中五溪蛮皆盘瓠种……妇髻插银梳。"由上述可见，清中期广西、湖南、贵州的部分苗瑶支系在插簪习惯上一致。

图 1

图 2

图 3

广西瑶族男子、女子发内绾梳的情况远没有髻内插竹簪子的多。涉及绾梳的图像仅 2 幅，分别为（图 4、图 5）。另外，湖南靖州通道处青苗男子、女子（图 6、图 7）头饰中也使用梳子。图绘：青苗男子发中绾以月梳，呈圆髻盘结于头顶；青苗女子椎双髻于头顶，月梳直插髻中。图注："妇髻插木梳。"① 青苗绾梳法与广西瑶族男子、女子的绾式略有不同。月梳直插在青苗女子的发中，装扮成分更突出，广西瑶族男子、女子用发绾梳，是借月梳达到固定发型的目的。木梳有清热、利湿、解毒之效，适用于生活在湿暑毒虫严重的南方地区，可抑制真菌生长。清中期南方诸少数民族男女均蓄发，故木梳使用后也有止痒去屑之功效。民间也有梳是辟邪扶正之物的说法，历来也被人们视为驱邪压正的吉祥物。除广西瑶族男子、女子使用木梳外，南方诸少数民族也有将木梳作为头饰装扮的喜好。

① ［清］傅恒等纂：《皇清职贡图》卷 4，乾隆十六年编成，嘉庆十年增修，哈佛大学哈佛燕京图书馆藏本。

图 4

图 5

图 6

图 7

瑶族男子、女子均蓄发，将头发向后梳成下垂之圆髻或盘结头顶，史称“椎髻”。另有《粤述》释道：“猺獞男妇，率皆蓬首，男随剃发，止于四旁。妇人则以高髻置于顶之前畔，上覆大笠，即《史记》所谓蔚佗魋结者也。”① 《职贡图》所绘瑶族男

① ［清］闵叙：《粤述》，清光绪十七年铅印本，上海著易堂，中国数字方志库本。

子、女子的发式图共16幅，其中能清晰显示发式的图多达6幅。挽发方法有三种。图8（临桂县大良瑶人）所示为第一种挽发法。图绘：将髻盘结于头顶，发尾围髻自行缠绕一圈，没有束发的头饰。图注："椎髻跣足。"图9（临桂县大良瑶妇）所示为第二种挽发法。图绘：以绳束发成圆髻，盘结头顶。图注："椎髻跣足。"图10—图13所示为第三种挽发法，是瑶族男子、女子使用最为普遍的挽发法，涉及此种挽发法的图共4幅。图10（灌阳县竹箭瑶男）、图1（灌阳县竹箭瑶妇）。图绘：男子脑后盘下垂圆髻，发尾围髻缠绕一圈，三根竹簪并排垂插入髻中；女子盘侧髻于头顶，三根竹簪仰插髻中，微微随髻偏左。图注："男女俱挽髻，簪竹簪三枝有似于箭。"图12（庆远府过山瑶男）、图13（庆远府过山瑶妇）所绘：男子、女子皆盘髻于头顶，发尾围髻自行缠绕一圈。男子呈左右方向将长簪贯于髻中。女子顺髻前后方向将长簪贯插于髻中。图注："男女俱插长簪。"挽发法三的4幅图均为以笄贯发成髻。当然，也有用梳代替笄的贯发法，如图4（永宁州梳瑶男）、图5（永宁州梳瑶妇）所示。图绘：髻盘结头顶，木梳围插于髻中，状如扇面，瑶族男子、女子皆用。图注："以髻中挽木梳，故名梳猺。"

图8

图9

图 10

图 11

图 12

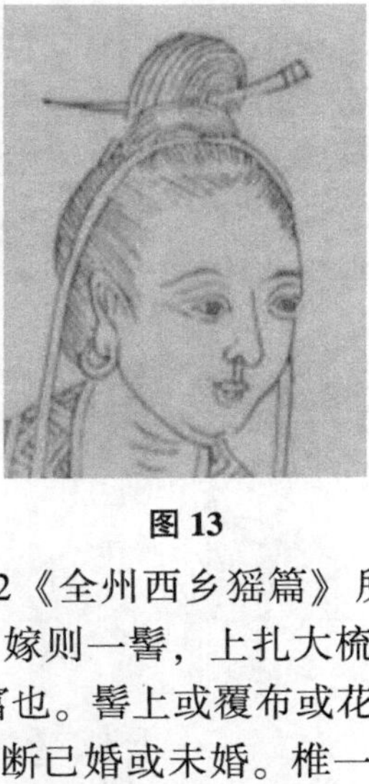

图 13

金铁《（雍正）广西通志》卷 92《全州西乡猺篇》所记："有叠作三盘者，有双髻者未嫁女也，嫁则一髻，上扎大梳或银或木或牙花簪围插，多寡不同，随贫富也。髻上或覆布或花巾或笠。"① 从瑶族女子椎髻的数量可以判断已婚或未婚。椎一髻为已婚妇女，椎双髻、三髻者均为未婚女子，且只有已婚妇女才能在髻顶绾梳。图 14（贵定县瑶人妇），发式有别于广西瑶女子，是典型的椎双髻。图绘：盘双髻于头顶，呈左右两圆髻。图注："猺人，其种类与楚、粤诸猺同。雍正二年，自粤西迁至归贵定

① ［清］金铁：(雍正）《广西通志》卷 92，清文渊阁四库全书本。

县之平伐土司管辖。居无定所，多择溪水边。男女衣尚青，长不过膝。”由粤西迁入贵定县的瑶人归平伐土司管辖，与同时期广西瑶人的发型有明显差异。椎双髻有可能是未婚的象征，也有可能是不同地域不同支系在发式结构上的不同。另有，图 15（荔波县水佯狑狪猺獞女）。图绘：发式更为繁杂，绾发，顶侧椎髻，髻呈花团状，两根簪子横插髻中。图注：“荔波县夷人由水、佯、狑、狪、猺、獞六种杂居，并为一体。元时，同属南丹安抚司。明初，改土归流，置荔波县，隶属广西。本朝雍正十年（1732）改隶黔省。其衣服、语言、嗜好相同。”“苗有水、佯、伶、侗、僮、仲六种。……黑瑶，住瑶庆里之瑶六寨，户口不多。男子蓄发挽髻，青布长衫。妇人发挽偏髻，青布短衣，裙长不及膝。”① 由上述可见，荔波县之地，元、明时一直隶属广西建制，清雍正时才正式划拨贵州。其地为多民族杂居之地，瑶人发型受多民族发式的影响，比同期广西瑶人发式显得更为丰富。

图 14

图 15

① ［清］爱必达：《黔南识略》卷 11，清光绪三十三年，中国数字方志库本。

（二）以竹簪、木梳为饰的成因

清中期广西瑶族男子、女子使用最为普遍的挽发法是以笄贯发法。发型单一，均为结椎式。这种发型的梳编法是将头发拢结在头顶或头侧，扎束后挽成椎，用簪、梳贯住，盘成单髻，使之耸竖于头顶或两侧。以髻形制划分，髻呈四种类型：一为圆髻，盘结头顶中央；二为侧髻，偏盘于头顶一侧；三为椭圆形髻，髻随月梳的弧度盘结成型；四为垂髻，垂之脑后。第三种挽发法在固定发型方面远比法一、法二强。法一以发自缠，挽束方便但极易松散。法二以绳束发，发型固定性好，但缠绕工序繁杂。只有法三，盘髻头顶，贯簪、梳而入，使用极为方便，适用男女两性，因此备受青睐。上述由于挽束方法、固定发式的工具不同，呈现不同的发型。

广西瑶族男子、女子将从前额到后脑的头发拢于头顶，椎髻后加以竹簪、木梳固定，这样既可保证头发不散落于眼前影响视线，又显得简洁美观，用起来极为方便。瑶人生活区域，密林丛生，雨水丰沛，竹木生长繁茂，因此竹、木利用率高，普遍以竹木制品为头饰。

除了瑶族、苗族外，水族也用木梳挽发。相传水族妇女带孩子上山劳作，把孩子放在地角，梳子也放在一旁，有条大蜈蚣想去咬孩子，看见梳子，误以为是更大的毒虫，吓跑了。所以，妇女头插木梳是用来吓毒虫。① 也许，广西瑶族女子头插木梳也有此原因。

三、以板冠为饰的发型

顶板瑶以板块大小又分大板瑶和细板瑶。戴板是女子到适

---

① 邓启耀：《民族服饰：一种文化符号——中国西南少数民族服饰文化研究》，昆明：云南人民出版社，1991年，第223页。

婚年龄的象征，未婚小伙可向戴上顶板的姑娘求爱。姑娘戴顶板的时间也受婚期限制，一般在婚满一周年后才可以撤板。

修仁县顶板瑶（图 16、图 17）头戴板状冠，因此而得名。图绘：瑶族男子髻向后，系红顶板一块覆髻，冠两侧无缀珠；瑶族女子髻横红顶板，冠两侧垂珠，无绳结颔下，男女板冠均为大板。图注："男女短衣花领，皆以黄蜡胶、红板于首。女则缀以琉璃珠，累累若璎珞。然与湖南之顶板猺同，但以绳结颔下者各异。"广西瑶人板冠为红色，在瑶服构色中红色备受青睐，他们认为红色是吉祥如意的象征，同时可以驱邪除疫。由上述文献不难看出，广西顶板瑶与湖南顶板瑶属同一支系，以有无绳结颔下而区分。道州永明处顶板瑶（图 18、图 19）。图绘：瑶族男子脑后垂髻，长簪直插髻中；瑶族女子圆髻盘结头顶，板覆额前，在与额齐宽的顶板两侧分别钻两孔，以绳穿之结于颔下，冠两侧缀珠，所用板冠为细板。图注："顶板猺，道州、永明、江华等处，皆有此种。男椎髻，长簪。女盘髻向后横顶板，一片两端缀珠，系以红绳之颔下，故名之曰顶板猺。"不同地域同一支系的瑶族在穿戴习惯上也存在差异。广西顶板瑶与湖南顶板瑶之异有三：其一，广西顶板瑶男子、女子皆冠板，湖南顶板瑶仅女子冠板，男子插簪。其二，广西顶板瑶所用板冠为大板，属大板瑶支系；湖南顶板瑶所用板冠为细板，属细板瑶支系。其三，板冠的佩戴上也有所不同。广西顶板瑶将板冠覆于髻上，无绳结颔下；湖南顶板瑶在佩戴时板冠与髻分离，以绳结颔下固定。

另有罗城县盘瑶（图 20、图 21）也戴板冠。图绘：盘瑶男子五色布裹头；盘瑶女子以立体等腰三角形的竹板片覆首，两侧缀珠。图注："罗城县猺人居县属之通道镇，岁时祭祀盘古庙，因名盘猺，又名自在猺。伐山、伙食。俗尚踏歌，浓妆绮服，一唱百合，谓之会阆……男五色布裹头，领绣花，绒带缀制钱。女则以竹片缀珠覆首。"盘瑶女子与广西、湖南顶板瑶支系皆戴板，但在形制和材料上都有所差别，主要体现在三个方面：其一，盘瑶女子所戴板冠呈立体等腰三角形，由两片竹板拼凑而成，前顶板覆首，后顶板垂脑后；其二，在材质上，广西、湖南顶板皆用木质板块，盘瑶所用皆为竹片；其三，广西顶板瑶支系板上覆红布一块，盘瑶板冠除缀珠无其他装饰。盘瑶因岁时祭祀盘古而得名，由此可推断戴板冠可能与宗教活动有密切的联系。男冠顶板多是为了崇拜始祖“盘古王”，女冠顶板是为了纪念盘古婆。传说盘古婆椎髻戴冠，瑶人以不同样式承之。①同一地域不同支系在穿戴习惯上会相互影响。

另有玉珠、琉璃珠这两种配饰别于顶板两侧的装饰（图17、图21）。除此，这两种佩饰还可镶嵌发巾（图22）或缀以髻中（图9）。《职贡图》中涉及玉珠、琉璃珠的装饰图仅4幅，多用于女性顶板的装饰。其中玉珠是根据玉石天然行纹磨成的圆形空心珠子。所谓琉璃珠应该是指桂西北地区瑶族女子上山采摘的一种当地俗称“芦谷米”的野生薏苡，表面泛银灰色光泽。瑶族女子擅织染，利用从植被中提取的天然染料将珠子加工成五色，连串挂于头，五色交相辉映。

图16

图17

① 缪良云主编：《中国衣经》，上海：上海文化出版社，2000年，第584页。

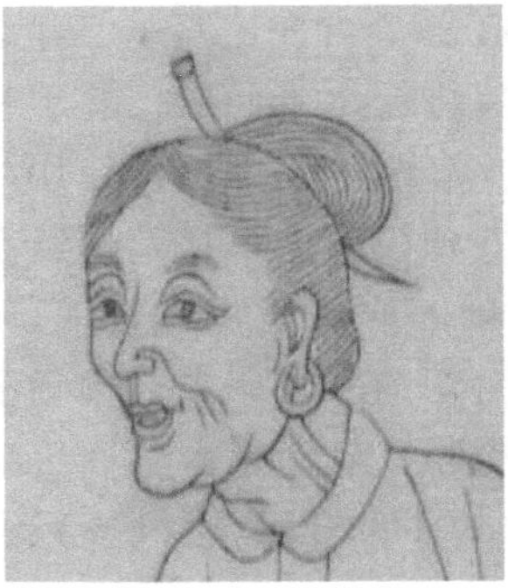

图 18

图 19

图 20

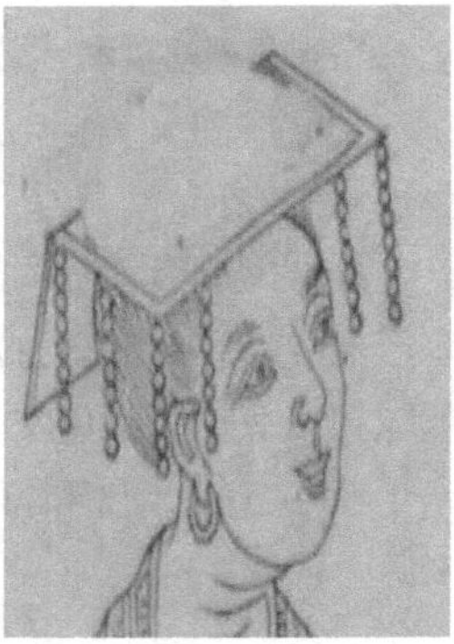

图 21

四、以巾帕为饰的发型

巾，始于先秦，是包头用的布。① 不同地域、不同支系的瑶族在使用巾帕包头时因性别、缠绕方法不同而呈现不同的造型。《职贡图》中涉及瑶人以巾帕包头的共 7 幅图。其中，瑶族男子包头图 4 幅，女子包头图 3 幅。

① 缪良云主编：《中国衣经》，上海：上海文化出版社，2000 年，第 129 页。

图 23

图 24

图 25

图 26

永宁州梳瑶男子发型（图 23），图绘：椎髻，以方花巾折成三角形，依三角巾再折叠两次，绕髻打十字结，十字结置于髻前，三角形巾尾置于脑后。图注："男不留髭须，椎髻，缠花巾。"兴安县平地瑶男子发型（图 24），图绘：碎花样式，帕沿为白色或青黑色，戴头帕之前，先将头发梳成结实的发髻，再将头帕从中部留出与头部同宽的一段，将剩下两侧的两段交叉向后互搭，垂于脑后。图注："男花帛裹头。"罗城县盘猺男子发型（图 25），图绘：椎髻，五色布裹头。五色帕多为正方形，有红、绿、黄、白、黑五色相间的彩色纹饰。包头时先将方形帕对折成三角形，三角形尖端与髻顶齐平，帕巾分别从左右两侧包头置于额前，帕巾一侧固定，帕巾另一侧按照一个方向一层层整齐缠绕，一层比一层高，垒高四层封顶。图注："男五色花布裹头。"陆川县过山瑶男子发型（图 26），图绘：椎髻，布覆全头，缠头时，巾两端于额前交叉为"人"字形，缠头似帽状。图注："男椎髻缠头。"

各支系瑶族男子头巾打法多有不同。图 23、图 26 瑶族男子的缠头都是从两个方向交叉缠绕，将头巾两端置于额前交叉为"人"字。也有如安化、宁乡等处瑶族男子将巾帕交叉结置于两鬓处（图 27）。图注："男女俱以花帛抹额。"无论额前交叉或是侧交叉，其打法和形制几乎一致。两头交叉缠绕是最简单的包头法，所以此种包头法并没有特殊的含义，仅为方便实用。贵州湖南苗、瑶族男子多用此法。另有一种缠头（图 25）则按照一个方向整齐缠绕，一层比一层高，呈塔状。用整条巾布缠头，长的可达数丈，短的仅尺余，大如斗笠，小如凉帕，是典型的缠绕式打法。[①]（图 24）是典型的披搭式缠头法，从两个方向交叉将巾两段置于脑后。头巾的不同打法，呈现出不同的包头样式。

图 27

灌阳县竹箭瑶族女子发型（图 1），图绘：侧髻，以方巾折成三角形，依三角巾再折叠两次，缠头时，将方巾两端于右额前交叉为"人"字形，三角形巾尾置于脑后。兴安县平地瑶族女子发型（图 22），图绘：椎髻，四方形绣花头帕覆于头上，从头部左右两侧围成帽型置于脑后，绣花帕左后两侧及尾部用七色丝

① 邓启耀：民族服饰：《一种文化符号——中国西南少数民族服饰文化研究》，昆明：云南人民出版社，1991 年，第 123 页。

线吊着五颜六色的玻璃彩珠，形成自然的流苏，随人行走摆动十分美丽。图注："女锦缠头，缀以珠玉。"陆川县山子瑶女子发型（图 28），图绘：椎髻，髻顶盖小方帕，半部盖住头顶，用绳绑缚，后半部垂于脑后，呈花蕾状。

图 28

瑶族男子、女子包头所用头巾多为长方形，头帕多为正方形。瑶族男女使用头巾、头帕较多，将长发绾入帕巾内，便于日常劳作，夏天防晒，冬天御寒。瑶族女子包头较少，多以首饰代之或在发型上变更造型。清中期，广西瑶族男子、女子已广泛使用花帛、花布裹头，其材料主要通过自织和集市易换两个途径获得。如图 29 所绘：梳瑶女子手持纺专。图注："男妇以耕织为生。"乾隆年间，广西瑶人已广泛使用纺专这种纺纱工具。纺专又称纺轮和纺砖，一般为圆形，中间有一个孔，孔中间插一根专杆纺专，有石制和陶制两种。纺纱时，先把要纺的纤维捻一段缠在专杆上，然后垂下，一手转动圆盘，一手提杆，即可将纤维纺成线。纺专可捻可牵引，无论哪种质地的原料都可以纺出粗细不同的纱线。纤维捻成线后，用以编织各种网状物或带子，也为瑶锦、花帛的制作提供最直接的材料。另有，如图 30 所绘：瑶族女子瑶妇双手捧花帛。图注："男女俱以花帛抹额，锦兜于胸前。"安化、宁乡等处瑶族女子服饰各部分都以花布为材料，由此可见，清中期，花帛、花布已在广西、湖南两地瑶族中得到普遍使用。乾隆《陆川县志》有载："商则肩挑贸易，无远涉经营者。民间无种桑，唯种棉与麻。妇女春夏织麻，秋冬织棉。"① 桂东北、桂西北、桂东南三个地域的瑶人将

① ［清］石崇先：（乾隆）《陆川县志·风俗》卷 12，民国抄本，底本为清乾隆二十一年刻光绪间增订本。

农副产品运到集市进行交易或实物交换，互通有无。集市成为瑶人获取布帛的重要途径之一。同时，集市贸易的往来，也使瑶人包头的样式不同程度受到汉人或周边族群包头风格的影响。

图 29

图 30

五、以绳为饰的发型

瑶族男子、女子额前挽绳。周去非《岭外代答》卷 3 记静江、义宁县、桑江寨瑶族云：“地皆高山，而所产乃辎重，欲运致之，不可肩荷，则乃大囊贮物，以皮为大带，挽之额而负之于背，虽大木石，亦负于背。”①《职贡图》涉及广西瑶族男子、女子以绳系于额的图片只有 2 幅，分别是图 12（庆远府过山瑶男

① ［宋］范成大著，胡起望、覃光广校注：《桂海虞衡志辑佚校注》，成都：四川民族出版社，1986 年，第 190 页。

子）和图 13（庆远府过山瑶女子），图绘：瑶族男子、女子椎髻，将绳绾之额前。图注：“结丝网为袋，以负物，各以绳系额而行。”过山瑶僻处山巅，善行走，因此得名。常负重物到集市易换，将负载品负于背，以绳系于额头，是他们在长期的劳动、生活过程中练就的高超本领。直至光绪年间，仍有关于瑶人以绳负物的记载：“岭磴险恶，负载者悉着于背，绳系于臂、偻而趋，上下甚捷。”[①] 由此可见，绳在瑶族群体中，不仅是头部的一种装饰，同时还发挥着更大的负物功能。

图 31

图 32

① ［宋］范成大著，胡起望、覃光广校注：《桂海虞衡志辑佚校注》，成都：四川民族出版社，1986 年，第 190 页。

六、以银制品为饰

《职贡图》中所绘广西瑶族男子、女子所戴银制饰品分别有银簪、大银环。这两样饰品都在瑶人装饰中盛行，不拘男女。8幅广西瑶族女子图所绘人物均有佩戴银耳环，男性佩戴耳环仅修仁县顶板瑶族男子（图 16）一人。插银簪也仅有临桂县大良瑶族女子（图 2），图注：“瑶妇以银簪遍插髻间，耳坠大银耳环。”临桂县瑶族女子银饰重量比其他地域其他支系要大，足以证明银的使用在临桂地区非常普遍。另有嘉庆《广西通志》载：“银出临桂。”① 临桂一带产银，这也为桂西北地区瑶人佩戴银饰提供最直接的原材料。《职贡图》所绘银耳环均为款式相同的大银耳环。耳环造型简单，是由一根银棒卷曲而成别于耳洞内的圆圈，银棒长短决定耳环圈度的大小。耳环直径小则六七分，大则七八分，分量颇重。瑶女的耳环都是单一的大环状，无镂刻花纹，许多女子喜欢戴这种大而厚重且能把耳朵拉长的耳环，并以行走起来两耳摆动幅度大而为美。

结　　语

《职贡图》于乾隆二十六年修成，其中卷 4 为我们生动勾勒了广西瑶族男子、女子的衣冠样貌，尤以五彩斑斓的发饰为特色。发饰包括发型和头饰两种。发型多达四种，分别为：圆髻、侧髻、椭圆髻和垂髻。以竹簪、木梳、板冠、巾帕、绳及银制品为头饰。《职贡图》为我们追溯瑶族发饰的历史提供了可靠的来源和依据。运用图文结合的办法、历史文献分析法，可推断广西

---

① ［清］谢启昆：（嘉庆）《广西通志》卷 89，华东师大图书馆藏清嘉庆六年刻本。

瑶族男子、女子发饰的形成原因与其挽束方法、样式。而同一地域不同支系和不同地域同一支系的瑶人发饰相互影响的同时又异彩纷呈。由上述可知，广西瑶族男子、女子发饰受居住环境、生计方式、周边民族、宗教信仰的影响较大。《职贡图》在那个没有影像的年代以图文并茂的形式为我们生动展现了清中期广西瑶族男女的形象，为广西瑶族文化的研究提供了重要的资料。

《滇省夷人图说》中的哈尼族群生计方式

中央民族大学　李文龙

摘　要：哈尼族群一般被认为是我国古代西北甘青高原氐羌族群南迁之后裔，主要分布在滇南地区。《滇省夷人图说》是清代嘉庆年间官方参与绘制的夷人图册，其中对哈尼族群生计方式有所描绘。本文结合图册描绘、文献记载及社会历史调查资料，对清代哈尼族群在农耕、畜牧、副业、商业活动等方面的发展进行分析，再现其生产生活场景。这一时期，哈尼族群梯田耕种技术日渐成熟，牛耕及铁制农具发挥重要作用；畜牧也比较发达，猪、羊、牛、鸡、狗等饲养普遍，部分产品流入市场；游猎和采集依然占有很大比重，是生活物资来源的重要补充；手工业技术日渐成熟，尤以纺织、印染、竹木器制作为最；集市取得发展，商品种类丰富，金属货币流通。这些发展或变迁是哈尼族群所处特殊的自然生态环境、中央王朝锐意开发以及族群性格共同影响的结果。

关键词：《滇省夷人图说》；明清时期；哈尼族群；生计方式

哈尼族群一般被认为是我国古代西北甘青高原氐羌族群南迁

之后裔。[①] 明清时期，哈尼族群主要分布在滇南的哀牢山、无量山深处及红河沿岸一带，今红河、元阳、金平、绿春、江城、元江、新平、墨江、普洱等地是哈尼族人口最集中的地区。《滇省夷人图说》是嘉庆年间由云贵总督伯麟主持绘制，收录夷人图共108种，每幅图配有图说。彩绘的主要绘制者是清代云南著名画家李诂，据学者考证成书的时间是嘉庆二十三年（1818）。[②]《滇省夷人图说》中涉及今哈尼族群支系的有“黑窝泥”“窝泥”“白窝泥”“糯比”“卡惰”“黑铺”共6幅。[③] 每幅图都描绘了哈尼族群的生产生活场景，并配有文字解说。本文结合方志中的文献记载及20世纪50年代所取得的社会历史调查资料，选取《滇省夷人图说》中对生计方式有所描绘的4幅图进行解说，力图揭示明清时期哈尼族群生计方式，再现其生产生活场景。按照人类获取生存所需食物和基本生活资料的不同途径，可将人类群体的生计方式分为游猎、游耕、游牧和精耕农业。哈尼族群社会发展很不平衡，其中临安、元江等地发展较快，普遍种植梯田，并有家庭手工业；普洱、思茅等地区则发展较为缓慢，农业相对落后，畜牧和狩猎占有相当比重。

一、农牧业

（一）精耕稻作农业

精耕农业是相对于游耕（刀耕火种）而言的，两者的区别

---

① 关于哈尼族群的族源问题，学术界主要有四种观点：一是来源于北方古代氐羌族群；二是来源于华东华南的汉族；三是来源于本地土著，融合了其他民族；四是氐羌族群与南方稻作民族融合而成。目前，学界对“北来说”认可较多。

② 祁庆富、李德龙、史晖：《国内外收藏滇夷图册概说》，载《思想战线》，2008年第4期。

③ ［清］伯麟：《滇省夷人图说》，北京：中国社会科学出版社，2009年，第89、第99、第103、第105、第107、第108页。

在于对土地的利用率不同，精耕农业使用土地非常精细，以获得更高的产量。在明朝初期至宣德年间，文献中的“和泥”依然没有成为国家之下的“编户齐民”。“（宣德）八年，……本州岛俱罗舞、和泥、乌蛮杂类，……差役赋税，俱难理办。”① 清际，他郎厅白窝泥“性情淳朴，男勤稼穑，女事纺绩”，宁洱县白窝泥“以耕种为生”。② 窝泥“多处山麓耕地”，喇乌“自为耕织”。③ 可见，虽然支系不同，社会发展程度不同，但是哈尼族群确实是以农业为基础经济活动的。

《滇省夷人图说》“黑窝泥”有一家三口背负竹篓行走在路上的图像（图 1，局部），图注“采茶其业也”，但是可以看出竹背篓内为红黄色颗粒作物，男女夫妇弯腰弓背，背篓应该较为沉重，推测应是收获的谷物或豆类。

图 1

① 《明史》卷 313《云南土司传》，北京：中华书局，1974 年，第 8072 页。

② （道光）《云南通志稿》卷 183《南蛮志三之二 · 种人二》，清道光十五年刻本，第 38 页 b。

③ （道光）《开化府志》卷 9《风俗 · 种人》，清道光九年刻本，第 7 页 b、第 8 页 b。

哈尼族群主要耕种水田，旱地也占一部分。对于梯田的开挖，哈尼族群积累了丰富的经验，一般选取土质松软、水源充沛的向阳斜坡地带，冬季砍树烧荒，改造成旱地耕种几季以后，再挖沟引水，改造梯田。除种植水稻外，荞麦、豆类、蓝靛以及各种菜蔬等也是重要的作物。明中后期，玉米、马铃薯传入云南，哈尼族群也有种植。

蜀汉以后，云南牛耕已经比较普遍，并常见于文献记载①，但直至明代未发现有哈尼族群使用牛耕的确切记载。但元明以来，史料中有许多因屯田所需而预备数量众多的耕牛的记载②，史载“自前明开屯设卫，江湖之民云集，而耕作于滇，即夷人亦渐习于牛耕，故牛为重”③。清代出现哈尼族群使用牛耕的确切记载，窝泥“春耕用牛毕则放之于野，秋成获稻亦贮之陌上”④。光绪时，有同时使用两头牛耕作的记载：“（卡惰）属镇沅。……耕种山地，播撒旱谷。双牛并力而耕。”⑤“双牛并力”即传统的“二牛抬杠”耕作方式，也被称为“二牛三夫”耕作法。耕作时，两牛中间有一横杠，后接续辕犁。一人在前牵牛；一人坐于“杠”上，脚踏辕犁，控制犁铧入土深浅；一人在后扶持犁把。由于梯田地块狭窄，梯田又上下不便，所以哈尼族群

① 管彦波：《隋唐以前的云南稻作》，载罗贤佑等编《历史与民族——中国边疆的政治、社会和文化》，北京：社会科学文献出版社，2005年，第110页。

② 《明太祖实录》卷184，“洪武二十年八月丙寅”条“……往四川市耕牛万头”，卷185（“洪武二十年九月乙巳”条，第2783页）载“又令市牛两万往彼屯种”，卷202（“洪武二十三年六月乙丑”条，第3028页）载“耕牛不及……牛六千七百七十余头分给屯田诸军”，台北：“中研院”史语所校勘影印本，1962年，第2768页。

③ ［清］檀萃：《滇海虞衡志》卷7，华文书局民国十八年国学图书馆铅印本影印，第183页。

④ （乾隆）《蒙自县志》卷5《土官·彝俗》，年代不详，抄本，中国数字方志库本，第38页b。

⑤ 古永继：《哈尼族古代史料汇编》，载林超民《西南古籍研究》，昆明：云南大学出版社，2010年，第351页。

所使用的犁尺寸稍小，便于在梯田里耕作。牛耕在经济史研究中往往是衡量古代农业发展水平的标志，牛耕的推广表明此时农耕技术已有长足发展。镇沅州的卡惰支系使用两头牛耕种旱地，说明此时耕作技术进步。

《滇省夷人图说》中“白窝泥”有男子荷锄的图像（图 2，局部）。

图 2

一般旱地多使用锄头。图中所绘的锄头形制相同，属于挖锄，是农人最常用的工具之一。挖锄刀身窄小，一般用于小面积的深度挖掘，如挖掘埋藏在土壤里的块茎植物。由于梯田狭窄，锄头在生产中依然发挥着重要作用。红河南岸的哈尼族群耕种水田，西双版纳一带则以旱地农业为主，一般水田所用人力和工序较旱田精细，产量也更稳定。梯田面积狭窄，限制了大型农具的使用。这一时期铁质农具使用已经较为普遍，主要有砍刀、镰刀、锄头、犁铧、斧头小型农具等。铁制农具大多为集市交易所得，小部分为本族打制，也有与其他族群交换而得来，本族铁匠很少，不能自给，如20世纪50年代金平县马鹿塘也只有一名铁匠[①]，竹木农具还占有相当大比重。部分水田已经开始施肥，如追施草木灰、绿肥、牲畜粪便等；旱地除施肥外，烧荒及休耕也很普遍。在农业生产中，男女有明显分工，犁田、耙田等较为繁重的由男子负责，除草、栽秧、收割等主要由女子负责。这在图中也有所体现：图中男子右手荷锄，左手执稻穗；女子背负薪柴及牲畜。

乾嘉时期，临安府哈尼族群梯田耕种技术已十分成熟。“临（临安府）属山多田少，土人依山麓平旷处开作田园，层层相间，远望如画。至山势峻极，蹑坎而登，有石梯磴，名曰梯田。水源高者通以略彴，数里不绝。……山家引水用竹，空其中，百十相连，跨溪越涧，或用搘阁，或架以竿，或垫以石，延缘沟塍，直达厨灶。”[②]从文献中可以看出，梯田开垦已“层层如画”，并且哈尼族利用水资源的技术也很高超。此后，虽然有些支系社会发展程度依然比较落后，如他郎厅白窝泥在一定程度上存在游耕即刀耕火种的状况，但是大部分哈尼族人已是“纳粮赋，常入市贸易，亦有与齐民杂处村寨者”[③]，已变为国家的编户齐民。由于农业本身所具有的不确定性因素，哈尼族群的农业生产在很大程度上受自然环境和气候条件的限制，加之耕种梯田极其辛苦，农业生产还不能完全满足某些支系的基本生活。

（二）畜牧生计

畜牧生计是人类对干旱或高寒地区生态环境的一种适应形式，它促使族群将劳动力投入到饲养、照料牲畜并提高牲畜的繁

---

① 中国社科院民族研究所云南民族调查组、云南省历史研究所民族社会历史研究室编印：《云南省哈尼族社会历史调查》，1964年，第11页。

② （嘉庆）《临安府志》卷20《杂记》，《中国地方志集成·云南府县志辑》，南京：凤凰出版社，2009年，第47册，第385页下栏。

③ ［清］傅恒等：《皇清职供图》卷7，沈阳：辽沈书社，1991年，第823页。

殖力和存活率上。人们依靠畜禽类提供的肉、奶、毛等维持生计生活，或者用于交通运输。哈尼族群源于古代北方的氐羌游牧民族，他们很早就已经开始进行畜牧活动。长期的迁徙与农业活动也使培育品种优良的牲畜成为可能。牛、马等大型牲畜用于生产和驮运，鸡、鸭、猪、羊则为家庭提供肉食或用于出售。从文献记载来看，哈尼族群蓄养的牲畜主要有猪、羊、牛、鸡、狗等家畜，尤其以"窝泥猪"和羊的饲养最为普遍。图册中描绘可见的家畜家禽主要有猪、羊、狗。

《滇省夷人图说》"白窝泥"（图2）中可以清晰看出图像中一女子背负的竹筐内为一只猪。史载窝泥"善养猪，其猪小耳短身，长不过三十斤，肉肥腯，名窝泥猪"①。"窝泥猪，肉嫩味香。"② 哈尼族几乎户户养猪，如白窝泥"土产花猪，家家多蓄养之"③。窝泥猪耳尖短小，一般放养，以野菜和杂粮做饲料，成长较慢，瘦肉比例高，品种优良。窝泥"祭用牛羊"④，黑铺"蓄养山羊，不食羊肉"⑤。这说明牛羊畜养已经普遍。《滇省夷人图说》有"黑铺"图像（图3，局部），其中即有两只山羊的形象。除某些禁食羊肉的支系外，羊主要为族群提供肉食来源，也有用于出售的。由于牛在农业生产中被广泛应用，牛的饲养已经相当成熟。除水牛作为耕田畜力外，黄牛主要提供肉食和作宗教祭祀之用。牛作为重要的生产资料，往往成为财富的象征。

---

① ［明］杨慎辑，［清］胡蔚订正：《增订南诏野史》下卷《南诏各种蛮夷》，云南书局清光绪六年刻本，第28页a。

② （道光）《云南通志稿》卷70《食货志六之四·物产篇》，清道光十五年刻本，第7页b。

③ （道光）《云南通志稿》卷183《南蛮志三之二·种人二》，清道光十五年刻本，第38页b。

④ （康熙）《云南通志》卷27《土司·种人》，清康熙三十年刻本，第41页b。

⑤ （雍正）《云南通志》卷24《土司·种人》，清乾隆元年刻本，第34页a。

图 3

图 1 中一家三口后随行一只狗，景东厅窝泥“性嗜酒，食犬肉”①，狗也是族群在打猎时的重要帮手。鸡的饲养已较为普遍，在满足基本的生产生活需要的同时，还能够有富余进行殉葬和占卜活动。哈尼族有用鸡殉葬的习俗，“死者葬，以鸡雌雄各一殉之”②。并且有很多用鸡来进行占卜的方法，例如鸡骨卦是将竹签插入剔除肌肉的鸡腿骨，以插入的深度角度、竹签排列的顺序等来进行占卜；鸡蛋卦是将熟鸡蛋切开，观察蛋黄的纹路和形状来判断凶吉。

---

① （道光）《云南通志稿》卷 183《南蛮志三之二·种人二》，清道光十五年刻本，第 36 页 b。

② ［明］谢肇淛：《滇略》卷 9《夷略》，影印文渊阁四库全书，第 494 册，台北：台湾商务印书馆，1986 年，第 228 页。

二、游猎与采集

游猎和采集指根据需要，搜集生态系统在代谢过程中产生的剩余能量，一般指以捕猎动物、采集生活区域内植物的办法来获取生活资料的行为。采集和捕猎是早期游牧与农耕民族最早从事的生产活动之一，明景泰和万历年间，已有女子“打鼠捕雀”①的记载。道光时他郎厅卡惰“女事耕凿，男佩刀枪，以捕猎为生，稀入城市”②。不同的支系有不同的采集和捕猎对象，见于记载的主要有蛇类、毒虫、蜂蜜蜂糟、鱼虾类、鸟类、薪柴、菌类等。

《滇省夷人图说》中有“窝泥”男子手持弩机的形象（图4）。图中窝泥男子手持弓弩，回顾同行的女子，正在赶回村寨或家中。弩机由弓发展而来，具有更大的杀伤力，且射程更远，结构精良，在古代经常用于战争和狩猎活动。狩猎一般分为集体围猎和个体狩猎两种，狩猎者多为青壮年男子，时间多在梯田耕种的农闲时间，狩猎工具包括火药枪、弓弩、鱼叉、网罟、陷阱、套扣等。③ 套扣是捕食鸟雀的工具，由苦竹竿所制，使用时以竹虫等昆虫为诱饵。

---

① （景泰）《云南图经志书》卷4《楚雄府·南安州·风俗》记和泥女子“然不谙女工，惟打鼠捕雀以供其夫焉”，载《续修四库全书·史部·地理类》，上海：上海古籍出版社，2013年，第78页下栏。

② （道光）《云南通志稿》卷186《南蛮志三之五·种人五》，清道光十五年刻本，第16页b。

③ 中国社科院民族研究所云南民族调查组、云南省历史研究所民族社会历史研究室编印：《云南省哈尼族社会历史调查》，1964年，第128页。

图 4

捕猎、采集等活动离不开特定的环境、气候和猎物资源等自然条件。哀牢山区丛林密布，动植物种类丰富，为哈尼族提供了充足的资源。如他郎厅出产抹猛果、甜竹笋；思茅厅出产波罗蜜、佛手柑、缅石榴、香芭蕉等；宁洱县出产的岩羊、银鼠、石花鱼等。[①] 猎取蜂蜜、蜂蛹也是重要活动之一，哈尼族猎人懂得如何寻找野蜂窝并用火巧妙猎取。此外，芦苇、菌类、野菜、地衣等可食用的植物根、茎、叶、果实以及蜂蜜、薪柴等也是重要的采集对象，除冬季外全年可进行采集活动，一般由女子进行。

① （道光）《云南通志稿》卷 70《食货志六之四 · 物产四》，清道光十五年刻本，第 3 页 b—第 7 页 b。

游猎的对象主要有鸟雀、鼠类、蛇虫、蜂蛹、鱼虾及麂、兔、水獭、豪猪等各类野兽；游猎既是他们保卫人畜的手段，也是补充肉食、皮毛的方式。哈尼族群亦有挖塘养鱼和稻田养鱼的传统，春季放养，秋冬天收获，主要是自己食用。这些经济活动在满足日常生活之余，会部分拿到市场上进行交换，以换取所需要的其他物资。

三、手工业活动

除上述生计方式外，作为重要的补充形式，手工业活动和商品交换也在哈尼族群的发展过程中占有重要位置。明清时期，哈尼族群的手工业活动尚未与农业分离，大多是对农副产品的加工，从文献来看，主要是纺织、染布、编席、竹木器加工等。

（一）纺织印染

红河县的哈尼族群支系普遍种植棉花，一般以自用为主，成品大多满足家庭成员需要，很少出卖，且有时需要购买棉纱、布匹等。① 有的支系种植棉花较多，如喇乌“种棉花、采芦、捕猎为生”②。哈尼族群种棉、纺线、织布、制衣都是由妇女完成，大体上经过纺线、卷线团、经线、织布等环节，然后印染七八次，即可做成衣服。纺织既是哈尼妇女传统的技艺，也是衡量妇女聪明勤劳和治家本领的尺度。明初，和泥女子“不谙女工”③，此时纺织业还不是很发达，没有形成风气与规模。清初，景东厅

① 中国社科院民族研究所云南民族调查组、云南省历史研究所民族社会历史研究室编印：《云南省哈尼族社会历史调查》，1964 年，第 126 页。

② （雍正）《临安府志》卷 7《风俗 · 附种人》，民国间抄本，中国数字方志库本。

③ （景泰）《云南图经志书》卷 4《楚雄府 · 南安州 · 风俗》，载《续修四库全书 · 史部 · 地理类》，上海：上海古籍出版社，2013 年，第 78 页下栏。

窝泥“女织粗葛布，只堪为袋”①。纺织技术依然比较落后。《他郎厅志》记载，白窝泥“左手以圆木小槌安以铁锥，怀内竹筒装裹棉条；右手掀裙将铁锥与右腿肉上擦撵，左手高伸，使棉于铁锥上团团旋转，堆垛成纱，谓之撵线”②。文中详细描绘了白窝泥女子边行走边纺线的美妙画面。

哈尼族群妇女织布的工具一般为木织机，比较简陋，效率也较低。虽然整年辛勤劳动，最多也只能满足家庭需要，一般没有剩余产品用于出售，少数用于出卖的价值也很高。其中白窝泥（自称碧约）所出的土布质量最佳，人称“碧约布”，深受其他民族喜爱。③ 印染业也有一定发展。哈尼族群广泛种植印染作物蓝靛，这一般是妇女的副业，深秋时将成熟的蓝靛枝叶收割回来，经过沤泡、发酵、过滤等工序，再加入石灰沉淀后即成染料。哈尼族蓝靛染料具有易染不褪色的特点，深受人们喜爱。培植的蓝靛一部分自用，其余拿到市场上进行售卖。

（二）竹木器加工

编席与竹器、木器加工是哈尼族群传统的手工业，一般多有剩余产品出售，产品主要有草排、蓑衣、背篓、篾席、桌椅、床榻、箱柜、犁耙、竹篮等生活生产用具。编草排主要由妇女完成，史籍中有很多族人背笼背篓的记载，白窝泥“虽出山入市……背负竹笼，或盛货盛柴”④。图 2 有图注说白窝泥“以笼负物入市”。从图中也可看出，白窝泥所背竹筐容量大、载物多，背负方便。竹笼、背篓是哈尼族群普遍使用的日常用具，使用时

① （道光）《云南通志稿》卷 183《南蛮志三之二 · 种人二》，清道光十五年刻本，第 36 页 b。

② （道光）《云南通志稿》卷 183《南蛮志三之二 · 种人二》，清道光十五年刻本，第 38 页 b。

③ 李联明：《墨江哈尼族自治县志》，载姜定忠编纂《哈尼族史志辑要》，昆明：云南民族出版社，2007 年，第 405 页。

④ （道光）《云南通志稿》卷 183《南蛮志三之二 · 种人二》，清道光十五年刻本，第 38 页 b。

将木板卡在脖子上，由头部和肩膀共同承担重量。哈尼族种植棕树较多，一般将棕皮加工成蓑衣自用，部分会拿到市场上用于交易。

哈尼族支系黑铺因善做竹木器而最为著名，明朝时既有黑铺"……作竹器。一切床几、凳杌，备极精巧"① 之说。一直到清代，黑铺都以善做竹木器而闻名。哈尼族群各家几乎都在自己庭院周围种植竹丛，以便使用。图 4 有黑铺削竹做器的图像，描绘了竹林掩映的村舍旁三名黑铺男子正在从事竹器加工。其中一名男子正在用刀将竹子削成竹篾；一名男子正在编制竹篮；一名男子作站立状，身旁有已加工完成的竹木椅。图中的竹木椅结构精良，制作完美，兼具工艺与实用。竹木器的种类主要有竹桌、竹几、竹床、竹椅、竹梯、竹筐、竹篮等家具及生活用具，也有木织机、鱼笼、纺车等生产用具。加工竹木器主要是由男子担任，从原料到成品都靠手工进行，一般为农业生产和日常生活服务，部分流入市场，换取其他生产生活物资。

四、商品交换活动

随着中央王朝对边疆地区开发力度的加大，哈尼族群聚居区域与周围地区和内地的联系不断加强，促进了哈尼族群商品贸易的发展。明清时期，交易的增多刺激了市集的发展，"各乡为市，名曰街子。或以十二支所属互市，如子日名鼠街，铁日名牛街，一日名一街，三日名三街之类。凡金铁盐米牲畜蔬果布帛器用皆集。远近辐辏，称为赶街，各处参差不一"②。可见，此时集市已经形成一定的规模，名目不一，但定期举行。

远近的哈尼族人将商品运到集市进行交易，互通有无。图 2

① ［明］杨慎辑，［清］胡蔚订正：《增订南诏野史》下卷《南诏各种蛮夷》，云南书局清光绪六年刻本，第 29 页 a、b。

② （雍正）《临安府志》卷 7《风俗·附夷俗》，民国间抄本，中国数字方志库本。

中，同行的窝泥女子背负竹篓，竹篓中分别有猪仔和薪柴，根据图注“以笼负物入市”应是赶去集市进行交易。在哈尼族提供的商品中，农产品和狩猎、采集而来的自然物占了相当大的比重。[①] 此外，就是猪、羊、鸡等家畜，手工业产品以及茶叶、食盐等。在清朝中期以前，哈尼族群就已经开始大量种植、加工和销售普洱茶，如黑窝泥“采茶、卖茶其业也”，思茅的糯比“采茶为生”，普洱茶已经成为重要的经济作物。从市场换回的商品主要是食盐、铁器、布匹以及陶器。这种集市除交换外，也具有娱乐意义。金平王不田街以汉人店铺为主，也有哈尼族群的行商小贩，他们一般由金平往越南贩卖农具和烟草，再运来棉花和食盐。[②] 值得注意的是，这时候的集市还主要相对集中在一定区域内，居住在西双版纳山区的哈尼支系直到20世纪40年代尚未产生定期集市，商品交换一般在附近汉族的集市上进行，红河县一直到20世纪60年代，都没有出现专业商人。[③]

哈尼族群一般携带农副产品到集市上贩卖，然后用货币购买所需的生产生活用品，也有直接用实物进行交换的。同时族群内部也存在以物易物的交易，如用粮食换小猪之类。与云南各地一样，贝币在哈尼族商业活动中曾占有重要的位置，贝系从缅甸、泰国等临海国家交易传入。元朝时有文献载斡泥蛮“家有积贝，

---

① （雍正）《云南通志》卷24《土司·附种人》载罗缅“采薪拣菌，贸易盐米”。（道光）《云南通志稿》卷183《南蛮志三之二·种人二》载他郎厅白窝泥“虽出山入市……背负竹笼，或盛货盛柴”，黑窝泥“采茶、卖茶其业也”；宁洱县糯比“担柴、烧炭，入市贸易。女亦背负蔬菜，或织草为排，入城售卖”。（道光）《普洱府志》卷18《土司·种人附》载“在思茅者，采茶为生。在威远、他郎者，……采薪入市交易”。（光绪）《滇南志略》卷2《临安府》载糯比“耕种之外，男多烧炭，女多织草为排，负鬻于市，剥蕉心煮食，亦负薪入市”。

② 中国社科院民族研究所云南民族调查组、云南省历史研究所民族社会历史研究室：《云南省哈尼族社会历史调查》，1964年，第11页。

③ 中国社科院民族研究所云南民族调查组、云南省历史研究所民族社会历史研究室编印：《红河县哈尼族社会历史调查》，载《云南省哈尼族社会历史调查》，1964年，第13页。

以一百二十索为一窖”①，贝币也是政府征收赋税的指定货币。②明代是云南使用贝币最盛行的时期，永乐时贝币就已无法满足经济发展的需要。永乐九年，溪处甸长官司上书“本司岁纳海七万九千八百索，非本土所产，每岁于临安府买纳，乞准钞银为便”③，请求将贝币折算银钞，但是贝币短期内也并没有被完全取代。成化十七年，“定云南户口商税等课钞法。时所司奏云南乏钞，请折收海肥”④。直至明末，金属货币逐渐成为主流，贝币退出历史舞台。（康熙）《云南通志》记载了这一变化：“明启、祯以后，银贵肥贱，遂滞不行。”⑤ 由于哈尼族支系众多，一直到近代，有的地方还实行以物易物。

五、哈尼族群生计方式形成的原因

哈尼族群之所以形成这样的传统生计方式，与哈尼族群聚居区域特殊的自然生态环境、中央王朝锐意开发以及民族性格是分不开的。

（一）哈尼族群聚居区域的自然生态

独特的自然生态和气候环境是梯田诞生和梯田农业发展的前提条件。哈尼族群主要生活在云南南部的哀牢山深处及红河沿岸地区，这里同时受印度洋季风和太平洋季风的影响，为典型的亚热带季风气候，加之山高谷深，随山势形成了立体气候，多样的

---

① ［元］李京撰，王叔武辑校：《云南志略辑校·诸夷风俗》，昆明：云南民族出版社，1986年，第95—96页。

② 《元史》卷12《世祖本纪九》载“（至元十九年）九月……己巳，……定云南赋税，用金为则，以贝子折纳，每金一钱，直贝子二十索”，北京：中华书局，1976年，第246页。

③ 《明史》卷313《云南土司传》，北京：中华书局，1974年，第8069页。

④ 《明宪宗实录》卷222，“成化十七年十二月癸亥”条，“中央研究院”史语所校勘影印本，1962年，第3829页。

⑤ （康熙）《云南通志》卷7《风俗》，清康熙三十年刻本，第6页a。

气候形成了多样的动植物群落，为哈尼族群获取资源提供了天然条件。哈尼族群对哀牢山的自然生态环境有着深刻认识。哀牢山云遮雾罩，降水充沛，溪流汇聚；气候温和的半山适于居住，方便上山游猎及下山耕种梯田；下半山温度、湿度均较高，适于水稻生长。哈尼族群充分利用山间的每一块土地，开垦层层梯田，他们认识自然、利用自然，创造了适应自然生态环境的梯田农业系统。

（二）中央王朝开发力度的增大

明初，明王朝对云南少数民族聚居区域进行一系列政策调整，在哈尼族群聚居地设长官司，进行羁縻统治。明初曾尝试进行"改流"，但规模很小。清雍正时期，改土归流进入高潮，澜沧江以东地区普遍建立了流官知府。改土归流促进了哈尼族群社会、经济、文化的发展。虽然此后依旧存有土官，但是中央统治力量已大大加强。

明初以来，中央王朝实行了大规模的军屯、民屯和商屯。明初平定云南后，"留江西、浙江、湖南、河南四部司兵守之，控制要害"①。随后，明太祖又将这些留戍军士的家属从内地送到云南，进入云南的军队即此成了落籍的军户。在滇南哈尼族群聚居区，明朝设临安卫、楚雄卫和景东卫，各下设5个千户所。②有学者研究认为，按照明朝卫所编制，进入和泥地区的军屯人口就已超过4万。③洪武初年，明太祖推行"移民实边"政策，"尽迁江左良家闾左以实之，及有罪窜戍者，咸尽室以行"④。军

① 《明太祖实录》卷143，"洪武十五年闰二月丁丑"条，"中央研究院"史语所校勘影印本，1962年，第2258页。

② 方国瑜：《中国西南历史地理考释》，北京：中华书局，1987年，第1136—1141页。

③ 肖青：《明清时期汉文化影响下的哈尼族社会文化变迁》，载《玉溪师范学院学报》，2008年第5期。

④ ［明］谢肇淛：《滇略》卷4《俗略》，影印文渊阁四库全书本，第494册，台北：台湾商务印书馆，1986年，第141页。

事性质的移民以外，也有由商屯引发的民籍移民，由商人招募的农民在边疆地区种植粮食，日久定居。[①] 内地农民携带生产工具和技术进入云南，这促进了生产力的发展，促进了民族间的交流和哈尼族群社会的发展。

哀牢山腹地资源丰富，有许多的矿井、盐井、茶山，吸引了不少内地商人和移民。拥有马帮的商队在盐井与市场之间折返，马帮从盐井驮回食盐，到市场上换取粮食、布匹以及其他生产生活用品，少部分食盐换成钱，然后用实物或钱到盐井换取食盐。“滇南田少山多，民鲜恒产。又舟车不通，末力罕有。唯地产五金，不但本省民人多赖开矿谋生，即江西、湖广、川陕、贵州各省民人，亦俱来滇开采。”[②] 内地移民见厂矿有利可图，在哀牢山腹地的山区和厂矿间流动，这促进了少数民族与汉族的经济交往。

（三）哈尼族群坚强的民族性格

明清时期，哈尼族群生计方式的变迁与哈尼族群吃苦耐劳、坚韧不屈的民族性格是分不开的。历史上，哈尼族群经历过漫长曲折的大迁徙。在迁徙过程中，艰难险阻重重，西南复杂多变的气候条件、疾病和征战也给族群带来巨大的灾难，这也造就了不屈不挠、富于坚韧的民族性格。哀牢山区山高谷深，开挖梯田是一件极其艰巨的任务，哈尼族群费尽心力，开辟出层层梯田，将大山改造成良田，这也证明了哈尼族群具备非凡的勇气和智慧。

---

① 《明太祖实录》卷142，“洪武十五年二月乙亥”条，载“命户部令商人往云南中纳盐粮以给之。于是户部奏定商人纳米给盐之例：凡云南纳米六斗者，给淮盐两百斤，米五斗者给浙盐两百斤，米一石者给川盐两百斤”，“中央研究院”史语所校勘影印本，1962年，第2240—2241页。

② ［清］张允随：《张允随奏稿》，载方国瑜主编《云南史料丛刊》第8卷，昆明：云南大学出版社，2001年，第683页。

结 语

《滇省夷人图说》作为官修图册，无疑表达了官方和“他者”对于少数族群的认知与构想，虽然不可避免地带有一定的偏颇，但是作为时人的认知记录，对于我们了解清代少数族群的社会发展和风俗习惯无疑具有重要的参考意义。《滇省夷人图说》为我们研究哈尼族群在清代的社会经济水平和生产生活场景提供了宝贵的图像资料，对研究当代少数民族也有一定的参考价值。独特的自然条件和坚毅的民族性格塑造了哈尼族群独特的生计方式。明清时期的改土归流和屯田制加强了中央王朝对哈尼族聚居区域的统治，大量汉民进入哈尼族群聚居区生活，带来了先进的生产工具和技术，民族间交流不断加强，哈尼族群的社会经济文化生活也发生了变迁。通过对图册的分析，结合文献记载和社会历史调查资料，可以看出：这一时期哈尼族群在农业上，耕种技术不断进步，水资源利用技术高超；畜牧业上，牛、羊、猪、鸡、狗等家禽家畜的饲养已经逐渐普遍，部分流入市场；手工业也取得长足的发展，纺织、印染、竹木器加工等技术日渐成熟，竹木器更是闻名遐迩；商业上，定期集市已经出现，商品种类繁多，金属货币流通。汉族移民的进入成为加速民族融合的推力，也加速了哈尼族群聚居区域内地化的进程。

海内外关于《皇清职贡图》的整理与研究

中央民族大学　张　薇

摘　要：清乾隆年间，国力强盛，四方来朝，清廷为宣扬大一统的太平盛世，官方组织修纂了《皇清职贡图》。该图册绘制了外藩友邦使者及边疆各民族的外貌形象、衣着服饰，并配有满汉两种文字的图像介绍，是较为珍贵的清代海内外历史民族志文献。本文详细梳理了《皇清职贡图》的成书背景、版本源流，以及海内外关于图册整理与研究的现状，以期为图册的深入研究和利用提供便利和参考。

关键词：《皇清职贡图》；版本；民族；清代

清乾隆时期国力强盛，版图辽阔，北起蒙古、唐努乌梁海地区及西伯利亚，南至南海，东到外兴安岭、澎湖列岛，西抵葱岭、巴尔喀什湖一带，辽阔的疆域下形成了大一统的多民族国家。乾隆盛世时期外邦属国和边疆民族首领纷纷前来朝贡，为了彰显清王朝的国威，乾隆帝下令绘制了反映清王朝太平盛世的《皇清职贡图》。《皇清职贡图》作为我国历史上民族图册的集大成者，具有很高的史料价值，直观反映了清乾隆、嘉庆年间国内外各民族的样貌和文化特征，是研究清代民族的第一手材料。

一、《皇清职贡图》的成书过程

《皇清职贡图》是清代学士富察·傅恒[①]等人奉旨修纂的图册，每一民族多绘男女图像各一幅，每段[②]图像上方有满汉两种文字介绍，该图册描绘了清朝国力鼎盛时期前来朝贺、纳贡的海外诸国及治下的少数民族男女形象。乾隆十六年（1751）六月初一，乾隆帝下旨命令“着沿边各督抚于所属苗、瑶、僮、黎以及外夷番众，仿其服饰绘图送军机处，汇齐呈览，以昭王会之盛”[③]。自此，《皇清职贡图》正式开始绘制。各藩部上呈民族图像到军机处，再由军机处负责“汇齐呈览”，在每幅图上方以满、汉两种文字介绍图中民族的分布地域和生活习俗。《皇清职贡图》最初绘制时以四川少数民族为试点，后来推及边疆其他地区。乾隆二十六年（1761）《皇清职贡图》正本告成，乾隆年间的彩绘正本现已轶，据专家推测，正本疑似随乾隆帝陪葬至裕陵。[④]

乾隆十六年（1751），各地官员组织绘制边疆少数民族图像进呈御览并交到军机处。军机处在清代总揽军政大权，占据重要的行政地位，“清代政治中心由雍正以前的亲王大臣议政处，转移到雍正以后创立的军机处，一代大政所从出，皇权达于极点，

---

① 富察·傅恒（约1720—1770），满洲镶黄旗人，清朝名将、外戚。字春和，户部尚书米思翰之孙，察哈尔总管李荣保第九子，清高宗孝贤纯皇后之弟。

② 段：两幅图成一段，每段图系男女图像各一幅，也有男一图或男儿一图，上方注有满汉图说一段。

③ ［清］丁观鹏等绘，傅恒等编纂：《皇清职贡图·序》：武英殿刊本，乾隆四十八年（1783）。

④ 畏冬：《嘉庆时期〈皇清职贡图〉的再次增补》，载《紫禁城》，1993年第1期。

为前代所无之事”[1]。乾隆二十二年（1757），边疆各地送交的草图和注文在军机处整理汇集，历经四年，终于在乾隆二十六年（1761）修纂完成。全图共分4卷：第一卷绘朝鲜（今朝鲜）、琉球（今日本冲绳）、安南（今越南）、暹罗（今泰国）、苏禄（今菲律宾）、南掌（今老挝）、缅甸（今缅甸）、大西洋（今意大利）、翁加里亚（今乌克兰）、波罗泥亚（今波兰）、小西洋（今印度）、英吉利（今英国）、法兰西（今法国）、瑞国（今瑞典）、日本（今日本）、马辰（不可考）、文莱（今文莱）、柔佛（今马来西亚）、荷兰（今荷兰）、俄罗斯（今俄罗斯）、宋腒朥（今泰国）、柬埔寨（今柬埔寨）、吕宋（今菲律宾）、伽喇吧（今印度尼西亚雅加达）、嘛六甲（今马六甲）、苏喇（今苏门答腊岛）、亚利晚（今叙利亚）27个国家和地区的官民男妇，以及西藏番人，新疆伊犁、哈萨克、布鲁特、乌什库车阿克苏、拔达山、安集延、哈密与肃州等地区和部族的回民，共计画面59段；第二卷绘关东7族、福建2族、台湾13族、湖南6族、广东9族、琼州1族、广西23族少数民族，共有画面61段；第三卷绘甘肃34族、四川58族少数民族，有画面92段；第四卷绘云南36族、贵州42族少数民族，有画面78段。[2] 全4卷共计画面290段，共约文字10万。以上是乾隆年间绘制的《皇清职贡图》正本的总体概况。

乾隆二十六年（1761）之后，清王朝版图陆续扩大，边疆各族相继归附使得《皇清职贡图》在乾隆年间进行了四次增补。第一次增补是在乾隆二十八年（1763），西北爱乌罕、哈萨克诸回部向清廷入贡表示归附，乾隆帝命丁观鹏补绘了“爱乌罕回人”“霍罕回人”“启齐玉苏部努喇丽所属回人”“启齐玉苏部巴

---

① 王钟翰：《中国历代官制讲座·清代官制（一）满汉杂糅的中央官制》，载《文史知识》，1987年第11期。

② 畏冬：《〈皇清职贡图〉创制始末》，载《紫禁城》，1992年第5期。

图尔所属回人”“乌尔根齐部哈雅布所属回人”这五段图像。第二次增补是在乾隆三十六年（1771），由贾全补绘。乾隆二十一年（1756）土尔扈特汗敦罗布喇什派遣使臣吹扎布向清廷朝贡，乾隆三十六年（1771）土尔扈特汗渥巴锡率众归附，随即乾隆帝命贾全补绘“土尔扈特台吉”“土尔扈特宰桑”“土尔扈特民人”这三段图像。第三次增补是在乾隆四十年（1775），云南边外整欠、景海土司归附，乾隆帝命贾全补绘“云南整欠头目先迈岩第”“景海头目先纲洪”两段图像。第四次补绘是在乾隆五十五年（1790），巴勒布大头人前来进贡，乾隆帝命贾全前去观看并补绘“巴勒布大头人并从人即廓尔喀”一段图像[①]，乾隆年间对《皇清职贡图》的四次补绘就此告成，画面由290段增加到了301段。

嘉庆年间的《皇清职贡图》彩绘本和武英殿刊本得到第二次增补，加入了嘉庆帝御题的满汉诗文“补绘《皇清职贡图》成卷恭依皇考前题元韵律诗”，原先第一卷中的“朝鲜至景海七十三段官目民人男妇”部分比乾隆时期的绘本增加了三段图。嘉庆八年（1803），封阮福映[②]为越南国王，嘉庆九年（1804）阮福映遣使来朝，遂即在第九卷的最后补绘了“越南国夷官”“越南国行人”“越南国夷人”这三段图像。此次增补在嘉庆九年（1804）至嘉庆十年（1805）之间，嘉庆绘本和武英殿刊本进行增补后图像数量总共304段[③]。经过了多次增补的《皇清职贡图》形成了完整的体系，涵盖了当时向清王朝朝贡的国内外各民族的图像，后正本藏于清宫。补绘完成后的版本图像最为齐全，后来留存于世的谢遂本跟武英殿的刊本是诸多《皇清职贡图》版本中图像最多、最完整的。

① 畏冬：《乾隆时期〈皇清职贡图〉的增补》，载《紫禁城》，1992年第6期。

② 阮福映：名 Nguyễn Phúc Ánh，1762–1820，武王阮福阔之孙，越南阮朝开国君主，年号嘉隆。

③ 畏冬：《嘉庆时期〈皇清职贡图〉的再次增补》，载《紫禁城》，1993年第1期。

二、《皇清职贡图》的版本源流

《皇清职贡图》版本大抵分为彩绘本和白描本两种。彩绘本又分为卷轴式和册页式两类。乾隆二十六年（1761）完成的彩绘正本为卷轴式，共4卷。嘉庆年间敕修两部彩绘副本，都临摹了乾隆年间的彩绘正本，这两部副本都为卷轴式。《皇清职贡图》副本中的第一部彩绘本现藏于北京故宫博物院，第二部由谢遂临摹的彩绘本现藏于台北故宫博物院。彩绘本另有册页式藏于法国（或藏俄罗斯），具体成书年份不详。笔者将《皇清职贡图》各版本进行整理，列表如下：

《皇清职贡图》版本对照表

	版本名称	成书年份	编绘情况	样式	卷数图数	收藏情况
彩绘本	乾隆朝彩绘正本	乾隆二十六年（1761）	丁观鹏①、金廷标②、姚文瀚③、程深绘，傅恒等编纂	卷轴	4卷 265段	已轶
	谢遂彩绘副本（图1）	嘉庆元年（1796）	谢遂④绘制	卷轴	4卷 304段	现藏于台北“故宫博物院”
	嘉庆朝彩绘副本(图2)	嘉庆十年（1805）	庄豫德等绘，董诰⑤等编纂	卷轴	4卷 301段	现藏于北京故宫博物院。

---

① 丁观鹏：顺天（今北京）人，生卒年不详，清代宫廷画师，擅长画白描人物、佛像，兼擅传神写照。

② 金廷标：字士揆，生卒年不详，乌程（今浙江湖州）人，清代宫廷画师，少从父学，擅长画人物花卉。

③ 姚文瀚：号濯亭，顺天（今北京）人，生卒年不详，清代宫廷画师，工道释、人物、山水、界画。

④ 谢遂：生卒年不详，清代宫廷画家，擅长画人物、楼阁。

⑤ 董诰：1740—1818年，清代官员、书画家。字雅伦，一字西京，号蔗林，一号柘林，工部尚书董邦达长子，与其父有“大、小董”之称，浙江富阳人。乾隆二十九年进士。

续表

	版本名称	成书年份	编绘情况	样式	卷数图数	收藏情况
彩绘本	乾隆朝彩绘副本(图3)	乾隆五十三年(1788)		册页	9卷	第一、第二、第三、第七册藏于法国图书馆；第四（残本）、第五、第六册私人收藏；第八册不详
白描本	文渊阁《四库全书》写本（图4）	乾隆四十三年(1778)	罗善征绘，徐照薪编纂	册页	9卷301段	现藏于北京故宫博物院
	武英殿刊本(图5)	乾隆四十八年(1783)	丁观鹏、金廷标、姚文瀚、程深绘，傅恒等编纂	册页	9卷304段	现藏于北京故宫博物院、哈佛大学图书馆等地

图 1 谢遂彩绘副本

图 2　嘉庆朝彩绘副本

图 3　乾隆朝彩绘副本

图 4　文渊阁《四库全书》写本

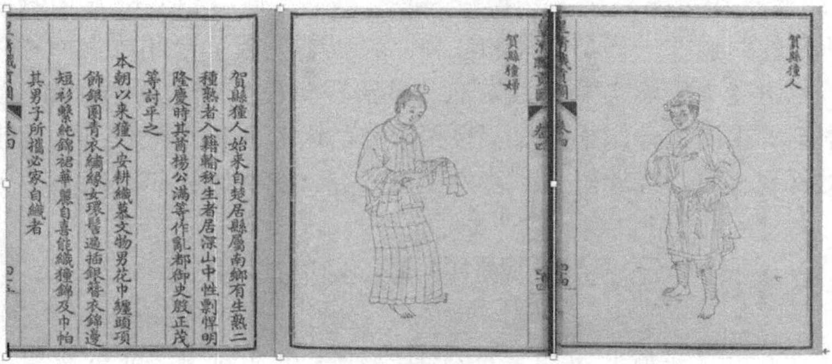
賀縣獞人始來自楚居縣屬南鄉有生熟二種熟者入籍輸稅生者居深山中性剽悍明隆慶時其酋楊公滿等作亂都御史殷正茂等討平之

本朝以來獞人安耕織棊文物男花巾纏頭項飾銀圈青衣繡緣女環髻遍插銀簪衣錦邊短衫繫純錦裙華麗自喜能織獞錦及巾帕其男子所攜必家自織者

图 5 武英殿刊本

《皇清职贡图》的白描本有两种，第一种为文渊阁《四库全书》写本，第二种为武英殿刊本，写本的年份较早于刊本。彩绘本跟白描本的内容大致相同，但分卷的方式有所不同，彩绘本中的北京故宫博物院藏本和台北故宫博物院藏本这两部彩绘本与乾隆年间彩绘正本的卷数相同，都为 4 卷。法国藏的册页彩绘本和白描本的卷数相同，都为 9 卷。《皇清职贡图》是历代职贡图中篇幅最多的图册，总共有 600 余幅图，每个民族都画有男女各一图，或者仅画某一民族的男图或男儿图。详细刻画了清代境内外民族的样貌，其中还绘有狩猎和劳作的画面，生动形象地反映了清代不同民族的生活场景，鲜艳的配色展示了清代各民族服饰的绚丽多姿，对研究清代民族的生计方式、民族文化等内容具有重要的参考价值。虽然正本已经遗失，但是白描本经历了多次的影印出版留存于世，还有最接近正本的嘉庆年间绘本和谢遂绘本都完整地保存了下来。

关于《皇清职贡图》的研究近年来颇受学者关注，由于《皇清职贡图》正本已轶，并且彩绘的副本分别散藏于北京故宫博物院和台北故宫博物院，另有彩绘本散失海外，加之彩绘本的《皇清职贡图》尚未影印出版，鲜有学者能够接触到这一珍贵的文献材料，故对该图册的研究还很缺乏，仅有一部专著即庄吉发

《谢遂〈职贡图〉满文图说校注》[①] 一书，他将台北故宫博物院所藏的谢遂本进行了点校和注释，为我们呈现了台北故宫博物院所藏谢遂本的真实原貌。关于《皇清职贡图》研究的学术论文，据笔者查阅共计四十余篇，根据研究的内容和视角大致分为综合类研究、境内民族研究、境外民族研究、满文图说研究四类。

三、《皇清职贡图》综合性研究

关于《皇清职贡图》的综合性研究论文较多，研究视野主要集中在图册的版本、创制和史料价值。最具代表性的是畏冬在1992—1993 年间所著的《〈皇清职贡图〉创制始末》[②]、《乾隆时期〈皇清职贡图〉的增补》[③]、《嘉庆时期《〈皇清职贡图〉的再次增补》[④] 三篇文章，其中详细阐述了《皇清职贡图》的创制和增补过程，对该图册在乾隆和嘉庆时期的增补进行梳理和考证，指出正本成书于乾隆二十六年（1761），并对比了《石渠宝笈续编》与《清档》中关于《皇清职贡图》所载异同，考证《石渠宝笈续编》中关于《皇清职贡图》增补的错误记载。除此之外，潘洪钢、祁庆富、季永海三人继畏冬之后再次梳理图册的版本，著有《清代官修民族图册《〈皇清职贡图〉浅说》[⑤]、《〈皇清职贡图〉的编绘与刊刻》[⑥]、《〈皇清职贡图〉研究》[⑦] 三篇文章。他们基于庄吉发和畏冬对图册的研究成果进行再研究，进一步阐

① 庄吉发：《谢遂〈职贡图〉满文图说校注》，台北：故宫博物院，1989 年。

② 畏冬：《〈皇清职贡图〉创制始末》，载《紫禁城》，1992 年第 5 期。

③ 畏冬：《乾隆时期〈皇清职贡图〉的增补》，载《紫禁城》，1992 年第 6 期。

④ 畏冬：《嘉庆时期〈皇清职贡图〉的再次增补》，载《紫禁城》，1993年第1期。

⑤ 潘洪钢：《清代官修民族图册〈皇清职贡图〉浅说》，载《中南民族学院学报》，1992 年第 4 期。

⑥ 祁庆富：《〈皇清职贡图〉的编绘与刊刻》，载《民族研究》，2003 年第 5 期。

⑦ 季永海：《〈皇清职贡图〉研究》，载《内蒙古民族大学学报》，2009 年第 5 期。

述了图册的创制、版本和学术价值。潘洪钢在《清代官修民族图册〈皇清职贡图〉浅说》一文中提出的《皇清职贡图》成书于乾隆二十三年（1758）的观点与畏冬的不同，由于潘洪钢一文成文较早（1992），没有在文中提出他所参照的《皇清职贡图》的版本，故无法考证作者所参照的版本和成书年份的真伪。复旦大学历史地理研究所学者齐光所著《〈皇清职贡图〉绘本成于何时》[①] 一文同样参照了畏冬的研究成果，对乾隆年间彩绘正本的创制进一步阐释。他对《皇清职贡图》创制的看法与畏冬的相同。另有学者佟颖所著《〈皇清职贡图〉及其研究》[②]、《〈皇清职贡图〉研究》[③] 二文对图册进行了综合性的研究，在梳理版本和历史源流的同时指明了该图册在民俗学、语言学学科领域的学术价值所在。佟颖对满语有研究，在《皇清职贡图》满文图说研究中属代表性人物。

关于《皇清职贡图》史料价值的探讨另有黄金东所著《浅析〈皇清职贡图〉及其史料价值》[④]，文中对该图册的史料价值进行了分析，给民俗学、文献学、历史学等学科的研究提供了新的视角。对《皇清职贡图》进行综合性研究的除上述学者外，还有谢大勇、马国君、李红香所著《古为今用是整理古代文献的核心价值——从〈皇清职贡图〉说开来》[⑤]、《〈皇清职贡图〉版本概况及文献价值述评——以卷八“贵州诸夷”为视野》[⑥] 二

① 齐光：《〈皇清职贡图〉绘本成于何时》，载《文汇报》，2013 年 5 月 6 日。

② 佟颖：《〈皇清职贡图〉及其研究》，载《满语研究》，2009 年第 1 期。

③ 佟颖：《〈皇清职贡图〉研究》，黑龙江大学硕士学位论文，2010 年。

④ 黄金东：《浅析〈皇清职贡图〉及其史料价值》，载《兰台世界》，2012 年第 12 期。

⑤ 谢大勇：《古为今用是整理古代文献的核心价值——从〈皇清职贡图〉说开来》，载《全国中小型公共图书馆联合会 2015 年研讨会会议论文集》（三），2015 年。

⑥ 马国君、李红香：《〈皇清职贡图〉版本概况及文献价值述评——以卷八“贵州诸夷”为视野》，载《贵州大学学报》，2016 年第 5 期。

文。《〈皇清职贡图〉与人类学影像》①、《清代前期朝贡关系考辨——从〈皇清职贡图〉说起》②、《台湾华文书局版〈皇清职贡图〉举误》③ 三篇文章的研究范围相对宽泛，其中后两篇考察了清代朝贡体系中“朝贡”一词的概念，提出职贡体系的政治含义，这也是我们在研究时需要注意的问题。“朝贡”不仅仅是“以下对上”的朝贡，其中还包括“外交”的政治含义，即所有朝贡的外藩或邦国并不都在清王朝的政权统治范围，其中有些外邦与清王朝是平等的外交关系。第一篇《〈皇清职贡图〉与人类学影像》对《皇清职贡图》的解释稍有偏颇，作者文中提道：“他们更重视对皇家样本，而不是对实际描绘对象的忠实。最终完成的图像也依然是宫廷绘画惯有的风格，典雅有余，将少数民族，即所谓蛮夷描绘成穿着他们想象的蛮服的书生和仕女。”④当时绘制《皇清职贡图》并非宫廷画家想象而作，是由少数民族地区上呈图画，虽然并非辑录原图，但是不可否认具有一定的客观性和真实性，作者将这一图册作为人类学的影像进行考察是值得参考的，为人类学领域对《皇清职贡图》的研究提供新的可能。

以上这些学术论文均从宏观视角的综合性研究层面对《皇清职贡图》的成书过程、版本源流、学术价值、研究前景等进行了全面的归纳和分析，这些文献材料可以帮助我们清晰地梳理《皇清职贡图》的成书过程、增补过程和版本源流，同时也为我们了解和研究该图册提供了多元的视角。

---

① 林茨：《〈皇清职贡图〉与人类学影像》，载《中国摄影家》，2007 年第 4 期。

② 佟颖：《清代前期朝贡关系考辨——从〈皇清职贡图〉说起》，载《满语研究》，2011 年第 1 期。

③ 朱和双：《台湾华文书局版〈皇清职贡图〉举误》，载《寻根》，2013 年第 5 期。

④ 林茨：《〈皇清职贡图〉与人类学影像》，载《中国摄影家》，2007 年第 4 期。

四、《皇清职贡图》所绘民族研究

研究《皇清职贡图》中中国境内民族的学术论文约19篇，研究视角主要集中在民族服饰、生活习俗、宗教信仰、人物形象四个方面，以采用比较研究的方法为主。通过《皇清职贡图》来分析民族服饰的主要有以下五篇：《〈皇清职贡图〉与清初青海少数民族服饰习俗》①、《自然环境与清代岭南少数民族头饰文化的演变及特色——以〈皇清职贡图〉为中心》②、《从〈皇清职贡图〉看瑶族服饰》③、《〈皇清职贡图〉绘民族服饰与当代中国少数民族服饰比较研究》④、《清中期广西瑶族服饰特征解析——以〈皇清职贡图〉为中心》⑤。以上学者的文章均从《皇清职贡图》中的图像出发探讨清代民族服饰及现代民族服饰，亦有对古今民族服饰进行比较研究来分析民族服饰的变迁，可以看出研究视角主要集中于南方少数民族，对《皇清职贡图》中北方民族的服饰研究较少。

《〈皇清职贡图〉与赫哲族民俗》⑥、《从〈皇清职贡图〉看

---

① 秦永章、李丽：《〈皇清职贡图〉与清初青海少数民族服饰习俗》，载《青海民族学院学报》，1991年第3期。

② 陈伟明、汤苑芳：《自然环境与清代岭南少数民族头饰文化的演变及特色——以〈皇清职贡图〉为中心》，载《贵州民族研究》，2009年第5期。

③ 罗树杰：《从〈皇清职贡图〉看瑶族服饰》，载《民族论坛》，2013年第7期。

④ 刘延庆：《〈皇清职贡图〉绘民族服饰与当代中国少数民族服饰比较研究》，中央民族大学硕士学位论文，2015年。

⑤ 李瑜：《清中期广西瑶族服饰特征解析——以〈皇清职贡图〉为中心》，载《贺州学院学报》，2017年第2期。

⑥ 侯瑞秋：《〈皇清职贡图〉与赫哲族民俗》，载《满族研究》，1998年第3期。

鄂伦春族民俗》[①]、《〈皇清职贡图〉记载的黑龙江流域各族》[②]、《〈皇清职贡图〉与赫哲族》[③]、《〈皇清职贡图〉与鄂伦春民族题材绘画的发生》[④] 这五篇论文所研究的民族集中在我国东北部地区，这些学者主要从民俗、民族文化变迁的角度出发，通过古今民族的对比研究，或对图册中人物形象的分析来探讨民俗学方面的价值，且均从微观的研究视角解剖《皇清职贡图》中的人物形象。仅有《〈皇清职贡图〉与鄂伦春民族题材绘画的发生》一文从专业的美术学角度来挖掘该图册在美术学领域的学术价值。

从文献学、历史学的角度出发对《皇清职贡图》中所绘境内民族进行研究的主要有《〈皇清职贡图〉中的河州民族》[⑤]、《从〈皇清职贡图〉看清前期贵州少数民族社会》[⑥]、《〈皇清职贡图〉所载盘瓠信仰探析》[⑦]、《〈皇清职贡图〉：绘不完的民族情谊》[⑧]、《清代前期西南少数民族族群形象研究——以〈皇清职贡

---

① 刘凡：《从〈皇清职贡图〉看鄂伦春族民俗》，载《沈阳故宫博物院院刊》，2007年第1期。

② 郝庆云、张嘉宾：《〈皇清职贡图〉记载的黑龙江流域各族》，载《黑龙江民族丛刊》，2009年第6期。

③ 郭天红：《〈皇清职贡图〉与赫哲族》，载《黑龙江民族丛刊》，2011年第6期。

④ 袁俊华、戚峰：《〈皇清职贡图〉与鄂伦春民族题材绘画的发生》，载《美术大观》，2013年第2期。

⑤ 史有勇：《〈皇清职贡图〉中的河州民族》，载《民族日报》，2010年7月29日，第6版。

⑥ 阮立影：《从〈皇清职贡图〉看清前期贵州少数民族社会》，西南大学硕士学位论文，2010年。

⑦ 佟颖：《〈皇清职贡图〉所载盘瓠信仰探析》，载《伊犁师范学院学报》，2012年第2期。

⑧ 刘国俊：《〈皇清职贡图〉：绘不完的民族情谊》，载《新疆日报》，2012年6月26日，第10版。

图〉为中心》①、《清代贵州历史民族图志对比研究——以康熙〈贵州通志〉、乾隆〈皇清职贡图〉、嘉庆“百苗图”为中心》②、《〈皇清职贡图〉中的西域史实》③、《〈皇清职贡图〉、“滇夷图”中的云南古宗图像解析》④、《元明清时期贵州土司区民族图像研究——以《〈(康乾)贵州通志〉、〈(乾隆)皇清职贡图〉“百苗图”为中心》⑤。针对《皇清职贡图》中西北民族的研究屈指可数，除了秦永章、李丽对图册中青海民族有所研究以外，仅有《〈皇清职贡图〉中的河州民族》一文的作者史有勇对《皇清职贡图》所记载的甘肃河州民族加以考证，秦永章、李丽开创了《皇清职贡图》中有关西北民族研究的先河。《皇清职贡图》中所记载甘肃的民族就有 34 个（68 幅图），涉及现居于甘、青一带的撒拉族、土族、藏族、回族、裕固族等民族。可以运用比较研究法并结合《皇清职贡图》中的记载来研究这些民族的民族文化变迁现象，这之中有较大的研究空间和现实意义等待挖掘。《〈皇清职贡图〉所载盘瓠信仰探析》一文通过图册中的人物形象来解析西南少数民族地区的盘瓠信仰，从宗教学、民俗学的角度对《皇清职贡图》进行新颖的解读。

上文所列的学者研究成果中有不同民族图册之间的对比研究，这些学者对比较研究法的运用在一定程度上有助于我们了解

---

① 王荟：《清代前期西南少数民族族群形象研究——以〈皇清职贡图〉为中心》，西南大学硕士学位论文，2012 年。

② 李胜杰、马国君：《清代贵州历史民族图志对比研究——以康熙〈贵州通志〉、乾隆〈皇清职贡图〉、嘉庆“百苗图”为中心》，载《西南边疆民族研究》，2016 年第 1 期。

③ 周轩：《〈皇清职贡图〉中的西域史实》，载《伊犁师范学院学报》，2016 年第 2 期。

④ 李瑜：《〈皇清职贡图〉、“滇夷图”中的云南古宗图像解析》，载《云南民族大学学报》，2016 年第 4 期。

⑤ 马国君：《元明清时期贵州土司区民族图像研究——以〈(康乾)贵州通志〉〈(乾隆)皇清职贡图〉“百苗图”为中心》，载《广西民族研究》，2016 年第 6 期。

清代少数民族认同、古今民族变迁、清代民族政策实施以及清代“中央—边疆”互动关系等方面的内容。

五、《皇清职贡图》所绘境外民族研究

《皇清职贡图》中不乏对境外前来朝贺的外邦首领“头人”及“民人”的绘画，上文中已提到乾隆年间创制的正本卷一部分包括若干与清廷有朝贡或外交关系的外藩诸部。对于这一部分图像的研究主要有以下四文：《〈皇清职贡图〉与俄罗斯国家图书馆乙阿钦特·比丘林的〈第一画册〉》[①]、《从〈皇清职贡图〉看东南亚国家的服饰文化特征》[②]、《〈皇清职贡图〉中西洋人物形象及服饰研究》[③]、《从〈皇清职贡图〉看西洋民族的服饰文化特征》[④]。《〈皇清职贡图〉与俄罗斯国家图书馆乙阿钦特·比丘林的〈第一画册〉》一文中作者提道：“俄罗斯科学院东方文献研究所库中保存着四件《皇清职贡图》版画，其中两件来自外交部亚洲司，其余的来历不明。”[⑤] 作者所说的这一《皇清职贡图》的版本总共9卷，可以判定不是已经遗失的乾隆朝彩绘正本，作者所述的版本是否跟法国国家图书馆所藏为同一版本暂且无法考证，但文中对俄罗斯著名汉学家比丘林所著《第一画册》

---

① 波波娃：《〈皇清职贡图〉与俄罗斯国家图书馆乙阿钦特·比丘林的〈第一画册〉》，载《首届中国少数民族古籍文献国际学术研讨会论文集》，2010年10月。

② 白爱萍：《从〈皇清职贡图〉看东南亚国家的服饰文化特征》，载《南宁职业技术学院学报》，2011年第6期。

③ 郎朗天：《〈皇清职贡图〉中西洋人物形象及服饰研究》，中央民族大学硕士学位论文，2013年。

④ 姜梅珍：《从〈皇清职贡图〉看西洋民族的服饰文化特征》，载《人文天下》，2016年第18期。

⑤ 波波娃：《〈皇清职贡图〉与俄罗斯国家图书馆乙阿钦特·比丘林的〈第一画册〉》，载《首届中国少数民族古籍文献国际学术研讨会论文集》，2010年，第22页。

陈述得十分详细。比丘林以《皇清职贡图》的图像为来源而创作《第一画册》，这部画册对我们了解海外学者对《皇清职贡图》的研究有非常重要的借鉴意义。

《从〈皇清职贡图〉看东南亚国家的服饰文化特征》《〈皇清职贡图〉中西洋人物形象及服饰研究》《从〈皇清职贡图〉看西洋民族的服饰文化特征》三篇文章均对图册中境外的民族进行研究，郎朗天所著一文将图册中西洋人物的形象和当时外国人物画像进行对比，唯一不足之处在于郎朗天所采用的《皇清职贡图》版本为文渊阁《四库全书》写本，无满汉文图说和色彩，缺乏一定的生动性。《从〈皇清职贡图〉看东南亚国家的服饰文化特征》《从〈皇清职贡图〉看西洋民族的服饰文化特征》这两篇论文虽然都以人物形象入手，但遗憾的是二文中始终没有涉及《皇清职贡图》中西洋人物形象的图像。可见，如果能妥善保护并且充分利用《皇清职贡图》留存于世的文献资料的话，关于这部图册的研究空间和研究视角会更广阔、更多元。

六、《皇清职贡图》的满文图说研究

满文是清朝推广使用的官方文字，清代大量的文献资料、碑刻、奏折和档案都用满文或满汉对照的形式书写。据 2010 年人口普查数据，我国满族人口总数达 1041.0585 万，这样一个庞大的群体在现代化进程中面临着文字濒危的劫难，浩如烟海的满文史料如何突破满文濒危的困境是亟待解决的问题。《皇清职贡图》中的图说部分是以满汉合璧的形式呈现，有一些专注于清史研究和满文研究的学者对《皇清职贡图》中的满文图说进行过研究。其中，最具代表性的是佟颖，她的两篇文章《〈皇清职贡图〉满语词汇分析》① 和《满语同义连用现象研究——以〈皇清职贡图〉为例》② 对图册满汉文图说中的满语词汇和同义词连用现象进行了开创性的研究，第一次将《皇清职贡图》纳入语言学研究的范畴。另有齐光所著《解析〈皇清职贡图〉绘卷及其满汉文图说》③ 较为详细地梳理了满文词汇中"民族""国家""国人"等词汇的含义，提出清代在云贵两省设立府、州，但没有设置县是中央王朝权力渗透不彻底的表现，同时，指出清代改土归流政策的实施是局部的、而且是缓慢的④。这对我们考证和研究《皇清职贡图》图说和解读清代中央王朝对边疆控制力度方面具有非常重要的参考价值。

综上所述，海内外关于《皇清职贡图》的研究成果并不丰硕，虽然诸多学者提出了多元化的研究视角，展现了广阔的研究空间，但由于该图册出版影印次数少，少有学者可以直接接触原版，加之受满文文字的阅读限制，《皇清职贡图》的研究没有形成系统的研究范式。法国所藏图册机构正在进行相关整理工作。继续推进海内外《皇清职贡图》的整理出版可促进对该图册的研究，同时，满文的推广和普及对研究清代满文文献起关键性作用。随着历史学、民族学等学科的不断发展和学界对满文濒危的不断重视，《皇清职贡图》的研究越来越受到学者的关注，但仍缺乏考察职贡图中区域民族历史文化的深度研究。《皇清职贡图》所绘图像颇多，图说涵盖了清代少数民族的居住地域、服饰特征、文化习俗、生计方式等各个方面的内容，涉及历史学、民

---

① 佟颖：《〈皇清职贡图〉满语词汇分析》，载《满语研究》，2010年第1期。

② 佟颖：《满语同义连用现象研究——以〈皇清职贡图〉为例》，载《满语研究》，2012年第1期。

③ 齐光：《解析〈皇清职贡图〉绘卷及其满汉文图说》，载《清史研究》，2014年第4期。

④ 齐光：《解析〈皇清职贡图〉绘卷及其满汉文图说》，载《清史研究》，2014年，第4期。

族学、社会学等多学科领域，学术价值不容忽视，对该图册的研究有助于我们了解清代朝贡体系下各民族状况，也有助于我们研究清代“中央王朝”与“边疆”的互动关系。

云南噶玛噶举派历史研究综述

中央民族大学　熊　燕

摘　要：噶玛噶举派形成于11世纪，是藏传佛教中的重要教派，在明清之际，它成为影响滇西北政教关系走向很重要的因素之一。噶玛噶举派历史研究是云南藏传佛教历史研究的重要组成部分，本文从历史与文物研究两个角度对以往学者对云南噶玛噶举派研究的成果进行了回顾与综述，在此基础上认为文物与历史相结合的研究视角，可以对噶玛噶举派在云南的传播历史有更立体的认识。

关键词：云南；噶玛噶举派；研究综述

噶举派由玛尔巴译师开创，形成于11世纪的藏传佛教“后宏期”。玛尔巴译师将教法传给米拉日巴大师，米拉日巴以后，噶举派的教法分为两大系统：一是从塔波拉结传承下来的塔波噶举；二是由琼波南杰开创的香巴噶举。后来，香巴噶举逐渐势微而塔波噶举逐渐兴盛，其内部又逐渐分裂出四大八小诸多支系，成为藏传佛教所有教派中支系最多的派别，噶玛噶举便是其中的四大支派之一。噶玛噶举派在云南的传播大致经历了以下四个阶段：一是14世纪以前的初传阶段。据藏文版《噶玛巴活佛传》①

---

① 噶玛·才旺滚巧：《噶玛巴活佛传》，昆明：云南民族出版社，1998年，第32页。

记载，第二世噶玛巴噶玛拔希就曾到迪庆朝拜了神山卡瓦格博。二是15世纪至17世纪上半叶。明代，丽江木氏土司家族兴起，为了维护与扩大在藏区的统治，木氏土司与藏传佛教噶玛噶举派结成了供施关系。由于木氏土司的支持，噶玛噶举派成为滇西北最具影响力的藏传佛教教派。三是17世纪下半叶。由于受西藏政教斗争影响，十世噶玛巴却英多吉在1647年离开楚布寺，来到丽江，并在滇西北地区传教十余年，滇西北成为噶玛噶举派传教中心。四是清初。清朝建立以后，朝廷转而支持格鲁派，格鲁派势力不断壮大并向康区扩展，在蒙古和硕特部支持下，格鲁派获得了中甸的宗教主导权，境内很多噶玛噶举派与宁玛派寺院都被强令改宗格鲁派。噶玛噶举派被排挤出了云南藏区，只在藏区边缘的纳西、普米族中保留了下来。

从宗教视角看，在藏传佛教诸教派中，噶玛噶举派在云南的影响从元至清初，有近四百年的历史，而格鲁派的影响则是自清至今约有三百年的历史。因此，关注云南藏传佛教历史，不能只关注今日地位显赫的格鲁派。从政治视角看，噶玛噶举派在云南的传播历史，不仅是其一个教派的兴衰史，在这四百余年的时间里，噶玛噶举派与木氏土司、格鲁派、和硕特部之间权力的博弈，成为影响滇西北政治走向的重要因素，反映出的是中央王朝的治藏政策、西藏政教斗争在藏边社会的影响力，也是朝代更迭中藏区政教嬗变中的一个缩影。从文化视角看，滇西北地区位于滇川藏交界处，民族文化多样性是这一地区文化的显著特征。不同于在藏民社会中的传播，噶玛噶派在多元文化地区传教，对滇西北纳西、普米等民族的文化产生了影响，又因文化传播的反作用力，噶玛噶举派本身在此过程中也受到了异文化的影响。对噶玛噶举派历史的研究对于云南藏传佛教史研究也具有重要意义。目前对云南噶玛噶举派的研究主要有以下几个方面：

一、从历史视角对云南噶玛噶举派的研究

以往的云南藏传佛教研究主要分为云南藏传佛教历史研究、云南藏传佛教寺院研究、云南藏传佛教信众研究等几个方面，关于噶玛噶举派在云南的传播历史，主要有以下研究成果：

（一）史料中关于噶玛噶举派的记述

噶玛噶举派形成于11世纪，因此史料中关于噶玛噶举派的记述都产生于11世纪以后。《贤者喜宴》《木氏宦谱》《维西见闻录》《丽江府志略》《噶玛巴活佛传》等明清时期的著作中，对当时滇西北地区宗教情况都有记述。云南民族出版社将收藏于迪庆州档案馆、迪庆州博物馆和香格里拉市文管所的藏文档案进行了翻译汇编，于2003年出版了《中甸藏文历史档案资料汇编》，该书是研究明清时期迪庆政教情况的珍贵一手资料。

（二）关于噶玛噶举派在云南传播历史的综合研究

杨学政所著的《藏族、纳西族、普米族的藏传佛教》[①]及其论文《西藏佛教在云南的传播和影响》[②]，作者从宏观视角对藏传佛教在云南传播的地理及民族分布状况做了调查，其中涉及噶玛噶举派在云南的传播历史。

郭净与和建华发表了《噶玛噶举派云南传播史略》[③]，文章对噶玛噶举派在云南传播历史的梳理是笔者目前所看到的所有资料中最为系统的。该文的另一个亮点是从迪庆的卡瓦格博信仰看噶玛噶举派的康区传教传统，这是以前的学者没有采用过的研究

---

① 杨学政：《藏族、纳西族、普米族的藏传佛教》，昆明：云南人民出版社，1994年。

② 杨学政：《西藏佛教在云南的传播和影响》，载《西藏研究》，1988年第1期。

③ 郭净、和建华：《噶玛噶举派云南传播史略》，载《中国西南文化研究》，2013年第2期。

视角。

王彦苹《藏传佛教噶玛噶举派在滇西北的传播与影响》①，文中作者将噶玛噶举派在云南的传播分为明以前、明代、清代三个阶段，分别进行了梳理研究。

（三）关于噶玛噶举派在迪庆传播的研究

苏朗甲楚是云南省迪庆藏族自治州香格里拉市人，也是最早关注云南噶玛噶举派研究的学者之一，他从藏文史籍中摘录翻译了《历代噶玛巴活佛在中甸活动资料摘译》② 一文，成为后来学者经常引证的资料。在《明末清初的云南藏区》和《噶玛巴活佛第十世却英多吉与迪庆的法缘关系》③ 两篇文章中，作者在丰富的民族志资料及扎实的田野调查基础上对明末清初云南的政教斗争和噶玛噶举派在迪庆的传播历史进行了研究。

冯智发表了《明至清初云南藏区的政教关系及其特点》④，作者以时间为脉络，探讨了明至清初云南藏区的两种斗争，即木氏土司与蒙古和硕特部的斗争和噶玛噶举派与格鲁派之间的斗争，最终随着木氏土司势力的衰落，格鲁派排挤了噶玛噶举派，取得中甸藏传佛教主导权。作者认为明清交替时期滇西北政教关系的嬗变是全国政权变迁中的一个缩影。

潘发生发表了《康熙至乾隆年间中甸政教史综述》⑤，文章分析了清初滇川藏交界地区，中央政府、蒙古和硕特部落、平西王吴三桂、丽江木氏土司、格鲁派、噶玛噶举派等各种力量间错综复杂的斗争关系，作者认为清康熙至乾隆年间是滇西北政教关

---

① 王彦苹：《藏传佛教噶玛噶举派在滇西北的传播与影响》，载《西藏研究》，2014 年第 3 期。

② 苏朗甲楚：《苏朗甲楚藏学文集》，昆明：云南民族出版社，2007 年。

③ 苏朗甲楚：《苏朗甲楚藏学文集》，昆明：云南民族出版社，2007 年。

④ 冯智：《明至清初云南藏区的政教关系及其特点》，载《中国藏学》，1993 年第 4 期。

⑤ 潘发生：《康熙至乾隆年间中甸政教史综述》，载《西藏研究》，1995 年第 2 期。

系最复杂的时期之一。文章中作者的陈述与观点都基于大量藏文历史档案，这也是该文章难能可贵之处。

房建昌与段志诚发表了《云南中甸藏传佛教噶玛噶举派大宝寺小考》[①]。大宝寺位于香格里拉市城东十五公里处，文中作者考证了大宝寺为十世噶玛巴却英多吉在中甸期间所建，在云南藏传佛教史上具有重要的地位。

（四）关于噶玛噶举派在丽江发展的研究

赵心愚在《纳西族与藏族关系史》[②] 一书中对藏传佛教在丽江的传播过程进行了探讨，但内容简略，作者后来又在发表的论文《略论丽江木氏土司与噶玛噶举派的关系》[③] 中提出，噶玛噶举派在丽江的发展与木氏土司崇奉噶玛噶举派关系密切。作者通过对木氏土司与噶玛噶举派、格鲁派之间的关系进行比较，将木氏土司与噶玛噶举派关系的发展分为三个阶段，这是以往学者没有进行过的尝试。

杨福泉在《纳西族与藏族历史关系研究》[④] 一书和论文《历史上丽江民间藏传佛教信仰之变迁》[⑤] 中，论述了噶玛噶举派在纳西族中的传播历史与变迁。

潘发生发表了《丽江木氏土司向康藏扩充势力始末》。[⑥] 作者是一名土生土长的藏学研究者，这篇文章的可贵之处在于作者

---

① 房建昌、段志诚：《云南中甸藏传佛教噶玛噶举派大宝寺小考》，载《思想战线》，1992 年第 2 期。

② 赵心愚：《纳西族与藏族关系史》，成都：四川人民出版社，2004 年。

③ 赵心愚：《略论丽江木氏土司与噶玛噶举派的关系》，载《思想战线》，2001 年第 6 期。

④ 杨福泉：《纳西族与藏族历史关系研究》，昆明：云南人民出版社、云南大学出版社，2011 年。

⑤ 杨福泉：《历史上丽江民间藏传佛教信仰之变迁》，载《云南社会科学》，2008 年第 5 期。

⑥ 潘发生：《丽江木氏土司向康藏扩充势力始末》，载《西藏研究》，1999 年第 2 期。

在比较当地藏语、纳西语和汉语的基础上，考证了《木氏宦谱》中所记载的康藏地名在今天所属的地理位置①，以时间为线索研究了木氏土司利用军事手段对康藏地区进行征讨和统治的过程。

二、从文物视角对噶玛噶举派的研究

1925 年，王国维先生在《古史新证》中提出："吾辈生于今日，幸于纸上之材料外，更得地下之新材料。由此种材料，我辈固得据以补正纸上之材料，亦得证明古书之某部分全为实录，即百家不雅训之言亦不无表示一面之事实。此二重证据法惟在今日始得为之。"② 王国维先生认为考古资料既可以印证书面史料，也可以补充书面史料的不足，书面史料与考古发掘材料相印证，可以更全面地认识古代社会。他提出的"二重证据法"成为研究古代历史的一种公认科学方法。文物是我们了解古代社会的一把钥匙。由于产生于特定历史环境之中，其价值不仅在于器物本身的工艺，更在于其背后所包含的历史信息和所反映的社会政治、文化发展状况，可以让我们对古代社会有立体的了解。除以上基于历史文献与实地考察的研究外，另一个研究视角是从文物角度对藏传佛教历史与艺术进行研究。国家博物馆孙机先生主张"格物知史"，即文物研究要将文物还原到其所处的历史时空中，探求文物身上所蕴含的历史与变迁信息，成为过去时空里的鲜活再现，让文物"从历史中醒来"。孙机先生所著的《中国古代物质文化》《华夏衣冠：中国古代服饰文化》《从历史中醒来》等都是文物研究的典范之作。

---

① 潘发生：《〈木氏宦谱〉部分疑难地名考释》，载《思想战线》，1998 年第 12 期。

② 王国维：《古史新证——王国维最后的讲义》，北京：清华大学出版社出版，1994 年，第 3 页。

（一）国外噶玛噶举派艺术研究

在国外，最早对噶玛噶举派造像艺术进行研究的是瑞士学者乌尔瑞希·冯·施罗德（Ulrich von Schroeder），他的研究主要致力于造像的艺术风格，他用十余年时间考察了卫藏地区重要的寺院，并在2001年出版了《西藏佛教雕塑》① 一书。全书分为两卷，在西藏卷中他根据造像后的藏文题记总结出噶玛巴却英多吉的造像艺术风格，并识别出却英多吉的六尊作品，这一发现在却英多吉艺术研究领域具有开拓性的意义。

《西藏绘画史》② 为德国学者大卫·杰克逊（David Jackson）所著，在书中作者以时间和地区为线索，全面介绍了西藏绘画艺术的派别，其中就有对十世噶玛巴却英多吉与八世司徒活佛司徒班钦·却吉迥乃的介绍。

在这方面研究中，美国鲁宾艺术博物馆也值得一提。该博物馆是西方第一座致力于收藏喜马拉雅山脉及周边，特别是西藏地区艺术品的博物馆，收藏了大批噶玛噶举派的造像和绘画文物。近年来该博物馆出版了两本重要的著作：一是由大卫·P. 杰克森（David P. Jackson）所著的《自助者与画家：司徒班钦与营地风格的复兴》③；另一本是由卡尔·德布里斯尼（Karl Debreczeny）所著的《黑帽传承：艺术视野中的十世噶玛巴》④。从研究视角来说，这两本值得赞许之处在于它们立足于历史文献、高僧传记与实地调查材料，结合鲁宾博物馆的藏品来探讨司徒班钦和却英多吉的艺术风格，因此这两本著作的研究更显丰满和立

---

① Ulrich von Schroeder. *Buddhist Sculptures in Tibet*. Visual Dharma Pub, 2001.

② ［德］大卫·杰克逊：《西藏绘画史》，向红笳、谢继胜、熊文彬译，济南：明天出版社，拉萨：西藏人民出版社，2001年。

③ David P. Jackson. *Patron and painter : Situ Panchen and the revival of the encampment style*. New York : Rubin Museum of Art, 2009.

④ Karl Debreczeny. *The Black Hat Eccentric : Artistic Visions of the Tenth Karmapa*. New York : Rubin Museum of Art, 2012.

体。美国学者杜凯鹤著有一篇论文《菩萨在云之南——司徒班钦在云南的活动及其艺术影响力》①，该文以司徒班钦三次到丽江的经历为线索，来探讨司徒班钦的人生经历与其艺术风格形成的关系。由于语言、调查等条件限制，文章中有一些知识性错误，但瑕不掩瑜，这两本著作及文章得到了国内外相关研究者的重视。

（二）国内噶玛噶举派艺术研究

国内关于云南噶玛噶举派艺术的研究，主要有以下成果：

孙太初发表的《丽江壁画调查报告》② 与李伟卿发表的《丽江木氏土府庙宇壁画初探》③。这两位作者都参与了 1962 年云南省文物局所组织的丽江壁画及土官府建筑群调查工作，在田野调查基础上，对丽江壁画的分布、内容、现状、创作年代、制作方法等做了详细介绍。这两篇文章是研究丽江壁画的一手资料。

冯智所著的《丽江藏传佛教壁画及其历史研究》④，是关于丽江藏传佛教壁画发表得较早的一篇研究性论文。作者在实地考察的基础上，结合历史文献资料，通过白沙大宝积宫壁画的题记和壁画内容考释了白沙大宝积宫的建造年代，并指出白沙壁画反映了噶玛噶举派与木氏土司之间亲密的供施关系，是滇川藏地区多民族文化圈互动的缩影。

熊文彬发表了《西藏著名艺术家十世噶玛巴活佛却英多吉笔下的汉式风格作品》⑤，并联合夏格旺堆、哈比布发表了《云南

① ［美］杜凯鹤：《菩萨在云之南——司徒班钦在云南的活动及其艺术影响力》赵秀云译，载《故宫博物院院刊》，2011 年第 2 期。

② 孙太初：《丽江壁画调查报告》，载《文物》，1963 年第 12 期。

③ 李伟卿：《关于丽江壁画的几个问题》，载《文物》，1960 年第 6 期。

④ 冯智：《丽江藏传佛教壁画及其历史研究》，载《西藏研究》，2008 年第 1 期。

⑤ 熊文彬、夏格旺堆、哈比布：《西藏著名艺术家十世噶玛巴活佛却英多吉笔下的汉式风格作品》，载《中国藏学》，2016 年第 1 期。

丽江大宝积宫明代壁画藏文题记及其相关问题讨论》[①]。文章作者具有很深的藏学功底，在此基础上的藏传佛教文物研究显得驾轻就熟。2014 年，作者与谢继胜、廖旸等学者合作出版了《江南藏传佛教艺术——杭州飞来峰石刻造像研究》，为藏传佛教艺术研究提供了很好的范式。

除以上学术研究的专著和论文外，还有一些介绍白沙壁画的图册，如玉龙县世界文化遗产保护管理所的《丽江白沙壁画图释》[②]，这本图册不仅对壁画做了高分辨率的拍摄，更难能可贵的是对壁画中每一尊画像的题记进行了翻译，为研究者提供了很好的一手资料。其余类似的著作还有《丽江白沙壁画》[③]、许存仁先生的《丽江古寺庙轶事及考略》[④] 等。

结　语

综上所述，以往关于云南噶玛噶举派的研究多着眼于一个时代或者某位宗教领袖，目前还没有学者对噶玛噶举派在云南的整个传播历史做过深入系统的研究。从研究视角来看，云南所流传的噶玛噶举派文物已经引起了学者们的关注，但研究还不够系统。在这方面的研究中，国外学者已经处于领先水平。因此，文物与史料相结合，是未来云南噶玛噶举派历史研究的一个方向，可以让我们对云南噶玛噶举派历史有一个更立体的认识。而对云南噶玛噶举派历史的研究，可以帮助我们加深对藏族、纳西族的民族关系的认识，而且对于维护藏区稳定、创建和谐的民族关系都具有积极意义。

---

① 熊文彬、夏格旺堆、哈比布：《云南丽江大宝积宫明代壁画藏文题记及其相关问题讨论》，载《中国藏学》，2013 年 S2 期。

② 和仕勇主编：《丽江白沙壁画图释》，昆明：云南人民出版社，2011 年。

③ 丽江纳西族自治县文化局、丽江纳西族东巴文化博物馆编：《丽江白沙壁画》，成都：四川人民出版社，1999 年。

④ 许存仁：《丽江古寺庙轶事及考略》，昆明：云南民族出版社，2012 年。

近二十年国内《百苗图》研究述评

中央民族大学　黄菡薇

摘　要：《百苗图》是源自陈浩《八十二种苗图并说》的一系列抄本的总称①，它以图文并茂的形式记录了清代贵州多个民族的生产、生活、文化、习俗等各个方面，是研究贵州少数民族的珍贵材料。近年，《百苗图》研究开始受到重视，许多研究论著陆续出版发行。该篇述评从历史学、民族学、美术学等不同学科角度对现有成果进行归类整理，对《百苗图》研究的历史与现状，尤其是近二十年的研究成果进行总结和评述，以期推动后续研究进一步深入。

关键词：《百苗图》；贵州；研究述评

"百苗图"系一类反映清代贵州民族的图说文本之总称，这类文本以图片形式描绘清代贵州各民族的生产生活和文化习俗，并配以文字解释说明，图文内容通常相互呼应，生动形象地反映清代贵州的民族状况，是研究清代贵州民族的珍贵资料。一般认为，《百苗图》原本是清嘉庆年间贵州八寨理苗同知陈浩所作《八十二种苗图并说》。该书原版已佚，但后世传抄版本众多，资料翔实，国内外均有相关收藏，为研究《百苗图》奠定了基

① 宋蜀华：《历史民族学的一项奠基性工作——〈百苗图研究丛书〉总序》，载《吉首大学学报》（社会科学版），2001 年第 3 期。

础。但《百苗图》各版名称不尽相同，绝大多数版本的作者和传抄年代难以确定，每版内页存留状况不一，《百苗图》各版之间、《百苗图》与其他史料之间存在内容互相抵牾的情况，这些缺陷皆增加了《百苗图》研究的难度。故而，在运用《百苗图》进行研究之前，须甄别各版《百苗图》的史料价值。

“百苗图”研究的早期代表人物是人类学家刘咸先生，他于1936年发表《苗图考略》① 一文，文中考证了“苗图”的由来和苗族的历史，介绍了国外收藏及研究状况，强调了“苗图”在文化人类学、民族学中的研究价值。此后几十年，“百苗图”研究虽然不是热点问题，但陆续有研究成果面世，如民族考古学家宋兆麟先生的《清代贵州少数民族的风俗画》② 就对《百苗图》的其中一版《贵州民族》条幅进行了细致研究。《百苗图》受到广泛关注，是从1973台湾傅斯年图书馆所藏《苗蛮图册》和《番苗画册》的出版发行开始，这两版抄本的公开，使得国内外学者争相援引，研究由此进入新的阶段。

近二十年，《百苗图》研究成果丰硕，研究较前一阶段进一步深入。吉首大学杨庭硕教授带领的研究团队是这二十年间研究《百苗图》的主力军，现存《百苗图》研究成果多来自该团队的专家学者。其中影响最广泛的应属《百苗图抄本汇编》③。此书由杨庭硕及其研究团队合著，是该团队多年研究《百苗图》的总结性成果，书中收录的《百苗图》多达11版，是目前收录《百苗图》版本最多的一本著述。此外，近二十年间国内涉及贵

---

① 刘咸：《苗图考略》，北京：全国图书馆文献缩微中心，2010年。

② 宋兆麟：《清代贵州少数民族的风俗画》，载《文物》，1988年第4期。

③ 杨庭硕、潘盛之编著：《百苗图抄本汇编》，贵阳：贵州人民出版社，2004年。该系列丛书是国家社会科学基金资助项目，获云南大学西南边疆少数民族研究中心、吉首大学、贵州民族学院联合资助。据该书序言介绍，书中收录了藏于贵州地区的11个版本“百苗图”，台湾“中央研究院”出版的《苗蛮图册》《番苗画册》，以及法国 Institut Des Hautese Tude Schinoise, Parics 博物馆收藏的一版“百苗图”，共11个版本“百苗图”。

州《百苗图》研究的中文文献还包括6本专著、3篇博士论文和60余篇公开发表的学术论文。其中不乏立意新颖、论据充实之作，但也有一些研究成果值得商榷。

国内近二十年的《百苗图》研究几乎涉及当前已知各版《百苗图》，这些成果不外乎从历史学、民族学和美术学三个学科领域入手。学者们运用这三个学科的研究方法和研究视角对《百苗图》进行研究，得出了不同的研究结论。

一、历史学视角的研究

运用历史学理论与方法从事研究的学者主要是对《百苗图》各本进行名称题解、版本溯源、内容疏证，以及对史料价值和馆藏情况进行研究。

李汉林于2000年先后发表文章《〈百苗图〉题解》《〈百苗图〉原本编排体例探析》，指出《百苗图》原本为清嘉庆年间贵州八寨理苗同知陈浩所作《八十二种苗图并说》。版本留存约60余种，大陆、台湾及伦敦、巴黎、柏林、东京、莫斯科、旧金山等地博物馆、图书馆均有收藏。各版本名称和内容均有差异，书名有《苗蛮图册》《黔苗图说》《百苗图》《百苗图咏》《百苗图诗画》《番苗画册》等。因《百苗图》画本在民国初年曾以石印本小规模发行，在民间影响较大，故后人多称此类图书为《百苗图》。① 另外，还将各版《百苗图》中各民族编排顺序与李宗昉《黔记》中摘录的《百苗图》文字部分进行比对，得出“原本八十二个条目的编排有其一定的规则，即按民族社会文化系缘关系和称谓出现的先后顺序进行编排，以此揭示八十二个‘族称’

① 李汉林：《〈百苗图〉题解》，载《吉首大学学报》（社会科学版），2000年第3期。

之间的族属关系"[①] 之结论。这两篇论文肯定了《百苗图》的史料价值，对《百苗图》研究有很好的定位作用。杜薇于同年发表《台湾新版〈番苗画册〉真伪及价值考辨》[②] 一文，认为台湾傅斯年博物馆所藏《番苗画册》是一个为谋利而炮制的《百苗图》伪本，其中错漏较多，不应盲信。该篇论文的观点和运用的材料都颇为新颖，被民族学权威核心期刊《民族研究》收录，但文中"《番苗画册》的出现是为谋利"这一观点还值得商榷，一是因为文中没有提出相关旁证，二是因为自古文人墨客仿抄古籍的行为都受当时文化价值的影响，将《番苗图册》的印刻原因单纯视为谋利恐有不妥，难以令人信服。

2001 年李汉林出版名为《百苗图校释》[③] 的专著，该书将其收集到的各版《百苗图》同现有的贵州史志类文献进行比对，校勘图文正误，是目前国家图书馆馆藏图书中最早对《百苗图》进行系统校释的专著，对后世研究有很高的参考价值。同年，李汉林、杨庭硕教授相继发表《九种〈百苗图〉版本概说》[④] 和《"百苗图"贵州现存抄本述评》[⑤]，二文均从历史学角度出发，对所收集的《百苗图》版本逐一介绍，阐述优劣，评述价值。前一篇所述包含目前发现的贵州地区馆藏的七个版本和台湾傅斯年博物馆收藏的两个版本，后者则侧重于对贵州现存七个版本进行比较。实际上这两位学者都是"百苗图研究丛书"的编著者，故其运用的材料近似，得出的观点一致。通过阅读这两篇论文，

---

① 李汉林：《〈百苗图〉原本编排体例探析》，载《吉首大学学报》（社会科学版），2000 年第 4 期。

② 杜薇：《台湾新版〈番苗画册〉真伪及价值考辨》，载《民族研究》，2000 年第 4 期。

③ 李汉林：《百苗图校释》，贵阳：贵州民族出版社，2001 年。

④ 李汉林：《九种〈百苗图〉版本概说》，载《吉首大学学报》（社会科学版），2001 年第 2 期。

⑤ 杨庭硕：《"百苗图"贵州现存抄本述评》，载《贵州民族研究》，2001 年第 4 期。

能清楚了解“百苗图研究丛书”编纂小组收集的各版《百苗图》之间的关系，而在两篇论文之后发表的有关《百苗图》版本溯源的文章大多借鉴此两篇作为研究基础。杜薇也在同期发表了《论〈百苗图咏〉的史料价值》[1]一文，单独以《百苗图咏》为研究对象，得出“《百苗图咏》虽然算不上是‘百苗图’传抄本中的珍本和善本，但作为一部可以明确断代的传抄本而言，其史料价值仍不容低估”之结论。

2002年，李汉林、刘峰合著《历史民族志研究方法探讨——以〈百苗图〉整理为例》[2]一文，以《百苗图》为例总结了历史民族志研究中容易遇到的六个难题，指出实施历史文献资料、田野调查资料、考古发掘资料三结合的办法，是突破这些难点的有效途径。这篇以《百苗图》为中心的史学方法研究，为其他版本图说研究提供了借鉴。同年符太浩发表的论文《论李宗昉摘编〈百苗图〉的得失》[3]也从历史学角度着眼，论证李宗昉《黔记》中抄录的《百苗图》文字部分的编排存在失误，认为李宗昉未能理解原作编排的用意，该篇也是《百苗图》校勘研究中较好的一部。

2004年是《百苗图》研究成果卓越的一年[4]，一是因为有两部专著相继出版，即《百苗图疏证》《百苗图抄本汇编》。这两部专著亦出自上文所提杨庭硕教授带领的研究团队，他们将收集的各版《百苗图》整理出版并附以研究结论，其中《百苗图抄本汇编》一书，不仅是杨庭硕团队多年研究的总结性成果，同时

---

① 杜薇：《论〈百苗图咏〉的史料价值》，载《贵州民族研究》，2001年第4期。

② 李汉林、刘峰：《历史民族志研究方法探讨——以〈百苗图〉整理为例》，载《贵州民族研究》，2002年第4期。

③ 符太浩：《论李宗昉摘编〈百苗图〉的得失》，载《史学月刊》，2002年第8期。

④ 刘峰：《百苗图疏证》，北京：民族出版社，2004年。

也是一部便利后人研究的优秀作品。二是因为当年首篇关于“百苗图”研究的博士论文发表，即李德龙的《清代贵州〈百苗图〉研究——以〈黔南苗蛮图说〉为中心》①。此篇博士论文首次以中央民族大学图书馆馆藏的《黔南苗蛮图说》为研究对象探讨《百苗图》问题，该版本《百苗图》此前鲜为人知，伴随该论文的发表，《黔南苗蛮图说》开始受到学界重视，尽管论文在古今民族考证问题上出现细小失误，但总体价值不容忽视。

2005年胡进发表《“百苗图”源流考略——以〈黔苗图说〉为范本》② 一文，通过研究《百苗图》其中一版《黔苗图说》，认为《百苗图》底本《八十二种苗图并说》“并不完全是哪一个人通过实地调查而产生的，其反映内容也不真正是某一时代贵州少数民族的真实写照”，并认为陈浩《八十二苗图并说》的资料来源主要是依据乾隆《贵州通志》和《皇清职贡图》等文献，同时指出，历史上对贵州少数民族的认知，层叠累积的痕迹十分明显，《百苗图》也不例外。该篇立意新颖，对前人研究，尤其是杨庭硕研究团队的成员得出的结论提出诸多反对意见，并逐一论证。尽管论据和结论不一定全对，但批判意识强烈，值得学习借鉴。

2006年杨庭硕在《吉首大学学报》上再次发表关于《百苗图》的文章，他对所藏各版《百苗图》进行校释后选出《百苗图》最好“善本”，并将该版《百苗图》与乾隆《贵州通志·苗蛮支》逐字对校，又结合《百苗图》中图画内容，发现《百苗图》原作者陈浩对乾隆《贵州通志》提出严厉批判，并匡正其谬误。杨庭硕还在论文中指出，要了解清代贵州各民族的实情，

---

① 李德龙：《清代贵州〈百苗图〉研究——以〈黔南苗蛮图说〉为中心》，中央民族大学博士学位论文，2004年。

② 胡进：《“百苗图”源流考略——以〈黔苗图说〉为范本》，载《民族研究》，2005年第4期。

理应看重《百苗图》，不能偏信乾隆《贵州通志》的记载。[1] 该篇论文实际可看作杨庭硕教授对胡进于2005年所发表论文的回应，重申了《百苗图》作为珍贵民族志资料的价值。

2009年，第二部涉及贵州《百苗图》的博士论文公开发表，即史晖博士的《国外"苗图"收藏与研究》[2]。该论文不仅研究贵州"苗图"（文中称为"黔苗图"），也研究"滇夷图""楚苗图""台番图"等贵州以外的"外苗图"，论文不仅研究这些"苗图"在国外存留情况，还研究"苗图"如何流向国外，并阐释了"苗图"的功能与价值，是一部便于我们了解国外"苗图"的优秀论文。

2010年有两篇运用文献比较研究方法成文的《百苗图》研究成果。一是《〈八十二种苗图并说〉的成书年代考证——以余上泗〈蛮峒竹枝词〉为研究文本》[3]，二是《比较历史学视野中的〈百苗图〉》[4]。前者首次将《百苗图》文本与史、志以外的文献进行对比研究，通过对比《百苗图》和《蛮峒竹枝词》共同记载的六种民族，得出《百苗图》原本应成书于该篇竹枝词成文的乾隆中期之结论。后者则将《百苗图》与日本及奥斯曼帝国所绘制的图进行对比，指出"对'他者'的民族志兴趣并非欧洲所独有，而是普遍地存在于全世界的帝国体系之中"。

2016年，《百苗图》研究成果颇为丰硕，从历史学角度研究

---

① 杨庭硕：《〈百苗图〉对〈贵州通志·苗蛮志〉（乾隆）的批判与匡正》，载《吉首大学学报》（社会科学版），2006年第4期、第5期。

② 余晖：《国外"苗图"收藏与研究》，中央民族大学民族学与社会学学院博士学位论文，2009年。

③ 严奇岩：《〈八十二种苗图并说〉的成书年代考证——以余上泗〈蛮峒竹枝词〉为研究文本》，载《民族研究》，2010年第1期。

④ 何罗娜、汤芸：《比较历史学视野中的〈百苗图〉》，载《民族学刊》，2010年第2期。

《百苗图》的成果主要有《日本早稻田大学所藏〈蛮苗图说〉评介》[①]《美国国会图书馆藏〈苗蛮图册页〉辨伪》[②]《百苗图各抄本所见印信研究》[③] 等。前两篇为不同学者对新发现的《百苗图》版本进行真伪辨别和价值评述，最后一篇则是通过对各版《百苗图》上的印信进行识读和考订，考证持有者的人名和身份，以期考证出文本传抄时间、传抄地点等相关信息。由此看出，近年仍有新版本《百苗图》被发掘和研究，同时，《百苗图》研究有了新的切入点和新的观念。此外，同年还有一篇博士论文涉猎《百苗图》研究，名为《乔治·威廉·克拉克与〈贵州与云南〉——19 世纪末一个西方传教士眼中的中国西南民族》[④]，作者严赛将英国传教士乔治·威廉·克拉克在中国西南游历后所著《云南与贵州》翻译成中文，再对克拉克本人生平和克拉克所著《云南与贵州》中记载的西南少数民族进行研究，经对比书中所记贵州民族和现存多版《百苗图》的文字内容，得出“克拉克对于清代贵州民族的记载具体参考哪一版《百苗图》难以确定，但克拉克版《百苗图》与早稻田大学所藏《苗蛮图说（80 种）》、美国哈佛大学所藏《苗蛮图说（82 种）》最为接近”之结论。严赛发掘了外文译版《百苗图》，并首次将外文版《百苗图》翻译并进行研究，是《百苗图》研究的又一次创新。

---

① 李国栋、张宝元：《日本早稻田大学所藏〈蛮苗图说〉评介》，载《贵州民族大学学报》（哲学社会科学版），2016 年第 3 期。

② 杨庭硕、李凌霞：《美国国会图书馆藏〈苗蛮图册页〉辨伪》，载《贵州民族大学学报》（哲学社会科学版），2016 年第 3 期。

③ 唐生周、鲁明新：《百苗图各抄本所见印信研究》，载《贵州民族大学学报》（哲学社会科学版），2016 年第 4 期。

④ 严赛：《乔治·威廉·克拉克与〈贵州与云南〉——19 世纪末一个西方传教士眼中的中国西南民族》，中央民族大学博士论文，2016 年。

二、民族学、人类学视角的研究

运用民族学理论与方法研究《百苗图》的学者，主要是从图文分析民族成分、解读文化特征等。代表性的研究成果主要有以下几类：

首先是以“百苗图”为文本研究古今民族对应关系的论著。1997年石建中发表《〈百苗图〉与苗族的历史和文化》①，对《百苗图》做情况介绍和价值评论，并梳理“百苗图”中古代苗族各支系间关系，还以“九股苗”为例阐述图说形式的文本对于民族支系识别之重要性。2001年吴正彪、李汉林先后发表《贵州“龙家”族属考辨》②《贵州土家族分布区域变迁考》③。前者通过校释《百苗图》，对比元、明、清三代有关“龙家”的史籍记载，结合当代民族学田野调查资料，论证“龙家”可能“曾是包含有苗族、布依族、汉族和彝族等民族在特定政治背景下所形成的一个稳定的民族集合体”。后者则结合《百苗图》和贵州地方史志等相关资料，对贵州土家族的历史称谓及其分布区域的变迁情况进行初步考证，借以反映土家族与其他贵州民族分布区域在近两百年来变迁过程。

其次是用民族学、人类学原理解读图像的相关研究。李汉林于2004年参加人类生存与生态环境论坛会，并在会上发表《论贵州各民族衣着习俗对生态环境的适应——以〈百苗图〉画本

---

① 石建中：《〈百苗图〉与苗族的历史和文化》，载《中央民族大学学报》，1997年第1期。

② 吴正彪：《贵州“龙家”族属考辨》，载《中南民族学院学报》（人文社会科学版），2001年第2期。

③ 李汉林：《贵州土家族分布区域变迁考》，载《贵州民族研究》，2001年第1期。

资料为依据》① 一文，通过分析贵州民族学院所藏《百苗图》、刘雍所藏《七十二苗全图》和贵州省博物馆所藏《黔苗图册》等版本的百苗图像，阐述古代贵州民族的衣着特点与贵州多雾、多变的山地气候环境之间的关系。2010 年刘慧群、罗康隆联合发表的《从〈百苗图〉看 19 世纪初贵州高原各民族的纺织工艺》②，从图像看贵州民族衣着，并归纳总结古代贵州各民族纺织工艺的特点。2012 年罗康隆的《从〈百苗图〉看 18—19 世纪贵州各族渔猎生计方式》③ 一文，通过田野调查资料，结合《百苗图》的图文记载，复原贵州高原 18—19 世纪时期各民族的渔猎生活状况，并探讨贵州各民族经济生活的发展演化，推测贵州早期生态环境的原生面貌。

三、美术学视角的研究

从美术学角度研究《百苗图》主要是通过分析画作笔法、构图等辨别《百苗图》各版的价值，探讨传抄者在作品中所表达的思想。从美术学角度研究《百苗图》的代表作有《清代〈百苗图〉绘本中的“女官”》④《桂馥的〈黔南苗蛮图说〉和作者的民族地区治理情结》⑤ 等。

---

① 李汉林：《论贵州各民族衣着习俗对生态环境的适应——以〈百苗图〉画本资料为依据》，人类生存与生态环境——第二届人类学高级论坛，宁夏，2004 年 5 月。

② 刘慧群、罗康隆：《从〈百苗图〉看 19 世纪初贵州高原各民族的纺织工艺》，载《中央民族大学学报》（哲学社会科学版），2010 年第 4 期。

③ 罗康隆：《从〈百苗图〉看 18—19 世纪贵州各族渔猎生计方式》，载《教育文化论坛》，2012 年第 2 期。

④ 占跃海：《清代〈百苗图〉绘本中的“女官”》，载《艺术探索》，2016 年第 5 期。

⑤ 占跃海：《桂馥的〈黔南苗蛮图说〉和作者的民族地区治理情结》，载《贵州大学学报》（艺术版），2011 年第 4 期。

占跃海的文章《桂馥的〈黔南苗蛮图说〉和作者的民族地区治理情结》，通过比较《黔南苗蛮图说》和《耕织图》《棉花图》，得出《黔南苗蛮图说》中有多幅图像与另二者雷同的结论，于是推断《百苗图》的绘图者并非写实作画，有仿照《耕织图》《棉花图》绘图之嫌，这类绘图方式是在表达一种对美好生活的期盼，并希望通过展现这种美好生活场景而引导民族地区民众男耕女织、自力更生。

从美术学角度切入的文章，多未经考证，结论往往缺乏充足的依据。然而，若能从绘画技巧上准确判断《百苗图》某些版本的抄袭之嫌，则《百苗图》图像部分的史料价值将大大降低，之前的研究结论也可能被一一推翻。反之，若能从笔法、构图等方面分析出绘图者身份和绘图年代，则将推动《百苗图》研究跨越式发展。所以，从美术学角度对《百苗图》做出的研究同样具有重大意义。

结　语

除上述三个主要研究视角，还有学者从其他方面着手研究“百苗图”。譬如研究“百苗图”反映的思想文化，代表作有《“百苗图”的农业生态思想探赜》①、《图像的“华夷之辨”：清代百苗图与苗疆历史的视觉表述》②、《“百苗图”与19世纪初贵州各民族文化》③ 等。

综上，历史学视角的研究，成果丰富，但研究多针对《百苗

① 余满晖：《“百苗图”的农业生态思想探赜》，载《农业考古》，2015年第1期。

② 安琪：《图像的“华夷之辨”：清代百苗图与苗疆历史的视觉表述》，载《云南社会科学》，2013年第2期。

③ 范瑞凰：《“百苗图”与19世纪初贵州各民族文化》，载《怀化学院学报》，2009年第7期。

图》中的文字部分。大多数成果图文分离，缺乏对图像的研究，整体呈现出“有文无图”的研究现状。民族学视角的研究，成果不多，内容比较零散，不成体系，尤其是通过民族学理论解读图像的研究起步较晚。但研究空间最大，应结合实地调查，并参考其他文献进行研究。美术学视角的图画研究十分必要，版本的考证和图画的分析互为基础，版本考证如果离开图画研究就会出现研究基础不牢固的问题。因此，未来的《百苗图》研究以民族学的文化研究空间最为广阔，而《百苗图》文化内涵的研究应辅以历史学的版本考订，及美术学的图像分析。

中华人民共和国以来我国大陆清准贸易研究述评

中央人民大学　王　力

摘　要：中华人民共和国成立以来我国大陆学术界对清朝与准噶尔之间贸易活动的研究成果颇丰。本文从问题出发，述评学者们在清准贸易关系及其变迁、清准贸易商品种类与数目、清准贸易商道及其对沿途城镇之影响等问题上取得的既有成绩。本文认为，未来进一步探究清准贸易的关键在于转变问题意识——全球史与区域社会史的视角有助于深化清准贸易研究。

关键词：清朝；准噶尔；贸易；研究述评

清代历史上的准噶尔系厄鲁特（卫拉特）蒙古之一部，从17世纪二三十年代开始崛起，逐渐统一厄鲁特各部，并在噶尔丹统治时期（1678年）建立起准噶尔汗国。[①] 由于准噶尔汗国地处清朝西北边陲，紧邻西藏、喀尔喀蒙古与俄国，所以准噶尔问题素为顺、康、雍、乾四朝国务之重；又因在新中国成立后，其关系到我国的边疆与民族问题，是故新中国治清史、民族史的学

① 《准噶尔史略》编写组编：《准噶尔史略》，北京：人民出版社，1985年。

者对准噶尔历史多有关注，且成果颇丰。① 但从早期的研究情况来看，似乎政治史、军事史为学者关注重点，而有关清准贸易的研究则起步晚且数量少。② 可喜的是，随着史观的转变与新史料的挖掘，有关清准贸易的研究在近三十年里取得长足进步，解决了一些重大问题，对全面了解准噶尔史意义非凡。不过可惜的是，部分研究有“炒冷饭”之嫌，是故有系统总结既有成果之必要。本文便试图从问题出发，述评新中国成立以来中国大陆学者在清准贸易研究中取得的成绩与不足。在前贤之基础上，笔者以为，除进一步发掘新材料外，转变问题意识——全球史与区域社会史的视角是有助于深化清准贸易研究的。本文不揣浅陋，望方家斧正。

一、中华人民共和国成立以来我国大陆清准贸易研究述评

本文既以问题为线，从笔者目力所及的数十份相关文献来看，中华人民共和国成立以来我国大陆学者对清准贸易之研究，主要关注清准贸易关系及其变迁、清准贸易商品种类与数目、清准贸易商道及其对沿途城镇之影响等问题。分述如下。

① 国内学者讨论噶尔问题的专著，有马汝珩、马大正：《厄鲁特蒙古史论集》，西宁：青海人民出版社，1984 年；杜荣坤、白翠琴：《西蒙古研究》，乌鲁木齐：新疆人民出版社，1986 年；《蒙古族通史》编写组编：《蒙古族通史》（中），北京：民族出版社，2001 年；马大正：《卫拉特蒙古史纲》，乌鲁木齐：新疆人民出版社，2006 年；李秀梅：《清朝统一准噶尔史实研究——以高层决策研究为中心》，北京：民族出版社，2007 年；包青松：《策妄阿喇布坦统治时期的准噶尔汗国史研究（1689—1727）——以〈清内阁蒙古堂档〉为主线》，内蒙古大学博士学位论文，2011 年；黑龙：《准噶尔蒙古与清朝关系史研究（1672—1697）》，上海：上海古籍出版社，2014 年。

② 可参见《准噶尔史略》编写组编：《准噶尔史论文集（1928—1976）》《准噶尔史论文集（1977—1981）》，1981 年编印。

（一）清准贸易关系及其变迁

清准贸易关系始于何时？回答此问题之前需说明的是，由于受到大一统思想、正统观念和现实主义的影响，在《清实录》等清方史料中，与外族之间的贸易是在朝贡体系框架内的，且往往更强调朝贡。[①] 是故，金啟孮先生所撰新中国成立后第一篇讨论清准贸易的论文就指出，“当时的‘进贡’事实上是变相的互市联系”[②]。其后，由蔡家艺先生明确清准贸易始于巴图尔珲台吉时期（崇德三年，1638）的墨尔根岱青遣使“通贡”事件，此说也为后学附议。[③]

明确定义后，学者们多根据清准贸易发展状况，进行划分阶段研究。前述金文认为，中原与卫拉特蒙古的互市经历了青海、西套和硕特部为主（1642—1677）和准噶尔部为主（1677—1753）的互市时期，其中后段又以1688年与1738年为节点，划分为三个时期；蔡家艺、林永匡二位则将清准贸易分为巴图尔珲台吉和僧格、噶尔丹、策妄阿拉布坦、噶尔丹策零及其子前后统治的四段时期[④]；齐清顺先生将蔡、林所划第三、第四阶段归一为“策妄阿拉布坦父、子时期”[⑤]。虽然略有不同，但他们基本上明晰了清准贸易之始末，有助于学界认识清准贸易中清方政策及其动态变迁。

随着学术的发展，上述前贤的线索式勾勒便为晚辈所推进。柳岳武先生在2005年发表三篇文章，讨论清准贸易与康乾时期

---

① 黑龙：《准噶尔蒙古与清朝关系史研究（1672—1697）》，上海：上海古籍出版社，2014年，第101—105页。

② 金啟孮：《清朝前期卫拉特蒙古和中原的互市》，载《内蒙古大学学报》，1964年第2期，第79—97页。

③ 蔡家艺：《清代前期准噶尔与内地的贸易关系》，载《中国蒙古史学会论文选集（1983）》，呼和浩特：内蒙古人民出版社，1987年，第263—288页。

④ 林永匡、王熹编著：《清代西北民族贸易史》，北京：中央民族学院出版社，1991年，第83—91页。

⑤ 齐清顺：《准噶尔汗国的经济发展》，载《西部蒙古论坛》，2012年第1期。

清准关系之间的互动。[①] 柳氏认为，一方面，清准贸易状况对清、准之间是否发生战争有重要影响；另一方面，清廷灵活地利用清准贸易政策以及对准噶尔部贸易角色的转变，实现对准噶尔势力的怀柔、控制与瓦解。黑龙先生的文章提出，噶尔丹执政初期清准之间贸易持续递增是双方积极推动的结果，此对清准关系长足发展起到了至关重要的作用。[②] 那仁朝格图先生主要利用乾隆朝内务府抄本《理藩院则例》中“准噶尔互市”条，对清初准噶尔与内地互市贸易之时间、地点以及相关措施做了简要考述。[③] 赵令志先生则于 2013 年的文章里利用《使者档》[④]，讨论了乾隆五年（1740）清、准签订贸易协定的内容及其未能实施的状况，并指出准噶尔汗国的贸易需求与习惯和清朝保持朝贡体

---

① 柳岳武：《乾隆朝清准贸易研究》，载《新疆社科论坛》，2005 年第 3 期；柳岳武：《康乾盛世下清准贸易与清准关系研究》，载《人文杂志》，2005 年第 4 期；柳岳武、徐永婷：《康熙朝清准贸易与清准关系研究》，载《兰州学刊》，2005 年第 4 期。

② 黑龙：《噶尔丹执政初期准噶尔与清朝关系的新发展》，载《西部蒙古论坛》，2010 年第 4 期。

③ 那仁朝格图：《从抄本〈理藩院则例〉看准噶尔与内地互市时间、地点及措施》，载《蒙古史研究》第十辑，呼和浩特：内蒙古大学出版社，2010 年，第 114—118 页。另，有关乾隆朝《大清会典则例 · 理藩院则例》对乾隆内务府抄本《理藩院则例》中“准噶尔互市”内容的删除，可参见达力扎布：《有关乾隆朝内府抄本〈理藩院则例〉》，载《中国边疆民族研究》第四辑，北京：中央民族大学出版社，2011 年，第 208—222 页。

④ 《使者档》是中国第一历史档案馆馆藏的清朝处理与准噶尔使臣事务（包括双方贸易）过程中产生的上谕、奏折、寄信等满文专档，起止时间为雍正十二年（1734）至乾隆十九年（1754），2009 年有编译本出版以飨学林。是书不足之处在于记事多有先后顺序颠倒，查阅需费心。赵令志、郭美兰主编：《军机处满文准噶尔使者档译编》（上、中、下），北京：中央民族大学出版社，2009 年。另《熬茶档》是中国第一历史档案馆馆藏的清代军机处汇抄办理准噶尔蒙古在乾隆五年至十三年间三次赴藏熬茶事宜过程中往来的文书，内容与上述《使者档》有重合。今有中国第一历史档案馆编：《清代军机处满文熬茶档》（上、下），上海：上海古籍出版社，2010 年。

系下怀柔边缘的贸易政策是贸易协定未能实施的原因所在。[①] 吕文利先生是近年在清准贸易研究中最为用功者，且多有创见。在2014 年的文章里，吕氏细致地考察了清准贸易中互相哄抬物价、现银结算、清方贸易主体变化、贸易商品等问题[②]；2015 年的文章中，吕氏提出清准熬茶贸易是彼时清朝、准噶尔、西藏之间“嵌入式互动”的体现，而此正是理解蒙古准噶尔、新疆、西藏最终纳入中国版图的关键[③]。

通过学者们五十余年的努力探索，基本可以确定清准贸易，主要是以贡市贸易、互市贸易、熬茶贸易和民间贸易这四种形式进行的。其中贡市贸易与互市贸易两类，笔者以为学者们已经利用相关史料明晰了其基本史事状况。熬茶贸易则仍是清准贸易研究中的热点。大体以 2010 年为节点[④]，之前有蔡家艺、叶志如、马林等学者都在各自的文章中对清准熬茶贸易相关史事进行简单概述，整合诸说，他们认为由于准噶尔与藏传佛教（黄教）的密切关系，进藏熬茶是一种伴随着经贸活动的宗教仪式，往往还带有政治意味。[⑤] 2010 年之后则有郭美兰、吕文利等学者利用档

---

① 赵令志：《乾隆年间清朝与准噶尔贸易协定初探》，载《满语研究》，2013 年第 1 期。

② 吕文利：《乾隆年间のジュンガルの「入蔵熬茶」からみた清朝ジュンガルチベットの关系》，日本满族史研究会第 27 次年会大会发表论文，日本长崎，2012 年 5 月 26 日；《乾隆前期（1736—1750）的清准贸易——以价格、贸易方式的博弈及其影响为中心》，载《西部蒙古论坛》，2014 年第 3 期。

③ 吕文利：《战争、熬茶与和平：噶尔丹、策妄阿喇布坦时期准噶尔、西藏及清朝的关系》，载《中国边疆学》，2015 年第 1 期。

④ 前述《使者档》与《熬茶档》的编译出版，丰富了清准熬茶贸易研究的史料。

⑤ 蔡家艺：《清前期卫拉特蒙古进藏熬茶考述》，载中国社会科学院民族研究所主编《中国民族史研究》，北京：中国社会科学出版社，1987 年，第 265—281 页；叶志如：《从贸易熬茶看乾隆前期对准噶尔部的民族政策》，载《新疆大学学报》（哲学社会科学版），1986 年第 1 期；蔡家艺：《蒙古进藏熬茶浅议》，载《西北史地》，1988 年第 1 期；马林：《乾隆初年准噶尔部首次入藏熬茶始末》，载《西藏研究》，1988 年第 1 期。

案材料对熬茶贸易展开细致研究。郭美兰研究员谙熟满文，在其多篇充分利用满文档案撰写的文章中对乾隆朝准噶尔三次入藏熬茶过程及其影响进行了全面而深入的探究，郭氏认为准噶尔入藏熬茶带有明显的贸易目的，因而每次均携带相当数量的货物，但这对于清方而言，则是一种人力与财力上的巨大负担。① 吕文利先生除前述两篇文章外，另有四篇专文讨论乾隆朝准噶尔三次入藏熬茶事情，其中清准的贸易情况均有涉及，吕氏指出熬茶贸易成为清朝在经济上控制准噶尔的一种手段，是清朝藩部体系形成过程中的重要一环。②

民间贸易也是清准贸易往来的组成部分，但由于其具有“走私性”，故在史料中所见不多，学者也就难以入手。蔡家艺先生从零星的史料中发现“私市”主要在壤地相接的卡伦地方举行，准噶尔散商则广泛活跃于甘、青等地。③ 陈志强先生则注意到了哈密、肃州等地的“民市”，并指出民间贸易与官方贸易相互补充，相互促进，构成清准贸易的有机组成部分。④

前后持续了百余年的清准贸易有何影响？前述陈志强先生的

---

① 郭美兰：《清代军机处满文〈熬茶档〉与准噶尔史研究》《从清宫所藏满文档案看准噶尔蒙古赴藏熬茶活动》，载郭美兰《明清档案与史地探微》，沈阳：辽宁民族出版社，2012 年，第 57—66 页、第 233—259 页。王力：《准噶尔蒙古赴藏熬茶研究》，载赵令志、郭美兰《准噶尔使者档之比较研究》，北京：中央民族大学出版社，2015 年，第 590—632 页。

② 吕文利、张蕊：《乾隆年间蒙古准噶尔部第一次进藏熬茶考》，载《内蒙古师范大学学报》（哲学社会科学版），2010 年第 4 期；吕文利：《乾隆八年蒙古准噶尔部进藏熬茶始末》，载《明清论丛》第十二辑，北京：故宫出版社，2012 年，第 269—281 页；吕文利：《乾隆十二年准噶尔入藏熬茶始末》，载《西部蒙古论坛》，2013 年第 2 期；吕文利：《由乾隆初年准噶尔三次入藏熬茶看清朝藩部体系的形成过程》，载《中国边疆史地研究》，2015 年第 2 期。

③ 蔡家艺：《十八世纪中叶准噶尔同中原地区的贸易往来略述》，载《中国蒙古史学会论文选集（1981）》，呼和浩特：内蒙古人民出版社，1986 年，第 253 页；王力：《清代新疆社会经济史纲》，北京：人民出版社，2006 年，第 88—89 页。

④ 陈志强：《清、准贸易对清朝统一西北的历史作用述评》，载《西部蒙古论坛》，2008 年第 2 期。

文章专门讨论此问题，陈氏认为不能简单地把清准贸易看作政治手腕，应该看到清准贸易实现了经济互补，推动了民族市场的形成，强化了准噶尔对中原的经济向心力，为清朝统一西北做了经济准备；加速了准噶尔经济的发展，促进了局部统一，增强了民族向心力，有效地抵御了沙俄入侵；穿透政治阻力，为清政府牵制瓦解准噶尔政权，统一西北做了政治准备。另外，笔者以为还应注意到清准贸易对边疆地区以及贸易沿线的城镇生长起到推动作用，对“河西走廊”及以西交通道路的开辟也有积极作用。

（二）清准贸易商品种类与数目

目前而言，商品的种类与数目问题是清准贸易研究中研究得最为精细的。

1982 年，蔡家艺先生最早利用准噶尔额连胡里商队在乾隆九年（1744）和乾隆十三年（1748）到肃州贸易的货单，进行制表以统计分析商品种类、数量、单价、贸易额。① 两年后，叶志如先生编选出中国第一历史档案馆馆藏宫中朱批奏折及军机处录副奏折中有关乾隆八年至十五年（1743—1750）准噶尔在肃州、东科尔（丹噶尔）等地贸易情况的专题史料以飨学林。② 1985 年出版的《准噶尔史略》中列有准噶尔在肃州、哈密、东科尔、得卜特尔等地贸易中的商队人数、主要商品种类、贸易额等数据的简表。③ 1986 年，张羽新先生利用叶氏编选档案与自己所见其他档案，发表长文《肃州贸易考略》（上、中、下），对自雍正十三年（1735）到乾隆二十年（1755）间，清朝在肃州贸易中的政策、历年肃州贸易额数、清准互通货物种类等问题做

---

① 蔡家艺：《准噶尔同中原地区的贸易交换——两份准噶尔的购货单试析》，载《民族研究》，1982 年第 6 期。

② 叶志如：《乾隆八至十五年准噶尔部在肃州等地贸易》（上、下），载《历史档案》，1984 年第 2—3 期。

③ 《准噶尔史略》编写组编：《准噶尔史略》，北京：人民出版社，1985 年，第 134—137 页。

了翔实的考略。[①] 1991 年，林永匡先生利用“军机处录副奏折·民族类·蒙古项”档案与负责办理清准贸易事务的黄廷桂、庆富、永常、尹继善等大臣的奏折档案，对《准噶尔史略》所列四简表做了全面的论述。[②] 与此同时，叶志如先生仍在继续史料的整理工作，编选了军机处录副奏折中乾隆元年至十一年（1736–1746）间准部在例贡之年到肃州、哈密等处交易情况的史料。[③] 此外，前文所列郭美兰与吕文利二位学者利用《使者档》《熬茶档》等材料对清准熬茶贸易的研究中，均对商品种类与数目问题有所关注，此不赘述。

从上述研究中可见，通过贡市贸易、互市贸易和熬茶贸易，准噶尔输入内地的货物主要有各色各等的大宗毛皮，数量不少的羊、马、牛、驼等牲畜，以及葡萄、硇砂、羚羊角等方物；而内地输入准噶尔的货物种类多达 70 余种，其中各色丝织物（缎、绸、纱、绫、绢等高档货）在贸易中居首要地位，针、线、茶叶、大黄等日用品、药品也有相当比重，布匹、烟、糖、瓷器等日用品则所占比例较小。

正如蔡家艺先生指出，清朝输入准噶尔的货物绝大多数都不是肃州、哈密、东科尔等地所产，其中丝织物、茶、药材等大宗货物大多来自江南地区。那么，产自全国各地（主要是江南地区）的货物从生产到运输至清准贸易城镇的过程，值得进一步关注。范金民先生对清代江南与新疆地区丝绸贸易的研究可资借

---

① 张羽新：《肃州贸易考略》（上、中、下），载《新疆大学学报》（哲学社会科学版），1986 年第 3 期、1986 年第 4 期、1987 年第 1 期。

② 林永匡、王熹：《清代西北民族贸易史》，北京：中央民族学院出版社，1991 年，第 95—113 页。

③ 叶志如：《乾隆前期准噶尔部与内地的贸易史料》（上、中、下），载《历史档案》，1992 年第 2—4 期。

鉴。[①] 另一个需要再讨论的问题是清准双方所得对方的商品流向何方？目前所见，学界普遍认为准噶尔所获绸缎等高档丝织品主要是供准部贵族使用，而熬茶贸易所获银两则几乎全部花销在为各寺庙布施上[②]，但域外史料中依稀可见茶叶、大黄、针线等商品似乎有再流通至中亚、俄罗斯等地，[③] 不过未见专门论此者；至于清朝所获牲畜、毛皮与方物如何花销，亦不见专论。

（三）清准贸易商道及其对沿途城镇之影响

蔡家艺先生 1983 年的文章是目前探讨准噶尔商队进京贡市贸易道路最为翔实的，蔡氏认为从准噶尔到内地贸易，大体有两条道路：北路过乌鲁木齐、古城、归化城、张家口等地以达北京；南路经乌鲁木齐、哈密、肃州、兰州、西安等地东行至京城。其中巴图尔浑台吉、僧格和噶尔丹统治时期的商队取道北路，之后的商队则基本上走南路，而变化原因在于清朝、准噶尔部、喀尔喀部三者关系的变动。[④] 准噶尔前往肃州、哈密等处的贡市、互市贸易与民间贸易所走商道，并无学者专门论及，不过大体可以推断即是入京贡市贸易之西段。准噶尔入藏进行熬茶贸易的路线则仍可参考郭美兰与吕文利二位学者的文章。

上述对于贸易商道的探究，除弄清主要干线的因时而变外，更为深远的意义在于从史籍中发现了在清准贸易中扮演过或轻或重角色的沿途各城镇。由是，清准贸易中的城镇也得到了一定的关注。

---

① 范金民：《清代江南与新疆地区的丝绸贸易》（上），载《新疆大学学报》（哲学社会科学版），1988 年第 4 期；《清代江南与新疆地区丝绸贸易》（下），载《新疆大学学报》（哲学社会科学版），1989 年第 1 期。

② 吕文利：《十八世纪中叶准噶尔失败于清朝原因探析：以〈熬茶档〉、〈使者档〉等相关档案为中心》，载《明清论丛》第十四辑，北京：故宫出版社，2014 年，第 124—140 页。

③ 下文会再讨论。

④ 蔡家艺：《清代前期准噶尔与内地的贸易关系》，载《中国蒙古史学会论文选集（1983）》，呼和浩特：内蒙古人民出版社，1987 年，第 274—276 页。

王致中先生在1986年发表的《清代甘宁青市场地理考》一文中，已经注意到丹噶尔、肃州等地的市场发育与清准贸易之间的关系。① 近十年后，杜常顺先生撰文讨论了清代丹噶尔民族贸易的兴起、发展阶段、贸易种类、“歇家”制度等问题，并指出清、准在丹噶尔进行的两次大规模贸易活动对其发展具有重要意义。② 进入新世纪，黄治国先生撰文论述清代在归化城设置驻防的经济原因，认为康、雍朝曾允许准噶尔使团走“北路”入京，使得归化城商业得到迅速发展③；吕强先生提出肃州被设置为清准互市贸易点，成为肃州城镇走向兴盛的转折点④；赵小花和李健胜合作撰文，讨论了雍、乾时期清准贸易促进了丹噶尔、西宁等地市场的繁荣⑤。尽管哈密、甘州、西宁、兰州、西安、张家口等城镇在清准贸易中扮演的角色（或为贸易点，或为交易商品集散地）还有待进一步考察，但可以肯定的是，清准贸易对商道上的城镇的形成与发展，以及该地区的社会经济都产生了重要影响。

二、略谈深化清准贸易研究的两种取向

综上所述，可见中华人民共和国成立以来大陆学者们已很好地解决了清准贸易的相关史事问题。但笔者以为，若转变问题意识，清准贸易史的研究无论在内容上还是在方法论上都还有进一

---

① 王致中：《清代甘宁青市场地理考》，载《西北史地》，1986年第2期。

② 杜常顺：《清代丹噶尔民族贸易的兴起和发展》，载《民族研究》，1995年第1期。

③ 黄治国：《试论清代在归化城设置驻防的经济原因》，载《兰州学刊》，2008年第12期。

④ 吕强：《康乾平叛战争与肃州城镇经济的发展》，载《兰州学刊》，2009年第1期。

⑤ 赵小花、李健胜：《论藏族、蒙古族商人对清代青海民族贸易的贡献——以丹噶尔为中心》，《西北民族大学学报》（哲学社会科学版），2014年第2期。

步深入的空间。具体而言，可尝试如下两个方向。

全球史的视角。近二十年来，史学研究出现了“全球转向(global turn)”，其特点之一是“空间转向”，即是说史学跨越民族国家的领土疆界，朝着区域、大陆及半球等空间发展。① 回到本文所关注的清准贸易，通过近年来国内外的研究成果与域外史料文献，可知准噶尔也与俄国贸易，其销俄商品有相当部分来自与中国贸易获得。俄文史学界利用俄文史料，较早关注到此问题，如《准噶尔汗国史（1635—1758）》和《蒙古诸部与俄罗斯：17—18 世纪》两书均论述了俄准贸易事情。② 英文学术界亦有相关研究。③ 近年来，随着史料的整理与翻译④，国内学者也有专论。⑤ 另外，贸易活动中最重要的是商人与商品，学界对此亦有探讨。羽田明、褚宁、马建春、A. 伯顿（Audrey Burton）等学者指出“布哈拉商人”群体将蒙古草原诸部、中国、俄国、

① 蒋竹山：《超越民族国家的历史书写——试论晚近西方史学研究中的“全球转向”》，载《新史学》，2012 年第 3 期。

② ［苏］伊·亚·兹拉特金：《准噶尔汗国史（1635—1758）》，马曼丽译，北京：商务印书馆，1980 年；［俄］齐米特道尔吉耶夫：《蒙古诸部与俄罗斯：17-18 世纪》，范丽君译，呼和浩特：内蒙古人民出版社，2008 年。

③ 如［英］巴德利：《俄国·蒙古·中国》（上、下），吴持哲、吴有刚译，北京：商务印书馆，1981 年；［美］Peter C. Perdue. *China Marches West*: *The Qing Conquest of Central Eurasia*. Cambridge, MA: Harvard UniversityPress, 2005.

④ 如孟宪章主编：《中苏贸易史资料》，北京：中国对外经济贸易出版社，1991 年；［苏］戈利曼、［苏］斯列萨尔丘克：《俄蒙关系历史档案文献集》（上、下），马曼丽、胡尚哲译，兰州：兰州大学出版社，2014 年；俄罗斯相关机构馆藏的有关准噶尔的资料，可参见国家清史编纂委员会编译组、中国社会科学院原民族研究所《准噶尔史略》编写组合编：《卫拉特蒙古历史译文汇集》（第一册，内部资料），2005 年，第 3—193 页。

⑤ 如马磊：《政治博弈中的西西伯利亚诸城俄卫贸易（1607—1653）》，载《中国边疆史地研究》，2016 年第 3 期。

中亚、印度等连接在一起，构建了一个颇具规模的亚欧内陆贸易网络①；潘志平、克利福德 · 福斯特（Clifford M. Foust）、张哲嘉等学者则勾勒出了清准贸易的重要商品——大黄在亚欧内陆流通的画面②。

通过上述研究，可见清准贸易其实是 17、18 世纪亚欧大陆陆上贸易的一个环节，在清准贸易中扮演重要角色的“布哈拉商人”广泛活跃在亚欧大陆上，清准贸易中的重要商品，如丝织物、茶叶、大黄、瓷器等也是彼时亚欧大陆自东向西流通的主要物品。倡导全球史的本特利（Jerry H. Bentley）先生指出，跨文化贸易、物种传播与交流、文化碰撞与交流等都是全球史研究的重要课题。③ 在笔者看来，本特利指出的诸课题其实是密切相关的，长距离贸易也好，中继贸易也罢，商品的流通往往伴随其所承载文化意义的传播，各地区文明的互相了解也就是题中之义。由是观之，清准贸易研究可置于全球史脉络中进行更深入的思考，中国是贸易的起点，拥有浩如烟海的相关史料，学者们能不能有新的解读呢？④

区域社会史的视角。区域研究在国际史学界有悠久的传统，

① ［日］羽田明：《关于大黄原产地为色楞格说》，载《中亚研究资料》（增刊，内部发行），1985 年；［美］Audrey Burton, The Bukharans. *A Dynastic*, *Diplomatic and Commercial History* 1550-1702. New York: St. Martin´s Press, 1997. 褚宁、马建春：《16—17 世纪“布哈拉人”与欧亚内陆贸易网络的构建》，载《世界历史》，2016 年第 6 期。

② 潘志平：《从大黄、茶叶贸易看十五世纪后的中亚交通》，载《新疆社会科学》，1986 年第 2 期；［美］Clifford M. Foust, Rhubarb. *The Wondrous Drug*. Princeton: Princeton University Press, 1992; 张哲嘉：《“大黄迷思”——清代制裁西洋禁运大黄的策略与思维文化意涵》，载（台湾）《中央研究院近代史研究所集刊》，2005 年第 47 期。

③ ［美］本特利：《新世界史》，载夏继果、本特利主编《全球史读本》，北京：北京大学出版社，2010 年，第 44—65 页。

④ 全球史在实践中会遇到极大的挑战，如要求研究者精通外语与不同的历史知识，故需加强相关研究成果的译介。

年鉴学派大师布罗代尔（Fernand Braudel）对 16 世纪后半期地中海世界的经典研究至今不朽。在国内，那群被称为“华南学派”的学者，筚路蓝缕，在中国华南、华北、长江中下游流域、西南等区域耕耘二十余载，成果丰硕。[①] 更为重要的是，他们总结出了具有本土意义的方法论：“不止是在故纸堆中理解历史，而且是在人的生活世界中理解历史；不是在一个画地为牢的时间（如王朝）和空间（如民族国家）中理解历史，而是在能够说明其意义的时空范围内理解历史，并寻找其与其他时空范围的联系。”[②]

前文回顾学者对清准贸易商道所做的研究，勾勒出了哈密、嘉峪关、肃州、甘州、凉州、兰州/西宁线。在地图上，我们可将这些城镇所在的区域称为“河西走廊”。当然，“河西走廊”是一种“有意识的历史建构（a conscious historicalconstruct）”[③]，不过这种“有意识”正是基于“河西走廊”长期的历史因素的积累。“河西走廊”何以成为清准贸易的前沿地带？清准贸易和清以前中原王朝与西域在“河西走廊”进行的经济、文化交流有何联系？彼时上至永常、黄廷桂等历任陕甘总督，下至李永祚等清方商人群体与该区域的劳苦大众，他们的人生命运又因清准贸易如何更改？清准贸易与战争带来人力、财力在此区域的聚集与此区域社会的历史进程有何关联？清准贸易中“河西走廊”与其广大中原腹地如何互动？清准贸易随着准噶尔衰落而消失，此后中原王朝与西域世界的贸易边镇移至新疆，“河西走廊”又

① 相关研究成果可浏览香港特别行政区大学教育资助委员会·卓越学科领域计划（第五轮）“中国社会的历史人类学”门户网站：http：//www. ha. cuhk. edu. hk/research%20team_ simp. html.

② 赵世瑜：《我与“华南学派”》，载《文化学刊》，2015 年第 10 期。

③ David Faure, Helen F. Siu eds. *Down to Earth: The Territorial Bond in South China*. Stanford: StanfordUniversity Press, 1995, p. 1.

如何存在……①

对上述“大胆提问”的探讨需要研究者除了爬梳实录、档案、政书、方志等官方文献外，还需亲身走进“河西走廊”，去寻找契约文书、族谱、碑刻、传说等民间材料，在历史发生的现场听取多重的声音。笔者相信，由此进行的研究不是“鸡零狗碎”，而是有助于理解西北这块历来在中西交通往来中扮演重要角色的区域的社会历史进程。

以上是笔者以为可以深化清准贸易研究的两个看似极端的取向，既想讲一个精彩的本地故事，又希望能展示出其背后的全球意义，虽是畅想但绝非痴心妄想。诚如科大卫先生（David Faure）所言，侧重有深度的地区研究的历史人类学的最终目的却是“把中国史放到世界史里，让大家对人类的历史有更深的了解”②。

结　语

钱穆先生认为，治史贵能见其“全”“大”“远”“深”。③本文梳理中华人民共和国成立以来我国大陆清准商贸研究成果，可见学者们充分注意到了清准商贸关系与当时的政治、军事关系都有密切联系，对贸易中商品种类与数目都有细致探究，是为见其“全”，见其“大”；今后若能将清准贸易置于17—18世纪亚

① 已有学者对明清时期西北地区贸易市场体系形成做了初步的论述，参阅杜常顺：《明清时期黄河上游地区的民族贸易市场》，载《民族研究》，1998年第3期；［日］香坂昌纪：《清朝前期对准噶尔作战的经济效果》，李小林译，载《史学集刊》，2000年第4期；祁美琴、李立璞：《明后期清前期长城沿线民族贸易市场的生长及其变化》，载《西域研究》，2008年第3期；张萍：《官方贸易主导下清代西北地区市场体系的形成》，载《清史研究》，2016年第4期。

② 科大卫：《明清社会和礼仪》，北京：北京师范大学出版社，2016年，第215页。

③ 钱穆：《中国历史研究法》，北京：九州出版社，2011年，第11页。

欧陆上贸易的脉络中考察，以及从区域社会社史的视角检讨清准贸易与“河西走廊”地区的社会历史进程，又必能见其“深”。而所谓见其“远”，即需明白历史是不可分割且仍在不断向前发展。清准贸易是牧业文明与农耕文明的经济交流，商人携带商品在彼时亚欧大陆往返穿梭则是东西方文化的交流，而此恰又是贯穿亚欧大陆两千余年的“丝绸之路”之缩影，是当下“一带一路”战略的历史前身。

后　记

《民族研究》第十四辑共收录31篇论文，其中藏族历史文化研究专题论文10篇，古代民族历史专题研究和评述8篇，南方民族历史文化专题研究及评述7篇，《皇清职贡图》《滇夷图》《百苗图》研究5篇，海外民族研究1篇。本辑论文选题新颖，民族特色鲜明，其中藏族史、民族图册的研究论文较多，研究主题相对集中，有一定代表性。

本集刊编辑出版全过程由中国少数民族史专业2016级博士研究生黄菡薇协助完成。文集2017年3月开始征稿，8月收到来稿40余篇，经审读编辑后录用了34篇，9月送出版社。出版社初审之后，认为其中一些文章涉及敏感民族问题，建议送校外专家审稿，校外专家审阅后提出了较多修改意见，并建议撤出几篇存在质量问题、观点问题的论文，最终形成了本书的结构。从论文的作者看，我们欣喜地发现越来越多的年轻学子投身到民族史研究的领域中，并不乏高水平且研究视角新颖的成果，民族史研究后继有人。特别鸣谢关心和支持本研究集刊的所有专家学者和青年学子，希望继续得到大家的支持和帮助，使民族史研究集刊越办越好。

苍　铭

2017年11月22日